Artur Schnabel · *Aus dir wird nie ein Pianist*

AKADEMIE DER KÜNSTE Archiv

Artur Schnabel, um 1935. (Foto: Ilse Bing)

Aus dir wird nie ein Pianist

Die Autobiographie von Artur Schnabel

herausgegeben von
Werner Grünzweig und Lynn Matheson

aus dem Englischen von
Hermann J. Metzler

wolke

Zweite, nach den Quellen erweiterte und vollständig überarbeitete Ausgabe
Quellennachweis für Text und Bilder:
Akademie der Künste, Berlin, Artur-Schnabel-Archiv

© 2009 Ann Schnabel Mottier, Stamford, Connecticut
und Akademie der Künste, Berlin
Alle Rechte vorbehalten
Wolke Verlag, Hofheim
Druck: Fuldaer Verlagsanstalt
Redaktionelle Mitarbeit: Anicia Timberlake
Gesetzt in der Simoncini Garamond
Umschlaggestaltung: Friedwalt Donner, Alonissos
Umschlagfoto: Artur Schnabel mit Alfred Wittenberg (Geige), Berlin um 1903
ISBN 978-3-936000-52-8

INHALT

Aus dir wird nie ein Pianist.
Die Autobiographie von Artur Schnabel

7

Nachwort

301

Register

313

Artur Schnabel, um 1890.

1

Bevor ich auf das Thema zu sprechen komme, das ich für unsere Zusammenkünfte hier gewählt habe, möchte ich ein paar einleitende Worte sagen. Vor allen Dingen werden Sie bereits gemerkt haben, daß die englische Sprache – zu Ihrem Nachteil – nicht meine Muttersprache ist. Meine erste Englischstunde hatte ich im Alter von achtunddreißig Jahren. Ein alter Freund hatte sie mir angeboten, der sich schon als Schüler in Wien sehr für Englisch interessiert hatte. Schon damals – und diese Aufgabe hat ihn sein ganzes Leben lang nicht losgelassen – versuchte er, Shakespeare-Sonette ins Deutsche zu übersetzen. Ich ging also begeistert auf seinen Vorschlag ein. Zur ersten Stunde brachte er ein kleines Buch mit, und ich erwartete natürlich, daß es sich um eine Fibel handeln würde. Aber als ich auf den Titel schaute, ahnte ich, daß es etwas anderes sein müßte, eine Art Lesebuch. Der Titel lautete: *The Hunting of the Snark*. Was *hunting* heißt, wußte ich von englischen Gemälden, also fragte ich: „Was ist ein *snark*?" „Ich weiß nicht", war seine Antwort. Ohne daß es unserer Freundschaft Abbruch getan hätte, einigten wir uns darauf, daß eine andere, weniger humorvolle Methode für meine Zwecke wohl geeigneter wäre. Ich nahm mir eine Fachlehrerin, eine Engländerin. Da ich nur wenig Zeit für den Unterricht aufbringen konnte, schlug ich vor, daß sie mich auf meinen täglichen Spaziergängen begleitete, mich versuchen ließ, englisch zu sprechen, und mich einfach korrigierte, wenn ich Fehler machte. Mein Vokabular war natürlich beschränkter als das sogenannte *Basic English*, aber dank ihren Korrekturen erweiterte es sich rasch. Wir machten das ungefähr zwei Monate lang so, und dies war mein gesamter Englischunterricht. Vielleicht ist das nicht die schlechteste Methode, eine Sprache zu erlernen – für einen Menschen fortgeschrittenen Alters.

Aber nicht nur mein Englisch ist unvollkommen. Im Grunde bin ich gar nicht befugt, das zu tun, was ich hier mache, denn ich bin „bloß ein Musiker", wie ein Herr einmal meinte, als ich mich bei einer Probe über ein paar Vorkehrungen auf der Bühne beschwerte. Wie mir jemand erzählte, der unten im Saal neben jenem Herrn saß, lauteten seine Worte: „Was spielt er sich denn so auf? Schließlich ist er bloß ein Musiker." Unwillkürlich bezog ich in diesen Vorwurf auch Mozart ein, den ich an jenem Abend im Programm hatte, und war's zufrieden.

Als ich die Einladung zu diesen Gastvorträgen erhielt, erinnerte ich mich daran, daß ich „bloß ein Musiker" sei, und schrieb einen Brief, aus dem ich Ihnen einige Passagen vorlesen möchte. „Daß ich Ihre Einladung zu einer Gastdozentur an Ihrem Institut als große Ehre und echte Erfüllung erachte, brauche ich nicht zu betonen. Gestatten Sie mir jedoch hinzuzufügen, daß mich diese Einladung ein wenig beklommen macht. Sie schreiben mir Fähigkeiten zu, die außerhalb des Bereichs meiner natürlichen Begabung liegen. Ich hingegen bin mir ziemlich sicher, keine anderen Gaben zu besitzen als einige von denen, die mein Beruf erfordert. Das recht exklusive und daher einseitige Gebiet der Musik, dem ich mich gewidmet habe, fordert mich als, wie ich es nennen möchte, ‚direkten' Musiker: ich bin mit der Produktion von Musik befaßt. Der ‚indirekte' Musiker, ein verhältnismäßig junger Beruf, zergliedert Musik in ihre Bestandteile, setzt sie in Beziehung zu außermusikalischen Fakturen, verfährt methodisch und analytisch – wofür ich überhaupt kein Talent zu haben glaube – und stellt Musik hauptsächlich durch Worte und Zeichen dar. Der ‚direkte' Musiker ist, um es mit einer nicht ganz korrekten Metapher zu sagen, ein Gärtner; der ‚indirekte' ein Botaniker. Musik ist abstrakt und immateriell (das macht die Metapher schief) und niemals zweckgerichtet oder deskriptiv (was den Versuch, sie in Worte zu übersetzen, erst recht zu einer Sisyphusarbeit macht). Das einzige Medium, durch das sich ein Kontakt mit musikalischen Ideen herstellt, sind Töne. Sie sind das Ausdrucksmedium, in dem ich professionell geschult bin. Auf dem Gebiet der Sprache, sofern sie über den Bereich des Alltagsgebrauchs hinausgeht, bin ich Dilettant. Gewiß, Sie erwarten von mir, daß ich über Musik spreche. Aber ganz abgesehen von den in meinen Augen unüberwindlichen Schwierigkeiten, das Wesen, die Substanz, den Ursprung, die Spontaneität oder den

Zweck von Musik anders als in Tönen darzustellen oder aufzuzeigen, besitze ich weder die Schulung noch die Erfahrung, noch den Ehrgeiz, dies zu tun. Jeder, der an der University of Chicago Wissen vermittelt, muß selbstverständlich ein Fachmann sein – zumindest in der Technik der Vermittlung durch Worte und Zeichen. Sich solch eine Technik anzueignen erfordert Zeit. Meine Zeit aber ist mit ‚direkter' Musik ausgefüllt. Zweifellos reicht das Spektrum der Experten von Nullen bis zu Kapazitäten. Doch sie alle sind ‚Experten'. Der Amateur, und hat er noch so lebhafte Neigungen, sollte zu Hause bleiben."

Ich muß Ihnen nun erklären, warum ich nicht zu Hause geblieben bin, warum ich hier bin, trotz meiner Untauglichkeit zu diesem Job. Nun, die Antwort auf meinen Brief nahm meinen Bedenken den Wind aus den Segeln, denn sie leugnete nicht das Wagnis, das es bedeutete, und band mich nicht an ein Programm. So erklärte ich mich bereit, diesen Ausflug zu wagen, unvorbereitet und unter der Bedingung gegenseitiger Absolution im Falle seines Scheiterns. Der nächste Schritt war, ein Thema für dieses Unternehmen zu überlegen. Nach langem Nachdenken und einigen Diskussionen mit Freunden entschloß ich mich schließlich, Ihnen eine Zusammenfassung meiner Laufbahn als Musiker zu geben. Sie begann, als ich sieben Jahre alt war; heute bin ich dreiundsechzig. Ich habe dieses Thema nicht gewählt, weil ich mich für besonders bedeutend hielte, sondern weil mich meine Laufbahn von dem, was ich als letzte Blüte einer individualistischen Epoche bezeichnen möchte, zum ersten Entfalten eines kollektivistischen Zeitalters geführt hat. Ich war fast überall, wo Musik einen Markt hat. Ich habe in vielen verschiedenen Ländern gelebt. Ich bin sehr vielen Menschen mit großem Talent und einigen andern mit großen Namen begegnet. Vieles von dem, was ich Ihnen erzählen werde, werden Sie bereits wissen, doch ich hoffe, daß es Sie nicht langweilt, es nochmals zu hören. Zum Ablauf unserer Zusammenkünfte schlage ich vor, daß Sie mich eine dreiviertel Stunde lang reden lassen und wir dann eine Diskussion von gleicher Zeitdauer anschließen.

Die Laufbahn eines Musikers unterscheidet sich in vielerlei Hinsicht von derjenigen anderer Künstler. Alle Vergleiche der anderen Künste mit der Musik geraten zwangsläufig etwas oberflächlich. Die Musik erfordert eigentlich nicht viel Kontakt mit gesellschaftlichen Gruppen oder Beziehung zu sozialen Problemen. Unter Musik verstehe ich hier die vergleichsweise sehr junge Kunst der *absoluten* Musik und niemals angewandte oder Gebrauchsmusik. Die absolute, autonome, unabhängige Musik hat sich zu dem vielleicht exklusivsten Medium der geistigen Emanation des tätigen Individuums in einer intimen, privaten Sphäre persönlicher Erfahrung entwickelt. Musik ist eine der darstellenden Künste, bei deren Ausübung man allein sein kann, vollkommen allein. Das Theater ist der Musik nicht vergleichbar, weil der Schauspieler immer wiedergibt, was in jedermanns Erfahrungshorizont liegt. Er bedient sich der Sprache, des Kommunikationsmittels aller Menschen. Er kann schwerlich für sich allein zu Hause spielen. Er braucht ein Ensemble, und er ist Akteur in sichtbaren menschlichen Handlungen. Tanz kann abstrakt oder symbolisch sein, aber auch dann bleibt er körperlich und technisch. Auch im Schaffensprozeß unterscheidet sich die Musik von den anderen Künsten, von Literatur, Malerei, Architektur. Der Schriftsteller schildert und interpretiert, was er gesehen und erlebt hat. Auch der Maler schildert, zumindest tat er das bis zum Aufkommen der abstrakten Malerei, und selbst diese läßt sich nicht mit der Musik vergleichen.

Man kann, wenn man sich des Klaviers bedient, tatsächlich die gesamte zur Aufführung komponierte Musik ganz für sich allein realisieren. Ich neige zu der Auffassung, daß das *Wohltemperierte Klavier* von Johann Sebastian Bach dazu gedacht war, nur von der Person rezipiert zu werden, die es spielt.

Es ist gut, sich daran zu erinnern, daß die Musik, die in Deutschland und Österreich nach ihrer Emanzipation von italienischen und niederländischen Einflüssen entstand, sich zunehmend auf Gattungen konzentrierte, die der Sphäre der *exklusiven*, persönlichen Erfahrung korrelieren. Vor dieser Emanzipation, vor dem Übergang von der angewandten zur absoluten Musik, stand Musik vornehmlich im Dienste der Kirche und des Hofes. Darüber hinaus besaß sie natürlich noch einige andere soziale und häusliche Funktionen. Die Autonomisierung der Musik führte zu ihrer Loslösung von jeglicher sozialen Aufgabe. Musik wurde zu einem Zweck in sich. Kammermusik (im modernen Sinne), das Klavierstück, das Lied sind – bislang – die Endpunkte dieses Prozesses. Möglicherweise konnte dieser Individualisierungsprozeß nicht endlos weitergehen. Heute erleben wir bereits einen Versuch, diese individualistische Form der Musik dem Trend zum Kollektivismus gemäß in eine gesellschaftliche Funktion zu transformieren. Es ist Ansichtssache, ob es nicht Werke gibt, die sich niemals zur Massenverbreitung eignen werden. Ich kann mir den Tag nicht vorstellen – und ich habe auch keine Sehnsucht danach –, an dem alles für jeden dasein wird. Einige der subtilsten musikalischen Gattungen werden bereits deutlich vernachlässigt. Das war abzusehen. Und es steht ganz im Einklang damit, daß heute das Orchester der beliebteste Interpret ist. Es ist mittlerweile auf hundert und mehr Köpfe angewachsen. Musik könnte in den nächsten Jahrzehnten zu einem interessanten Auffangbecken für Arbeitslose und das Orchester so immer größer werden, auch wenn nur ein Teil tatsächlich spielt und die andern fürs Zuschauen bezahlt werden. Ich bin gespannt darauf, zu sehen – falls mir noch genug Jahre bleiben –, wohin dieser Versuch, eine für das Individuum geschaffene exklusive Welt in eine expandierende öffentliche Sphäre zu transplantieren, führen wird.

Schon heute, denke ich, hat die Musik Schaden genommen. Ich würde jedoch nicht behaupten, daß das öffentliche Leben durch diesen Prozeß nicht auch bereichert worden wäre. Es wurde bereichert, und die Musik ist noch immer großartig.

Ich habe angekündigt, ihnen von meiner Laufbahn zu erzählen. Was ich bisher gesagt habe, gehört zweifellos nicht dazu, sondern ist eher eine Art Glaubensbekenntnis. Es wird Zeit, mit meinem Bericht zu beginnen.

* * *

Ich wurde in einem kleinen Dorf geboren, das zum österreichischen Teil Polens gehörte. Meine Eltern waren österreichische Staatsbürger jüdischen Glaubens. Das kleine Dorf war eine eigentümliche Ortschaft. Ich habe keine allzu klaren Erinnerungen an die Ereignisse meiner ersten zehn Lebensjahre, aber recht deutliche an Orte und Gerüche. Mein Geburtsort war winzig und ziemlich arm – eine Art Vorort einer Kleinstadt. Diese Kleinstadt war der Zwilling einer etwas größeren Stadt, die man über eine Brücke erreichte, unter der ich kein einziges Mal habe Wasser fließen sehen. Diese andere Stadt gehörte zur österreichischen Provinz Schlesiens. Gesellschaftlich waren die drei Orte sehr verschieden. Bielitz hieß der größte von ihnen, solange er zu Österreich gehörte. Nach dem Ersten Weltkrieg kam er zu Polen und heißt heute Bielsko.

In Bielitz lebte die sogenannte Oberschicht, was in diesem Falle in erster Linie Nichtjuden und Nichtpolen bedeutete. Sie waren recht hochnäsig – großkotzig, wie wir heute sagen würden. Die Stadt, das muß ich zugeben, war zweifellos viel sauberer als die beiden anderen Ortschaften, und deshalb sind mir ihre Gerüche nicht mehr so gegenwärtig wie die der anderen. Die Bevölkerung von Bielitz war überwiegend protestantisch.

Biala, die Nachbarstadt, war eher ein ländliches Zentrum. Hier lebten viele Polen, aber im allgemeinen wurden sie nicht als echte Polen angesehen. Ich erinnere mich, daß diese Leute in Österreich verächtlich „Wasserpolacken" genannt wurden – verwässerte Polen, sozusagen. Sie vermischten sich mit den ärmeren Juden. Es war ein lebendiger Ort. Bielitz war sauberer, aber sein Zwilling war lebendiger – dank der Polen und Juden und vielleicht auch der Armut.

Die Menschen, die in Lipnik, meinem Geburtsort, lebten, waren wohl noch ärmer. Ich kann mich nur an eine einzige Straße entsinnen; aus ihr bestand das ganze Dorf. Sein Stolz war das Haus eines Branntweinherstellers. Dessen Sohn wurde Musiker und später ein guter Freund von mir. Die Mitglieder dieser Familie waren die ersten wohlhabenden Leute, mit denen ich in Berührung kam. All diese Einzelheiten mögen nicht hundertprozentig exakt sein, denn ich besitze keine Aufzeichnungen, keinerlei Unterlagen, auf die ich mich bei diesem und dem folgenden Bericht stützen könnte. Ein paar Jahre nach meiner Geburt zogen meine Eltern in die erwähnte saubere Stadt. In ihrer Religionsausübung waren sie gemäßigt orthodox, viele meiner Verwandten, zum Beispiel meine Großeltern, waren streng orthodox. Als meine Eltern später nach Wien zogen, assimilierten sie sich äußerlich immer mehr.

Fast alle dieser armen oder kleinbürgerlichen jüdischen Familien hatten den Ehrgeiz, ihren Kindern den Aufstieg in einen höheren Existenz- und Erfahrungsbereich zu ermöglichen. Als ich sechs Jahre alt war, bekam meine ältere Schwester (ich hatte zwei Schwestern) ihren ersten Klavierunterricht. Meine Mutter erzählte mir – ich weiß nicht, wie glaubwürdig das ist –, ich habe, ohne selbst Unterricht zu erhalten, das, was ihr beigebracht wurde, viel schneller zuwege gebracht als sie. Ich setzte mich einfach ans Klavier und machte es. Die Klavierlehrerin meiner Schwester war der Auffassung, daß ein Junge, der das konnte, musikalisch sein müsse, und begann auch mich zu unterrichten. Nach einem Jahr meinte sie, man solle mit mir nach Wien fahren und meine Begabung von einigen Fachleuten prüfen lassen, die dann darüber befinden sollten, ob ich das Zeug zum Berufsmusiker hätte. In der Zwischenzeit bekam ich ein paar Stunden bei anderen Klavierlehrern, beides Männer, in Bielitz. Ich kann mich nur an einen von ihnen erinnern. Er wohnte im Turm eines ziemlich heruntergekommenen Schlosses, das einem polnischen Adligen gehörte. Mitten in der Stunde verschwand er plötzlich durch eine Falltür. Das beeindruckte mich und jagte mir Angst ein. Heute kann ich mir lebhaft vorstellen, was er während der zehn Minuten machte, die er verschwunden blieb. Ich bin sicher, er führte sich ein Fläschchen Wein zu Gemüte – ich entsinne mich des Geruchs.

Zu jener Zeit hatte ich auch meinen ersten Hauslehrer für den Allgemeinunterricht. Es war ein alter Mann mit einem weißen, nicht sonderlich gepflegten Bart. Eine Zeitlang unterrichtete er mich auch in Hebräisch, aber ich habe kaum ein Wort behalten. Nur von meinem fünften bis zu meinem sechsten oder siebten Lebensjahr erhielt ich Hebräischunterricht.

1889, als ich sieben Jahre alt war, fuhr man mit mir nach Wien, damit ich Professor Hans Schmitt vorspielte. Ich hatte auch ein paar Empfehlungsschreiben an andere Wiener Persönlichkeiten. Ich kann nicht mehr sagen, was für einen Eindruck Wien auf mich machte. Ich war schließlich noch ein kleines Kind. Hans Schmitt war Professor am Konservatorium der Gesellschaft der Musikfreunde, einem der berühmtesten Institute der Welt, und Verfasser der „Tausend täglichen Übungen" (es können auch ein paar weniger gewesen sein). Auch er trug einen weißen Bart. Sie, hier und heute, können es sich nicht vorstellen, daß die meisten Männer Bärte tragen; aber in meiner Kindheit war es die Regel. Das war recht dekorativ. Der Kaiser trug einen sorgfältig gestutzten Backenbart, und so trug jeder, der bedeutend und würdig erscheinen wollte, einen Bart, mein Vater, meine Onkel, alle. Professor Schmitt nahm mich als Schüler an. Einige andere Leute – Musiker und Musikliebhaber – hörten mich ebenfalls und erklärten übereinstimmend, daß ich die Anlage zum Berufsmusiker habe. Folglich galt ich seit meinem siebten Lebensjahr als Berufsmusiker, aufgrund des Beschlusses meiner Förderer und meiner Eltern. Die machten mich zum Pianisten. Ich hatte gar keine Wahl. Andernfalls wäre ich wohl Komponist geworden. Offiziell bin ich Pianist geblieben, obwohl ich im Verborgenen stets komponiert habe und noch immer komponiere. Ich bedaure oder beklage diese Bestimmung nicht. Das Klavier ist ein durchaus befriedigendes Instrument – für einen Musiker. Was ich bei Professor Schmitt gelernt habe, kann ich nicht sagen – ich kann mich einfach nicht erinnern. Es war anscheinend nicht sehr begeisternd, vielleicht war auch mein Bewußtsein noch nicht recht erwacht. Mein Unterricht bei ihm währte zwei Jahre. Dann wurde ich zu einem anderen Mann geschickt. Auf diesen werde ich später zurückkommen.

Ich wurde einigen gutsituierten Leuten empfohlen, die sich sehr für die Förderung junger Talente engagierten, und meine Mutter wurde von den Vorständen ihrer Förder- oder, wie man sie auch nennen könnte, Gewissensberuhigungskreise eingeladen. Drei dieser reichen Familien unterstützten mich während der folgenden acht Jahre, ohne jemals zu verlangen oder zu erwarten, mich zu sehen oder zu hören. Dies war ein unglaublicher Glücksfall. Bis zu meinem fünfzehnten Lebensjahr erhielt ich monatliche Zuwendungen, die meine Mutter oder später ich selbst in ihren Büros abzuholen hatte. Jahrzehnte später traf ich einmal einen Nachkommen einer meiner Gönner und erzählte ihm, daß sein Großvater mir geholfen hatte, Musik zu studieren und meine Jugend zu genießen – er hörte mir kaum zu!

Die führende Musikalienhandlung Wiens war damals noch eine, in der man nichts anderes als Noten und allenfalls noch Notenpapier kaufen konnte; da gab es keine Puppen, wie man sie heute in Amerika in Musikgeschäften findet – in einigen kann man sogar Kühlschränke kaufen. Sonderbar, daß unsere Epoche des Spezialistentums weniger exklusiv ist als die vorausgegangene. Irgendwie verbinden wir Spezialisierung mit Nivellierung. Der Mann, der diese Wiener Musikalienhandlung führte, Albert J. Gutmann, war sehr unternehmungslustig und hatte ziemlichen Einfluß auf das öffentliche Musikleben in der zweiten Hälfte des neunzehnten Jahrhunderts. Alle namhaften Musiker jener Zeit standen in persönlichem Kontakt mit ihm, und die Zusammenkünfte, die jeden Sonntagnachmittag in seinem Hause stattfanden, waren international bekannt – als „Starparade", wie man es hierzulande jetzt nennen würde. Jedesmal wurde dort auch Musik aufgeführt, oft zeitgenössische, um junge Komponisten zu fördern. Er verkaufte auch Klaviere, in einem anderen Laden, und veranstaltete Konzerte. Als ich acht Jahre alt war, organisierte er ein Privatkonzert für mich, um auf mein Talent aufmerksam zu machen. Es fand in dem kleinen Saal statt, der sich an die Verkaufsräume seines Klaviergeschäfts anschloß. Ich spielte Mozarts d-Moll-Konzert, das immer noch als ein vornehmlich Kindern zugängliches Werk galt – eingeschliffene Mißverständnisse dieser Art besitzen eine erstaunliche Langlebigkeit. Mein Konzert muß recht erfolgreich gewesen sein. Es verlängerte und verbesserte meine Aussichten, kontinuierlich und ausreichend unterstützt zu werden, um meinen Lebensunterhalt zu decken und etwas zum Familienbudget beizutragen. Meine Eltern waren ehrgeizig, aber sie waren nicht habgierig, so daß mir das Schicksal erspart blieb, als Wunderkind ausgebeutet zu werden. Nach diesem halböffentlichen Konzert trat ich nicht mehr öffentlich auf, bis ich vierzehn war. Da galt ich dann natürlich als Erwachsener – als ein Musiker wie andere Musiker auch.

Ich erinnere mich noch genau an zwei andere Anwärter auf Weltruhm in Wien, ein Mädchen und einen Jungen, beide in meinem Alter, die im Gegensatz zu mir als Wunderkinder herumgereicht wurden. Beide kamen aus einem ähnlichen Milieu wie ich. Dies berührt ein sehr interessantes Problem, auf das ich gern ein andermal näher eingehen möchte. Die beiden bekamen viel Publicity, ich überhaupt keine. Bis auf den heutigen Tag hege ich einen gewissen Vorbehalt gegenüber Publicity. Ich kann nicht genau sagen, warum ich diese Abneigung habe, aber ich hatte sie schon, als ich sieben Jahre alt war. Diese beiden Kinder spielten oft am kaiserlichen Hof. Das tat ich niemals, sehr zur Enttäuschung meiner Mutter. Ständig war in der Zeitung zu lesen, einer meiner beiden jungen Kollegen habe vor dem Kaiser, habe vor dem Erzherzog gespielt – ich hatte vor gar niemand gespielt. Ich erinnere mich, daß einmal ein Freund unserer Familie kam und mich aufzog: „Nun, wie steht's mit dir? Hast du's gelesen: Poldi Spielmann hat schon wieder vor gekrönten Häuptern gespielt, und Ilona Eibenschütz hat wieder eine Polka komponiert und dem Erzherzog Soundso gewidmet; bei Gutmann ist sie im Schaufenster ausgestellt. Dein Name ist dort nicht zu sehen." Meine Mutter hat mir später erzählt, ich habe geantwortet: „Was versteht denn der Kaiser schon von Musik?" Vielleicht habe ich das tatsächlich gesagt. Auf alle Fälle hatte meine Mutter eine lebhafte Phantasie.

Als ich neun war, versuchte jemand meine Mutter davon zu überzeugen, daß es keinen Sinn für mich habe, bei diesem – angeblich – trokkenen, wenig begeisternden Professor Schmitt zu bleiben; da gebe es in Wien einen weitaus besseren Lehrer, einen gewissen Professor Leschetizky. Er unterrichtete nicht an einem Konservatorium. Er hatte kein offizielles Lehramt. Er lebte recht zurückgezogen und ließ sich selten in der Öffentlichkeit sehen. Seit langer Zeit war er nicht mehr öffentlich aufgetreten. Meine Mutter nahm mich, um mich ihm vorzustellen. Meine Erinnerung an dieses Ereignis ist recht deutlich. (Ich hatte mittlerweile das Wahrnehmungsvermögen eines neunjährigen Menschen entwickelt.) Ich entsinne mich, daß wir zwei Stunden in einem kleinen Zimmer warten mußten, bis Leschetizky erschien. Er kam immer zu spät. Wenn man um elf Uhr zum Unterricht bestellt war, begann er um eins. Auch er trug einen Bart, der allerdings noch nicht ganz weiß war. Sein Haus schien eine viel angenehmere Atmosphäre zu atmen als das Studio meines vorherigen Lehrers. Wir spürten das sofort. Es war eben einfach nicht die Atmosphäre von tausend täglichen Übungen. Nachdem ich ihm einen Teil meines Repertoires vorgespielt hatte, bat mich Leschetizky, etwas vom Blatt zu spielen. Er schlug den Klavierauszug der *Cavalleria rusticana* auf, der eine Woche zuvor erschienen war. Anscheinend war er mit meinem Vom-Blatt-Spiel zufrieden, denn er nahm mich als Schüler an.

Im ersten Jahr wurde ich eigentlich von seiner Frau, Madame Essipoff, einer damals berühmten Klaviervirtuosin betreut, und er hörte mich nur gelegentlich. Madame Essipoff war sehr freundlich zu mir. Ich mußte Etüden und Übungsstücke, hauptsächlich Czerny, spielen, wie ich mich erinnere. Sie pflegte eine Münze (einen Gulden) auf meine Hand zu legen, eine Silbermünze, fast so groß wie ein Silberdollar, und wenn ich eine Czerny-Etüde spielte, ohne die Münze fallen zu lassen, durfte ich sie behalten. Ich finde, das war reizend von ihr. Inzwischen habe ich meine Klaviertechnik so radikal geändert, daß jetzt die Münze herunterfallen würde, wenn ich auch nur ein paar Töne spielen müßte. Ich glaube nicht, daß die statische Hand eine empfehlenswerte Technik für musikalischen Ausdruck ist. Für sehr junge Anfänger mag sie – vorübergehend – jedoch die einzige Methode sein.

Bei Leschetizky lernte ich zum erstenmal ein internationales Völkchen kennen. Er hatte Schüler von überall in der Welt, in der Mehrzahl aus den Vereinigten Staaten. Paderewski war Schüler von ihm gewesen. Ihre Beziehung kann nicht allzu erquicklich gewesen sein. Das zeigte sich deutlich in ihrem Zögern, den anderen zu erwähnen, und noch mehr in dem, was sie über ihn sagten, wenn sie nicht umhinkonnten, sich zu äußern.

Ich habe Paderewskis Memoiren nicht gelesen, aber man hat mir gesagt, daß Leschetizky dort selten und wenn, dann recht kühl erwähnt wird. Es mag sein, daß dieser Bericht nicht stimmt. Ich habe nie herausbekommen, was der Grund ihrer, sagen wir, Entfremdung war. Doch Paderewski, der niemals einen Hehl daraus machte, Leschetizky-Schüler zu sein, war in den Staaten eine solche Sensation und wurde so vergöttert, daß die amerikanischen Studenten in Scharen zu Leschetizky strömten.

Bald begann Leschetizky mich selbst zu unterrichten. Während dieser Jahre sagte er wiederholt und in Gegenwart vieler anderer Leute zu mir: „Aus dir wird nie ein Pianist. Du bist ein Musiker." Natürlich machte ich mir nicht viel aus diesem Spruch und dachte nicht groß darüber nach; noch heute kann ich ihn nicht ganz begreifen. Immerhin, für ihn gab es diesen Unterschied.

Für heute, glaube ich, habe ich genug erzählt. Ich bin zwar erst bei meinem zehnten Lebensjahr angelangt, aber zum Glück haben wir ja noch elf weitere Gelegenheiten. Lassen Sie uns also jetzt mit der Diskussion beginnen.

— *Ich habe mich immer gefragt, warum man Tschaikowskys zweites Klavierkonzert nie zu hören bekommt.*

A.S.: Ich habe auch das erste nie gespielt.

— *Gibt es da qualitative Unterschiede?*

A.S.: Ich halte es für kompositorisch nicht so gelungen. Es ist ein viel unausgewogeneres Stück. Aber wie dem auch sei, kein Pianist kann das gesamte Klavierrepertoire spielen. Was ihn dazu veranlaßt, was ihn dazu zwingt, eine ganz bestimmte Richtung und keine andere einzuschlagen, ist letzten Endes unerklärlich. Das Geheimnis dieser Richtung der Anziehungskraft ist eines der faszinierendsten überhaupt. Wir alle erleben es, wenn wir uns verlieben. Die englische Sprache bringt dies sehr treffend im Bild des Fallens zum Ausdruck: *to fall in love*.

— *Was hat Sie dazu bewogen, sich ausschließlich den alten Meistern zu widmen und die Moderne zu meiden? Sie haben sich fast ausschließlich auf Mozart spezialisiert.*

A.S.: Ich habe viel zeitgenössische Musik gespielt, als ich jünger war. Ich weiß auch nicht, ob Sie sich auf moderne Musik als Qualität oder Quantität beziehen. Übrigens habe ich immer gedacht, ich gelte als Beethoven- und nicht als Mozart-Spezialist.

— *Ich habe Sie in Ihren Konzerten nie etwas von Debussy oder Ravel spielen hören.*

A.S.: Wie ich schon angedeutet habe, wäre es falsch zu meinen, Musik, die in meinem Repertoire, bei meinen öffentlichen Auftritten nicht vertreten ist, werde von mir nicht geschätzt. Aber ich muß mir Grenzen setzen. Ich habe Bedenken, Bach im Konzert zu spielen, denn die Konzertsäle sind zu groß für den überwiegenden Teil seiner doch eher intimen Klaviermusik, zum Beispiel das unvergleichliche *Wohltemperierte Klavier*. Ich habe fast alle Werke Schumanns gespielt, sehr oft Liszts h-Moll-Sonate. Ich habe zeitgenössische Musik, vor allem Kammermusik, gespielt; doch wenn man älter wird, muß man sich konzentrieren. Das extensive Leben, das Sich-den-Wind-um-die-Nase-wehen-Lassen, gehört der Jugend. Ich habe das voll ausgekostet, und Sie werden noch Näheres über diesen Abschnitt meiner Laufbahn hören. Ihre letzte Frage wurde mir schon häufiger gestellt. Meine Antwort ist, daß mich heute nur noch Musik reizt, die meiner Ansicht nach besser ist, als sie gespielt werden kann. Ein Musikstück, das mir keine Aufgabe, keine nicht enden wollende Aufgabe stellt, interessiert mich (zu Recht oder zu Unrecht) nicht allzusehr. Chopins Etüden zum Beispiel sind hübsche Stücke, perfekte Stücke, aber ich kann einfach keine Zeit auf sie verwenden. Ich glaube diese Stücke zu kennen; doch wenn ich eine Mozart-Sonate spiele, bin ich nicht so sicher, daß ich sie kenne, in- und auswendig. Deshalb kann ich mich endlos mit ihr beschäftigen. Das kann wahrscheinlich nur jemand verstehen, der dieselbe Erfahrung gemacht hat. Viele meiner Kollegen würden mich auslachen. Sie würden sagen: „Wo liegt das Problem? Für mich gibt es da kein Problem." Hier berühren wir das absolut unerforschliche Gebiet der *Qualität* – die Grenzlinie zwischen Qualität und Quantität, Wesen und Erscheinung. Ich wurde einmal von jemandem gefragt: „Wie kommt es, daß Sie mit solcher Ehrfurcht und solchem Respekt von Mozarts Tiefgründigkeit sprechen?" Es war die Ehefrau eines Starvirtuosen, der gegenüber ich mich bewußt in fast übertriebenen Worten über die Tiefe von Mozarts Musik, ihre unbegreiflichen, transzendenten Qualitäten geäußert hatte. Sie sagte: „Auch wir lieben Mozart, aber wir finden seine Musik einfach reizend, entzückend und graziös. Wenn Ihre Einschätzung zutrifft, Herr Schnabel", fuhr sie fort, „wie erklären Sie sich dann, daß Kinder Mozart so gut spielen?" Ich antwortete: „Nun, Kinder haben zumindest etwas sehr Wesentliches mit Mozart gemein, nämlich Reinheit. Sie sind noch nicht verdorben, voreingenommen und persönlich befangen. Aber das ist natürlich nicht der Grund, warum ihre Lehrer sie Mozart spielen lassen. Kinder läßt man Mozart wegen der geringen *Quantität* der Noten spielen; Erwachsene meiden Mozart wegen der enormen *Qualität* der Noten!"

Sind Sie mit meinen Programmen unzufrieden? Haben sie Sie gelangweilt? Gefallen sie Ihnen nicht?

— *Ich habe sie sehr genossen, aber ich wollte es einfach mal wissen.*

A.S.: Warum sollten alle Pianisten dasselbe Repertoire spielen? Es ist gut, daß es zwei, drei oder mehr Typen gibt. Zum Beispiel hören Sie nie die hinreißende, überaus effektvolle, geistsprühende C-Dur-Polonaise von Beethoven. Sie wissen nicht einmal, daß es sie gibt. Viele Berufspianisten haben dieses Stück nie gesehen und spielen statt dessen den Marsch aus der *Liebe zu den drei Orangen*, ein Stück, das sich meiner Meinung nach nicht mit Beethovens Polonaise messen kann, nicht einmal vom Effekt her.

Ich spielte einmal in einem Konzert fünf Beethoven-Sonaten. Hinterher fragte mich ein Student, der seine Frage offenbar vorbereitet hatte: „Herr Schnabel, gönnen Sie sich in stillen Stunden das Vergnügen, Friml und Baumgartner zu spielen?" Es war mir ein unvergeßlicher Augenblick! Ich fragte mich, was sich im Kopf dieses jungen Mannes abspielen mochte. Ich war (ein seltener Fall in meinem Leben) sprachlos. Schließlich sagte ich: „Nun, warum gehen Sie nicht zu Herrn Friml und fragen ihn, ob er sich in stillen Stunden das Vergnügen gönnt, die *Goldberg-Variationen* zu spielen?" Der Junge faßte das anscheinend als antisemitische Sottise auf und machte sich davon.

Lassen Sie mich Ihnen folgende Frage stellen: Wer, meinen Sie, ist der größere – der Zwerg auf der höheren Ebene oder der Riese auf der tieferen Ebene?

— *Der Riese ist größer.*

A.S.: Gewiß, aber die Ebenen bleiben verschieden.

— *Ich habe Sachen in Ihren Programmen gehört, wie beispielsweise die Schubert-Sonaten, die ich nie jemand anders habe spielen hören.*

A.S.: Ich war wahrscheinlich der erste, der Schuberts Sonaten immer wieder im Konzert spielte. Sie waren völlig ignoriert worden. Wenn die Schubert-Sonaten jetzt öfter in Konzertprogrammen auftauchen, mag das mit auf meine wiederholten Aufführungen zurückzuführen sein. Gefallen Ihnen Schuberts Sonaten nicht?

— *Aber wenn Sie sie nicht gespielt hätten, hätten wir sie nie gehört.*

A.S.: Wenn Sie sich die Mühe machten, einmal in ein Werkverzeichnis der Komponisten zu schauen, deren Werke Ihnen am meisten bedeuten, würden Sie feststellen, daß es eine Polonaise von Beethoven und Sonaten von Schubert gibt. Dann dürften Sie, falls Sie Klavier spielen, neugierig genug sein, sie sich einmal anzuschauen.
    Es ist bedauerlich, daß die Beliebtheit von Musik hauptsächlich von den Aktivitäten der „Stars" bestimmt wird; es wäre besser, wenn wir den Musiker durch die Musik sehen würden und nicht die Musik durch den Musiker. Natürlich liegt das auch an den Lehrern – aber an Paderewskis Repertoire als Standardrepertoire festzuhalten heißt an Dingen zu kleben, die zum Teil überholt sind.
    Mit Ihrer Frage wollten Sie nicht sagen, daß ich lieber Debussy oder Ravel hätte spielen sollen?

— *Ich wollte lediglich wissen, warum Sie es nicht taten.*

A.S.: Was meinen Sie, war der Grund?

— *Darüber habe ich nicht nachgedacht.*

A.S.: Aber warum haben Sie denn nicht nachgedacht? Ich spiele nicht gern ein und dasselbe Programm eine ganze Saison lang. Natürlich könnte in Anbetracht unseres technischen Fortschritts jemand – ein Sänger zum Beispiel – mit einem einzigen Programm drei Jahre lang durch alle Kontinente des Erdballs reisen. Er kann jeden Abend dasselbe aufführen. Mir ist das unbegreiflich. Ich verstehe einfach nicht, wie jemand sechshundertmal hintereinander den Hamlet spielen kann. Mir läuft das zuwider; wenn ich dasselbe Stück sechsmal in zwei oder drei Wochen spiele, fühle ich mich bereits unwohl. Was nur zeigt, daß die Menschen verschieden sind.

— *Was spielten die Studenten in Leschetizkys Klasse?*

A.S.: Leschetizky gehörte der Virtuosenschule der zweiten Hälfte des neunzehnten Jahrhunderts an, obwohl er bei Czerny studiert hatte, der seinerseits ein Schüler Beethovens war – aber diese Virtuosität war eine ursprüngliche und schöpferische Virtuosität und noch keine mechanisierte. In all den Jahren meines Umgangs mit Leschetizky, bis zu seinem Tode, hörte ich ihn nie über Geld, Erfolg, die Presse, Kritiker oder die Gesellschaft reden. Kein einziges Wort. Er war absolut unabhängig. Die überragende Eigenschaft Leschetizkys war sein Temperament; aber ich glaube, daß er Musik nicht, wie ich es vorhin dargelegt habe, als eine eigene Sphäre der persönlichen Erfahrung begriff, sondern als etwas, was dargeboten, anderen vorgeführt werden muß. Er verstand Musik sozusagen als öffentliche Angelegenheit. Für ihn war nicht die Musik selbst das Gebende und der Musiker der Empfangende, sondern der Musiker als Individuum der Gebende und der Zuhörer der Empfangende. Heutzutage ist, wenn man den Managern und Veranstaltern glaubt, der Kunde der Geber und der Künstler der Empfänger. Der Begriff „geben" scheint heute nahezu untrennbar mit Entlohnung verbunden (und sei es auch nur in der Form von „Applaus"). Als Leschetizky, wie ich Ihnen erzählt habe, bestritt, daß aus mir je ein Pianist werden würde, und sagte, daß ich, anscheinend von Anbeginn, ein Musiker sei, wollte er damit vielleicht andeuten, daß ich zu der Sorte gehöre, die von der Musik „empfängt". Selbstverständlich läßt sich zwischen diesen angeborenen Haltungen keine scharfe Grenzlinie ziehen, und ich spreche keiner von beiden einen höheren Wert zu. Als ich zehn oder elf Jahre alt war, sagte Leschetizky zu mir: „Schubert hat ganz hervorragende Klaviersonaten geschrieben, die niemand kennt. Sie sind vollkommen vergessen. Keiner spielt sie. Dir könnten sie gefallen." Und so begann ich, Schuberts Sonaten zu spielen, weil Leschetizky sagte, ich würde nie ein Pianist werden. Unter den ungefähr 1800 Schülern, die er im Laufe von fünfzig oder sechzig Jahren unterrichtete, gehörte ich zu der Handvoll, die nie eine der Ungarischen Rhapsodien von Liszt studieren mußten. Ich war absolut zufrieden mit der Wahl, die er für mich traf. Er war nicht immer gut auf mich zu sprechen. Er war sehr streng mit mir und setzte mir zuweilen hart zu, aber er respektierte voll und ganz, was er als meine musikalische Veranlagung erkannt hatte. Von meinem zehnten Lebensjahr an spielte ich sechs Jahre lang jedesmal vor der Klasse. Jeden Mittwochabend, in den späteren Jahren jeden zweiten Mittwochabend, außer während des Sommers, scharte Leschetizky alle seine Schüler (etwa siebzig oder achtzig) um sich, und einige mußten vorspielen. Ich spielte, wie gesagt, jedesmal, was mir zu einer unschätzbaren Routine verhalf, vor Leuten und überdies ausschließlich musikalischen Leuten zu spielen. Oft unterbrach er das Spiel und korrigierte den Schüler. Ich bin ihm zutiefst dankbar.

— *Wenn Sie längere Zeit nicht vor Publikum spielen, glauben Sie dann an Sicherheit zu verlieren?*

A.S.: Ich glaube nicht. Wenn jemand Angst hat, nervös zu werden, wenn er vor Publikum spielen muß, sollte er sich einen Zuhörer suchen. Es ist völlig gleichgültig, wer das ist. Man kann den Hausmeister bitten, zu kommen und zuzuhören, falls er Zeit hat. Zweifellos ist es heutzutage schwieriger als jemals zuvor, Leute zu finden, die bereit sind zuzuhören. Warum sollten sie auch, wo sie doch Radio haben? Vor fünfzig oder hundert Jahren war das anders. Wenn jemand irgendwo einzog und ein Klavier mitbrachte, waren die Mitbewohner stolz und glücklich. Herrlich! Heute brauche ich Ihnen nichts von den Schwierigkeiten mit „natürlichen" und „berufsbedingten" Geräuschen in Mietshäusern zu erzählen. Speziell das sogenannte Üben, sei es von lustlosen Anfängern oder von Leuten, die über ein gewisses Talent verfügen und ihr Instrument beherrschen, ist gefürchtet wie die Pest. Nun, dieser Wandel in der Einstellung zur Musik spiegelt ihre demokratische Erweiterung am augenfälligsten wider; sie ist kein Privileg der Minderheit mehr. Sie ist gewöhnlich geworden.

Ich glaube, daß es die fruchtbarste Form des Unterrichts für Fortgeschrittene ist, alle Schüler am Unterricht teilnehmen zu lassen. Das ist nur bei einer sehr kleinen Anzahl von Schülern möglich. Wenn man nur sechs oder sieben Schüler hat, kann man es machen, aber mit fünfzig oder sechzig Schülern – einer Fabrik – wäre es äußerst schwierig. Leschetizky hatte sehr viele Schüler und gab ihnen allen Einzelunterricht. Die meisten von ihnen studierten über lange Zeiträume bei einem seiner zahlreichen Assistenten. Übrigens gibt es keine „Leschetizky-Methode". Das ist eine pure Legende. Er sprach nie über Technik, zumindest habe ich ihn nie darüber sprechen hören. Mehrere seiner Assistenten und einige seiner Schüler haben Bücher über seine Lehrmethode veröffentlicht, die alle diametral entgegengesetzt sind. Lassen Sie sich von ihnen nicht in die Irre führen. Es gab keine Lehrmethode. Sein Unterricht war viel mehr als das. Er war ein Prozeß, der alle verborgenen Energien des Schülers freizusetzen suchte. Er richtete sich an die Vorstellungskraft, den Geschmack und die persönliche Verantwortung. Er lieferte kein Modell oder einen Königsweg zum Erfolg. Er gab seinen Schülern eine Aufgabe, kein Rezept.

— *Hatte Leschetizky eine bestimmte Art der Tonerzeugung, oder ist das etwas, wovon man nur hierzulande hört?*

A.S.: Er erzeugte den Ton, jeden Ton des unendlichen Spektrums musikalischer Klänge, den er haben wollte, mit dem Ohr und nicht mit den Fingern. Zu versuchen, der Musik mit den Fingern gerecht zu werden, ist völlig aussichtslos. Musik schert sich nicht um Finger. Er hat nie über diese Frage gesprochen.

— *Und seine Assistenten?*

A.S.: Seine Assistenten unterrichteten so, wie ich Ihnen vorhin erzählt habe. Die Methoden von Madame Prentner und Madame Bree waren diametral entgegengesetzt. Leschetizky schrieb in seinem Leben keine einzige Etüde und kein einziges Übungsstück. Darin unterscheidet er sich völlig von Matthay oder Philipp. Leschetizky verkörperte einen ganz anderen Lehrertyp. Er war stets Künstler – ein Grandseigneur, eine inspirierende Persönlichkeit. Er wollte, daß seine Schüler verwirklichten, was er für schön und natürlich erachtete.

— *Wenn sie nicht das hervorbrachten, was er für schön hielt, meinte er dann, daß es nicht von innen komme oder daß sie nicht genügend vorbereitet seien?*

A.S.: Er hielt deine Ohren für ungeschult (oder untalentiert), wenn dein Ton nicht adäquat war. Es hängt auch viel vom individuellen Maßstab ab. Es gibt solche, die ein kräftiges Fortissimo nicht ertragen; sie sind zu empfindlich oder zu sanft. Andere vermissen, wenn sie ein echtes Pianissimo hören, den großen, üppigen Ton. Musik erfordert, wie ich bereits gesagt habe, Tausende von Klangschattierungen und nicht einen Einheitsklang. Der würde die Musik ruinieren. Technik ist kein Wert an sich, wie Sie wissen. Bloße Gewandtheit genügt nicht. Ich kann das an jedem Straßenjungen demonstrieren, er wird auf der Stelle ein Glissando zustande bringen – und falls er genug Sitzfleisch hat, wird er eine ganze Stunde lang in höchster Rasanz Oktaven herunterdonnern. Das hat so gut wie nichts mit Musik zu tun. Es ist Sport. Die Verbindung der Töne, die Artikulation, muß vom inneren Ohr gesteuert werden. Große körperliche Anstrengungen sind einem musikalischen Vortrag nicht förderlich. Sowieso sollte jede körperliche Leistung mit einem Minimum an Anstrengung erzielt werden.

— Ich habe von verschiedenen Quellen gehört, daß Leschetizky seinen Schülern nie ein Stück vorspielte, um ihnen zu zeigen, wie er es haben wollte. Er sagte ihnen lediglich, was sie tun sollten.

A.S.: Ich habe ihn nie ein ganzes Stück spielen hören, aber einzelne Teile spielte er in jeder Stunde, und wenn man ein Konzert studierte, spielte er auf dem zweiten Flügel den Orchesterpart. Kein Lehrer spielt, soweit ich weiß, in seinen Stunden komplette Werke vor.

Er ging in seinem Unterricht ähnlich vor wie ein Bergführer. Man weiß nicht, wie er es anstellt, immer die richtige Route zu finden; aber er bringt einen ans Ziel. Ich glaube, unsere Zeit ist um. Bitte erinnern Sie mich morgen, wo ich heute stehengeblieben bin.

Artur Schnabel, um 1904.

2

Wie ich Ihnen gestern gesagt habe, habe ich meine Rekapitulationen nicht vorbereitet. Es könnte deshalb sein, daß diese Vorträge zu einer Art Puzzle werden. Ich werde die Einzelteile liefern, und Sie werden sie zusammenfügen müssen, um ein vollständiges Bild zu erhalten. Ich hoffe, sie passen zusammen.

Also weiter mit meiner Geschichte. Ich komme nochmals auf meinen Geburtsort, Lipnik, zurück. Er besaß weder einen Bahnhof noch ein eigenes Postamt. Wenn ich für Nachschlagewerke, biographische Skizzen und ähnliches nach meinen Lebensdaten gefragt werde, füge ich dem Namen Lipnik „Österreich" hinzu. Irgendwann einmal wollten sich besonders gründliche Leute wohl vergewissern, zu welchem Teil Österreichs Lipnik gehört. Sie müssen dazu eine Karte von Österreich, und zwar eine aus der Zeit vor dem Ersten Weltkrieg, zu Rate gezogen haben. Dort konnten sie zwei Lipniks im Reich finden, die beide einen Bahnhof und ein Postamt und somit auch einen Platz im Atlas hatten: eines in der Tschechoslowakei, das andere in Kärnten. Aus unerfindlichen Gründen entschieden sie sich für das letztere. Mein Lipnik lag jedoch im polnischen Teil Nordösterreichs. Es hatte kaum irgendwelche Ähnlichkeit mit seinem Namensvetter im südösterreichischen Kärnten mit seinen mächtigen Felsen, Gletschern, Seen und einer kleinen alpinen Bevölkerung, die für ihre Virtuosität im Jodeln bekannt ist. Ihre Nachbarn sind Jugoslawen und Italiener. Mich immer wieder als „kärntnerischen Pianisten" bezeichnet zu sehen amüsiert mich natürlich sehr. Nun, das ist ein historischer Irrtum von geringer Bedeutung. Die österreichisch-ungarische Monarchie war, wie Sie wissen, ein buntes Gemisch von vierzehn Nationen, von denen die Mehrzahl mehr oder weniger die Stellung oder die Funktion von Leibeigenen innehatte.

Einige der österreichischen Provinzen hatten fast kolonialen Charakter. Die Herren und Nutznießer saßen in Wien, Prag und Budapest. Als ich zum erstenmal nach Wien kam, erschien es mir riesig im Vergleich zu dem, was ich bis dahin zu Gesicht bekommen hatte. Als ich später dann Berlin, London und New York kennenlernte, erschien Wien natürlich fast winzig. In den „Fröhlichen Neunzigern" befand sich Wien in der elften Stunde seiner Funktion als Ballsaal Europas, wie es einmal geistreich bezeichnet wurde. Eine Zeitlang stand die österreichisch-ungarische Monarchie so hoch im Kurs, daß ein bedeutender ausländischer Staatsmann einmal sagte: „Gäbe es sie nicht, man müßte sie erfinden." Mittlerweile ist sie untergegangen, und von ihrer Wiederauferstehung läßt sich gegenwärtig nicht einmal träumen.

Das Wien des Fin de siècle hatte drei deutlich gegeneinander abgegrenzte Bevölkerungsschichten. Das gesellschaftliche Leben bestimmte der Adel, der – um seine Spitze, den Hof, zentriert – alle mit einer noch altmodischen Regierung zusammenhängenden hohen Funktionen bekleidete und allgemein und bereitwillig als Primadonna akzeptiert wurde. Gleich nach Hof und Adel kamen die Kirche, das Militär und der Verwaltungsapparat. Die Adligen bekleideten auch die höchsten Ämter in diesen Institutionen. Es war sprichwörtlich, daß sich diese hohen Herren (von Ausnahmen einmal abgesehen) nicht überarbeiteten. Nicht zu arbeiten – im landläufigen Sinne – gehörte zum *noblesse oblige*. Ich halte dies für eine ziemlich bedeutsame Tatsache. Der geringere Teil der Zeit wurde auf die Arbeit verwendet, der überwiegende Teil blieb für den einzig würdigen Wettstreit übrig: den Drang, sich in der Erfüllung der Pflichten der Noblesse, die auf Gediegenheit und Kultiviertheit basierten, gegenseitig zu übertreffen. An dritter Stelle kam die Gruppe von Adligen, die nicht auf einen jahrhundertealten Stammbaum zurückblicken konnten. Sie bildeten die aristokratische Unterschicht, die sich hauptsächlich aus Männern (beziehungsweise deren Nachfahren) zusammensetzte, die aufgrund besonderer Leistungen in der Armee oder der Verwaltung das Adelsprädikat verliehen bekommen hatten. Langjähriger Staatsdienst – Sitzfleisch – war so eine Leistung. Auch Kaufleute und Bankiers wurden gelegentlich auf diese Weise ausgezeichnet. In der zweiten Hälfte des neunzehnten Jahrhunderts wurden auch Künstler, Wissenschafter, Ärzte, Erzieher usw. in den Adelsstand erhoben – offensichtlich in der letzten Phase seines verblassenden Glanzes. Dann kamen drei Schichten des Bürgertums und schließlich die verschiedenen Gruppen unterhalb des bürokratischen Wasserkopfes. Dazu gehörten auch die Weinbauern, denn in der unmittelbaren Umgebung Wiens wurde ein sehr guter Wein angebaut. Die Weinkeller im Winter und vor allem die Weingärten im Frühling und Sommer wurden von jedermann frequentiert. Dort vermischten sich die sozialen Schichten, und wenn sie vom jungen Wein genügend beflügelt waren, fraternisierten sie für ein paar Stunden in der Gleichheit des Rausches. Diese Gärten lagen oft vor den Weinbergen. Der Wein wurde in Karaffen direkt vom Faß ausgeschenkt. Weib und Gesang fehlten niemals. Es war ein höchst berauschendes Dreigestirn – das zur Sorglosigkeit verführte.

Die unteren Klassen in Wien waren ein ziemlich grober Haufen, verglichen mit den oberen, die sich durch großen Charme und Distinguiertheit auszeichneten. Es war, ich wiederhole es, die elfte Stunde einer Kultur, deren Ausgangs- und wahrscheinlich auch Endpunkt das private Heim war. Man spürte so etwas wie die Anstrengung, das letzte Aufflackern dieser Kultur zu genießen. Die oberen Klassen schienen zu wissen, daß sie dem Untergang geweiht waren. Es war eine letzte Flucht in süße Oberflächlichkeit, in einen ästhetisch angenehmen Defätismus. Eine der besten Charakterisierungen des niedergangsbewußten Wien kam während des Ersten Weltkriegs aus den Reihen seiner eigenen Bevölkerung. In der Neigung zum Scherz über die eigenen Schwächen parodierte man einen Lagebericht der deutschen Wehrmacht. Die Deutschen meldeten: „Die Lage ist ernst, aber keineswegs hoffnungslos." Die Wiener machten daraus: „Die Lage ist hoffnungslos, aber keineswegs ernst."

Das Leben in einer solchen Atmosphäre war nicht für jeden angenehm. Ich zum Beispiel wurde dort nicht recht glücklich. Der Geist des Defätismus, der allmählich die Luft durchdrang, lahmte kreative Impulse und die Entfaltung höherer Talente, beides noch nicht selten unter den Wienern. Die Maxime „Genieße so viel wie möglich, sowohl die gepflegten Genüsse als auch die derberen Belustigungen" war sogenannten ernsthaften Bestrebungen nicht förderlich. Als meine Familie nach Wien zog, um mich zum Musiker ausbilden zu lassen, wohnten wir zunächst in einer Art Ghetto – einem freiwilligen Ghetto, keinem Zwangsghetto wie zum Beispiel im zaristischen Rußland. Kurze Zeit später zogen wir in ein etwas weniger homogenes Viertel. Ich erinnere mich nicht mehr an allzu viele Einzelheiten dieses freiwillig gewählten Ghettos: lediglich an die Straße, die Synagoge und den Kaufmann, bei dem ich oft für meine Mutter einkaufen ging. Ich entsinne mich, daß die Heringe immer nach Petroleum rochen, da die Fässer, in denen diese beiden Artikel aufbewahrt wurden, dicht nebeneinander standen. Auch an unseren Hausarzt erinnere ich mich, an Dr. Ignatz Kreisler, den Vater von Fritz Kreisler, dem berühmten Geiger. Ich kannte also Fritz Kreisler, der einige Jahre älter ist als ich, seit meiner Kindheit. Sein Vater, der Arzt, ist mir noch sehr lebendig in Erinnerung. Er war ein seraphischer Mann mit einem weißen Bart, einer der liebenswürdigsten, an die ich mich entsinne. Er war genauso liebenswürdig wie mein eigener Vater. Ich habe Ihnen gestern erzählt, daß es mir erspart blieb, als Wunderkind ausgebeutet zu werden. Meine Eltern waren nicht habgierig. Mein Vater fürchtete sich geradezu vor Geld. Ich glaube, es war ihm zuwider, sich eines seiner Kinder als Sensation, als Goldesel vorzustellen. Meine Mutter hingegen war zwar keineswegs habgierig, aber durchaus ehrgeizig.

Nachdem ich auf Leschetizkys Empfehlung meinen Unterricht bei Madame Essipoff aufgenommen hatte, sagte jemand meiner Mutter, daß ich auch Kompositionsunterricht haben müsse. Also nahm sie mich eines Tages mit zu Herrn Anton Bruckner. Ich erinnere mich noch genau an das wenige, was ich von seiner Wohnung zu sehen bekam, auch an die Straße und sogar die Hausnummer. Wir stiegen eine Treppe hinauf, klopften an eine Tür und hörten das Geräusch langsam heranschlurfender Pantoffeln. Ein kahlköpfiger Mann öffnete die Tür, gerade so weit, daß ich einen Blick hineinwerfen konnte. Ich erspähte eine staubige Diele mit ein paar aufeinandergeschichteten Lorbeerkränzen und Stapeln von Noten. „Sie wünschen?" fragte er. „Ich möchte, daß Sie meinem Sohn Theorieunterricht erteilen", erklärte meine Mutter. Er brummte: „Ich unterrichte keine Kinder", schob uns hinaus und schloß die Tür. Das war meine einzige persönliche Begegnung mit Bruckner. Später sah ich ihn nur noch aus größerer Entfernung.

Nach diesem fehlgeschlagenen Vorstellungsgespräch bei Bruckner mußte uns Leschetizky einen anderen Kompositions- und Theorielehrer empfehlen. Er nannte uns einen weit weniger bekannten Komponisten. Dieser neue Lehrer war sehr pedantisch, strohtrocken und wenig begeisternd. Ich muß einigen Widerstand an den Tag gelegt haben – obgleich ich in späteren Jahren oft gelobt wurde, ich sei immer ein braver Junge gewesen, geduldig, und wenn unzufrieden, in erster Linie mit mir selbst. Jedenfalls verließ ich diesen neuen Lehrer nach wenigen Monaten Unterricht wieder und wurde dem dritten Lehrer vorgestellt, den man uns empfahl. Dies war Dr. Mandyczewski. Er war damals Bibliothekar. Auch er hatte einen Bart! Jeder schien einen zu haben, außer Bruckner, – Bauer und Mönch in einem. Er war eine Ausnahme, wie ein katholischer Priester. Dr. Mandyczewski war ein großartiger, ein wunderbarer Mann. Er verwaltete das Archiv der Gesellschaft der Musikfreunde. Das war keine städtische oder kaiserliche Einrichtung, aber es wurde öffentlich subventioniert. Mandyczewski war der Amanuensis von Brahms, ich hatte es also sehr gut getroffen. Ich studierte mehrere Jahre bei ihm, und er war immer sehr freundlich zu mir. Von unserer Wohnung zu dem einen Zimmer, das er bewohnte, hatte ich einen ziemlich weiten Weg zurückzulegen. (Damals lebten die meisten Musiker recht bescheiden. Ich habe auch Brahms' Wohnung gesehen – ganze zwei Zimmer, praktisch keine Möbel, ganz anders als Mr. Heifetz' Festung auf dem Hügel über Hollywood.) Ich mußte um acht Uhr früh bei Mandyczewski sein – zu einer anderen Stunde hatte er keine Zeit, mich zu unterrichten, denn um Viertel nach neun oder so mußte er im Archiv sein. Ich war damals elf oder zwölf Jahre alt. Er erlaubte mir, ihn in sein Archiv zu begleiten und dort zu bleiben, solange ich wollte. Er schenkte meiner Anwesenheit dort nie viel Beachtung, und ich konnte mich völlig ungestört mit den Schätzen dort vertraut machen. Ein paar schlichte Räume – ich denke, sie waren nicht einmal feuersicher –, angefüllt mit den kostbarsten musikalischen Dokumenten – zahlreichen Handschriften der bedeutendsten Komponisten und einer beträchtlichen Sammlung musikgeschichtlicher Werke. Während ich ehrfurchtsvoll in diesem Reliquienschrein herumstöberte, ging er seiner Arbeit nach.

Brahms hatte die Angewohnheit, im Frühling und Herbst jeden Sonntagmorgen, sofern es das Wetter erlaubte, einen Ausflug in die herrlichen hügeligen Wälder zu machen, die Wien umgaben, begleitet von einigen Freunden, hauptsächlich Musikern. Als ich zwölf oder dreizehn war, hielt mich Mandyczewski für alt genug, hin und wieder an diesen Ausflügen teilzunehmen. Ich genoß somit das einzigartige Privileg, als Junge einige Sonntage mit Brahms und dessen Gefährten zu verbringen. Man traf sich morgens um acht Uhr an einer Trambahnhaltestelle gegenüber der Wiener Oper, nahm eine von einem Pferd gezogene Straßenbahn, fuhr durch die Vororte zur Endstation und ging dann zu Fuß weiter. Brahms behandelte mich dabei stets auf die gleiche Weise: Vor einer Mahlzeit fragte er mich, ob ich Hunger habe; danach, ob ich satt geworden sei. Das war alles, was er je zu mir sagte. Warum auch hätte er sich mit einem Kind unterhalten sollen?

Aber ich sah Brahms nicht nur in freier Natur. Mandyczewski kannte die meisten jener Wiener Familien, für die gute Musik in ihrem Haus eine Notwendigkeit war. Als Brahms' Amanuensis verkehrte er, wo sein Meister verkehrte. Und als mein Lehrer half er mir nach oben, nicht nur indem er mich zu jenen Sonntagsausflügen mitnahm, sondern auch indem er mich einigen der Musikliebhaber vorstellte, deren größter Stolz ihr vertrauter Umgang mit Brahms zu sein schien. Bei einer dieser Familien, der Familie des Staatsanwalts Dr. Aron Hornbostel, versammelte sich ein- oder zweimal in der Woche ein privater Frauenchor, der von Mandyczewski dirigiert und von der Gastgeberin, die in jungen Jahren einen Namen als Sängerin gehabt hatte, angeführt wurde. Man bat mich, diesen Chor zu begleiten, manchmal vierhändig mit dem Sohn des Hauses, der ungefähr in meinem Alter war. Dieser, Erich von Hornbostel, später ein weithin bekannter Musikforscher, starb viel zu früh vor einigen Jahren in Cambridge. Hin und wieder nahm Brahms an diesen Zusammenkünften teil. In seinen letzten Lebensjahren verkehrte er oft im Hause eines Musikliebhabers namens Conrat. Herr Conrat hatte drei Töchter, die etwa in meinem Alter waren. Mandyczewski führte mich auch bei den Conrats ein, nicht nur als jungen Musiker, sondern auch als Spielgefährten oder Gesellschafter der Mädchen. Vor allem im Winter waren die Sonntagnachmittage bei den Conrats der Kammermusik gewidmet. Natürlich wurde in solchen Kreisen auch an Werktagen etwas musiziert, aber der Sonntag war für alle Beteiligten – das Familienoberhaupt, einen Kaufmann, sowie die meisten Berufs- oder

Amateurmusiker, die spielten oder zuhörten, und nicht zu vergessen die Mädchen, die keine Schule hatten – die Zeit der Muße und des Vergnügens. Meine nie nachlassende Liebe zur Kammermusik hat ihre Wurzel zweifellos in dieser frühen Gelegenheit, sie zu hören und zu spielen.

Brahms war an diesen Sonntagnachmittagen häufig zugegen. Meist saß er in der Bibliothek, die durch einige Räume vom Musikzimmer getrennt war, und las. Gewöhnlich standen die Türen der Zimmerflucht weit offen, und falls es ihn interessierte, hätte er durchaus der Musik lauschen können. Ob er es tat oder nicht, entzieht sich meiner Kenntnis. Dreißig oder vierzig Jahre später las ich zu meiner Verblüffung, er habe es getan. Diese Geschichte ist noch immer in Umlauf. Ihre Quelle kenne ich nicht, und ich möchte, daß Sie wissen, daß nicht ich es war, der sie aufgebracht hat. Die Glaubwürdigkeit vieler solcher Geschichten (nicht nur in meinem Fall) ist zweifelhaft. Ich selbst sammle sie nicht oder verbreite sie für Reklame- oder andere Zwecke. Ich habe das nie getan. Dafür sorgen andere. Wenn ich von Konzertveranstaltern darum gebeten werde, empfehle ich ihnen, die gewünschten Informationen aus Nachschlagewerken und anderen Quellen zusammenzutragen und nach ihrem Belieben auszuwählen und zu präsentieren. Ich gebe zu, daß dieses Verfahren gewisse Risiken in sich birgt. Als ich letztes Jahr irgendwo gespielt hatte, fand ich auf der Rückfahrt das Programmheft in meiner Tasche. Neugierig, ob die dort abgedruckten Erläuterungen der Werke, die ich gespielt hatte, sich mit meiner Auffassung deckten, begann ich zu lesen. Daß keine völlige Übereinstimmung herrschte, überraschte mich nicht. Das hatte ich schon öfter erlebt. Was mich verblüffte, war der kurze Abriß meiner Vita. Dort hieß es unter anderem, Brahms habe mich bei meinem ersten Konzert spielen gehört und sei so beeindruckt gewesen, daß er ein enger Freund von mir geworden sei. Vielleicht lese ich eines Tages, ich hätte mit Mozart Billard gespielt…

Das Wien meiner Kindheit war noch in zwei feindliche Lager gespalten, die Wagnerianer und die Brahminen, die selbst heute noch nicht ganz versöhnt sind. Wagner war der Populärere. Da sein Werk vor allem aus Opern besteht, bot es mehr, als bloße Musik bieten kann. Oper ist, wie Sie alle wissen, sichtbare Handlung, erläutert durch Worte, die – anstatt gesprochen zu werden wie in einem Schauspiel – gesungen werden. Damit erfüllt die Sprache nicht nur eine Aufgabe, sondern ist auch

Musik. Diese Musik wird unterstützt, verstärkt, ergänzt und zusammengehalten von textloser Musik, deren Funktion die Heraufbeschwörung der von der jeweiligen Handlungssituation geforderten Atmosphäre ist. Es scheint unmöglich zu sagen, an welchen der zahlreichen Elemente einer Oper der durchschnittliche Opernliebhaber am meisten Anteil nimmt. Sie ist Theater *und* Musik – oder, wenn Sie lieber wollen, umgekehrt – und deshalb für viele reizvoller als pure Musik. Die Pantomime und vor allem das Ballett mit ihren vorwiegend körperlichen Aspekten und der großen Bedeutung einer Technik, die nicht allzuschwer zu beurteilen ist, sind von Natur aus für noch mehr Menschen noch reizvoller. Musik ist Bewegung. Zu jeder Musik kann man gehen, schreiten, springen, schleichen, hüpfen – mit einem Wort: „tanzen". Kinder tun das, wenn man sie läßt. Die als „Tanzmusik" bezeichnete Kategorie gehört anerkanntermaßen zu den musikalischen Dienstboten. Sie können ihr zuhören oder nicht, sie als bloßes Geräusch wahrnehmen – oder sie nicht einmal als solches bemerken.

Opern eignen sich nicht zum Hausgebrauch. Deshalb war die Hauskultur von Wagner, einem überragenden Genie, bereits überrollt und erledigt worden. Die Oper ist eine öffentliche Institution. Brahms schrieb nur „eigenständige" Musik, einschließlich Liedern und Chorwerken, doch keine mit sichtbarer Aktion verbundene. Die meisten Werke Brahms' passen deshalb gut in den häuslichen Rahmen, und entsprechend war er der Heros der exklusiveren, sublimeren und individuelleren Gruppe. Wagner lieferte die Sensationen, die diejenigen brauchten, die der „Schlichtheit" entrinnen wollten. Sein Reich der Götter und Sagen, des stilisierten Edelmuts und der stilisierten Niedertracht hob sie über ihr graues Alltagsleben hinweg. Damals glaubte ich, Brahms und Wagner hätten musikalisch nicht mehr gemein als alle Musiker. Heute erscheinen sie mir musikalisch fast wie Brüder. Ich halte Wagner für das größere Genie. Er versuchte neue Aufgaben zu bewältigen, grandiose Visionen darzustellen. Dennoch steht mir Brahms' untheatralisches und weniger prätentiöses Œuvre näher. Was beide verbindet, sind romantischer Pessimismus, romantische Sinnlichkeit und Sentimentalität. Ebenso einige verwandte Elemente in ihrer Kompositionsweise. Was den grundlegenden Unterschied zwischen ihren Werken ausmacht, ist eine faszinierende Frage. Ich kann hier nur in wenigen

Worten andeuten, worin *ich* diesen Unterschied sehe. Beide verschrieben sich der Überwindung des Pessimismus und der Verfallserscheinungen des neunzehnten Jahrhunderts (in Europa); beide rangen sie um positive, transzendentale, allgemeinverbindliche Resultate – wie ihre „glücklicheren" Vorgänger, die in einer Zeit lebten, da die schöpferischen Kräfte noch ungeteilt waren.

Wagner ging diese Aufgabe mit Hilfe von Symbolismus und Mystizismus an, veranschaulicht durch in fernen Regionen angesiedelte Konflikte. Jeder seiner Helden weicht der Tat aus. Selbst in seinem einzigen realistischen Werk, den *Meistersingern*, resigniert Hans Sachs, und Walther von Stolzing wird vom Troubadour zum Ehemann. Wagners Werk ist die Glorifikation der Entsagung. Eine Entwicklung geht daraus nicht hervor. In Wahrheit kann Musik weder deskriptiv noch zweckgerichtet, noch negativ sein; es ist ein Wunder, in welchem Maße Wagner die Illusion nährte, sie *könnte* es sein. Brahms, zwanzig Jahre jünger, war bescheidener, besann sich auf die Natur, den Menschen, die handwerkliche Qualität. Mit ebensoviel Ungezwungenheit wie Sorgfalt brachte er Musik auf direktem Wege hervor; er benötigte weder ein Programm noch eine Weltanschauung. Er wurde von dem gespeist, was *immer* strömt. Die Glut und der Überschwang seiner frühen Werke und die wunderbare Ausgeglichenheit seiner späten wollten nie mehr sein als Musik. In der äußeren Erscheinung ähnelte seine Musik oft derjenigen Wagners; im Ausdruck ebenso; in der Intention so gut wie nie. Wie Sie sehen, ist es durchaus möglich, Größe zu erkennen und zu würdigen und dennoch das, was nicht so groß ist, viel lieber zu mögen. Es gibt auch andere Bewertungskriterien als persönliche Vorliebe.

Das Theater reizte mich nicht allzusehr. Ich ging jedoch oft in die Wiener Oper. In meiner Kindheit hatte ich sehr wenig Kontakt zu anderen Kindern. Ich spielte selten Kinderspiele, und ich erinnere mich nicht, je irgendwelches Spielzeug besessen zu haben. Ein solches Kind, sagt man, wird bald, viel zu bald ein Greis sein. Ob das stimmt oder nicht, ich denke, daß sich diese pessimistische Prophezeiung in meinem Fall nicht erfüllt hat. Ich hatte keinen wirklichen Kontakt zu Gleichaltrigen, bevor ich dreißig war. Und während ich mich als Junge zu Älteren hingezogen fühlte, wende ich mich heute mit dreiundsechzig an die Jugend. Leider ist diese heutzutage nicht allzu erpicht auf die Gesellschaft älterer Menschen. Möglicherweise ist es diese gewandelte Einstellung, die ältere Menschen verzweifelt versuchen läßt, wesentlich jünger zu erscheinen, als sie sind.

Das Gewicht der allgemeinen Kaufkraft zeitigte unter anderem die sehr komplexe Technik (auch Erziehung genannt), Kleinkinder frühreif zu machen und Alte unreif zu halten, so daß sie von der Wiege bis zur Bahre nach demselben verlangen – sagen wir: Bonbons und Rasseln. Damit habe ich erkennen lassen, daß ich Wortspiele nicht verachte. Die meisten Musiker lieben Wortspiele und haben sie immer geliebt, zum Beispiel Brahms, trotz seines völlig ungerechtfertigten Rufs abschreckender Strenge. Eine von Dr. Mandyczewskis Aufgaben war es, Brahms mit gesammelten Druckfehlern, Witzen und Wortspielen zu versorgen. Jahr für Jahr präsentierte ein Leipziger Verlagshaus – im Abonnement – zwei Bände mit Versprechern und Druckfehlern und ähnlichen erheiternden Dingen.

Ich habe hier eine kleine und keineswegs vollständige Liste von Dingen, die es noch nicht gab oder die gerade erst aufkamen, als ich ein Junge war. Diese Liste scheint mir recht eindrucksvoll, trotz ihrer Unvollständigkeit.

Elektrischer Strom: war sehr selten.
Telefon: war sehr selten.
Aufzüge: gab es kaum.
Gas: selbst Gas war sehr selten.
Kühlschränke: wurden noch nicht einmal erahnt.
Fest installierte Badewannen: waren so gut wie unbekannt.
Zentralheizung: gab es nicht.
Staubsauger: gab es nicht.
Rasierapparate: gab es nicht.
Aluminium: gab es nicht.
Lebensmittelkonserven: nur selbsteingemachte in Gläsern. Keine
    Dosen, außer für Sardinen.
Fabrikmäßig hergestelltes Brot: kam gerade auf.
Röntgenaufnahmen: gab es nicht.
Kleidung von der Stange: gab es nicht.
Kunstseide: gab es nicht.
Papierwindeln: gab es nicht.

Autos: gab es nicht.
Grammophone: gab es nicht.
Radio: gab es nicht.
Schreibmaschinen: gab es nicht.
Untergrundbahnen: gab es nicht.
Warenhäuser: kamen gerade auf.
Es gab keine Filme,
   Wolkenkratzer,
   Fotos in der Zeitung,
   Flugzeuge,
   Unterseeboote.
Keinen Sport – in dem Ausmaß, wie wir ihn heute kennen.
Keine Zahlung per Scheck – und so weiter und so fort.

Sogar einige Krankheiten existierten noch nicht (oder hatten damals andere Namen). Ich erinnere mich, als die „Grippe" zum ersten Mal auftrat. Sie war sehr beunruhigend – und unerhört ernst. Technik und Wissenschaft waren noch nicht so populär und wurden noch nicht so vergöttert wie heute. Sie waren noch nicht das alles überragende Gesprächsthema. Es gab bedeutende Männer, die sich auf diesen Gebieten betätigten, doch nur wenige Leute wußten davon und sprachen darüber. Unbekannt waren die Psychoanalyse, die Relativitätstheorie, die Kernspaltung et cetera. All das mag bereits in der Luft gelegen und vielleicht zu dem Wiener Defätismus beigetragen haben, von dem ich bereits gesprochen habe.

    Wenn Sie mich fragen sollten, ob meiner Meinung nach die Gesellschaft ohne all diese Waren und Dienstleistungen, Entdeckungen und Errungenschaften damals glücklicher war als heute – ich wüßte keine Antwort darauf zu geben. Immerhin könnte es sein, gebe ich zu bedenken, daß man, je mehr man dazu neigt – oder dazu verführt wird –, materielle Güter zu besitzen, zu horten und zu konsumieren, um so weniger im persönlichen Austausch von Herz, Geist und Verstand zu geben hat. Maschinen haben dem Menschen einen Großteil an körperlicher Arbeit abgenommen. Theoretisch hat er mehr Zeit – freie Zeit – als jemals zuvor. Das Fatale daran scheint jedoch, daß er diese Freizeit dem opfern muß, was die Maschinen produzieren. Sonst stünden die Maschinen still. Ist es, um den Maschinen Genüge zu tun, daß er Temposteigerung der Muße vorzieht, zu der er nun Zeit hätte? Sie sehen meine Verwirrung angesichts des Verhältnisses zwischen dem Menschen und den Maschinen, die er geschaffen hat. Vielleicht ist es die Rache für die Schwerarbeit, die wir ihnen aufbürden, daß sie uns auch dann noch auf Trab halten, wenn wir nichts tun.

Wahres Glück wird den Menschen möglicherweise erst dann zuteil, wenn mehr Wert auf ihre verborgenen Qualitäten und höheren Möglichkeiten gelegt wird als auf ihr Leistungsvermögen als Konsumenten völlig überflüssiger, unbenötigter Dinge und angeblicher Vergnügungen – Zeit- und Gedankentotschlägern. Die meisten Vergnügungen meiner Jugend waren noch mit aktiver Beteiligung verbunden. Es gab nicht so viele Theater wie heute und weder Radiogerät noch Plattenspieler, vor die man sich hätte setzen können. Man blieb zu Hause und tat etwas. Der Wandel kam jedoch schnell. Einer meiner ersten Eindrücke davon bleibt mir unvergeßlich. 1894 ging ich mit meiner Mutter in das Wiener Geschäftsviertel, um – wie fast jeder, der in der Stadt oder in der näheren Umgebung lebte – in einem Schaufenster die ersten fabrikmäßig hergestellten Schuhe zu bestaunen, die je im Kaiserreich ausgestellt waren. Sie kamen aus den Vereinigten Staaten. Der Menschenauflauf beeindruckte mich im Grunde mehr als die Schuhe. Die sahen nicht anders aus als andere Schuhe, höchstens, daß sie vielleicht nicht ganz so fein gearbeitet waren wie die in der Auslage eines guten Schuhmachers. Und zu meiner Verblüffung waren sie keinen Pfennig billiger als jene. Ungefähr ein Jahr später sah ich den Lieferwagen einer „Brotfabrik". Diese Wortkombination prangte in großen Lettern auf seinen Seitenwänden. Und sie beeindruckte mich noch viel tiefer – vielleicht, weil ich keinen Grund dafür erkennen konnte, Brot nicht mehr auf die herkömmliche Weise herzustellen. Nie war mir jemals zu Ohren gekommen, daß jemand Schwierigkeiten gehabt hätte, so viel Brot zu bekommen, wie er mochte. Im Jahre 2000 wird es möglicherweise wieder Schuhmacher und Bäcker geben. Meinen Sie nicht auch? Ich glaube es. Vermutlich gibt es gar keine andere Lösung – und die Menschen hätten *ein paar* selbstgeschaffene Probleme weniger.

Zu jener vorgerückten Stunde der häuslichen Kultur lebten Brahms, Bruckner, Hugo Wolf und der junge Gustav Mahler in Wien. Es war ein letztes Aufblühen. Nebenbei bemerkt, genießt Wien seinen Ruf als

Mekka der Musik nicht ganz zu Recht. Wien stellte einfach 150 Jahre – oder vielleicht nicht einmal ganz so lang – den lukrativsten Markt für Musiker dar. Die Aristokratie hatte noch ihre traditionellen Funktionen inne. Sie genoß (im Gegensatz zu den Geschäftsleuten) materielle Sicherheit und hatte keine Schwierigkeiten, den Verpflichtungen des Adels nachzukommen. Und zu diesen Verpflichtungen gehörte es auch, wie Sie wissen, die Kunst zu fördern – wenn auch nicht unbedingt, etwas von ihr zu verstehen oder sie zu lieben. Eine Verpflichtung zu Sachverstand oder Liebe liegt leider außerhalb der Konventionen. In dieser 150 Jahre währenden Blütezeit, unterbrochen nur von einer etwa drei Jahrzehnte dauernden Flaute, die auf das Napoleonische Fieber folgte, hatte Wien – ebenso wie Prag und später auch Budapest – keine ernsthaften Konkurrenten. Paris, London und die größeren Städte Deutschlands verfügten zwar durchaus über eine lebendige Musikkultur, aber gemessen an Wien waren sie farblos.

Dies ist kein historisches Seminar. Meine augenfällig schemenhaften Ausführungen sollen Ihnen nur verdeutlichen, daß Österreichs zeitweilige Spitzenstellung in der musikalischen Welt weder seinem Blut noch seinem Boden entsprungen war. Sie war auch kein Verdienst, sondern verdankte sich schlicht dem Zusammentreffen günstiger Umstände. Diese haben sich inzwischen nach Berlin, London, New York verlagert. In der Zukunft mögen sie an ganz unerwarteten Orten zutage treten oder noch besser: überall und ständig herrschen. Ein Musiker könnte dann bleiben, wo er ist, oder überallhin gehen. So wie die Dinge lagen, mußte ein junger Mann wie Beethoven seine Heimatstadt verlassen, um Karriere zu machen. Leute, die seine Fähigkeiten erkannten, wie beispielsweise Graf Waldstein, gaben ihm den Rat: „Sie werden doch ihr Leben nicht in diesem entsetzlichen Provinznest verbringen wollen, wo Sie keinerlei Aussichten haben. Kommen Sie nach Wien. Dort wird Sie auch die Vielfalt der Volksmusik anregen: ungarische, böhmische, polnische, italienische und so weiter. Wenn sich die Menschen nicht mit Worten verständigen können – Musik verstehen sie alle." Doch Mozart, Beethoven und Schubert, um nur die Größten zu nennen, wurden in Wien sehr schlecht behandelt. Sie waren sozusagen die ersten freischaffenden Komponisten. Ihre kühnen, transzendentalen, tiefen und anspruchsvollen Werke stießen bei der Mehrzahl ihrer Zeitgenossen,

Kollegen wie Mäzenen, auf die gleiche Ablehnung, wie sie, seit die Musik autonom geworden ist, in solchen Fällen ihr unabänderliches Schicksal zu sein scheint. Das Außergewöhnliche auf diesem Gebiet war und ist unbequem. Mozart wurde in einem Armengrab bestattet; Beethoven galt zwar „international" als der bedeutendste Komponist, wurde aber zeitweilig übergangen und nahezu vergessen; Schubert, der als vielversprechendes Talent angesehen wurde, starb in Armut. Trägheit, Neid und persönliches Interesse verbündeten sich in dieser Kampagne gegen das Überlegene.

Sie haben sicher alle Biographien dieser bedeutenden Männer gelesen. Nichtsdestotrotz möchte ich Ihnen noch ein paar bezeichnende Details der musikalischen Wertschätzung in Wien vor Augen führen. Infolge eines Rossini-Fiebers wurde Beethoven beinahe vergessen. Als er krank wurde, mußte ihm die Londoner Philharmonische Gesellschaft Geld schicken, damit er sich Medikamente kaufen und einen Arzt bezahlen konnte. Die Schwierigkeiten bei den Vorbereitungen zur Uraufführung der neunten Symphonie waren fast unüberwindlich. Die *Missa solemnis* wurde meines Wissens zum ersten Mal 1824 in St. Petersburg vom Privatchor und Privatorchester des Fürsten Galitzin in dessen Haus aufgeführt und viel später erst in Deutschland und in Wien. Als Schubert starb, wurde seine Hinterlassenschaft, einschließlich seiner Manuskripte, von der zuständigen Behörde auf 25 Dollar taxiert. Anscheinend interessierten sie keinen. Ich habe in Wien Geschichten gehört (und ich zweifle nicht daran, daß sie stimmen), wonach Krämer Käse in Schubert-Autographen eingewickelt haben. Das erinnert mich daran, daß das Manuskript von Bachs Brandenburgischen Konzerten von einem Handkarren aus für einen viertel Dollar verhökert wurde, aber das war nicht in Wien. In den 1830er Jahren fuhr Robert Schumann nach Wien, um dort nach einer nachgelassenen großen Schubert-Symphonie zu suchen, von deren Existenz er gerüchtweise gehört hatte. Zum Glück fand er sie. Es war die große C-Dur-Symphonie... – Nun, so fürchterlich das alles auch ist, es könnte uns mit einer gewissen Genugtuung erfüllen, müssen wir uns doch ständig anhören, wir könnten in Sachen Kunst der Vergangenheit nicht das Wasser reichen. Doch wir sollten uns nicht einbilden, die unbestrittenen Fortschritte, die wir auf einigen Gebieten erzielt haben, hätten uns zu etwas Besserem gemacht.

Unser Zeitalter hat neue, wahrscheinlich gravierendere Probleme hervorgebracht.

Um ein anschauliches Bild von Wien zu erhalten, wo, wie ich Ihnen erzählt habe, die Reichtümer verwaltet wurden, die die Menschen in den Provinzen – es waren quasi Kolonien – mühselig erarbeiteten, sollten sie einige Autoren des frühen neunzehnten Jahrhunderts lesen, zum Beispiel den großartigen Dichter Grillparzer, ein Zeitgenosse Schuberts und Beethovens. Er schrieb die Grabrede für Beethovens Beerdigung: bewegende Worte von sehr hohem Niveau. Grillparzer hatte einen Posten im Staatsdienst; er war Beamter. Die Beamten in Österreich schienen allesamt frustriert, vermutlich weil sie nicht genug Arbeit hatten. Es sah aus, als erschöpfte sich ihre Tätigkeit darin, in ihre Ämter und wieder nach Hause zu gehen und dazwischen rein gar nichts zu tun. Es war üblich, eine Stelle unter vier Leuten aufzuteilen, die die vier einflußreichsten der insgesamt vierzehn Nationen im Reich vertraten – einem Tschechen, einem Polen, einem Deutschen und einem Ungarn. Auf diese Weise ließen sich Unmut und Opposition am leichtesten eindämmen. Natürlich gab es nicht genug Arbeit für alle vier. Noch in vergleichsweise modernen Zeiten waren in österreichischen Amtsstuben keine Schreibmaschinen gestattet – die Arbeit wäre zu schnell erledigt gewesen. Wenn jemand einen Laden eröffnen wollte, brauchte er eine behördliche Genehmigung. Diese wurde ihm nur erteilt, wenn er einen entsprechenden Bedarf nachweisen konnte. Wer weiß, ob wir uns nicht eines Tages gezwungen sehen, zu dieser patriarchalischen Wettbewerbsbeschränkung zurückzukehren. Der allmähliche Niedergang Österreichs begann vermutlich schon um 1700, als Preußen seine Stellung als Großmacht zu behaupten begann. Das heutige Österreich ist nur noch eine Region, nur noch ein Name im Vergleich zu dem, was es einmal war. Es ist nicht wirklich Österreich. Österreich, das war die österreichisch-ungarische Monarchie. Das Staatsgebilde, das nach dem Ersten Weltkrieg übrigblieb, war ein Krüppel, der nicht leben und nicht sterben konnte. Was wird nach dem zweiten daraus werden?

Ich habe versucht, einige Erinnerungen mitzuteilen an das elegante, bezaubernde, verschwenderische Österreich meiner Kindheit, an den leichtfertig-geschwätzigen Defätismus und die großen Musiker, die inmitten dieser Atmosphäre des Niedergangs lebten. Ich wiederhole, daß ich mich nicht sehr glücklich fühlte – schon als Junge, obwohl es mir ausgesprochen gut ging. Ich hatte ausgesprochenes Glück, nicht nur weil ich von den drei erwähnten Familien, die ich nie gesehen habe und die mich nie gehört haben, unterstützt wurde, sondern auch weil ich als Schüler von Leschetizky und Mandyczewski mit zwei unterschiedlichen musikalischen Regionen in Berührung kam. Durch Leschetizky stand ich mit der Virtuosenschule in Verbindung und lernte Anton Rubinstein kennen. Durch Mandyczewski bekam ich Kontakt zum Brahms-Kreis.

Anton Rubinstein, an dessen imposante Erscheinung ich mich noch lebhaft erinnere, war nicht so unkompliziert, wie Brahms zu sein schien. Rubinstein sah aus und verhielt sich wie eine internationale Berühmtheit, war jedoch keineswegs aufgeblasen. Zu mir war er ausgesprochen freundlich. Wenn er bei Albert Gutmann, dem Musikalienhändler, Verleger und Konzertagenten, oder bei Leschetizky zu Gast war, durfte ich mich auf sein Knie setzen, während er Karten spielte. Klavier spielen hörte ich ihn nur einmal, eigene Kompositionen. Der Eindruck war wohl nicht überwältigend, denn er ist mir nicht im Gedächtnis haftengeblieben. Auch Brahms habe ich spielen gehört, den Klavierpart seines g-Moll-Quartetts. Das beeindruckte mich ungeheuer und ist mir noch heute präsent. Es war natürlich die großartige Musik, die mich packte und gefangennahm, aber auch die schöpferische Lebendigkeit und wunderbare Unbekümmertheit, mit der er spielte. Das war für mich die wahre Virtuosität.

1893, als ich elf Jahre alt war, erschien Brahms' Opus 119: drei Intermezzi und eine Rhapsodie für Klavier. Da Leschetizky mir erlaubt hatte, die Stücke für den Unterricht selbst auszusuchen, besorgte ich mir diese brandneuen Brahms-Stücke, bereitete sie vor und ging in meine Klavierstunde. Sie waren sozusagen noch feucht von Druckerschwärze. Leschetizky wurde ungeheuer zornig auf mich. Ich werde das nie vergessen, denn es tat mir sehr weh. Er parodierte das erste Stück, ließ es ordinär und vulgär erscheinen. Er enragierte sich immer mehr und muß sich in die aberwitzige Vorstellung hineingesteigert haben, ich, ein Kind von elf Jahren, hätte diese Stücke in der hinterhältigen Absicht ausgesucht, ihn zu kritisieren und zu verhöhnen – ihn, meinen verehrten und gefürchteten Meister. Sie können sich vorstellen, in welchen Schrecken und welche Bestürzung mich dieser Ausbruch versetzte. Schließlich schickte er mich nach Hause, und erst drei Monate später wurde ich wieder vorgelassen. Irgend jemand muß ihn letztendlich davon überzeugt haben, daß sein Verdacht absurd war und ich absolut nichts Böses im Sinn gehabt hatte. Von da an durfte ich soviel Brahms spielen, wie ich mochte, und er war zwar oft ziemlich streng mit mir, aber nie wieder ungerecht. Es dürfte Sie übrigens interessieren, daß keiner meiner Musiklehrer je ein Honorar für seinen Unterricht verlangte. Sie alle unterrichteten mich gratis. Das wurde einfach als selbstverständlich vorausgesetzt. Soweit ich mich erinnere, wurde nie ein Wort darüber verloren.

In meinen ersten Jahren in Wien hatte ich einen Hauslehrer für den Allgemeinunterricht. Ich kann mich weder an ihn noch an das, was er mir beibrachte, noch an ein Lehrbuch, das er benutzte, erinnern. Als ich zehn wurde, machte jemand meine Mutter darauf aufmerksam, daß ich Schwierigkeiten bekommen könnte, wenn ich keine öffentliche Schule besuchte. Eingeschüchtert meldete sie mich an einer Schule an, einem Gymnasium. Irgendwie schlüpfte ich durch die Hürden und wurde aufgenommen. Ich erinnere mich nur noch an das Gebäude, das Klassenzimmer und einen der Lehrer – sogar an seinen Namen. Er war ein sehr freundlicher Mann. An dieser Schule blieb ich vier oder fünf Monate. Das Zeugnis, das ich bekam, war nicht schlecht. Nur in Mathematik schien ich auf der ganzen Linie versagt zu haben. Ich lernte ein wenig Latein, viel zuwenig, als daß es von irgendwelchem Nutzen oder Wert gewesen wäre. Ich wurde also wieder von dieser Schule genommen, und es blieb die erste und letzte, die ich je besucht habe. Die Behörden merkten nicht, daß ich fehlte, und ich wurde nie von ihnen behelligt. Meine Erinnerungen an diese Erfahrungen mit dem normalen Schulwesen sind äußerst verschwommen und nebelhaft, weder angenehm noch unangenehm. Ich hatte keinen Kontakt zu anderen Jungen. Ich hatte dort keine Freunde, denn meine Freunde waren die Leschetizky-Schüler, die alle viel älter waren. Mein einziger Freund in meinem Alter gehörte ebenfalls zu den Leschetizky-Schülern: ein bezauberndes und ungemein begabtes kleines Mädchen. Nach Hitlers Einmarsch in Wien emigrierte sie nach Amerika. Sie war keine Jüdin, aber sie konnte die Umwälzung nicht ertragen. Als sie hierherkam, war sie gesundheitlich angeschlagen, und sie starb vor einigen Jahren in Boston. Ihre öffentliche Karriere blieb lokal begrenzt. Ihr Klavierspiel war zart, rein, intim.

Mein Rivale bei Leschetizky war drei oder vier Jahre älter als ich. Zu ihm könnte Leschetizky gesagt haben: „Aus dir wird nie ein Musiker; du bist Pianist." Sein Name war Mark Hambourg. Er besaß wirklich grundlegende Fähigkeiten. Seine donnernden Oktaven – sie waren unvergleichlich – hatten echtes Feuer, waren nicht mechanisch. Er machte eine große Karriere, wurde ein sehr populärer Virtuose. Vor etlichen Jahren hat er sich zurückgezogen. Sein Stil paßte zu einem jungen Mann. Wird man älter und bleibt so, wie man als Jugendlicher war, wirkt man nicht jung, sondern verknöchert – auch wenn es paradox klingt.

Ossip Gabrilowitsch und Ignaz Friedman gehörten ebenfalls zu meinen Mitschülern bei Leschetizky, kamen jedoch erst einige Jahre später als ich zu ihm. Ich kannte auch die Töchter von Samuel Clemens (Mark Twain), Clara und ihre Schwester. Clara heiratete später Gabrilowitsch. Ich erinnere mich noch gut an einige Teegesellschaften in Mark Twains Appartement im Hotel Metropol in Wien. Seine Erscheinung war unvergeßlich eindrucksvoll. Daran, daß er je mit mir gesprochen hätte, kann ich mich nicht entsinnen.

Zu komponieren begann ich zur selben Zeit, als ich anfing Klavier zu spielen. Meine Studien bei Mandyczewski gingen nicht über die Grundlagen des Kontrapunkts hinaus. Ich habe mich nie unter der Anleitung eines Lehrers mit Formenlehre oder Instrumentation befaßt. Das einzige, was ich in meinem Leben wirklich „gelernt" habe, ist Klavierspielen. Nach dem einen Jahr bei Madame Essipoff hatte ich hin und wieder Unterricht bei anderen Assistenten von Leschetizky, fünf oder sechs an der Zahl. Von ihrer Klaviertechnik her waren sie so verschieden wie nur irgend möglich, und auch in ihrer Musikauffassung stimmten sie ganz und gar nicht überein. Jeder von ihnen bezeichnete natürlich sein Konzept als die wahre Leschetizky-Methode. Einige veröffentlichten auch Bücher darüber. Wenn ein Student all diese Bücher lesen sollte, erhielte er ein plastisches Bild von Chaos. Was ich von Leschetizky selbst gelernt habe, bin ich nicht in der Lage zu sagen, einzuschätzen, zu beurteilen. Es gelang ihm, alles an Vitalität, Elan und Schönheitssinn, was in einem Schüler angelegt war, freizusetzen, und er duldete keinerlei Abweichung von dem, was er als Authentizität des Ausdrucks erachtete. Wie Sie sehen, verträgt sich all diese Hingabe, Ernsthaftigkeit, Sorgfalt und

Gewissenhaftigkeit mit dem Typus des Virtuosentums, den er verkörperte. Warum wir heute im allgemeinen eine weniger schmeichelhafte Meinung vom Virtuosen haben, ist eine Frage, über die Sie immer wieder einmal nachdenken sollten.

Leschetizkys Grenzen zeigten sich in seiner relativen Gleichgültigkeit oder sogar Abneigung der Musik gegenüber, in der das „Persönliche" im Allgemeinen aufgeht. Für die zweite Hälfte von Beethovens Schaffen zum Beispiel hatte er nicht viel übrig. Je mehr Glanz die Musik selbst ausstrahlt, desto weniger bleibt für den Interpreten. Dergestalt transzendierender Musik schien er instinktiv auszuweichen.

Während meiner Wiener Lehrjahre bis 1899 hörte ich – in der musikalischsten Stadt der Welt und inmitten von Musikern – nie etwas davon, daß es achtundzwanzig Konzerte von Mozart gab, ebensowenig Beethovens Opus 106, den die *Diabelli-Variationen* oder Bachs *Goldberg-Variationen*... Beethovens G-Dur-Konzert galt unter Musikern allgemein als das „Damenkonzert". Kaum einer der großen Pianisten spielte es. Das c-Moll-Konzert wurde nur an den Konservatorien von den jüngeren Semestern gespielt und das C-Dur-Konzert nur von Debütanten. Das B-Dur-Konzert war schlichtweg unbekannt. Viele Schubert-Lieder und Verdi-Opern galten als so trivial, daß jeder, der musikalischen Geschmack für sich beanspruchte, sich selbst kompromittiert hätte, hätte er irgendwelche Begeisterung oder Wertschätzung für sie erkennen lassen. Schuberts Impromptus waren in ersten Linie ein Zeitvertreib für Gouvernanten. Einige seiner schönsten Lieder waren in die Vorstädte verbannt worden: im Arrangement für Männerchöre. In den einschlägigen Führern erfahren Sie natürlich nichts von diesen Errungenschaften, obgleich ich nicht glaube, daß ihre Erwähnung dem Fremdenverkehr Abbruch täte.

Erst vor ein paar Tagen habe ich ein kleines Büchlein gekauft, das mich sehr fasziniert hat. In diesem Buch zitiert der Verfasser Eric Partridges *Dictionary of Clichés*. Das ist ein verheißungsvoller Titel. Es dürfte Ihnen nicht entgangen sein, daß mir, auch wenn ich es nicht gelesen habe, Klischees nicht ganz unvertraut sind.

In der Zwischenzeit haben wir natürlich gewaltige Fortschritte gemacht. Das Leierkastenrepertoire „klassischer" Häppchen hat in Operette und Film Einzug gehalten: in sichtbar gewordenen Biographien unserer Genies, in denen größere Mengen ihres Werks umgesetzt werden, als die Drehorgel bewältigen konnte. Und vergessen Sie nicht die Jukeboxes. Wenn man in einer Cafeteria sitzt, kann an jedem Tisch einem anderen Meister gelauscht werden, alle gleichzeitig dargeboten, und ein munteres Völkchen schwatzt zu der Musik – ein vervielfältigter Biergarten – mit vier Wänden drumherum – versorgt von Maschinen! Wir können diskutieren.

❧

— *Sie sagten, ich solle Sie daran erinnern, daß ich gestern wissen wollte, in welchem Alter ein Musiker sein erstes öffentliches Konzert geben darf.*

A.S.: Im Alter, in dem er das Geld hat, die Miete für einen Konzertsaal zu bezahlen. Genügt Ihnen das?

— *Halten Sie das absolute Gehör für einen Vorteil oder eher für einen Nachteil?*

A.S.: Es ist ein Vorteil, aber nicht unerläßlich. Das relative Gehör ist völlig ausreichend und sogar entscheidender. Wenn Sie wissen, mit welchen Tönen ein Stück beginnt, können Sie im Grunde alle folgenden Tonverhältnisse und Modulationen erkennen. Dies gilt nicht in vollem Maße für das, was – fälschlicherweise – „atonale" Musik genannt wird. Als Kind besaß ich das absolute Gehör. Seit meiner Kindheit wurde die Stimmung ständig erhöht, zugunsten der Streichinstrumente, die dadurch an Brillanz gewinnen, zum Nachteil der menschlichen Stimme, die bis zu einem gefährlichen Punkt angespannt wird. Ich habe immer noch das Normalton-a meiner Kindheit im Ohr und höre deshalb alles, was heute gespielt wird, höher, als es die Notation meinem inneren Ohr darstellt. Wenn ich zum Beispiel nicht wüßte, daß das Vorspiel der *Meistersinger* in C-Dur geschrieben wurde, würde ich es in einer heutigen Aufführung unwillkürlich als Des-Dur hören. Ein absolutes Gehör zu haben ist, ich wiederhole, ein musikalisches Plus, aber keineswegs ein Zeichen für einen guten Musiker.

— *Sie haben gestern Chopins Etüden erwähnt. Sie sagten, es seien perfekte Stücke, aber sie stellten Ihnen keine Probleme mehr, im Gegensatz zu Mozarts Sonaten. Und Sie sagten, daß einige Ihrer Kollegen genau das Gegenteil dächten. Wie erklären Sie sich solche unterschiedliche Auffassungen von Musikern?*

A.S.: Ich glaube, der tiefere Gehalt eines Stücks bleibt bestehen, gleichgültig, wer es betrachtet. Er teilt sich demjenigen mit, der über die entsprechenden Sensoren verfügt. Der weiß, er ist vorhanden. Es gibt jedoch kein Mittel, mit dem man sein Vorhandensein jemandem beweisen könnte, der es abstreitet. Mir kommt ein Vergleich in den Sinn: Wenn zwei Wanderer an eine Wegkreuzung kommen und die Wahl haben, nach rechts oder nach links zu gehen, läßt sie irgend etwas sich für links entscheiden. Sie nennen es ihre Willenskraft, aber ich bin mir dessen nicht so sicher. Der eine von ihnen findet Blumen, und der andere findet nichts. Gibt es irgendeine Garantie dafür, daß zwei Wanderer, die denselben Weg entlanggehen, beide alles sehen, was da wächst. Glauben Sie, wo es Blumen gibt, muß jeder sie sehen?

— *Pragmatisch gesehen: ja.*

A.S.: Nicht einmal pragmatisch gesehen ist dies der Fall. Ich selbst bin ein Exempel für die Binsenweisheit, daß nicht alles, was anziehend ist, für jedermann anziehend sein muß. Anziehungskraft ist ein Mysterium, Abneigung ebenso, selbst Gleichgültigkeit. Es gibt Hunderte von Dingen, die ich nicht sehe und andere Menschen sehen. Im physischen Bereich wie im geistigen, Einzelheiten ebenso wie das Ganze. Chopins hübsche Etüden sind für manche Interpreten reizvoll, weil sie ihnen die Gelegenheit bieten, ihre pianistischen Fähigkeiten zu demonstrieren. Ein anderer Interpretentyp ist am Pianistischen als solchem weniger interessiert. Sein Verlangen ist darauf gerichtet, reine Musik zu vermitteln und den Vermittler verschwinden zu lassen. Überflüssig zu sagen, daß er dazu sein Instrument absolut beherrschen muß. Es gibt Interpreten, deren Begabung und deren Neigungen in beide Richtungen gehen. Wenn wir über die Einseitigen sprechen, dürfte es kein Problem sein, zu entscheiden, wer den besseren Teil erwischt hat. Ich habe mich stets dagegen gewehrt, den Begriff „Künstler" als Synonym für eine vortreffliche Leistung zu verwenden, unabhängig davon, auf welchem Gebiet sie erbracht wurde. Ein Künstler ist jemand, der sein Leben der Beschäftigung mit Kunst widmet. Selbstverständlich kann nicht alle Kunst erstrangig sein. Auch vergleichsweise schwache oder mittelmäßige Kunst ist immer noch Kunst. Im Sprachgebrauch wurden diese Begriffe heillos durcheinandergebracht. Wenn ich mich die gleiche Zeit lang mit einer Chopin-Etüde oder mit einer Beethoven-Bagatelle beschäftige, werde ich des Chopin-Stücks eher überdrüssig; die Anforderungen, die es mir stellt, werden nach einer gewissen Zeit rein äußerlich. Und Sklave meiner Veranlagung, der ich bin, sehe ich einfach keinen Grund, warum ich Töne ohne innere Beteiligung produzieren sollte. Aufgrund der erstaunlichen Bandbreite musikalischer Veranlagungen kann man kein einheitliches Urteil erwarten. Manche Klavierlehrer empfehlen ihren Schülern, während des Übens ein Buch oder die Zeitung zu lesen. Mir erscheint das völlig nutzlos, aber es wurde und wird auch heute noch oft praktiziert.

— *Was veranlaßt Sie, das zu sagen?*

A.S.: Ein Mißverständnis. Es wird kaum je zu Anfängern gesagt, selten zu Amateuren, sondern meistens zu Fortgeschrittenen, angehenden Berufsmusikern. Diesen wird es als ein Rezept fürs Leben empfohlen. Es beruht auf der Überzeugung, daß sogenannte Fingerübungen, stundenlanges – und von jedem musikalischen Gedanken ungetrübtes – Finger-, Hand- und Armtraining zum Erlangen und Bewahren von Technik unabdingbar sei. Der erste Lehrer, der auf den Gedanken verfiel, während dieser musiklosen Tätigkeit zu lesen, hatte offensichtlich an sich selbst erfahren, wie tödlich langweilig sie schon nach kurzer Zeit ist. Immerhin gibt sie nicht vor, Musik zu sein. Leider wird dieser Ratschlag auch aufs Üben der schnellen Passagen dessen angewandt, was durchaus als Musik konzipiert ist. Indem diese schnellen Passagen aus dem Zusammenhang gerissen und endlos wiederholt werden, werden sie ihrerseits zu Fingerübungen degradiert. Die ganze Prozedur ist, wie gesagt, nutzlos. Um eine musikalische Vorstellung zu verwirklichen, muß die angewandte Technik von Anfang an ausschließlich im Dienste dieser Vorstellung stehen.

Früher war fast jeder Musiker Komponist, Lehrer und Ausführender. Die gewaltige Expansion des Musikbetriebs führte dann zu der verhängnisvollen Trennung dieser Funktionen. Angesichts einer Masse nicht sonderlich begabter und nur mittelmäßig ambitionierter Schüler wurde der Unterricht allmählich normiert. Ich sehe darin eine zwangsläufige Folge des Kollektivismus. Die Lehrer, die sich natürlich nicht alle auf dem gleichen Niveau befanden, sahen sich vor neue Aufgaben gestellt. Es mußten Regeln, Grundsätze und Richtlinien aufgestellt werden, die auch für Leute ohne hilfreichen Hintergrund verständlich waren. Die zunehmende Betonung des Mechanischen, von Methoden, Formeln und Normen ist symptomatisch für diese Entwicklung. Charakteristisch hierfür ist zum Beispiel der traditionelle Fingersatz der C-Dur-Tonleiter (auf dem Klavier), an dem immer noch mit höchster Ehrfurcht festgehalten wird. Er benutzt in der rechten Hand den Daumen, den kräftigsten Finger, auf der Subdominante, in der linken Hand auf der Dominante. Die Bewegung der rechten Hand im Bereich einer Oktave ist aufwärts 3 plus 5, in der linken 5 plus 3; abwärts 5 plus 3 und 3 plus 5. Das ist zweifellos raffiniert. Aber musikalisch nur für die linke Hand – zufällig musikalisch. So wie sie gebaut ist, beginnt die linke Hand mit dem fünften Finger, was ihr im Falle der C-Dur-Tonleiter einen „Vorteil" verschafft. Die rechte Hand sollte ihr Handikap durch das heroische Opfer ihres fünften Fingers kompensieren und die Tonleiter mit nur vier Fingern ausführen, den Daumen auf g. Spielt man sie wie befohlen mit der rechten Hand allein oder – noch schlimmer – mit der linken unisono, erhält die mit dem kräftigsten Finger angeschlagene Subdominante leicht einen ungewollten Akzent: ein Verstoß gegen das harmonische System von Jahrhunderten, die Musik wird zum Opfer der Standardisierung. Nicht raffiniert, sondern schlicht blödsinnig ist das Verbot, den Daumen auf einer schwarzen Taste zu benutzen. Warum nicht, wenn es von der Lage der Hand her den bei weitem besten Fingersatz darstellt? Solche Pedanterien gibt es überall im Bildungswesen. Gedanken, Ideen, Wissen werden vereinfacht, auf Formeln reduziert und entfernen sich so immer weiter vom Ziel. Die Wahrheit geht verloren oder gerät aus dem Blickfeld. Der einzelne wird sie wiederfinden – wenn er die geistigen Fähigkeiten dazu hat. Ich wäre nicht unzufrieden, wenn unsere Gespräche hier diejenigen etwas skeptischer machen würden, die es noch nicht sind. Ich bin überzeugt, daß die meisten von Ihnen schon jetzt nicht alles, was gedruckt ist, als heilig betrachten, nur weil es gedruckt ist. Es ist besser, äußerst mißtrauisch zu sein. Selbstbewußtsein macht einen reich, Leichtgläubigkeit arm.

— *Haben Sie Clara Schumann spielen gehört? Sie war eng mit Brahms befreundet.*

A.S.: Nein.

— *Haben Sie Brahms jemals spielen gehört?*

A.S: Nur einmal; Kammermusik, wie ich Ihnen erzählt habe.

— *Was halten Sie für den besten Weg, sich auf eine Konzertkarriere vorzubereiten? Sich einem renommierten Lehrer oder einer renommierten Schule anzuvertrauen?*

A.S.: Die Voraussetzung ist Begabung. Sie kann von einem Lehrer freigesetzt, aber nicht ersetzt werden. Auch kann kein Lehrer seinen Schülern Weltruhm garantieren. Er ist kein Zauberer; der Schüler ist entscheidender als er. Was kann ein Lehrer tun? Im besten Fall eine Tür öffnen – hindurchgehen muß der Schüler selbst.

Neulich wurde in einer Rundfunksendung unzähligen Hörern eingeredet, ein bedeutender Künstler könne nie ein guter Lehrer sein. Hat jemand von Ihnen diese Sendung gehört? Wie denken Sie darüber?

— *Es gibt Ausnahmen.*

A.S.: Ich sehe, Sie neigen dazu, es zu glauben, wenn auch mit gewissen Einschränkungen. Es wurde im Radio von jemandem gesagt, der es, seiner Position nach, eigentlich wissen müßte. Gefällt Ihnen der Gedanke nicht, daß so jemand total danebenliegen könnte? Ich halte es für blanken Unsinn. Man könnte das leicht beweisen. Es wäre besser, sich daran zu gewöhnen, daß auch „Stars" sich gelegentlich irren können.

— *Ist Unterrichten nicht etwas völlig anderes als Konzertieren? Jemand kann beides versuchen und in beidem hervorragende Leistungen erbringen, aber es bleiben zwei grundverschiedene Tätigkeiten.*

A.S.: Gewiß, nicht jeder bedeutende konzertierende Künstler besitzt eine pädagogische Ader. Sie denken anscheinend nur an konzertierende Musiker, wenn Sie von Künstlern sprechen. Um ein guter Lehrer zu sein, muß man seine Arbeit lieben. Doch zu sagen, daß ein bedeutender Künstler niemals ein guter Lehrer sein könne, ist gedankenlos.

— *In einer anderen Sendung stellte dieselbe Person eine Behauptung auf, die mir auch recht seltsam erschien. Er sagte, gute Musik sei die Musik, die einem gefällt. Anscheinend wollte er es jedem recht machen.*

A.S.: Das ist ein gefährlicher, nihilistischer Standpunkt. Er besagt: Wert bemißt sich nach deiner Reaktion. Was dir schmeckt, ist bekömmlich. Fleisch wie Gift gleichermaßen.

— *Sie haben zahlreiche Werke Beethovens herausgegeben. Wie gehen Sie vor, wenn Sie das Werk eines toten Komponisten edieren?*

A.S.: Das Œuvre eines lebenden Komponisten wird selten herausgegeben. Die Ausgabe der zweiunddreißig Sonaten machte ich in den zwanziger Jahren. Möglicherweise würde ich heute anders vorgehen. 1912, als ich mich zum erstenmal als Herausgeber versuchte (die Mozart-Sonaten für Violine und Klavier zusammen mit Carl Flesch), war ich noch nicht so gewissenhaft und viel unerfahrener als in den Zwanzigern. Für die Beethoven-Ausgabe, die ich im großen und ganzen immer noch für brauchbar halte, versuchte ich so viele Originalunterlagen wie möglich in die Hand zu bekommen: Manuskripte, Abschriften, die Beethoven korrigiert oder durchgesehen hatte, Erst- und Zweitausgaben, von denen Beethoven Korrekturabzüge gesehen hatte. In der Regel gelang mir das. Ich zog auch zahlreiche andere Ausgaben heran. Im Falle unterschiedlicher Lesarten im Manuskript und in einer gedruckten Ausgabe, von der Beethoven Abzüge gesehen hatte, entschied ich mich für die gedruckte Version, da Beethoven in seinen Manuskripten nicht immer sehr sorgfältig war, wußte er doch, daß er Korrekturabzüge bekommen würde. Alle meine Angaben unterscheiden sich durch kleineren Druck von Beethovens eigenen. Hinweise auf zweifelhafte Stellen werden in Fußnoten gegeben. Die Metronomangaben stammen – mit Ausnahme von Opus 106, das Beethoven selbst metronomisiert hat – von mir und liegen in meiner Verantwortung, sollen jedoch nie mehr als einen Vorschlag darstellen. Die Fingersätze meiner Ausgabe habe ich sehr oft in der Absicht gewählt, den Studierenden dazu zu zwingen, innezuhalten und eine Weile nachzudenken. Gelegentlich sind sie bewußt schwierig gehalten, um darauf hinzuweisen, daß an dieser Stelle besondere Aufmerksamkeit angeraten ist. Bei einem leichteren Fingersatz hätte die Bedeutung eines wichtigen, aber verborgenen Elements dem Studierenden entgehen können.

3

Wir kommen nun zur dritten Lieferung meiner Puzzleteile. Meine Mutter und meine Schwestern kehrten 1893 oder 1894 – ich weiß nicht mehr, wann genau – in die sauberere der beiden meinem Geburtsort benachbarten Städte zu meinem Vater zurück, den seine Geschäfte dort festhielten. Mich vertrauten sie fremden Leuten als Logiergast an. Drei Jahre später übersiedelte meine gesamte Familie nach Wien. Mein Vater starb dort im Jahre 1927, meine Mutter wurde 1942, im Alter von vierundachtzig Jahren, von den Nazis deportiert, und ich habe nie wieder etwas von ihr gehört. Meine Schwestern flohen in die Vereinigten Staaten.

In den drei Jahren, die ich allein in Wien verbrachte, hatte ich zwei verschiedene Quartiere. Das erste war gediegen und langweilig, das zweite laut und aufregend. Hier gab es drei Söhne, die alle älter waren als ich, und eine Tochter, die jünger war. Die drei Söhne gingen auf die Universität. In ihrer Freizeit veranstalteten sie entweder Säbelduelle in der Diele oder Trinkwettbewerbe im Eßzimmer. Bei letzteren galt es, einen großen Krug Bier in einem Zug zu leeren. Das war meine erste Bekanntschaft mit dem akademischen Leben. Es war sehr unterhaltsam.

In meinem ersten Quartier, dem mit den relativ langweiligen Leuten, hatte ich einen Privatlehrer, den ich nicht sonderlich mochte. Vielleicht deshalb, weil er ziemlich nachlässig war. Er war Medizinstudent, sehr gelehrt und auch sehr an Musik interessiert. Als ich ihn Jahrzehnte später wiedertraf, war er ein hoher Funktionär der Wiener Stadtverwaltung und verantwortlich für die kulturelle Versorgung der Arbeiterschaft. Mein nächster Privatlehrer – und zugleich mein letzter, denn nachdem ich vierzehn war, hatte ich keinen Unterricht mehr – war einer der drei streitbaren Studenten in meinem zweiten Quartier. Auch er studierte Medizin. Ich kann mich nicht daran erinnern, viel gelernt zu haben, weder von dem Gelehrten noch von dem Kombattanten. Wahrscheinlich gaben sie sich redlich Mühe, und wenn ich nicht viel gelernt habe, war es meine eigene Schuld.

Bis zu meinem dreizehnten Lebensjahr hatte ich, wie bereits gesagt, meine Klavierstunden nicht nur bei Leschetizky, sondern auch bei einem seiner Assistenten. Man erwartete von mir, daß ich mindestens drei Stunden täglich am Klavier zubrachte. Das war, wie ich heute weiß, eine eher zurückhaltende Forderung. Heutzutage wird von einem Studenten verlangt, daß er sich mindestens sechs Stunden am Tag mit seinem Instrument beschäftigt. Ich absolvierte meistens nicht einmal meine drei. Was ich die restliche Zeit tat? Ich hatte vier Lehrer: die beiden Klavierlehrer, meinen Privatlehrer und den Theorielehrer. Zu meinen Klavierstunden ging ich gewöhnlich zu Fuß. Die Straßenbahn mochte ich nicht, billiger war es auch, zu Fuß zu gehen, und außerdem bin schon immer ein leidenschaftlicher Wanderer gewesen. Also ging ich zu Fuß, auch wenn es Stunden dauerte. Auf diese Weise verbrachte ich ein gut Teil meiner Zeit.

Hin und wieder ging ich in die Hofoper oder ins Burgtheater. Das nahm gewöhnlich acht Stunden in Anspruch. Um drei Uhr nachmittags reihte ich mich in die Schlange ein und wartete, bis um sieben Uhr die Türen geöffnet wurden; dann stürmte ich die vier Treppen zur Galerie hinauf, um mir einen Sitzplatz zu sichern. Die Zeit in der Schlange war recht kurzweilig. Alle hatten belegte Brote dabei, und die Gespräche, angefangen bei Klatsch und Witzeleien bis hin zu theoretischen Debatten, rissen nicht ab. Es waren natürlich viele, hauptsächlich junge Musiker da, unter ihnen häufig auch Arnold Schönberg. Auch er nahm die Treppen im Laufschritt. Die älteren Leute konnten da meistens nicht mithalten. Man sah und hörte nicht sonderlich gut auf der Galerie. Aber ich habe Theateraufführungen selten so genossen wie damals. Auch auf diese Weise verbrachte ich eine Menge Zeit.

Ich sagte, daß ich keinen Kontakt zu anderen Kindern hatte, und ich besaß nie irgendwelche Spielsachen. Ich habe fast nie Geschenke bekommen. Aber bitte bedauern Sie mich nicht. Ich hatte eine ausgesprochen glückliche Jugend. Ich war zufrieden, ziemlich dick – wie heute noch – und ließ alles recht gemächlich angehen. Ich denke, ich gehöre zu der faulen Sorte von Menschen. Ich bin immer noch faul. Ich habe mich oft bemüht, meine Faulheit zu überwinden: manchmal verabscheute ich es, faul zu sein, aber schließlich fand ich mich mit diesem angeborenen Defekt ab und tröstete mich mit der Illusion oder dem Glauben, daß er mich dazu befähige, in den Zeiten zwischen den – lassen Sie es mich euphemistisch ausdrücken – Kontemplationsschüben um so alerter zu sein. Ohne geregelte Beschäftigung, ohne Talent zu systematischer Arbeit, doch mit einer ziemlich raschen Auffassungsgabe und neugierigem Verstand ausgestattet, gibt man sich leicht den Annehmlichkeiten der Trägheit hin – wobei mir Nietzsches tröstlicher Aphorismus einfällt: „Müßiggang ist aller Philosophie Anfang. – Folglich – ist Philosophie ein Laster?..." Das ist, wie Sie unschwer erkennen, eine ironische Anspielung auf das Sprichwort „Müßiggang ist aller Laster Anfang". Weder der Aphorismus noch das Sprichwort scheint mir die ganze Wahrheit zu sein. Doch so, wie ich nun einmal bin, ziehe ich Nietzsches Version vor. Sie ist einfach schmeichelhafter.

Bevor sich über den Glanz und Zauber Wiens der Vorhang senkte, schienen die geistigen Aktivitäten noch einmal aufzuflammen. Doch es mangelte ihnen an wirklicher Kraft, Ernsthaftigkeit und Aufrichtigkeit. Auch hier zeigten sich deutlich die zahlreichen Facetten der von den Wienern gepflegten Dekadenz. Sie war ein Fatum, kein Verschulden. Und wie bereits gesagt, die Wiener spürten dieses Fatum.

An der Schwelle zum neuen Jahrhundert wurde die Stadt einige Jahre lang von einem offiziell antisemitischen Regime regiert. Das Stadtoberhaupt, Bürgermeister Dr. Karl Lueger, war der unbestrittene An- oder besser Verführer der antijüdischen Bewegung. Verglichen mit den jüngsten Ereignissen, war die Luegersche Form des Antisemitismus überaus milde, aber damals erschien sie fanatisch. Ich selbst bekam von diesem widerwärtigen Regime nicht allzuviel zu spüren, außer daß mich für lange Zeit nach Einbruch der Dunkelheit in einsamen Straßen ein gewisses Unbehagen befiel. Von Lueger aufgestachelt, machten sich chauvinistische Halbstarke einen Sport daraus, Kinder, die sie für Juden hielten, in feuchtfröhlicher Brutalität zu piesacken und zu schlagen. Ich wurde nur einmal auf diese Weise belästigt und bin nicht sicher, ob die Ursache der Attacke Nationalismus oder bloße Trunkenheit war. So unbeschwert meine Kindheit im großen und ganzen auch war – damals lernte ich die Bedeutung von Angst kennen.

Ich lebte vollkommen frei und unreglementiert. Da ich nicht zur Schule ging, hatte es keinerlei Folgen, wenn ich meine Aufgaben vernachlässigte. Außer dem einen Mal, von dem ich erzählt habe, wurde ich nie geprüft, und so blieb mir das Stigma erspart, nicht bestanden zu haben. Freilich wurde ich auch nie offiziell gelobt. Ich mußte mich nicht nach einem Stundenplan richten. Nicht einmal mein Musikunterricht war regelmäßig. Wenn ich mich zur vereinbarten Zeit bei Leschetizky einfand, mußte ich gewöhnlich zwei Stunden warten, bis mein Unterricht begann. Der dauerte dann mindestens noch einmal zwei Stunden – auf die Weise ging ein weiterer Teil meiner Zeit drauf. Doch es blieb immer noch ein Rest, über den ich im Grunde keine Rechenschaft ablegen kann.

Mit der Zeit lernte ich immer mehr Leute kennen – äußerst liebenswerte Menschen und Familien von demselben Schlag, dem ich mein ganzes Leben lang immer wieder begegnet bin. Es muß eine besondere Fügung gewesen sein, die mich immer wieder solche Bekanntschaften schließen ließ. Diese Leute waren in der Regel einigermaßen begütert, immer sehr kultiviert und an allen geistigen Entwicklungen und Werten interessiert, wurden aber fast nie in den Zeitungen erwähnt. Sie standen nicht im Licht der Öffentlichkeit. Natürlich gab es auch ein paar Ausnahmen. Wer nun wem aus dem Weg ging, die „Zeitungsfähigen" mir oder ich ihnen, ist eine offene Frage.

Diese Freunde behandelten mich wie ein Familienmitglied und ließen mich am gesellschaftlichen Leben der Erwachsenen teilnehmen. Einige von ihnen hatten Kinder in meinem Alter. Diese Kinder haßten mich offensichtlich, und das aus guten Gründen. Wenn ich zu einer Abendgesellschaft bei ihren Eltern erschien, war es für sie Zeit, ins Bett zu gehen, oder sie mußten für den nächsten Schultag büffeln. Kein Wunder, daß sie eifersüchtig waren, aber was hätte ich tun sollen? Ich erinnere mich an eine höchst unangenehme Szene, in der diese Bitterkeit exemplarisch zum Ausdruck kam. Ein Junge in meinem Alter, der am nächsten Morgen in die Schule mußte, wurde vor dem Souper den Gästen seiner Eltern vorgestellt. Er durfte Hände schütteln und tat das mit vollendeter Höflichkeit. Daraufhin bekam er etwas Eiscreme, soweit ich weiß der einzige Gang des opulenten Menüs, das uns erwartete, der ihm zugestanden wurde. Nachdem er mit jedem gesprochen hatte außer mit mir, sprang er, kurz bevor die Tür zum Speisezimmer geöffnet wurde, mir plötzlich an die Kehle, verpaßte mir höchst bravourös eine schallende Ohrfeige und machte sich rasch aus dem Staube. Er mußte diesen Streich genau vorausgeplant haben. Ich gab mich natürlich so gleichgültig und gefaßt, wie ich nur konnte, und versuchte den Vorfall mit einem Lächeln zu überspielen. Aber ich habe ihn nie vergessen. Viele Jahre später, seine Eltern waren bereits gestorben, begegnete mir der Junge, der seine Rache an mir genommen hatte, auf die freundlichste Weise. Nun waren wir beide für die Teilnahme an Festlichkeiten qualifiziert. Der Grund seiner früheren Feindschaft bestand nicht mehr.

Ich hatte auch das Glück, die erfolgversprechendsten jungen Literaten und Maler und auch einige der bereits Etablierten kennenzulernen. Leidenschaftliche Debatten zwischen Konservativen und Progressiven waren damals in Mode, obgleich die Leidenschaftlichkeit nicht allzu überzeugend, vielleicht nicht einmal echt war. Das Ganze schien ziemlich aufgesetzt. Die Wiener entflammten nicht an den Gegenständen der Kontroversen; sie entflammten an ihrem eigenen Enthusiasmus. Schon das kleinste bißchen Nüchternheit bereitete ihnen Unbehagen.

Ich erinnere mich an zwei damals wegen ihres Feldzugs gegen das Schöne heftig kritisierte Architekten, die die Vorreiter vieler Entwicklungen waren, die heute Gemeingut sind. Desgleichen erinnere ich mich an einige Maler, Zeichner und Bildhauer, die dem Lager der Traditionalisten den Rücken kehrten und eine fortschrittliche Gruppe gründeten, die sich „Wiener Secession" nannte. Das Plakat zu ihrer ersten Ausstellung, ein hübsches, harmloses Plakat, entfachte einen Sturm der Entrüstung. Die gesamte Stadt führte sich auf, als hätte man sie beleidigt. Der gleiche Schrei der Empörung wurde nach der Errichtung eines prächtigen, wohlproportionierten Gebäudes laut, das Adolf Loos, einer jener epochemachenden Architekten, entworfen hatte. Die Volksstimme forderte, es unverzüglich niederzureißen. Ich hielt es für sehr schön. Zwanzig Jahre später wurde es voller Stolz als Beweisstück des Wiener Geistes vorgeführt.

Karl Kraus, ein scharfzüngiger Pamphletist in einer Zeitschrift namens *Die Fackel*, die er ganz allein schrieb, decouvrierte in savonarolesken Suaden die von ihm konstatierte geistige und moralische Verderbtheit Wiens. Er hatte starken Einfluß auf begabte junge Leute, aber keinen auf die Zustände, die er mit seinen Worten aufsprengen wollte. Jeder, der sich für diese Endphase interessiert, sollte ein bemerkenswertes Buch lesen: *Der Mann ohne Eigenschaften* von Robert Musil. Es ist aufschlußreich, aber ermüdend, diesen monumentalen Nachruf auf eine Gesellschaft zu studieren. Das Gefühl des Niedergangs war so übermächtig, daß auch die hervorragendsten Köpfe an der Aufrichtigkeit ihrer eigenen Motive und der Gültigkeit der Werte, an die sie glaubten, zu zweifeln begannen. Man suchte nach Auswegen, und die Rettung hieß Primitivismus. Da es einem selbst versagt blieb, primitiv und einfach zu sein, wandte man sich dem Kind und dem sogenannten Wilden zu. Bei diesen stand zumindest die Aufrichtigkeit außer Zweifel. Dies ist meine persönliche Interpretation des ziemlich abrupten Übergangs vom Esoterischen zum Exotischen, der Vergötterung des Ursprünglichen nach der des Raffinements. Vielleicht war diese Phase auch nur eine Zwischenstation auf dem Weg von der Dekadenz über die Natur zu Hollywood. Und die Vergötterung des Kindes die Zwischenstufe zu dessen neuer ökonomischer Stellung als umworbener Konsument. Babys sind schließlich die idealen Konsumenten: was sie sehen, wollen sie haben.

Unmittelbar vor der Hinwendung zur Primitivität führte man endlose Diskussionen über zeitgenössische Schriftsteller wie Tolstoi, Nietzsche, Dostojewski oder Ibsen. Deren Werke waren damals Bestseller. Ich erlebte das Wiener Debüt von Eleonora Duse mit. Und das der berühmten französischen Diseuse Yvette Guilbert, obwohl ich als fünfzehnjähriger Junge dort eigentlich nichts zu suchen hatte. Da ich am Morgen nicht in die Schule mußte, konnte ich nächtlichen Debatten bis zum Ende beiwohnen. Die Themen reichten vom Positivismus bis zum Okkultismus, alles Dazwischenliegende inbegriffen. Und nie fehlte der Beigeschmack der Dekadenz. Dieser mag zu meinem Entschluß beigetragen haben (in dem mich einige Freunde bestärkten), in den Westen zu gehen, nach Deutschland. Die Wiener begegneten den Deutschen mit insgeheimer Wertschätzung, einer Art herablassender Hochachtung.

Sie betrachteten sie als roh und unkultiviert, verglichen mit ihrer eigenen Eleganz und Kultiviertheit, ihrer charmanten – wenngleich hohlen – Höflichkeit (in den höheren Schichten) und ihrer weichen Sprache. Doch an ihrem Eigendünkel nagte ein schleichender Minderwertigkeitskomplex.

Lassen Sie mich noch für einen Augenblick auf meine eigene Rolle im Wiener Kulturleben vor meiner Abreise nach Berlin zurückkommen. Ich hatte viel Umgang mit Leschetizky-Schülern, die aus allen Enden der Welt kamen. Ich hatte praktisch keine Konkurrenz – was weniger an meinen Fähigkeiten als ganz einfach daran lag, daß kein anderer Junge meines Alters das gleiche Terrain wie ich beackerte. Auch zu dem bereits erwähnten Pianisten bestand kein echtes Konkurrenzverhältnis, denn der war in erster Linie Pianist und ich Musiker. Wir spielten ein völlig unterschiedliches Repertoire. Von den beiden Wunderkindern, von denen ich zu Beginn erzählt habe, sprach niemand mehr.

Mittlerweile waren meine Eltern nach Wien zurückgekehrt. Die letzten drei oder vier Jahre in Wien lebte ich mit ihnen zusammen. Ich hatte selbst zu unterrichten begonnen und verdiente etwas Geld, so daß ich die mir nach wie vor gewährte Unterstützung meiner Gönner aufbessern konnte. Meine Schüler waren alle älter als ich. Als ich vierzehn war, schickte auch Leschetizky hin und wieder einen seiner Schüler zu mir; zur Konsultation, nicht zum Unterricht. Er sagte: „Gehen Sie zu Schnabel und gehen Sie dieses Stück mit ihm durch", was mir sehr schmeichelte und einen hochwillkommenen Nebenverdienst bedeutete.

Eine der Wiener Familien, deren Bekanntschaft ich gemacht hatte, hatte Verwandte in Berlin, die sich sehr für Kunst interessierten. Eines Tages überraschte sie mich mit der Nachricht, ein Bruder habe vorgeschlagen, ich solle nach Berlin kommen und so lange bei ihm wohnen, wie ich möchte. Voller Freude, Neugier und Hoffnungen nahm ich die Einladung an. Der einzige Wermutstropfen war, daß ich mich von einer Freundin trennen mußte – und dazu noch über eine so große Entfernung.

An einem Frühlingstag des Jahres 1898 – ich glaube, es war im Mai – stieg ich in den Zug nach Berlin. Die Reise muß sechzehn Stunden gedauert haben. Als ich ankam, war niemand am Bahnhof, um mich abzuholen. Also nahm ich, wie mir geraten worden war, eine offene

Pferdedroschke und hieß den Kutscher mich zu der Adresse zu fahren, die man mir angegeben hatte. Die Straßen Berlins waren herrlich zu dieser Jahreszeit; die Kastanien, die den Kanal säumten, standen in voller Blüte. Ich war tief beeindruckt. Gemessen an Wiener Verhältnissen, kam mir die Strecke endlos vor. (Allerdings bewegte sich das Pferd auch nicht allzuschnell voran.) Zwei Dinge aber verblüfften mich, noch ehe ich, abgesehen vom Gepäckträger und dem Droschkenkutscher, mit irgendeinem Deutschen ein Wort gewechselt hatte. Zum einen hing da an jedem Mietshaus ein Schild: „Aufgang nur für Herrschaften". Das ist nahezu unübersetzbar. Später machte ich dann die nicht allzu überraschende Entdeckung, daß in den Wohnvierteln der unteren Schichten solche Hinweise fehlten. Es war aber nicht die Tatsache, daß es in einem Haus zwei Treppenaufgänge gab, die so neu und überraschend für mich war, sondern die Art und Weise, in der diese zweckdienliche Einrichtung angezeigt wurde. Das schien so ganz anders als das gelassene, gemütliche, aristokratische, demokratische Wien. Es gibt so etwas wie eine Demokratie der Aristokratie, und wenn sich in Wien einer nicht allzu laut auf seine Rechte berief, hatte er ein recht angenehmes Leben. Den zweiten Schock versetzte mir ein weiteres Schild, das vor Restaurants hing. Es verhieß „Weinzwang" und bedeutete, daß hier Weinkonsum obligatorisch war. Dies waren zwei unauslöschliche Eindrücke.

Wir näherten uns meiner Adresse, aber die Straße, in die ich mußte, wurde gerade repariert und war für Fahrzeuge gesperrt. Ich wußte nicht was tun mit all meinem Gepäck und dachte: „Das ist gemein. Damit hätten sie rechnen müssen." In diesem Augenblick trat ein adrett gekleidetes Dienstmädchen auf mich zu und fragte, ob ich der Herr Schnabel sei. Sie war an die Straßenecke geschickt worden, an der ich vermutlich haltmachen würde. Sie half mir mit meinem Gepäck und geleitete mich an meinen Bestimmungsort. Mein Gastgeber hieß Cassirer. Er war ein sehr erfolgreicher Geschäftsmann; im Holzhandel, glaube ich, aber darüber wurde nie gesprochen. Alle Kinder und Enkel spielten später mehr oder weniger bedeutende Rollen im deutschen Geistesleben. Einer der fünf Söhne, Ernst, wurde ein namhafter Philosoph. Er ist vor kurzem in New York gestorben. Von der Hamburger Universität, an der er wegen Hitler nicht bleiben konnte, ging er zunächst nach Göteborg, dann nach Oxford, schließlich an die Yale und die Columbia University.

Sein Vetter war ein international renommierter Kunsthändler und einer der ersten und erfolgreichsten Förderer des französischen Impressionismus und der nachfolgenden Künstlergeneration. Ein Mann, der dazu beitrug, Manet, Cezanne, van Gogh, Picasso und andere durchzusetzen. Als er starb, galt er als einer der bedeutendsten Experten auf diesem Gebiet.

Es war sehr gut für mich, in eine solche Familie zu kommen. Es gab da fünf Brüder mit einer Menge von Kindern, und ich verbrachte eine herrliche Zeit. Nur selten wurde ich gebeten, etwas vorzuspielen. Ich hatte keinerlei Pflichten, aber anscheinend war mein Gastgeber, Eduard Cassirer, mit meinem Lebenswandel nicht ganz einverstanden. Ich war damals sechzehn und – nach meinem Dafürhalten – erwachsen. Ich blieb lange auf und schlief bis gegen Mittag. Vielleicht fing ich auch an mit seiner Tochter zu flirten. Jedenfalls gab er mir eines Tages zu verstehen, daß mein Zimmer für einen Verwandten benötigt werde, der seinen Besuch in Berlin angesagt habe. Mit anderen Worten: Ich wurde hinausgeworfen. Einer seiner Brüder jedoch war über diesen Mangel an Verständnis für einen talentierten jungen Mann so entrüstet, daß er beschloß, für Wiedergutmachung zu sorgen. Er sagte zu mir: „Nun, Schnabel, machen Sie sich keine Sorgen. Suchen Sie sich ein Hotel, das Ihnen gefällt. Ich werde für sämtliche Kosten aufkommen." Und so wählte ich ein Hotel, in dem gerade eine gute Freundin von mir, eine junge Dame aus Wien, abgestiegen war. Bis heute weiß ich nicht, ob Herr Cassirer jemals den Grund für meine Wahl erriet.

Mein erster Aufenthalt in Berlin war, wie Sie sich unschwer vorstellen können, eine höchst erfreuliche Angelegenheit und gab auch meiner künstlerischen Laufbahn einen verheißungsvollen Auftrieb. Ich war verschiedenen Kennern des Musiklebens vorgestellt worden, und man ermunterte mich, im nächsten Winter wiederzukommen und ein öffentliches Konzert zu geben.

Nach Wien zurückgekehrt, wurde ich empfangen, als hätte ich die Welt umsegelt. Ich suchte Leschetizky auf, und auch er behandelte mich nun wie jemanden, der endgültig flügge geworden war. Ich war nicht mehr der Schüler, sondern ein Gast und Freund. Er bat mich, seinen Schülern vorzuspielen. Im Grunde war das nichts Neues, denn solange ich Schüler bei ihm war, spielte ich jedesmal vor der „Klasse", wie die wöchentliche Versammlung aller seiner Schüler genannt wurde. Sie fand jahrelang jeden Mittwochabend, später jeden zweiten Mittwoch statt, von Anfang Oktober bis Ende Mai. Der einzige Unterschied zwischen meiner Rolle als Gast und meinem früheren Schülerstatus war der, daß mich der Meister nun nicht mehr unterbrach und kritisierte – obwohl er zweifellos genügend Grund dazu gehabt hätte.

Einige meiner Wiener Freunde luden mich im Sommer gewöhnlich ein, die Ferien mit ihnen zu verbringen – meistens in den Bergen. So wurde ich frühzeitig mit den Alpen vertraut, wie jeder Wiener: Die Berge (keine sehr hohen) schauen auf Wien herunter. Meine lebenslange Passion für Bergsteigen und Wandern reicht indes in die Zeit vor Wien zurück, denn mein Geburtsort war ebenfalls von Bergen umgeben, die denen um Wien nicht unähnlich waren. Es ist nicht ganz einfach, dieser Leidenschaft in Amerika nachzugehen. Von allen Menschen scheint derjenige, der einfach aus Freude am Wandern zu Fuß geht, in den Staaten am wenigsten Achtung zu genießen. Ich versuchte es trotzdem. Die vier Sommer, die ich in Neumexiko verbracht habe, waren zwar überaus angenehm, aber ganz anders als alles, was ich von Europa her kannte. Rinder, Pferde und Holzfäller waren verantwortlich für das einzige, was eine gewisse Ähnlichkeit mit Pfaden hatte. Man brauchte Wochen, um diese Spuren ausfindig zu machen. Und in allen vier Sommern, die ich dort durch die Wälder wanderte, bin ich keiner Menschenseele begegnet. Gewiß, es war eine abgelegene, unbekannte Gegend, in die sich keine Ausflügler oder Touristen verirrten. Aber ganz in der Nähe gab es Dörfer und sogar eine Stadt. In einem anderen Sommer besuchte ich die herrlichen Berge, Wälder und Seen Colorados. Hier traf man überall auf Menschen, aber die meisten waren zu Pferde – ein Riesenhandikap für einen Wanderer. Der Gestank, der Dreck, das ständige Anhaltenmüssen, um die Reiter vorbeizulassen – ich bin nicht noch mal hingefahren. Ich bin zu alt und zu bequem, um mich auf so etwas einzulassen.

Damit bin ich am Ende des ersten, des Österreich-Teils meines Berichts angelangt. Die dreiunddreißig Jahre, die ich in Deutschland lebte, werden den zweiten Teil bilden. All diese dreiunddreißig Jahre lang habe ich übrigens meine österreichische Staatsbürgerschaft behalten.

Nach meinem Konzertdebüt in Berlin verbrachte ich den Sommer noch einmal in Wien. (In der Gegend von Berlin gibt es keine Berge.) Im Herbst kehrte ich nach Deutschland zurück, diesmal endgültig. Bei meinem zweiten Berlinbesuch, bei dem ich mein erstes Konzert dort gab, war ich mit Empfehlungsschreiben an einige weitere Kunstliebhaber und Förderer versehen. Mit den meisten von ihnen blieb die Verbindung, die damals zustande kam, bestehen, solange sie lebten – beziehungsweise so lange, bis der Kontakt durch Hitler gewaltsam unterbrochen wurde. Sie alle waren freundlich und großzügig. Auch Herr Cassirer, der mich, in völlig berechtigter Entrüstung, einst aufgefordert hatte zu gehen.

Mein Berliner Konzertdebüt fand natürlich im kleinsten Saal statt. Vermittelt hatte es Hermann Wolff, damals der führende Konzertagent in Deutschland. Er war nicht der Typ von Agent, wie wir ihn heute in den Staaten kennen. Bevor er sich der Musik zuwandte, war er auf anderem Gebiet geschäftlich erfolgreich gewesen. Als leidenschaftlicher Musikfreund und beachtlicher Hausmusiker drängte es ihn, ein Eingeweihter zu werden und sich ganz der Musik und den Musikern zu widmen. Die Gesellschaft von Musikern zog er jeder anderen Gesellschaft vor und kam zu dem Schluß, daß es keine bessere Gelegenheit für einen engen und dauerhaften Umgang mit ihnen gebe, als sie in geschäftlichen Angelegenheiten zu vertreten. Er gab sein uninteressantes Gewerbe auf, trat an seine Lieblingsmusiker heran – Liszt, Wagner, Brahms, Tschaikowsky, Joachim, Hans von Bülow, Anton Rubinstein, Sarasate, Patti und andere – bot ihnen seine Dienste an und begann. Er starb einige Jahre vor dem Ersten Weltkrieg, nachdem sein Wunsch nach Umgang mit Musik und Musikern jahrzehntelang in Erfüllung gegangen war. Seine Witwe führte die Agentur in seinem Geiste weiter, was angesichts der gewaltigen Expansion des Musikmarktes keine leichte Aufgabe darstellte. Vertraulicher Umgang und Noblesse – ich habe bereits mehrfach auf ihr Schicksal hingewiesen – führten zwar ein Schattendasein, aber sie waren nicht gänzlich untergegangen. Hitler setzte auch der Wolffschen Agentur ein Ende. Wolffs Sohn Werner, ehedem ein gefeierter Dirigent an der Hamburger Oper, lebt heute mit seiner Frau, einer Opernsängerin, in Chattanooga, Tennessee. Sie versuchen – und wie ich höre, mit erstaunlichem Erfolg – dem dortigen Musikleben auf die Beine zu helfen. Pionierarbeit. Er ist auch Verfasser einer Bruckner-

Biographie, die in New York unter dem Titel *Rustic Genius* erschienen ist. Seine kostbare Sammlung von Briefen an seinen Vater aus der Feder praktisch aller bedeutender Musiker eines halben Jahrhunderts stellt einen einzigartigen Schatz dar.

Hermann Wolff gab sich mir, dem jungen Mann aus Wien, gegenüber etwas kurz angebunden und mürrisch. Aber er war nie unfreundlich oder ungerecht. Das Wichtigste war, daß er ohne große Worte und ohne großes Aufheben damit begann, meine öffentliche Karriere zu fördern. Vielleicht diente seine Strenge einem pädagogischen Zweck. Er forderte mich nicht auf, Fotos zur Verfügung zu stellen oder die Presse zu empfangen. Nichts dergleichen. Die heutige Form von Öffentlichkeitsarbeit lag noch weit entfernt, wenigstens in Deutschland. Meine Aufgabe war es zu spielen; und sonst nichts.

Bei meinem Einstandskonzert spielte ich eine Schubert-Sonate. Damals machte das kaum jemand. Ich spielte sie nicht, um mich interessant zu machen, sondern einfach weil sie mir gefiel – und siehe da, ich hatte den größten Erfolg damit: Sie war ja gar nicht so langweilig, wie ihr Ruf hatte erwarten lassen. Einige Kritiker waren sehr wohlwollend. Andere rieten mir, den Beruf zu wechseln. Einer empfahl, ich solle mich um ein Lehramt am Institut für afrikanische Trommel-Sprachen bewerben. Ich wechselte den Beruf nicht; ich bekam sogar weitere Engagements (durch Hermann Wolff und ohne Publicity). Vom Tag meines ersten Konzerts an verdiente ich meinen Lebensunterhalt selbst. Er war nicht gerade üppig, und in den ersten Jahren besaß ich, wenn der Herbst herannahte, keinen Pfennig mehr. Ich hatte alles verbraucht, und wenn keine neuen Engagements in Sicht waren, wurde ich natürlich unruhig, ungeduldig und sogar pessimistisch. Doch es gab immer ein paar Freunde, die mir über die Runden halfen. Eines meiner ersten Engagements war in Potsdam (im Augenblick ein häufig in der Presse genannter Ort). Ich spielte ein Konzert mit einer Militärkapelle. Es war schrecklich. Meine Gage betrug zehn Dollar. Sie sehen, ich fing wirklich ganz unten an. Heutzutage werden Kadetten in Generaluniformen präsentiert und Anfänger genötigt, als die schaumgeborene Venus zu erscheinen: vollkommen und unvergänglich – „Stars" schon beim ersten Auftritt! Das richtet viel Schaden an. Nun Ihre Fragen, bitte. Ich hoffe, Sie haben eine Menge für heute vorbereitet.

— *Was sollte Ihrer Meinung nach das Ideal eines Künstlers beim Aufführen von Musik sein?*

A.S.: Ich verstehe Ihre Frage nicht.

— *Ich meine bei der Interpretation von Musik, was sollte sein Ideal sein?*

A.S.: Sein Ideal ist, alles zu realisieren, was er realisieren will. Er will natürlich nur so viel, wie er zu einem gegebenen Zeitpunkt von dem versteht, was die Musik als Ganzes und die Musik im Einzelfall verlangt. Wie viel das ist, hängt einzig und allein von seiner Begabung ab, in jedem Stadium seiner Entwicklung. Das gleiche gilt für seine Fähigkeit, zu beurteilen, ob er tut, was ihm vorschwebt. Bei aller Begabung sollte er sich sein Leben lang die größte Mühe geben, das Maximum seiner Fähigkeiten zu erreichen – was ein weiteres Talent erfordert.

— *Sie sagen: „so viel, wie er versteht". Was, meinen Sie, sollte die Grundlage seines Verstehens bilden?*

A.S.: Ich erzähle Ihnen nichts Neues, wenn ich Ihnen sage, daß, soweit mein Wissen reicht, nichts auf der Welt je von außen nach innen gewachsen ist. Die Grundlage des Verstehens liegt innen. Von dort geht das Verlangen, die Kraft, das Talent aus. Wenn jemand, der keinerlei Begabung für Musik und auch kein Verlangen nach ihr hat, sich einer wissenschaftlichen Behandlung unterzöge, die Musikalität auf chemischem Wege in ihm erzeugen soll, fragte ich mich, ob ein guter Musiker dabei herauskommen würde. Ihre Frage erscheint mir mechanistisch. Es sollte als selbstverständlich gelten, daß jemand, der sich daranmacht, ein Musikstück aufzuführen, schon vorher eine gewisse Vorstellung davon hat. Diese Vorstellung mag nicht seine eigene sein, und er mag seine Vorstellung, ob seine eigene oder eine übernommene, ändern, doch eine Vorstellung von dem, was er will, ist die Prämisse. Gestern haben Sie mich gefragt, wie es kommt, daß manche Musikstücke für mich ein unerschöpfliches Terrain für Entdeckungen, eine nie versiegende Quelle der Freude, eine beständige Herausforderung darstellen, während andere verhältnismäßig begrenzt sind und mir schnell verbraucht und abgestanden vorkommen. Nun, es kann gut sein, daß jemand anders nur eine Provinz sieht, wo sich mir ein Universum auftut, und umgekehrt, versteht sich.

— *Glauben Sie, daß das alles aus einem selbst heraus kommt?*

A.S.: Der Ausgangspunkt muß Liebe sein – Liebe zur Musik. Es ist meine feste Überzeugung, daß Liebe immer auch einiges Wissen hervorbringt, während Wissen nur selten so etwas wie Liebe erzeugt.

— *Gibt es einen Maßstab, anhand dessen sich eine Aufführung beurteilen läßt?*

A.S.: Sie werden mir zustimmen, daß es einen Unterschied gibt zwischen Qualität und Quantität. Es gibt jedoch keinen unwiderlegbaren Beweisgrund, keinen rechtsgültigen Nachweis für künstlerische Qualität. Ich erinnere mich an einen Abend bei einer ausgewählten Gruppe von Jungen in Harrows, England, die sich *Saturday-nighters* nannten. Sie luden „Experten" aller möglichen Fachgebiete zu zwanglosen Vorträgen ein. Genauso wie hier gab es anschließend eine Diskussion. Die Jungen hatten trickreiche Fragen vorbereitet, mit denen sie mich aufs Glatteis führen wollten. Eine dieser Fragen lautete: „Was ist es, was die Schönheit eines Kunstwerks ausmacht?" Ich hatte keine Zeit nachzudenken. Ich ließ einfach meiner Zunge freien Lauf und sagte: „Ihre Reaktion darauf." Niemand kann Sie davon überzeugen, daß ein Musikstück schön ist, wenn es das für Sie nicht ist. Ich würde nicht einmal versuchen, Sie zu überzeugen. Ich kann es nicht beweisen. Ursache und Wirkung liegen beide in einem selbst.

— *Gibt es denn kein anderes Maß, das sich auf Kunst anwenden ließe? Ist es unmöglich, objektiv zu sagen, ob etwas gut oder schlecht ist, abgesehen von einigen technischen Komponenten der Ausführung?*

A. S.: Dieser Mangel eines verbindlichen Maßstabs ist ein Nachteil – oder vielleicht ein Vorzug – der Musik. Wenn ein Schauspieler Wörter falsch ausspricht, wenn er zum Beispiel „wun-*der*-schön" sagt, merkt das jeder, der seine Sprache spricht, und seine Karriere ist beendet. Bei Musikern ist das anders. Falsche Aussprache findet sich bei den berühmtesten Künstlern, doch Musik ist keine landläufige Sprache, und nur eine kleine Minderheit der Zuhörer bemerkt es. Es ist ein technischer Mangel. Aber die Karriere des Musikers bleibt davon unberührt, da Musik für jeden, der sie hört, etwas anderes ausdrückt. Dieselbe Musik drückt für denselben Menschen, wie ich bereits gesagt habe, nicht jedesmal, wenn er sie hört, dasselbe aus. Wenn sie hinsichtlich Notenwerten und Dynamik deutlich vom schriftlich fixierten Text abweicht, ist sie falsch, aber dies ist nur ein technischer Mangel, eine Folge von Unaufmerksamkeit oder Schludrigkeit, kein Zeichen mangelnder Musikalität. Die Bedeutung, die Substanz von Musik kann nur durch Musik vermittelt werden. Es ist aussichtslos, es mit Worten oder Farben oder Gesten zu versuchen. Und die Reaktion auf Musik kann nie objektiv sein. Zu sagen „Regen ist trocken" ist Unsinn, ist nicht wahr. In der Musik gibt es solche Kategorien nicht.

Jedesmal, wenn ich Kommentare in Programmheften lese, frage ich mich nach ihrer Raison d'être und welche Auswirkungen sie haben mögen. Ich hätte sie eigentlich in die Liste der Dinge aufnehmen sollen, die zu meiner Kindheit unbekannt waren. Ich denke, sie sind überflüssig und können sehr verwirrend sein, denn oft ist die Diskrepanz zwischen der Auffassung des Komponisten oder Interpreten und derjenigen des Kommentators offensichtlicher als irgendeine Übereinstimmung. Wie viele der Leute, die mit der Literatur und den Tönen versorgt werden, sich der oft diametral entgegengesetzten Auffassungen bewußt werden, ist unerheblich. Diejenigen, die sich ihrer bewußt werden, bekommen Vorurteile, in dieser oder in jener Richtung. In einigen Programmheften zu meinen Konzerten bin ich auf haarsträubende Kommentare gestoßen. In einem Fall wurde das Seitenthema einer Sonate in die Oberstimme verlegt, einfach weil es die Oberstimme war, und auf zwei Takte beschnitten, obwohl es der Komponist einer Mittelstimme anvertraut und ihm fünf Takte gegeben hatte. Ich brauchte einige Zeit, um diese Nuß zu knacken. Nicht ganz so kraß, aber um so verwirrender war es, als ich ein andermal las „Und hierauf folgt ein heiteres Rondo", gemünzt auf ein Stück, von dem ich dachte, daß es unverkennbar eine Atmosphäre von Verzweiflung und fieberndem Leiden entfalte. Ich weiß nicht, wer recht hat. Was mich verwirrte und was mich immer noch verwirrt, ist, daß ich niemals herausbekommen werde, ob die Zuhörer ein heiteres oder ein tragisches Stück hörten. Es ist vorstellbar, daß es für sie heiter war, denn so war es im Druck angekündigt. Wissen Sie, in keiner Kunst hat die Einbildung eine solche Macht wie in der Musik. Naturgemäß.

Was mir an Ihrer Frage nicht gefallen hat, ist Ihre Autoritätsgläubigkeit. Wenn ich oder irgendein anderer Musiker Ihnen die gewünschte Antwort in einer hinlänglich wissenschaftlichen und intellektuellen Aufmachung gäben, würden Sie sie, scheint es mir, als Dogma übernehmen.

— *O nein.*

— *Sie haben nichts darüber gesagt, wo Leschetizky seine Ausbildung erhielt.*

A.S.: Er war Schüler von Carl Czerny. Das ist alles, was ich weiß. Und Carl Czerny war Schüler von Beethoven, wie Sie natürlich wissen.

— *Er gilt als herausragende Lehrerpersönlichkeit. Sie sagten, es ließe sich unmöglich abschätzen, was Sie bei ihm gelernt hätten.*

A.S.: Sie dürfen die Rolle nicht unterschätzen, die die Natur beim Hervorbringen von Talenten spielt. Ich würde deshalb sagen, das, was den Schüler zum Studium treibt und seinen Weg bestimmt, hat er von seinem Schöpfer mitbekommen.

Wissen Sie, daß der Lehrer Beethovens ein gewisser Christian Neefe war? Ich halte ihn für keinen bedeutenden Mann. Er war eben in Bonn verfügbar. Wenn alle guten Musiker einen bedeutenden Mann als Lehrer brauchten, um gute Musiker zu werden, gäbe es nicht allzu viele davon, fürchte ich. Das gilt für alle Bereiche des Unterrichts. Warum interessiert Sie Leschetizkys Ausbildung so?

— *Weil er immer noch als herausragend gilt, während die meisten Lehrer seiner Zeit vergessen sind.*

A.S.: Ihre Frage erinnert mich an eine kuriose Szene nach einem meiner Konzerte in den Vereinigten Staaten, in einem sehr renommierten College in Oberlin, Ohio. Viele Studenten stürmten nach dem Konzert ins Künstlerzimmer. Als erste traf ein reizendes Mädchen von vielleicht sechzehn Jahren ein, das mich atemlos fragte: „Sind Sie Lehrer, oder haben Sie einen?" „Ich verstehe nicht ganz", antwortete ich. „Ich möchte wissen, ob Sie Unterricht nehmen oder geben." Ich sagte: „Mein liebes Kind, ich bin zu alt, um Unterricht zu nehmen, aber ich kann immer noch lernen. Ich lerne von Ihnen." Sie entschwand wie ein Gespenst. Der Direktor der Schule flüsterte mir eilig zu: „Sie war keine von uns!"

Wie dem auch sei, Sie können nicht zu Leschetizkys Lehrer gehen und bei ihm Unterricht nehmen. Die Natur wird auch weiterhin für einige gute Lehrer sorgen. Haben Sie kein Vertrauen in die Natur?

— *Ich hoffe, dies ist keine dumme Frage, aber ein Schüler Gabrilowitschs erzählte mir, dieser habe sich von Leschetizkys Lehre losgesagt. Mich würde interessieren, was der Grund für seinen Bruch mit Leschetizky gewesen sein könnte.*

A.S.: Ich wußte nicht, daß Gabrilowitsch jemals Klavier unterrichtete. Er hat mir nie davon erzählt. Wir waren gut befreundet, aber er hat mit mir nie über dieses Thema gesprochen. Ich bin in vielen Dingen anderer Ansicht als Leschetizky, aber das tut meiner Bewunderung für ihn und seine pädagogische Arbeit keinen Abbruch. Ich bin, wie ich bin. Wir können es uns nicht aussuchen. Wir tun unser möglichstes, ohne eine Garantie zu haben. Ich würde mich als einen „aktiven Fatalisten" bezeichnen.

— *Gibt es in Ihrer Ausgabe der Beethoven-Sonaten irgendwelche Hinweise, ob die Pedalisierung von Ihnen oder von ihm selbst stammt?*

A.S.: Auf Beethovens eigene Pedalbezeichnungen wird stets in Fußnoten hingewiesen.

— *Meinen Sie nicht, daß der Unterschied zwischen seinem und unseren Klavieren ernsthaft bedacht werden sollte?*

A.S.: Durchaus. Aber das Ergebnis wird nicht dazu führen, von Beethovens äußerst kühnem und aufschlußreichem Pedalgebrauch abzurücken. Ich habe auf den alten Klavieren gespielt, ich hatte Zugang zu den wunderbaren Instrumentensammlungen in Wien und Berlin. In beiden Städten gibt es eine Sammlung alter Klaviere. Ich habe auf Bachs, Beethovens, Webers und anderen Instrumenten gespielt. Im Falle Beethovens war der Effekt der von ihm verlangten Pedalgebung auf den alten Instrumenten exakt der gleiche wie auf den neuen. Das alte Klavier unterscheidet sich vom modernen Flügel insofern, als Sie auf den alten Instrumenten nicht alles machen können, was auf einem modernen Flügel möglich ist. Auf diesem können Sie jedoch alles machen, was auf den alten Instrumenten möglich war. In seinem gesamten Klavierwerk machte Beethoven nur dreißig oder ein paar mehr Pedalangaben, auf Tausenden von Seiten. Sie tauchen nur an solchen Stellen auf, wo er wußte, daß sie der „normale" Spieler für eine Sünde gehalten hätte. Nun behaupte ich nicht, daß Beethoven Interesse an dem kindischen Spiel gehabt hätte, Philistern vor den Kopf zu stoßen. Er schuf, auch mit seiner Pedalführung, eben Unerwartetes, Phantastisches, Kühnes. Das Resultat ist oft eine Klangwirkung, die man heute als impressionistisch bezeichnen würde. Die „gewöhnliche" Pedalführung, die er so gut wie nie notiert, ist Bestandteil des Instruments. Sie gehört zum Klavierspiel. Das Klavier wird mit Händen und Füßen gespielt. Man dosiert das Pedal *ad libitum*, nach Maßgabe des Raums, der eigenen Stimmung, den äußeren Umständen – aber stets verwendet man automatisch das Pedal –, außer an den Stellen, wo es von Beethoven ausdrücklich verlangt wird: dort ist es obligatorisch. Die Vorschriften Beethovens müssen unter allen Umständen befolgt werden, in jedem Raum, jeder Stimmung, jeder Gesellschaft, da sie ein unablöslicher Bestandteil der Musik selbst sind, und wenn man diese Pedalvorschriften nicht befolgt, wird die Musik verändert. Das ist meine Überzeugung.

Das Märchen von den Unterschieden zwischen alten und modernen Instrumenten ist zählebig; immer wieder wird es als Vorwand für die Annullierung von Beethovens unzweideutigen Pedalvorschriften ins

Feld geführt. Zugleich exkulpiert es auch ihn: Hätte er die modernen Klaviere gekannt, hätte er seine Vorschriften zweifellos geändert. Ein ebenso hübsches und nicht weniger zählebiges Märchen führt einige angeblich krude klingenden Takte in Beethovens späteren Werken auf seine Taubheit zurück. Nun, was die Pedalvorschriften anbelangt, versichere ich Ihnen, daß es keinen Unterschied macht, was für ein Klavier Sie benutzen. Ich kann hinzufügen, daß schon Beethovens Zeitgenossen sie zu umgehen suchten – mit ähnlichen Argumenten, dessen bin ich mir sicher. Und was seine Taubheit betrifft, scheint sie sich seltsamerweise nur in ein paar wenigen Takten niedergeschlagen zu haben.

Bleibt die Frage, warum Musiker vor Beethovens Pedalisierung zurückschrecken. Noch heute wird sie für unzulässig gehalten und von unseren bedeutendsten Interpreten ignoriert. Einer von ihnen gab mir die Erleuchtung. Auf die Frage, warum er sie ignoriere und auf diese Weise komplexe Musik farblos erscheinen lasse, antwortete er: „Sie tut mir weh." Als ich darüber nachdachte, was in aller Welt es denn sein mochte, was ihm „weh tat", kam ich zu dem Schluß, daß es nur die generationenalte Scheu vor dem gleichzeitigen Erklingen zweier unterschiedlicher Harmonien sein konnte, selbst wenn der Baß *nicht* fortschreitet. Es ist nicht meine Sache, die Urheber solchen Aberglaubens ausfindig zu machen. In einer Bibliothek können Sie sie gewiß ermitteln.

— *In Ihrem ersten Vortrag erwähnten Sie, daß Madame Essipoff Ihnen eine Münze auf den Handrücken legte und Sie aufforderte, zu spielen, ohne sie fallen zu lassen. Das sei Ihnen damals gelungen, sagten Sie, aber jetzt würden Sie daran scheitern, denn Sie hätten inzwischen Ihre Technik geändert. Worin liegt der Unterschied?*

A.S.: Ich halte nicht viel vom Finger-Spiel. Mit den Fingern verhält es sich wie mit den Beinen eines Pferdes. Wenn sich sein Körper nicht bewegte, käme es nicht voran; es bliebe immer auf demselben Fleck. Wenn sich jemand der Mühe unterzöge, zusätzlich zum Fingersatz Applikaturen für Hand, Handgelenk, Unterarm, Ellbogen, Oberarm, Füße usw. zu erstellen und Kommentare zu Zeitwerten und Artikulation zu erstellen, sollten wir diese Innovation begrüßen? Zweifellos nicht, denn der Zugang zur Musik über die Augen, eine schon heute weitverbreitete Haltung, würde die Ohren und damit die Steuerungs- und Kontrollorgane unserer musikalischen Tätigkeit schließlich völlig ausschalten.

Lassen Sie mich kurz auf die Finger zurückkommen. Sie sollten nicht als Hämmer gebraucht werden. Auf diese Weise erfordern sie viel zuviel Training und Aufmerksamkeit. Jegliche Differenzierung wird äußerst schwierig und unzuverlässig. Das Herabfallen von Gewichten aus einem statischen Zustand ist ein antimusikalisches Bild. Flexibilität, Lockerheit, ungezwungene Beherrschung, Zusammenspiel aller Bewegungen im Dienste eines ausdrucksvollen musikalischen Vertrags versprechen bessere Resultate bei geringerem Aufwand, als sie mit Fixierung zu erlangen sind. Ausdruck heißt Spannung und Entspannung. Aufundabbewegungen, herabfallende Gewichte, ich wiederhole es, sind selbstauferlegte Hindernisse, wenn das Ziel eines Pianisten Ausdruckskraft ist. Ich weiß, es gibt eine Schule, die dem Klavier die Fähigkeit zum Legato abspricht und es zu den Perkussionsinstrumenten zählt. Die Literatur, die für das Klavier komponiert wurde, ist die beste Widerlegung dieser „wissenschaftlichen" Behauptung.

Ich habe keine Erfahrung im Unterrichten von Anfängern. Meine Schüler, die alle in einem fortgeschrittenen Stadium bei mir beginnen, kommen im allgemeinen mit dem Elastizitätsprinzip recht gut voran. Übrigens lasse ich mir von einem Schüler ein Stück nie – entschuldigen Sie, ein Mann meines Alters sollte den Ausdruck „nie" nicht gebrauchen – zweimal vorspielen. Ich traue ihm zu, daß er das, was er in dem einen Stück gelernt hat, im nächsten anwendet und so fort. Ich möchte mit einem Schüler in ein paar Jahren so viele Stücke wie möglich durchnehmen. Als ich an der Hochschule in Berlin unterrichtete, befanden sich meine Schüler in einer gewissen Gefahr. Die anderen Lehrer dort bereiteten das ganze Semester lang das Stück oder die Stücke vor, die ihre Schüler öffentlich (an der Hochschule) spielen sollten. Meine Studenten kamen mit ihrer Anmeldung zum Vorspiel nur einmal zu mir. Trotzdem schnitten sie mit Auszeichnung ab.

Ich finde, in der Pädagogik ist zu vieles auf Pessimismus gegründet. Es erscheint mir fraglich, ob dies eine produktive Basis ist. Meinem Naturell entsprechend, halte ich nicht viel davon, und deshalb sage ich,

ich habe meine Technik geändert. Das heißt nicht, daß ich die Technik, die ich aufgegeben habe, verdammen würde.

— *Wie verhält es sich mit Madame Essipoffs Methode?*

A.S.: Ich weiß, daß ich die Czerny-Etüden spielen kann, obwohl ich sie mir seitdem nie wieder angeschaut habe. Doch wenn ich versuchen würde, sie so zu spielen, wie ich sie damals gespielt habe, mit jener standardisierten Handhabung, würde ich mich sehr unbehaglich fühlen. Wenn ich es auf meine Weise mache, ist es stets locker, rund und artikuliert. Außerdem, glaube ich, muß der Körper ebenso artikuliert sein wie die Musik. Musik ist Modulation, und wenn unser Körper nicht moduliert und unsere Handhabung standardisiert wird, ist das Spielen viel schwieriger. Deshalb muß man bei dieser Technik so viel üben. Manche spielen bis zu zehn Stunden am Tag. Ich weiß nicht, wie sie das schaffen.

— *Haben Sie viel im Ensemble gespielt?*

A.S.: Sehr viel. Ich habe auch viel Kammermusik geschrieben. Jetzt spiele ich nur noch selten Kammermusik. In unserem öffentlichen Konzertleben ist kein Platz mehr für echte Kammermusik, von Streichquartetten einmal abgesehen. Das ist bedauerlich. Ich werde nächsten Dienstag darüber sprechen müssen, denn man weiß nicht mehr, was es mit der Sonate auf sich hat. Sonaten für Klavier und ein Streich- oder Blasinstrument oder Werke für Klavier und Singstimme werden falsch dargestellt und deshalb mißverstanden. Das Klavier wird als Begleitung angesehen, obwohl das Klavier das Duo (mit einigen Abstrichen) notfalls auch alleine ausführen oder bei einem Lied auch die Gesangsstimme mitspielen könnte. Das Klavier liefert sozusagen die symphonische Substanz, hat den größeren musikalischen Anteil, einfach weil es einen größeren Tonumfang und zehn Finger zur Verfügung hat. Nur in primitiverer Musik ist der „Solist" wichtiger. Die ursprüngliche Idee eines Konzerts war, alle Beteiligten konzertieren zu lassen. Jeder hatte etwas zu sagen. Aber lassen Sie uns zur Duo-Misere zurückkehren. Ein „Star" (Sänger oder Instrumentalist) erhält Tausende von Dollars für seinen Part, sein Pianist vielleicht fünfzig bis hundert. Er mag musikalischer sein als der „Star", fühlt sich aber wahrscheinlich zu deprimiert und zurückgesetzt, um sein Bestes zu geben. Wo er führen sollte, hat er zu folgen. Fast alle Geigen- oder Cellovirtuosen zwingen „ihre" Pianisten, die musikalischen Erfordernisse der Eitelkeit – oder den Grenzen – des „Chefs" unterzuordnen. Fast jeder Fiedler sagt seinem Pianisten, er sei auf alle Fälle zu laut – nicht für die Musik, sondern für seine Fiedel.

Selbst von Komponisten wird erwartet, daß sie sich nicht zu weit von der herkömmlichen Grenzlinie entfernen. Sie kennen wahrscheinlich die herrliche Antwort, die Beethoven seinem Freund Schuppanzigh, dem Geiger, gab, als dieser sich beschwerte, eine bestimmte Passage eines neuen Quartetts sei auf der Geige schlechterdings unspielbar – selbst für einen Mann, der wie Schuppanzigh alle vorausgegangenen Quartette zur Zufriedenheit des Meisters gespielt hatte. Beethoven schnauzte ihn an: „Was kümmert mich Seine elende Geige!"

Kammermusik, einschließlich Liedern und kleiner Vokalensembles, gehört in einen intimen Rahmen. Solche Voraussetzungen sind viel zu selten heutzutage. Gestern fand ich in einer Zeitung eine erstaunliche Gegenüberstellung von Irving Berlin und Schubert: Irving Berlin hat zweitausend Lieder geschrieben, Schubert nur sechshundert. Schubert, das muß man hinzusagen, starb mit einunddreißig Jahren. Statistik!

— *Was sagten Thomas Mann und Stefan Zweig zu Ihrem Klavierspiel? Und dachten sie über die rapiden Veränderungen, die seit ihrer Geburt stattfanden, ähnlich wie Sie?*

A.S.: Weder der eine noch der andere hat – mir gegenüber – je ein Wort über mein Klavierspiel geäußert. Ich weiß nicht, ob sie mich überhaupt spielen gehört haben. Aber ich bin ihnen beiden begegnet. Ich nehme an, daß wir in unseren Einstellungen und unserem Verhalten zu den epochalen Ereignissen vieles gemeinsam hatten. Stefan Zweig lernte ich besonders in seiner Beziehung zur Musik als einen unglaublich naiven Menschen mit sehr primitivem Geschmack kennen. Er äußerte mir gegenüber Dinge, die ich zwei- oder dreimal hören mußte, um es zu glauben. Zitieren Sie das nicht. Er war ein Mann von beachtlichem

Talent; vor allem in seinem Frühwerk gibt es ein paar ganz hübsche Sachen. Doch er liebte Musik. Ebenso Thomas Mann. Er war ein unerschütterlicher Wagnerianer. Der Fall Wagner ist nicht gerade einfach. Hanslick, Nietzsche, Shaw und viele andere Denker und Schriftsteller haben darüber spekuliert. Auch Thomas Mann unternahm Versuche, ihn zu ergründen. All diese philosophischen, psychologischen und soziologischen Untersuchungen lassen sich meines Erachtens nicht auf Musik übertragen. Wagners Werk besteht nicht nur aus Musik. Es bleibt problematisch und ist insofern vielleicht der prägnanteste Ausdruck des Geistes des neunzehnten Jahrhunderts. Meine Gespräche mit Zweig waren nicht sehr ersprießlich. Er hat ein Libretto für Richard Strauss geschrieben; ich begegnete ihm hauptsächlich in seinen letzten Jahren in England. Er war zutiefst deprimiert. Wie Sie wissen, nahm er sich später das Leben.

Thomas Mann hat jetzt ein Buch geschrieben – es ist noch nicht erschienen –, das „Der Werdegang eines Musikers" heißt. Sie werden sich an dieses Buch erinnern und sehen, daß einige seiner Vorstellungen nicht ganz haltbar sind. Ich habe Teile des Buchs gelesen. Aber er liebt Musik auf eine viel gründlichere Weise als Zweig. Schriftsteller haben im allgemeinen kein so spontanes Verhältnis zur Musik wie Maler oder Naturwissenschaftler. Besonders Physiker und Mathematiker genießen Musik ohne außermusikalische Überlagerungen. Schriftsteller sind da befangener in ihrer Neigung, jede Erfahrung in Worte zu übersetzen. Mit Musik geht das nicht; deshalb sind ihre Stellungnahmen zur Musik oft nicht ungetrübt.

— *Haben Sie Musik nie angemessen in Worten beschrieben gehört?*

A.S.: Sehr selten. Ernst Theodor Amadeus Hoffmann, die Titelfigur in Offenbachs *Hoffmanns Erzählungen*, schrieb auf eine so überzeugende Weise über Musik, daß es selbst einem Musiker Freude macht. Er war ein erstaunlicher Zeitgenosse, ein wunderbarer Romantiker, Jurist, Dichter, Maler, Komponist, Bonvivant und was nicht sonst noch alles. Zwei Biographien von Walter J. Turner, die eine über Mozart, die andere über Berlioz, gelang es – obwohl sein Musikverständnis nicht ganz an das eines Berufsmusikers heranreicht –, dem Leser die Sphäre eines schöpferischen Genies zu erschließen – und das ist eine enorme poetische Leistung.

— *Was halten Sie von Tovey?*

A.S.: Er war ein außergewöhnlicher Mann. Ich traf ihn recht häufig und liebte diese Begegnungen. Ich lernte jedesmal eine Menge dazu. Und hatte auch viel Spaß, denn mit einer völlig unerwarteten Wendung pflegte er sich von einem auf den anderen Augenblick vom Gelehrten in einen Schalk zu verwandeln und strahlte wie ein Lausbub, wenn ich ihm nicht rasch genug folgen konnte.

— *Halten Sie eine enge Beziehung zwischen Musikern und Kritikern für möglich?*

A.S.: Warum nicht? Aber ich bin nicht kompetent, über die Verfasser von Zeitungskritiken zu sprechen, falls Sie die meinen. Sie schreiben nicht zur Information von Musikern; ihr Job ist es, die Öffentlichkeit zu informieren. Natürlich bin ich auch Teil der Öffentlichkeit, aber in musikalischen Dingen naturgemäß am wenigsten. Ich bin deshalb mit dem Kritikerwesen nicht sehr vertraut. Offenbar besteht ein Bedürfnis danach, sonst wäre es längst ausgestorben. Daß nicht alle Kritiker gleichermaßen befähigt sind, ist ebenso sicher wie im Falle von Musikern oder anderen qualifizierten Berufen.

Sind Sie sich darüber im klaren, daß ein Kritiker jemand ist, der dafür bezahlt wird, seine Meinung zu äußern? Wenn Sie mit dem Urteil eines Kritikers nicht einverstanden sind, mögen Sie recht haben oder mag er recht haben. Nichtsdestoweniger hat er seine Pflicht erfüllt. Wenn Sie mehrere Rezensionen desselben Ereignisses lesen und sie sich alle einig sind, haben Sie eine gewisse Informationsgrundlage; wenn sie einander widersprechen und Sie nicht einer mehr vertrauen als den anderen, besitzen Sie überhaupt keine Information. Sie müssen – unvoreingenommen – hingehen und sich selbst ein Urteil bilden. Man kann den Kritiker jedoch nicht dafür kritisieren, daß er kritisiert.

4

Bevor ich nach Deutschland übersiedelte, hatte ich einige Stücke komponiert, von denen ein paar in Wien aufgeführt worden waren. Eines Tages lud Leschetizky seine Schüler zur Teilnahme an einem Kompositionswettbewerb für Klavierstücke ein. Dem Reglement zufolge hatte jeder Teilnehmer seinen Beitrag in einem mit einem Motto versehenen Umschlag einzusenden, in dem sich ein zweiter Umschlag befand, der seinen Namen enthielt und mit demselben Motto beschriftet war. Nur wenn ein Stück in die Endrunde kam (eine Aufführung durch den Komponisten, bei der die Gesamtheit der Leschetizky-Schüler sowie einige namhafte Gäste durch Abstimmung die drei Sieger wählten), wurde der Umschlag mit dem Namen des Komponisten geöffnet. Geraume Zeit später erzählte mir einer der Juroren, wie überrascht und amüsiert er und seine Kollegen gewesen seien, als sich herausstellte, daß unter der kleinen Anzahl der angenommenen Stücke drei von mir waren (alle, die ich eingesandt hatte). Auch die Wahl meiner Mottos hatte sie verblüfft. Für einen Jungen meines Alters – ich war damals vierzehn – schienen sie sehr ungewöhnlich. An eines erinnere ich mich noch; es war dem Stück beigefügt, das den ersten Preis gewann: ein Vierzeiler von Richard Dehmel, einem jungen Dichter, der damals als verheißungsvolles Talent galt. Er besagte – in Reim und Versmaß, versteht sich –, daß nur wenn der Mensch sich allem Nützlichkeitsdenken entwöhnt habe und nur noch seinem inneren Antrieb folge, sich ihm die göttliche Natur entzückter Narrheit und wunderbarer Liebe offenbare. Ich spielte meine drei Stücke vor der Preisjury und gewann den ersten Preis. Dann wurde ich von Leschetizky gebeten, auf den zweiten und dritten Preis zu verzichten, was ich natürlich tat.

Unter den Juroren befand sich ein Wiener Komponist, der für seine prickelnde, unprätentiöse und sorgfältig gearbeitete Salonmusik international berühmt war. Von ihm bekam ich ein Empfehlungsschreiben an Herrn Simrock, seinen Berliner Verleger. Der Simrock-Verlag war im achtzehnten Jahrhundert gegründet worden, und sein illustres Verlagsprogramm verkörpert ein Stück Musikgeschichte. Einer meiner ersten Schritte in Berlin führte zu Herrn Simrock, einem Mann mit langem weißem Bart. Er war höflich, aber recht kühl, und ich fühlte mich etwas unsicher. Keine meiner Partituren war jemals gedruckt worden. Er sagte: „Herr S. hat mir von Ihrem Werk berichtet. Lassen Sie mich die Stücke mal sehen, von denen er gesprochen hat." Ich gab ihm die Noten, und nachdem er sie kurz überflogen hatte, bat er mich, in einer Woche wiederzukommen. Ich kam wieder und erfuhr, daß meine Stücke zur Veröffentlichung angenommen seien. Doch ihr ursprünglicher Titel war nicht akzeptabel. Anstatt „Drei Klavierstücke", wie ich sie (anmaßend) genannt hatte, hießen sie nun: 1. *Douce tristesse. Rêverie*, 2. *Diabolique. Scherzo*, 3. *Valse mignonne.*

Ich erhob keinen Einspruch. Schließlich sind Namen Schall und Rauch. Wenn Sie sich dafür interessieren, können Sie diese Stücke vielleicht in einer Bibliothek oder im Keller einer Musikalienhandlung aufstöbern. Sie wären bestimmt beliebter als die meisten meiner späteren Werke, denn sie besitzen eine gewisse Ähnlichkeit mit einem erfolgreichen Typus zeitgenössischer Musik.

Mein Berliner Agent, Hermann Wolff, bekam rasch Engagements für mich. Darunter auch eine Tournee durch Norwegen. Ich hatte dort fünfzehn Konzerte zu geben. Zum ersten Mal sah und überquerte ich das Meer – im Winter, mit einem kleinen Frachter und bei hohem Seegang durchaus ein kleines Abenteuer. Der Star dieser Tournee war ein bereits arrivierter Geigenvirtuose (ich war lediglich der Begleiter). Wir spielten Sonaten, dann spielte ich ein paar Solostücke – darauf hatte Herr Wolff bestanden –, und zum Schluß zündete der Star ein musikalisches Feuerwerk mit dem Klavier als Hintergrundkulisse. Ich hatte auch ein Konzert mit Orchester und spielte Beethovens viertes Klavierkonzert. Ich erinnere mich hauptsächlich deshalb daran, weil es in einer Zeitungskritik hieß, ich hätte aus einem Löwen einen wohlgetrimmten Pudel gemacht.

Als ich den großen Star das erste Mal sah, traute ich meinen Augen nicht. Er sah nicht wie ein Künstler aus; sein Äußeres ließ eher auf einen Zirkusdirektor oder einen Löwenbändiger schließen. Er war nach der jüngsten Mode gekleidet, mit der betonten Eleganz, wie sie in den Schaufenstern ausgestellt war.

Norwegen – wohin ich später noch oft und jedesmal mit Begeisterung gefahren bin – machte bei dieser ersten Begegnung keinen besonderen Eindruck auf mich. Es schien mir noch provinzieller als Österreich, gemessen an Deutschland, meinem neuen Maßstab. Etwas gab es jedoch auf dieser Reise, das einen bleibenden Eindruck bei mir hinterließ. Mein Violinvirtuose brachte mir Pokern bei, für zwei Personen. Ich lernte es schnell – man braucht nicht lange dazu. Nach einer kurzen Übungsphase gaben wir uns während der endlosen Stunden in den Zügen, die uns von einem Konzert zum nächsten brachten, diesem edlen Zeitvertreib hin. Experten sagten mir später, daß Poker für zwei Personen zu den sichersten und gemeinsten Methoden gehört, jemanden über den Tisch zu ziehen. Kein Wunder also, daß ich fast meine ganze Gage verlor. Es war zweifellos nicht gerade chevaleresk von einem Mann an die Vierzig, einem siebzehnjährigen Kameraden solch ein Spiel beizubringen. Doch ich muß ihm dankbar sein: Seine Einführung bedeutete zugleich das Ende meiner Karriere im Poker, das ich eigentlich von Anfang an als langweilig und stupide empfand. Der Star erwies sich als guter Lehrer und amüsierte sich wahrscheinlich köstlich. Ich kam nach Berlin zurück, ging zu Herrn Wolff und berichtete ihm von meinem Mißgeschick und der Leere in meinen Taschen. Er war furchtbar aufgebracht über mich armen Trottel. Vielleicht war er von meinem Talent fürs Kartenspiel enttäuscht.

Ich hatte dann weitere Konzerte in Deutschland, einige mit Orchester. Das einzige Orchester, das ich gehört hatte, bevor ich nach Deutschland ging, war das Wiener Opernorchester, das identisch mit den Wiener Philharmonikern war. Das Orchester der Wiener Hofoper war wie alle großen Orchester der königlichen, herzoglichen, staatlichen oder städtischen Opernhäuser in Deutschland doppelt besetzt, umfaßte bis zu zweihundert Leute und spielte sowohl Opern als auch Symphonien. Nachmittagsaufführungen waren unbekannt. Da die Orchester nicht überlastet waren, war immer ein hoher Qualitätsstandard gewährleistet.

Das Metropolitan Orchestra, habe ich gehört, ist nur einfach besetzt und spielt ausschließlich Opern, auch, wenngleich nicht täglich, am Nachmittag. Dies bedeutet zu viel Arbeit, fürchte ich, um für alle Aufführungen eine gleichbleibende Qualität zu gewährleisten. In der Wiener Oper spielte ein und derselbe Blechbläser nicht einmal alle drei Akte einer Wagneroper. Für den dritten Akt kam ein neuer Bläser, was äußerst menschenfreundlich ist.

Die Musiker in Wien und Deutschland befanden sich sozusagen in höfischem, staatlichem oder städtischem Besitz. Ihre Verträge liefen auf Lebenszeit. Würden Sie sagen, sie waren Sklaven? Trotz befristeter Verträge, gewerkschaftlicher Reglements und Abhängigkeit von Sponsoren, kurz: trotz materieller Unsicherheit werden orchestrale Aufführungen beängstigend teuer. Die Kunst nimmt zwangsläufig Schaden, wenn sie zu tief in finanzielle Schwierigkeiten verwickelt ist. Eines Tages, davon bin ich überzeugt, werden die Bundesstaaten oder die Städte auch den Theater- und den Musikzweig der Kultur in die Hand nehmen. Es dürfte Sie interessieren zu erfahren, daß das Wiener Orchester in den neunziger Jahren nur zehn reguläre Abonnementkonzerte und ein Konzert für den Pensionsfonds gab. Die regulären Konzerte fanden am Sonntagvormittag statt.

Die Klientel symphonischer Musik war sehr begrenzt und bestand höchstens aus ein paar tausend Menschen. Wie überall stieg diese Zahl in den folgenden Jahrzehnten kontinuierlich an. In den 1790er Jahren hätten sogar ein paar tausend utopisch geschienen. Jean Paul, ein deutscher Schriftsteller, berichtete bei seinem ersten Besuch in Leipzig von einem Konzert, das „eine enorme Menge, vielleicht hundert Menschen" angezogen habe. Das Berliner Publikum war, als ich dorthin kam, wohl doppelt so zahlreich wie das in Wien (in Relation zur Einwohnerzahl freilich etwa genausogroß). In New York City schätze ich das potentielle Publikum auf über hundertzwanzigtausend. Eine beträchtliche Anzahl davon, vermute ich, hält das ziemlich kleine Angebot an billigen Plätzen in den wenigen vorhandenen Konzertsälen vom Konzertbesuch ab. Radio und Plattenspieler sind inzwischen mit einem preiswerten Ersatz in die Bresche gesprungen.

Die New Yorker Musikliebhaber haben offenbar keinen klaren Begriff davon, wie zahlreich sie sind, denn erstaunlicherweise sind sie immer wieder höchst beeindruckt, wenn sie eine Spielstätte wie die Carnegie Hall ausverkauft sehen, obwohl sie nur 2500 Menschen faßt. 2500 ist ein winziger Prozentsatz in einer Zehnmillionenstadt. Gewiß, sechs aufeinanderfolgende Monate hindurch werden täglich mindestens drei Konzerte und überdies Opern geboten.

Die Orchester in den kleineren deutschen Städten, wo ich meine ersten Engagements hatte, klangen natürlich anders als die Wiener Philharmoniker. Subtilität, Inspiration und Brillanz gehörten nicht zu den hervorstechenden Eigenschaften dieser Klangkörper. Wie die Orchester betreuten auch die Dirigenten in den meisten Fällen sowohl Oper als auch Konzert. Auch sie hatten in der Regel eine Stellung auf Lebenszeit als Bedienstete von Königen, Fürsten, Prinzen, Staaten, Städten (bis 1918 gab es in Deutschland noch zahlreiche Höfe). Die Konzerte standen gewöhnlich unter der Obhut einer Vereinigung von Musikliebhabern, die die Orchester bei deren jeweiligem Dienstherrn mieteten.

Die Berliner Philharmoniker hatten keine Opernverpflichtung. Sie waren ein reines Konzertorchester – wie die amerikanischen Orchester. London und Paris besaßen beide mehrere Konzertorchester. Sie alle waren unabhängige Körperschaften auf genossenschaftlicher Basis. In Berlin gewährte die Stadt eine Beihilfe unter der Bedingung, daß Sonderkonzerte für Arbeiter und Studenten gegeben wurden. Bei den Londoner und Pariser Orchestern galt – in Paris ist es immer noch so – das sogenannte Delegationsprinzip. Dies bedeutet, daß jedes Orchestermitglied zu Proben und Aufführungen einen Stellvertreter schicken darf. Ob der benannte Stellvertreter seinerseits das Recht hat, nach der Teilnahme an einer Probe zur nächsten einen Stellvertreter zu schicken – und so weiter –, entzieht sich meiner Kenntnis. Die Folgen eines so weit getriebenen Laisser-faire können Sie sich leicht ausmalen. Aus einem Ensemble wurde so leicht ein zusammengewürfelter Haufen.

Mich selbst brachte diese Praxis einmal in Schwierigkeiten. Es war in London. Der Vorfall wurde öffentlich gemacht und half die Beseitigung dieses Mißstands zu beschleunigen. Mit Bedauern hörte ich, daß er jüngst wiederhergestellt wurde. Wirtschaftliche Gründe sind dafür verantwortlich, wie es auch früher der Fall war.

Im Gegensatz zu der bescheidenen Qualität der deutschen Provinzorchester und ihrer Dirigenten, von denen viele, vor allem die älteren, entweder Routiniers oder miserabel oder auch Routiniers *und* miserabel waren, war das Publikum erstklassig, besser als in Wien mit seinen talentierten Banausen – eine gefährliche Mischung – und ihren vorgefaßten, anmaßenden Werturteilen, ihrer Verabsolutierung von Traditionen, einfach weil sie Traditionen waren, ihrer Begeisterung für Moden, einfach weil sie Moden waren – kurz: ihrem trägen Superioritätskomplex. (Dies ist natürlich eine etwas grobe Zusammenfassung – bezogen auf eine Gruppe im Spätstadium einer im Niedergang begriffenen Gesellschaft.)

Das Publikum der mittelgroßen Städte in Deutschland setzte sich aus Leuten zusammen, die die Musik selbstlos liebten. Sie kannten den größten Teil der Musik, die sie in den Konzerten hörten. Sie kannten sie sehr gut. Vermutlich gab es in einem solchen Publikum keinen, der nicht, sei es aktiv oder passiv, mit Hausmusik befaßt war – und das, ohne viel Aufhebens davon zu machen. Sie war Teil des häuslichen Lebens. Alt und jung wirkten mit, die Kinder waren dabei und hörten zu. Öffentliche Konzerte speziell für Kinder gab es noch nicht: Kinder, die einen besonderen Drang zur Musik verspürten, wurden eben in das ein oder andere Konzert mitgenommen. Als ich letzten Winter an einem der größten amerikanischen Colleges spielte, fragte mich eine Studentin, ob die Einstellung der Jugendlichen in ihrem Land zur Kunstmusik derjenigen der entsprechenden Altersgruppe im Vor-Hitler-Deutschland vergleichbar sei. Ich sagte, daß sich beides überhaupt nicht vergleichen lasse. In Deutschland boten Schulen, Hochschulen und Universitäten keine „Star-Kurse" an. Mit musikalischen Darbietungen an Volksschulen wurde gerade begonnen, und die schriftlich oder in Zeichnungen festgehaltenen Reaktionen der Kinder wurden dokumentiert und ausgewertet. Ich habe einige sehr interessante Beispiele gesehen, die hauptsächlich aus Arbeitervierteln stammten, wo natürlich keine Hausmusik gemacht wurde. Bei den Kindern der Mittel- und Oberschicht stellte sich die Beziehung zur Musik über die häusliche Kultur her. Und aus denen, für die Musik am meisten Bedeutung hatte, rekrutierte sich, wie gesagt, das zukünftige Publikum. Sie waren dann bereits mit einem Großteil des Konzertrepertoires oder sogar Opern vertraut und an allem interessiert, was neu für sie war. Sie waren von zweitklassigen Aufführungen nicht enttäuscht, schließlich hat uns der Himmel, der einzige

Begabungslieferant, den wir kennen, die Serienproduktion von Spitzentalenten bis jetzt vorenthalten, und die mechanische Reproduktion war noch nicht bis in den letzten Winkel der Erde vorgedrungen.

Deutschland besaß eine erstaunliche Anzahl von Theatern, von denen viele sowohl Schauspiel als auch Oper boten. Die dort beschäftigten Orchester spielten, wie ich Ihnen bereits berichtet habe, auch in Konzerten. Jede der so ausgestatteten Städte verfügte über einen Laienchor. Und auf die Gefahr hin, daß ich Sie langweile, muß ich nochmals auf den entscheidenden Punkt zurückkommen: die Hausmusik war noch nicht gänzlich den modernen Zeiten zum Opfer gefallen. Die Theater, deren Saison neun oder zehn Monate dauerte, waren wegen der kleinen Zahl potentieller Besucher gezwungen, ein sehr umfangreiches Repertoire zu haben. Siebzig verschiedene Werke pro Saison waren nicht ungewöhnlich. (Hierin könnte man eine Parallele zu den heutigen Kinos sehen.) Und es war noch eine Zeit, in der das *Was* vor dem *Wie* und *Wer* und *Wieviel* rangierte. Ich kann übrigens die Behauptung, das „Bessere" sei des „Guten" Feind nicht unterschreiben. Die Vorstellung des „Besten", glaube ich, ist der größte Ansporn für jede Bemühung. Bescheidenheit ist produktiver als Überheblichkeit, sei es beim Gebenden oder beim Empfangenden.

Meine kurze Beschreibung des Musiklebens in Deutschland in den ersten Jahrzehnten unseres Jahrhunderts soll Ihnen verdeutlichen, daß es der Kunst keineswegs zum Nachteil gereicht, wenn das Publikum den Künstlern überlegen ist. Hingegen dürfte die Forderung nach „erstklassiger Bedienung" einige Gefahren mit sich bringen.

Bei meinen Konzertdebüts in München und Leipzig spielte ich dasselbe Programm, das Werke von Brahms und Schubert enthielt. Am nächsten Morgen brannte ich natürlich darauf, aus den Zeitungen zu erfahren, ob ich gut, mittelmäßig, schlecht oder abwechselnd alles davon gewesen sei. Übrigens dauerte es bis in die zweite Hälfte meiner Karriere, bis mein Interesse an dem gedruckten Echo nachließ. Da war es mir dann klar, daß sich Kritiken an den Kunden wenden, nicht an den Verkäufer, daß ich nur in Ausnahmefällen etwas aus ihnen lernen konnte und daß ihre Börsenkursnotierungsfunktion mich nicht mehr tangierte, da ich mir mittlerweile einen Namen gemacht hatte und als Markenartikel anerkannt war. Konkrete technische Kritik hat mir, wie gesagt, gelegentlich geholfen. Wenn mir zum Beispiel meine Neigung vorgehalten wurde, vor guten Taktteilen zu verzögern, Verzierungen zu überstürzen und zu verwischen, den Baß zu hämmern usw., wußte ich, was ich zu vermeiden versuchen mußte. Wurde jedoch moniert, ich hätte den Geist eines Werks oder einer Epoche nicht erfaßt, hätte gegen diesen oder jenen Stil gesündigt, hätte nicht die Atmosphäre einer Mondnacht, den Konflikt zwischen Unschuld und Verhängnis oder die Verzweiflung eines Liebenden heraufbeschworen, sei hitzig, kalt oder lau gewesen, konnte ich nichts damit anfangen.

Mein Leipziger Debüt brachte mir bei der Presse Beifall für meine Brahms- und Mißbilligung meiner Schubert-Interpretation ein. Für die „strenge nordische Kargheit und den tiefen Ernst" der Brahmsschen Musik (dies war das offizielle Stigma, das seinem Werk anhaftete), hieß es, sei ich bestens gerüstet, vor allem durch meinen festen, unerbittlichen Rhythmus. Zu Schuberts bunter, schwungvoller, bezaubernder, freundlicher und offener Musik, hieß es, hätte ich keinen Zugang. Drei Tage später in München las ich das genaue Gegenteil des Leipziger Urteils. Hier war ich ganz der Wiener, südliche Typ, der unbeschwert oder sentimental durch Wälder und an Bächen entlang streift, während die Vögel zwitschern. In beiden Städten behielt ich diese Etiketten – intellektuell für Leipzig, sinnlich für München – bis zu Hitlers Machtergreifung 1933. Ich frage mich, ob man immer noch so reagieren würde, wenn ich heute dorthin könnte.

Kurz nach meiner Ankunft in Berlin lud mich einer der führenden Kritiker zu einem Treffen ein. Er war übrigens ein Schwager von Gerhart Hauptmann, damals der gefeiertste junge Dramatiker in Deutschland. Bei unserem ersten Zusammentreffen erfuhr ich, daß er außer dem Journalismus noch zwei anderen Tätigkeiten nachging: zum einen gab er Stimmbildungsunterricht, zum andern beriet er einen Musikverleger. All das erzählte er mir sehr bescheiden, beinahe schüchtern. Der Verlag, für den er arbeitete, war gerade gegründet worden und firmierte unter dem Namen „Dreililien". Er wußte, vermutlich durch die drei bei Simrock erschienenen Klavierstücke, von meinen Kompositionsversuchen und bot mir einen Vertrag an. Seine Firma druckte ein Liederheft von mir und einen weiteren Zyklus von drei Klavierstücken. Die Titelseiten wurden auf seine Anregung hin von einem jungen und sehr erfolgreichen ungarischen Architekten gestaltet. Ich war glücklich und dankbar. Die „Dreililien" waren jedoch dem kommerziellen Wettbewerb nicht gewachsen und gingen nach ein paar Jahren zarten Wachstums ein. Ich habe keine Ahnung, wo der „Lagerbestand" dieses fragilen Unternehmens begraben wurde; ich habe nie Nachforschungen darüber angestellt. Es müßte eine erkleckliche Anzahl unverkaufter Exemplare meiner Werke gegeben haben, die irgendwo versteckt gehalten wurden. Inzwischen sind sie vermutlich Asche.

Zwei oder drei Jahre nachdem ich mich in Berlin niedergelassen hatte, gründete ich ein Kammermusikensemble, ein Trio. Der Geiger war zu der Zeit der beste Schüler Joachims; der Cellist, ein Holländer, Konzertmeister bei Nikischs Berliner Philharmonikern, war erheblich älter als wir beide.

Die Berliner Philharmonie, eine umgebaute Rollschuhbahn, bestand damals aus drei Sälen. Unsere Kammermusikkonzerte fanden im sogenannten Oberlichtsaal statt, der ursprünglich als Foyer gedacht gewesen war. Die Eintrittspreise waren niedrig – man könnte von „populären Preisen" sprechen –, doch das Publikum setzte sich aus Musikliebhabern zusammen, die in der Lage gewesen wären und durchaus gewohnt waren, auch „unpopuläre" zu entrichten. Man saß an Tischen und konnte Bier oder Mineralwasser, allerdings kein Essen, bestellen. Dennoch gab es keinen Lärm und keine Unruhe, vielmehr herrschte während der Aufführungen stets absolute Stille und Aufmerksamkeit. Tatsächlich nutzten nur wenige unserer Zuhörer die Gelegenheit, körperlichen und geistigen Durst gleichzeitig zu stillen. Und so wurde die pessimistische Einschätzung, Bier würde die Anziehungskraft der Musik erhöhen, bald aufgegeben: Die Tische wurden entfernt, die Zahl der Sitzplätze vervielfacht, die Einnahmen gesteigert. Veranstalter und Musikfreunde profitierten gleichermaßen von der Trennung von Bier und Kunst.

Unsere Konzerte, die als Abonnementreihe unter der Ägide von – wie konnte es anders sein – Hermann Wolff liefen, waren von Anfang an ein Erfolg. Wir boten ein weitgespanntes Repertoire an Kammermusikwerken mit Klavier in allen Instrumentenkombinationen; wir hatten Sänger als Gäste und spielten häufig zeitgenössische Werke. Da sich meine Karriere als „reisender Podiumsstürmer" schnell entwickelte, mußte ich dieses liebgewonnene Unternehmen nach, glaube ich, zwei oder drei Saisons aufgeben. Doch meine anscheinend angeborene Liebe zum Ensemblespiel ließ mich bald dazu zurückkehren. Carl Flesch wurde und blieb zwei Jahrzehnte lang mein Partner. Kurz nachdem wir begonnen hatten, gemeinsam Sonaten zu spielen, stieß der junge belgische Cellist Jean Gérardy zu uns. Wir wurden ein Trio, reisten zusammen und hatten eine herrliche Zeit. Der Ausbruch des Ersten Weltkriegs machte unserer glücklichen Zusammenarbeit ein Ende. Gérardy blieb als Belgier natürlich nicht in Deutschland. Er ging nach Belgien, wo er viel zu früh als noch sehr junger Mann starb. Flesch und ich baten Hugo Becker, einen ausgezeichneten deutschen Cellisten, Gérardys Stelle in unserem Trio einzunehmen. Er willigte ein, und wir arbeiteten viele Jahre lang zusammen.

Ich reiste auch als Solist. Eine meiner ersten Tourneen führte mich nach Ostpreußen. Dort gab ich vielleicht elf oder zwölf Konzerte. Diese Konzerte fanden alle in kleineren Orten statt und standen unter der Schirmherrschaft der Provinzverwaltung. Davon werde ich Ihnen morgen berichten. Jetzt wollen wir zum Diskussionsteil übergehen, *unserem* Ensemblespiel mit Gegenstimmen.

— *Letzten Sommer hatte ich das Vergnügen, Ihren Schüler, den jungen Leon Fleisher, spielen zu hören, und würde gern Ihre Meinung über ihn erfahren.*

A.S.: Er ist ein hochbegabter Junge. Er spielt erstaunlich gut für sein Alter. Die eigentlichen Schwierigkeiten für ihn liegen in seiner Zukunft, denn es ist schwerer, einen Ruf zu bewahren, als ihn zu erlangen. Aber ich bin sicher, daß er damit fertig wird.

— *Er scheint viel reifer, als seine siebzehn Jahre vermuten ließen.*

A.S.: Oh, ich würde diesen Ausdruck nicht gebrauchen: reif. In seinem Fall klänge es wie ein Einwand, fast wie ein Tadel. Er spielt gut, überzeugend, mit einer bereits erkennbaren eigenen Persönlichkeit. Diese Form von Begabung ist nicht allzu häufig. Er wird Neues versuchen und der Gefahr des Scheiterns die Stirn bieten. Das ist heutzutage eine ziemlich seltene Eigenschaft. Risikobereitschaft wird vom Streben nach Sicherheit unterdrückt.

— *Sagten Sie, es sei leichter, einen Ruf zu erlangen, als ihn zu bewahren?*

A.S.: Ich denke schon.

— *Warum?*

A.S.: Vielleicht habe ich die Zeit vor Augen, als ein Name noch nicht von bezahlter Publicity gemacht wurde. Nun, Sie müssen Ihrem Renommee gerecht werden, wenn Sie einmal eines erlangt haben. Wenn Sie in jungen Jahren Ihr Debüt geben, erwartet keiner von Ihnen, daß Sie tief beeindrucken, daß Sie leidenschaftliche Reaktionen hervorrufen. Wenn Sie es unerwarteterweise doch tun, erwartet man bei allen folgenden Gelegenheiten, daß Sie zumindest den Erfolg des ersten Mals wiederholen.

Der bequeme Trend, Künstler in Schubfächer zu stecken, setzt sich immer mehr durch. Das war es jedoch nicht, was ich mit meinem Satz vorhin meinte. Ich bezog mich auf ein einmal bewiesenes Niveau, auf ein Ganzes, nicht auf einzelne Charakteristika, Manierismen, Nuancen. Von jedem Künstler sollte man erwarten, daß er sich weiterentwickelt, solange er aktiv ist, von jedem Zuhörer übrigens ebenso. Entwicklung bedeutet Veränderung, Fortschritt. Aber sie bedeutet keine Veränderung des Niveaus.

Bernard Shaw, Richard Strauss, Charlie Chaplin, Walt Disney und anderen großen Talenten war es nicht gegeben, das Niveau zu halten, auf dem sie begonnen hatten. Ihr Ruhm gründet sich auf ihre frühen Triumphe. Frühzeitige Anerkennung birgt möglicherweise Gefahren.

Ruhm kann, bis zu einem gewissen Grad, auch künstlich erzeugt werden. Ein gewisses Talent ist selbst dann erforderlich. *Solchen* Ruhm zu bewahren ist zweifellos noch schwieriger.

— Glauben Sie, daß die moderne amerikanische Form des Managements für diese Verhältnisse mitverantwortlich ist?

A.S.: Durchaus. Es bevorzugt Schablonen, Klischees, Moden und Normen. Es gibt sich die größte Mühe, den Markt zu steuern, vorzuschreiben, was am besten gefallen soll. Ich glaube nicht, daß die Situation des Musiklebens in den Vereinigten Staaten den Wünschen der Leute entspricht, die sich zur Musik hingezogen fühlen. Für einige der weniger appetitlichen Angebote ist zweifellos die Macht der Manager verantwortlich, obwohl sie natürlich den Schwarzen Peter stets dem „Geschmack der Leute" zuschieben, den „wir befriedigen müssen, egal ob wir ihn gutheißen oder nicht". Der Weg des geringsten Widerstands, die Wogen des Konkurrenzkampfs, die Anziehungskraft der Monopole sind die Wurzeln. In meinem ganzen Leben habe ich nie einen Menschen getroffen, der mir klipp und klar hätte sagen können oder wollen, was er möchte; es begegnen mir jedoch ständig Leute, die mir sagen, was die anderen möchten.

All das ist der Kunst nicht gerade förderlich. Kunst lebt von Kooperation, Spontaneität, Unmittelbarkeit, Vielgestaltigkeit. Das Mechanische ist ihr Gegenteil. Qualität als solche kann nicht mit Apparaten oder Statistiken nachgewiesen werden. Und ich bin überzeugt davon, daß wir alle zugeben werden, daß nicht alle Werte für den Massenabsatz geeignet sind. Doch letzten Endes ist es der Künstler, der für die Verfassung der Kunst verantwortlich zeichnet.

— Apropos Qualität: Da fällt mir ein Artikel im Time Magazine *über Schostakowitschs neunte Symphonie ein. Dort hieß es, der Komponist hätte sich vor Vergleichen mit Beethovens Neunter gefürchtet. Er hätte Angst davor gehabt, daß sein Werk nicht nach seinen eigenen Stärken und Schwächen bemessen würde. Warum sollte jemand Angst davor haben, mit der Vergangenheit verglichen zu werden?*

A.S.: Ob Schostakowitsch Beethoven ebenbürtig ist, ist eine Frage, die sich in hundert Jahren beantworten läßt. Man kann heute nicht sagen, daß Schostakowitsch ebenso bedeutend wie Beethoven sei.

— *Warum sollte jemand der Nummer einer Symphonie besondere Bedeutung beimessen?*

A.S.: Wir leben in einer Zeit, die von Quantitäten besessen ist. Doch wer brachte die beiden Neunten miteinander in Verbindung? Die Zeitschrift oder, wie sie behauptet, Schostakowitsch selbst?

— *Er selbst.*

A.S.: Das glaube ich nicht. Schostakowitsch tut sein Möglichstes und wäre zweifellos völlig zufrieden, wenn er an geringerer Stelle als Beethoven in die Musikgeschichte einginge. Nebenbei bemerkt, glauben Sie eigentlich alles, was Sie gedruckt sehen?

— *Nein.*

A.S.: Dann gratuliere ich Ihnen. Ein Berichterstatter, der über Künstler oder sonstige „Stars" des öffentlichen Lebens schreibt, muß – das ist die neueste Masche – seiner Geschichte eine sogenannte „menschliche Note" geben. Musik als solche wird natürlich nie zu den menschlichen Noten gezählt. Schostakowitsch vor Angst beben zu lassen, er könnte Beethoven nicht das Wasser reichen, war recht raffiniert. Noch raffinierter wäre es gewesen auszumalen, in welche Unruhe den jungen Komponisten der Aberglaube versetze, daß man in der Regel stirbt, wenn man neun Symphonien geschaffen hat. Obwohl Beethoven das durchaus nicht tat. Er lebte noch etliche Jahre und schrieb nach der Neunten noch zahlreiche Werke, wenn auch keine Symphonie, zumindest keine, die unzweifelhaft von ihm stammt. Von Zeit zu Zeit werden Kompositionen der Vergangenheit entdeckt oder ausgegraben und einige von ihnen als unbekannte oder vegessene Schöpfungen der wenigen Großen ausgegeben, deren Werke die Zeiten überdauert haben.

Wissen Sie, wann die Neunte geschrieben wurde?

— *Von 1810 bis 1820.*

A.S.: Wenn Sie die ersten Skizzen mit berücksichtigen. Als er sie zum erstenmal hinkritzelte und dann immer wieder auf das in diesen ersten Skizzen verwendete Material zurückkam, ahnte Beethoven möglicherweise bereits oder, was wahrscheinlicher ist, ahnte er noch nicht, daß es später einmal in dem Gefüge aufgehen würde, das seine Neunte bildet. Er hätte dieses Material genausogut in einem anderen Rahmen verwenden können. Dies, glaube ich, ist ein überaus wichtiger Aspekt, der die variable Verwendbarkeit von Material beleuchtet, sei es in der Musik oder auf anderen Gebieten.

— *Sie haben hier oder an anderer Stelle den Ausdruck „außermusikalisch" gebraucht. Inwiefern ist die Tatsache, daß Beethoven seine neunte Symphonie im Jahre 1820 vollendete, von Bedeutung? Inwiefern ist das ein musikalisches und kein außermusikalisches Faktum? Das soll keine Anzüglichkeit oder Spitzfindigkeit sein, aber ich frage mich einfach, wie bedeutsam es für Musiker, Musikliebhaber oder ganz allgemein ist, dies zu wissen.*

A.S.: Das Datum meinen Sie?

— *Ja.*

A.S.: Es ist unerheblich. Es ist ein Zeichen der Hochachtung vor bedeutenden Menschen, die Daten ihres Lebenswegs zu kennen. Zu wissen, an welchem Tag oder zu welcher Stunde eines ihrer Werke vollendet wurde, ist völlig belanglos. Es trägt nichts zum musikalischen Verständnis bei. Die neunte Symphonie hätte stets denselben Widerhall gefunden, unabhängig von dem Tag, an welchem sie fertig zur Aufführung war.

— *Sie haben mehrfach von Wettstreit gesprochen. Ich würde gern wissen, ob Sie einen öffentlichen Wettstreit, bei dem junge Musiker miteinander um einen Preis wetteifern, für hilfreich oder wertlos halten.*

A.S.: Wettbewerbe?

— *Ja.*

A.S.: Ich bin nicht sehr überzeugt von ihrem Nutzen. Meinen Sie Wettbewerbe für Amateure, für Kinder oder für Berufsmusiker?

— *Für Berufsmusiker.*

A.S.: Ich war jahrelang Jurymitglied bei solchen Wettbewerben. Das gehörte zu meinen Pflichten an der Hochschule in Berlin, und kein Job war mir verhaßter als dieser. Bei den meisten dieser Wettkämpfe werden die Kandidaten zwangsläufig mit einer Gleichgültigkeit behandelt, die an Brutalität grenzt. Die Bedingungen sind ziemlich abschreckend, die Atmosphäre ist so geschäftsmäßig, daß die sensibleren unter den Teilnehmern – und welcher junge Künstler ist nicht sensibel – einfach nicht ihre Bestform erreichen können. Außerdem, fürchte ich, geht es bei diesen Konkurrenzen, die heutzutage zu einer besorgniserregenden Zahl angewachsen sind, meist auch nicht reell zu. Ich möchte betonen, daß das, was ich Ihnen soeben gesagt habe, die Ansicht eines Menschen ist, der entgegen seinem Naturell das Richteramt bekleidete. Vielleicht gelang es mir, den Teilnehmern zu einer gewissen inneren Abhärtung, zu einer Immunität gegen widrige Begleitumstände zu verhelfen.

Statistiken über die Auswirkungen von Wettbewerben, in der Musik wie in anderen Künsten, würden ein überraschendes Ergebnis zeigen. Selten haben die Sieger wirkliche Höhen erreicht, selten sind die Besten einer Generation unter den Teilnehmern gewesen.

Hans von Bülow, ein berühmter deutscher Musiker des neunzehnten Jahrhunderts, berühmt auch für seinen beißenden Witz, meinte einmal: „Je preiser-gekrönt ein Werk, desto durcher fällt es." Ich halte das für überzogen, aber es ist gewiß nicht ganz falsch. Oder halten Sie es für völlig falsch?

— *An dem Wettbewerb, den ich miterlebte, nahmen nur sehr wenig hochgradige Talente teil, und keines der hochgradigen Talente hat ihn je gewonnen. Diejenigen, die technisch solide waren, machten das Rennen, nicht jene mit Persönlichkeit und Phantasie.*

A.S.: Ich nehme an, daß sie die lieblose, für Prüfungen charakteristische Atmosphäre zu sehr irritierte.

— *Den Juroren wurde es auch bald lästig und langweilig, die Wettbewerbsstücke wieder und wieder zu hören.*

A.S.: Dürfen die Kandidaten ihre Stücke nicht selbst wählen?

— *Soweit ich weiß, nicht.*

A.S.: Das erscheint mir als weiteres Handikap. Dennoch ist es anscheinend die vorherrschende Praxis. Eine Schülerin von mir, die, weniger aus dem Ehrgeiz, die Auserwählte zu sein, sondern weil sie sich mit der Prozedur vertraut machen wollte, an einem der angesehensten Wettbewerbe teilnahm, erzählte mir, daß eines der Pflichtstücke Schumanns Episode „Paganini", ein paar wenige Takte aus seinem *Carnaval*, war. Ich war nicht schlecht erstaunt, denn diese Episode ist nicht einmal ein Stück, sondern lediglich die kurze Unterbrechung eines Walzers; die Tänzer werden einen Augenblick lang vom Auftritt einer Gestalt in der Maske Paganinis unterbrochen. Spielt man es ohne den umrahmenden Walzer, ist die Chance, künstlerisches Profil zu beweisen, so gut wie Null. Die Chance, eine Taste zu verfehlen, ist ungleich größer. Wie mir meine Schülerin weiter erzählte, betrug ihre Vorspielzeit sieben Minuten. Keiner der Teilnehmer hatte mehr. Die Gutachten der Juroren bekam sie ausgehändigt, genauso wie bei einem Literaturwettbewerb, den sie übrigens gewann. Ich hatte noch nie gehört, daß die Teilnehmer ihre Gutachten ausgehändigt bekommen. Die musikalischen Beurteilungen waren lustig. Die eine lautete: „Sie hat fähige Hände. Sie sollte ein Konzert in New York geben." Das zweite Urteil besagte: „Sie ist recht begabt, und wir dürfen annehmen, daß aus ihr eine gute Klavierspielerin wird." Sehr nett. Ein weiteres war zwei Seiten lang; genau die gleichen zwei Seiten erhielt eine Freundin von ihr, die ebenfalls an dem Wettbewerb teilgenommen hatte. Dieses Zeugnis sagte, auf zwei Seiten: „Sie ist keineswegs gut. Sie ist plump, schwerfällig, deutsche Schule." Deutsche Schule! Nun könnte man sagen, für Schumann wäre es nicht das schlechteste, nach der deutschen Schule zu spielen. Ich weiß nicht, warum dieser Einwand nicht ganz logisch war, sofern es irgendeine deutsche Schule gibt. Dann empfahl der Juror den beiden Mädchen, an eine bestimmte Schule zu gehen und bei Madame Soundso zu studieren. Ich habe keinen Grund, am Wahrheitsgehalt dieser Geschichte zu zweifeln.

— *Letzte Woche sagten Sie, daß Sie mit Ihren Schülern ein Stück nie zweimal durchnehmen. Bis zu welchem Stadium müssen sie ein Stück vorbereitet haben, wenn sie es in den Unterricht mitbringen?*

A.S.: Sie kommen damit, wenn es bereits einen geistigen Klärungsprozeß durchlaufen hat und ihren Fingern absolut geläufig ist. Sie kommen nicht, um sich sagen zu lassen, wie es gespielt wird. Sie wollen meine Einwände und Ratschläge und meine Begründung von beidem hören. Sie tragen die Verantwortung für ihre Interpretationen. Sie sollten ein paar meiner Schüler fragen, die hier sind, wie das funktioniert. Die werden es Ihnen sagen.

— *Es ist genau so, wie Sie sagen. Wir versuchen sie so gut wir können vorzubereiten.*

A.S.: Sie tragen die Verantwortung?

— *Ja.*

— *Manche Musiker werden sehr überheblich, sehr eitel, sehr reserviert, nachdem sie eine gewisse musikalische Ausbildung durchlaufen haben. Andere hingegen versuchen die einfachsten Fragen, die man stellen kann, zu beantworten und einem die elementarsten musikalischen Dinge verstehen zu helfen. Dies gilt auch für Maler, Philosophen und jedes andere Fachgebiet.*

A.S.: Und für Menschen ganz allgemein, behaupte ich.

— *Ja.*

A.S.: Überheblichkeit wird nicht von musikalischer Ausbildung hervorgerufen. Ebensowenig Bescheidenheit. Beides entspringt einer Veranlagung, und ich glaube, daß in jedem Bereich arrogante Menschen arrogant sind, weil sie so geboren wurden.

Wie Menschen mit Erfolg oder dem, was wir Erfolg nennen, umgehen, ist eine schwierige Frage, denn es gibt nicht nur endlos abgestufte Unterschiede zwischen ihnen, sondern auch zwei Arten von Erfolg. Erfolg kann bedeuten, an das heranzukommen, was man sich vorgenommen hat. Das ist der Erfolg, den man bei sich selbst hat, indem man den Grad des Gelingens nach dem Maßstab seines selbstgesteckten Ziels beurteilt. Die andere Art von Erfolg kommt von außen und zeigt, was andere von uns halten. Ich bin mir nie ganz sicher, was gemeint ist, wenn ich nach Erfolg gefragt werde.

Erfolg bei einem selbst ist nicht unbedingt auch Erfolg bei anderen oder bei jedem. Es gibt solche, die schnell mit sich zufrieden sind und dann zur nächsten Aufgabe übergehen. Andere sind hyperkritisch und zauderhaft. Aber Erfolg in Form von Popularität affiziert die Person fast überhaupt nicht. Dazu ist er heute zu alltäglich und allzuoft künstlich produziert.

— Sie wurden schon einmal nach der deutschen und der russischen Schule des Klavierspiels und der musikalischen Interpretation und nach den Unterschieden zwischen ihnen gefragt.

A.S.: Die Frage nach der russischen Schule muß mir entgangen sein. Der Ausdruck „deutsche Schule" wurde von *mir* gebraucht, in einem Zitat. Sie kennen meine Aversion gegen Schubladendenken und meine Überzeugung, daß es nur eine Schule gibt, nämlich *musikalische* Musik. Deren Vielfalt ist unerschöpflich. Sie entspricht der unendlichen Vielfalt in der Verbindung menschlicher Charaktereigenschaften. Doch die Menschen haben mehr Gemeinsames als Trennendes.

Musik kennt nur eine Sprache. Sie kann nicht in eine andere Sprache übersetzt werden. Wenn Sie in der Wortsprache sagen „Ich habe Hunger", *bedeutet* es auf norwegisch oder polynesisch dasselbe. Aber es *klingt* verschieden. Aus einleuchtenden Gründen ist ein einzelner Mensch nicht in der Lage, alle existierenden Wortsprachen zu verstehen. Wenn sich jedoch jemand, nachdem er ein Musikstück gehört hat beschwert, er *verstehe* diese Sprache nicht, hat er zweifellos eine falsche

Vorstellung und gebraucht den falschen Begriff. Er hätte sagen sollen, er fühle sich von ihr ausgeschlossen. Zweifellos sind viele Menschen von Büchern in ihrer Muttersprache ausgeschlossen, obwohl sie wissen, was die darin verwendeten Wörter bezeichnen. Wenn ich höre, daß Johann Sebastian Bachs, Richard Wagners und Robert Schumanns Werke gleich sein sollen, weil alle drei Sachsen waren, schweige ich lieber.

Neulich las ich die Rezension eines Werks eines zeitgenössischen amerikanischen Komponisten. Es wurde gepriesen, nicht nur genuin amerikanische, sondern appalachische Musik zu sein. Nun, ich denke, wir könnten in der Verfeinerung der Bestimmung noch weiter gehen. Wir sollten herausfinden, in welcher Straße, in welchem Stockwerk etwas komponiert wurde. Warum nicht. Zweifellos muß im zwanzigsten Stock eines Gebäudes ein erhabenerer Geist wehen als im zweiten. Eine laute oder ruhige Nachbarschaft fällt ebenso ins Gewicht. Nur Phantasie nicht. Und eine derartige „Verfeinerung" der Bestimmung wird den geistigen Anteil am Schaffensprozeß immer weiter einengen.

— *Glauben Sie, der Virtuose aus der Leschetizky-Zeit, von dem Sie neulich erzählt haben – der, der kein Musiker war –, wäre heute genauso erfolgreich?*

A.S.: Ich habe nie gesagt, er sei kein Musiker gewesen.

— *Nein? Also gut: Wäre er heute genauso erfolgreich wie damals, oder meinen Sie, daß wir heute von einem Pianisten erwarten, sowohl ein bedeutender Musiker als auch ein bedeutender Pianist zu sein?*

A.S.: Ihr „heute" gefällt mir. Franz Liszt, Rubinstein und viele andere von vorgestern waren sehr bedeutende Musiker.

— *Warum?*

A.S.: Sie waren kreativ. Franz Liszt war ein *kreativer* Virtuose; er komponierte, er dirigierte, er unterrichtete, er schrieb, er stand mit etlichen der besten Köpfe seiner Generation in Verbindung. Sie waren seine Vertrauten, und ihr ständiger Gedankenaustausch war ein Beweis und eine

Triebfeder von Kultur. Der Virtuose von heute ist nicht vom Schlage eines Franz Liszt. Unsere Klavier- und Geigenvirtuosen komponieren in der Regel nicht, noch unterrichten, dirigieren oder schreiben sie, noch verkehren sie untereinander oder mit Ebenbürtigen aus anderen Gebieten. Durch den Luftverkehr ist es heute technisch möglich, jeden Tag des Jahres an einem anderen Ort aufzutreten – mit ein und demselben Programm. Die Entwicklung von einem lokal begrenzten zum globalen Musikmarkt ist ein Ereignis, über das sich ernsthaft nachzudenken lohnt. Reisende Virtuosen gab es selbstverständlich auch früher schon – und darunter gewiß einige, die keiner anderen musikalischen Tätigkeit nachgingen. Doch sie waren nicht die Renommiertesten und hatten einen ziemlich begrenzten Kundenkreis. Die Gesellschaft des zwanzigsten Jahrhunderts ist nicht die Gesellschaft des neunzehnten Jahrhunderts. Es gibt ein paar unter uns, die man als die letzten Ausläufer, schwache Abbilder der großen alten Schule betrachten könnte. Die Mehrheit jedoch ähnelt eher den unbedeutenderen Rängen des neunzehnten Jahrhunderts. Ein neuer Austrieb der früheren Vielseitigkeit ist durchaus vorstellbar. Im Augenblick haben wir Vertreter eines neuen Typs von Vielseitigkeit: die smarten Handlungsreisenden in allen Sorten von Klangkollektionen.

Folgen sie einem Bedürfnis oder einem künstlich erzeugten Bedarf? Kommt ihre bewundernswerte Anpassungsfähigkeit von innen? Ist sie der Ausdruck unseres Zeitgeistes? Ich bin sehr skeptisch, was den Einfluß gesellschaftlicher Bedingungen auf Musik anbelangt. Tempo und Lärm zum Beispiel sind Kennzeichen des Maschinenzeitalters *und* von Wilden. Wenn wir, wie es scheint, mit dem kreativen Niveau vorausgegangener Epochen nicht Schritt halten können, könnte das nicht auf elementare Kräfte zurückzuführen sein, die bestimmte Gebiete unfruchtbar machen und uns zu mageren Jahren verdammen?

— *Herr Schnabel, wenn Sie von mageren Jahren sprechen, glauben Sie, daß die Geschichte in Zyklen verläuft, daß wir immer wieder in frühere Stadien zurückfallen?*

A.S.: Ein gleichbleibendes Niveau künstlerischen Schaffens hat sich nie kontinuierlich an ein und demselben Ort gehalten. Nach ein paar hundert Jahren scheint es sich irgendwoandershin zu verlagern, schwächer zu werden oder ganz auszutrocknen. Jedenfalls ist es ziemlich müßig, darüber zu spekulieren, auf welchem Niveau wir uns befinden. Ich komponiere weiterhin, magere Jahre hin oder her!

Nach einer sehr kurzen Phase, in der sie private, intime Bedürfnisse erfüllte, erlebt Kunstmusik heute eine Wendung hin zu einer öffentlichen Funktion. Ob alle oder einige der kostbarsten und empfindlichsten Schöpfungen aus der vergleichsweise exklusiven Periode eine Kostbarkeit bleiben und im rauheren Klima der Inklusivität heimisch werden können, ist ein echtes Problem.

Orchestermusik ist heute am beliebtesten. Sie eignet sich besser für eine Massenveranstaltung als Liedgesang oder Kammermusik. Hausmusik ist praktisch ausgestorben, da sie in eine private Erlebnissphäre gehört.

— Ich habe gehört, daß Pianisten ihre eigenen Klaviere, ihre eigenen Klavierhocker und eine ganze Waggonladung mit ihren speziellen kleinen Dingen mit sich herumzuschleppen pflegten. Gibt es das immer noch?

A.S.: Es hat nicht mehr so viel Öffentlichkeit wie früher. Doch der Argwohn oder die Angst, an gewissen Orten keine guten Klaviere vorzufinden, ist durchaus berechtigt.

— Ist es nicht ziemlich strapaziös für einen Flügel, dauernd umhertransportiert zu werden?

A.S.: Nein, es gibt Mittel und Wege, einen Flügel schonend zu transportieren. Flügel werden ohnehin ständig herumgeschoben und dabei allerdings oft unglaublich nachlässig behandelt. Leider gibt es keinen Verein zum Schutz von Gegenständen vor Grausamkeit. Eine Auswahl von Hockern und Stühlen dürfte wohl in jeder bewohnten Ansiedlung aufzutreiben sein. Doch ich habe in dieser Hinsicht einiges erlebt, obwohl ich auf solche Dinge achte. Künstler werden gemeinhin als stahlharte Leute betrachtet, die, wenn sie nur ein volles Haus haben, gegen das Arsenal von Störungen, die ihnen drohen vollkommen unempfindlich sind. Es ist meine Gewohnheit, am Vormittag vor einem Konzert den

Saal, den Flügel, den Stuhl, die Beleuchtung usw. zu inspizieren. Einmal, als ich nicht achtsam genug war, hatte ich einen Stuhl für mein Konzert, an welchem die metallenen Gleitkufen nicht entfernt worden waren. Der Fußboden war gebohnert und ich in einer verzweifelten Situation. Während ich spielte, änderte der Stuhl fortwährend seinen Abstand vom Klavier, rutschte bald nach vorn, bald nach hinten, bald nach rechts, bald nach links. Es war eine Turnübung und keine Interpretation, was ich da vollführte. In der Pause wurden die Kufen abmontiert. Bei diesem denkwürdigen Konzert gab ich, was ich sonst nie mache, eine Zugabe, eine vollständige kurze Beethovensonate. Als ich nach dem letzten Stück des gedruckten Programms zurück auf die Bühne applaudiert wurde, fühlte ich mich magisch ans Klavier gezogen, und indem ich mir selbst zuflüsterte, daß ich Beethoven, dessen Musik in der ersten Konzerthälfte auf der Strecke geblieben war, eine Wiedergutmachung schuldig sei, setzte ich mich hin und versuchte Buße zu tun. Ein andermal sollte ich in einem Theater spielen: Es hatte ein Glasdach, und am Vormittag goß es in Strömen – der Regen auf diesem Dach machte mehr Lärm, als ich mit meiner Musik es je hoffen konnte! Beiläufig sagte ich zum Hausmeister, wie unangenehm es wäre, wenn der Regen bis zum Abend nicht aufhören würde. Er klopfte mir auf die Schulter: „Keine Sorge, das Publikum wird's nicht hören!"

5

Das letztemal habe ich Ihnen von meiner ersten Zeit in Deutschland berichtet. Es war, als hätte ich nicht nur Wien hinter mir gelassen, als ich nach Berlin kam, sondern auch das neunzehnte Jahrhundert. Berlin war ganz anders.

Ich habe ihnen viel über die Atmosphäre in Wien erzählt, vom spöttelnden Defätismus und der affektierten, verspielten Morbidität in den neunziger Jahren, von Wiens allmählichem Niedergang. Berlin schien das genaue Gegenteil. Hier herrschte eine Atmosphäre voll Energie, wachsender Zuversicht, Tatendrang, Aufgewecktheit, und während in Wien das öffentliche Leben immer noch von einer ziemlich ausgelaugten Aristokratie beherrscht wurde, prägte in Berlin der Selfmademan den Charakter der Stadt.

Jedenfalls kann man Wien und Berlin kaum miteinander vergleichen. Wien war von seiner Geschichte her ein Zentrum. Der Adel, die Großgrundbesitzer in Böhmen, Ungarn, Kroatien, Polen usw., lebte in Wien und stattete seinen Landgütern lediglich Stippvisiten ab. Einige besaßen auch palastähnliche Residenzen in Prag, Budapest oder Krakau, aber sie hielten sich nicht viel dort auf: sie zogen Wien vor.

Deutschland war noch dezentralisiert. Hier gab es nicht nur einen Staat oder einen Hof. Es gab Bayern mit München, Sachsen mit Dresden, es gab die großen freien Städte von früher wie Hamburg oder Frankfurt, um nur ein paar Beispiele zu nennen, zu denen es in Österreich kein Gegenstück gab.

Berlin, im Vergleich zu anderen deutschen Städten ein Emporkömmling, hatte nicht die gleiche Anziehungskraft wie Wien im österreichischen Kaiserreich. Außerdem hatte Deutschland viel mehr Städte mit mehr als hunderttausend Einwohnern als jedes andere Land in

Europa. Die meisten dieser Städte hatten Tradition und Prestige – und den Ehrgeiz, sich gegenseitig zu übertreffen. Preußen, jünger und von etwas kolonialem Ursprung, wurde erst nach und nach als ebenbürtig betrachtet und anerkannt. Doch Preußen erwies sich als am tüchtigsten, und so entwickelte sich Berlin in unglaublichem Tempo. Dennoch kam der Adel aus Bayern, dem Rheinland und Sachsen nicht gern nach Berlin; man fertigte es ziemlich kurz ab – vermutlich aus einer Art Neid, der sich als Geringschätzung gerierte. Das rasche Bevölkerungswachstum, das Berlin nach dem Krieg von 1870 erlebte, verdankte sich, glaube ich, hauptsächlich Zuzüglern aus den östlichen und nordöstlichen Teilen Deutschlands. Der Westen und der Süden, die sich kulturell überlegen fühlten, verharrten in ihrer hergebrachten Abneigung gegenüber den Preußen.

Verglichen mit Wien war Berlin absolut nicht anziehend, wenigstens nicht für das Auge. Es besaß weder die prächtige Architektur noch die reizvolle Umgebung, noch die „Patina". Die Berliner waren auch nicht so höflich, so freundlich, so oberflächlich liebenswürdig, wie es den Wienern nachgesagt wurde. Doch die vielgescholtene deutsche Tugend des Gehorsams hatte (solange sie nicht mißbraucht wurde) einen gewissen Wert. Die Wiener, insbesondere die Mittel- und Unterschicht, und die Österreicher allgemein waren nicht gehorsam, sondern servil, was mir schlimmer erscheint.

Ich weiß, wie populär es heutzutage ist, Autorität mit dem Bösen schlechthin gleichzusetzen, bei Macht stets an Machtmißbrauch und bei Propaganda stets an Verlogenheit zu denken. Das sind bedenkliche Anzeichen von sprachlicher Schlampigkeit oder gedanklichem Eskapismus – oder von beidem. Wenn wir unsere Diskussion eröffnen, müssen Sie mir etwas von Ihren Ansichten über Autorität erzählen.

Nun zu meinen persönlichen Erfahrungen. Ich genoß die ersten zehn Jahre in Deutschland in vollen Zügen. Ich wurde auf eine neue Art und Weise aufgenommen. Ich hatte neue Perspektiven, und doch war ich, da ich keine Lehrer mehr hatte, noch fauler als zuvor. Ich mußte nichts für den Unterricht vorbereiten, und so verbrachte ich tatsächlich eine Unmenge Zeit mit bloßem Nichtstun. In Wien, wo nahezu die gesamte Bevölkerung ihre Zeit am liebsten im Kaffeehaus verbringt, hatte ich diesem Nationallaster nicht gefrönt – vielleicht, weil ich zu jung war.

Aber in Berlin machte ich das wieder wett, wenn auch nur nachts. Ich spielte Billard und Karten und schlief dann am nächsten Tag bis zwei Uhr mittags. Anfangs hatte ich nur wenig zu tun und im Rauschzustand völliger „Unabhängigkeit" keinen besonderen Drang zu selbstgestellten Aufgaben.

Dies war das erste Jahr, das trotz meines Müßiggangs und meines sorglosen Lebenswandels nicht gerade leicht war. Ich lebte in einer ziemlich proletarischen Umgebung mit einem Freund aus Wien zusammen, der zwei Jahre älter war als ich und eine Banklehre absolvierte. Er war ein Jahr vor mir nach Berlin gekommen, und seine Vertrautheit mit der Stadt war für mich natürlich von Vorteil. Wir wohnten bei einem Schuster zur Untermiete. Die Wohnung war heruntergekommen, laut und irgendwie furchteinflößend.

Die Firma Bechstein stellte mir kostenlos einen Flügel zur Verfügung. Bechstein war in Deutschland, was Steinway in den Staaten und Bösendorfer in Wien ist. Der alte Herr Bösendorfer war ein unvergeßliches Original. Er war so konservativ, daß keine Maschinen seine Werkstatt entweihen durften. Jedes Klavier war von Anfang bis Ende handgefertigt. Natürlich fielen die Instrumente ziemlich unterschiedlich aus, obwohl ich nicht darauf schwören würde, daß Hände weniger zuverlässig sind als Maschinen. Der Bechstein war für bestimmte musikalische Zwecke ein ideales Instrument. Warum die besten Klaviere, die in Deutschland, Österreich, Frankreich, in England und den Vereinigten Staaten gebaut werden, sich so auffallend voneinander unterscheiden, ist eine interessante Frage.

Ich habe viel über den Grund dieser Unterschiede nachgedacht und bin zu dem Schluß gekommen, daß es der Charakter des in einer früheren Generation lokal erfolgreichsten, am meisten geschätzten und einflußreichsten Pianisten gewesen sein muß, der den Charakter der Instrumente prägte. Sein Stil, sein Repertoire, seine Ambitionen wirkten als Modell, schufen eine Mode, erlangten Gültigkeit. Die Beobachtung, daß sich heutzutage dieselben Starvirtuosen in allen Ländern, in denen es einen Markt für Kunstmusik gibt, der gleichen Popularität erfreuen, ist durchaus trügerisch. Ich habe eben das Wort „lokal" gebraucht, um anzudeuten, daß es unterschiedliche historische Hintergründe für die

Entfaltung eines Musikers gibt. Es ist wohl unnötig, diesen Punkt zu vertiefen.

Ich schätze, daß drei Viertel der Klaviermusik, die vor 1900 in Deutschland öffentlich aufgeführt wurde, der vorwagnerianischen Epoche angehörten. Klaviere wurden gemäß den klanglichen Anforderungen dieser Musik (so, wie sie der pianistische „Oberbefehlshaber" auffaßte) gebaut. Vielleicht drei Viertel der bis jetzt in den Vereinigten Staaten gespielten Musik stammten aus der nachwagnerianischen Zeit, und diese verlangte nach „extravertierteren" Eigenschaften von Klaviatur und Resonanzboden. Wissen Sie, der Steinway ist ziemlich neoromantisch und sehr elegant, mehr theatralisch, während der Bechstein in seinen Eigenschaften intimer ist und sich besser für die Interpretation von Mozart und Schubert eignet. Ich sage nicht, daß der eine besser sei als der andere. Ich sage, daß das für alle Musikstile gleichermaßen geeignete Klavier erst noch gebaut werden muß. Es wäre wünschenswert und, wie ich glaube, auch praktikabel, sich von diesen provinziellen Unterscheidungsmerkmalen von Klavieren allmählich zu verabschieden und ein für jede musikalische Landschaft geeignetes Modell zur Verfügung zu stellen.

Zunächst an Bösendorfer, dann an Bechstein und schließlich an Steinway gewohnt (mit französischen Klavieren bin ich nie in engere Berührung gekommen), brauchte ich für jeden dieser Wechsel eine ganze Weile, bis ich mich zu Hause fühlte und mit dem neuen Instrument glücklich wurde. Bösendorfer, Bechstein und Steinway befinden sich allesamt auf dem höchsten Stand des Klavierbaus. Es gibt naturgemäß auch niedrigste Stände – obwohl die Bahn nach unten zuweilen ziemlich bodenlos erscheint.

Mit Hilfe meiner Wiener Empfehlungsschreiben machte ich die Bekanntschaft dreier Damen, alle Anfang Dreißig und mit einem Großverleger, einem Stahlmagnaten beziehungsweise mit einem Großbankier verheiratet. Sie beschäftigten sich sehr ernsthaft mit Musik, hatten sie von früher Kindheit an betrieben und waren dementsprechend recht fortgeschrittene Klavierspielerinnen. Alle drei baten mich, ihnen Unterricht zu erteilen. Ich war damals achtzehn und neu in Deutschland, und es war wirklich eine fabelhafte Chance, diese drei als Schülerinnen zu haben. Ich erinnere mich auch an einen jungen Mann, der stets kränkelte und das Haus hüten mußte. Er bat mich, zweimal die Woche für ihn zu spielen. Jedesmal zahlte er mir ungefähr zehn Dollar. Ich stand also, wie Sie sehen, bald auf eigenen Füßen.

Doch gelegentlich hatte ich nicht genug zum Leben. Zum Glück halfen mir einige Freunde, die meine Lage erahnten, mit Einladungen zum Mittag- oder Abendessen über die Runden. Außerdem konnte man damals in Berlin in eine Art Kantine gehen, und wenn man fünf Cent für ein Glas Bier bezahlte, war man (solange man wollte, denn keiner kontrollierte einen) berechtigt, eine unbegrenzte Menge vorzüglicher Brötchen mit Senf zu verzehren – umsonst. Wenn gar nichts mehr ging, konnte ich also darauf zurückgreifen.

Mein Leben während dieses ersten Jahres in Deutschland bestand zum Glück nicht *nur* aus Nichtstun. Außer der Arbeit mit meinen drei Schülerinnen hatte ich eine Reihe von Konzertengagements. Ja, meine Karriere nahm eigentlich einen recht steilen Anfang. Ich habe Ihnen bereits von Potsdam und Norwegen berichtet. Außerdem unternahm ich eine Konzertreise durch Ostpreußen. Diese Konzerte – hauptsächlich in Städten, die eher wie ausgedehnte Dörfer wirkten, mit oft weniger als zehntausend Einwohnern – wurden von den feudalen oder semifeudalen Großgrundbesitzern der Region finanziell gefördert, jedoch vom Staat organisiert und auch bezuschußt. Es war immer der höchstrangige provinzielle Staatsrepräsentant – manchmal ein Zivilist, manchmal ein Militär –, der für das Konzert verantwortlich zeichnete. In den Städten, die sich mit einer Garnison schmücken konnten, rekrutierte sich das Publikum aus dem Standortkommandanten, seiner Frau und all seinen Offizieren mit ihren Frauen, gefolgt von Richtern, Ärzten, Zivilbeamten, ein paar Geschäftsleuten und gekrönt von den fördenden Großgrundbesitzern samt Familien. Manchmal stellte die Garnison auch die Platzanweiser unter der Oberaufsicht eines Offiziersburschen oder eines pensionierten Feldwebels.

Ich erinnere mich an einen Ort, wo ich als ersten Programmpunkt Beethovens Sonate op. 101 spielte. Wie Sie wissen, beginnt diese Sonate mit einem äußerst delikaten Satz. Der Feldwebel a.D., der an einem Tisch hinter der letzten Stuhlreihe Programme und Karten verkauft hatte, zählte während dieses Satzes seine Einnahmen, indem er Kupfer- und Silbermünzen auf einen Porzellanteller warf, der auf seinem Tisch bereitstand. Diese Episode gehört zu den erfolgreichsten Störungen einer Konzertatmosphäre in meiner reichhaltigen Sammlung solcher Vorkommnisse. Sie war dermaßen erfolgreich, daß sie meinem Vortrag ein Ende setzte, nachdem ich mich ungefähr bis zur Hälfte meines sensiblen Stückes durchgekämpft hatte. So wurde Musik von einem deutschen Feldwebel behandelt, der nichts anderes tat, als seine Pflicht zu erfüllen. Er wußte es nicht besser – seine Vorgesetzten hatten vergessen, ihm entsprechende Instruktionen zu erteilen.

Eines meiner ersten Konzerte hatte ich in der kleinen ostpreußischen Stadt Rastenburg. Ostpreußen diente übrigens in beiden Weltkriegen als Schlachtfeld. Ich kenne alle die Orte, die Kriegsberühmtheit erlangten, von meiner friedlichen Tätigkeit dort. Um dorthin zu kommen, reiste ich die ganze Nacht, zusammen mit einem belgischen Geiger, der im selben Konzert spielen sollte. Wir waren sehr gespannt darauf, die Sängerin kennenzulernen, die – als der „Star" – die Dritte im Bunde unseres Gemeinschaftskonzerts sein sollte. Sie hieß Therese Behr und hatte in den zwei oder drei Jahren seit Beginn ihrer Karriere ungeheure Triumphe gefeiert. Sie war schon am Abend zuvor in dem Gasthof eingetroffen, in dem unser Impresario Zimmer für uns reserviert hatte. Ich kann Ihnen die Lokalität nicht beschreiben, da ich in den Vereinigten Staaten, wo ich viel herumgekommen bin, bislang noch nichts Entsprechendes entdeckt habe. Es war eine sehr primitive Unterkunft, doch nicht ohne eine gewisse Behaglichkeit. Als wir eintrafen, umfing uns noch der Geruch nach abgestandenem Bier und Hühnerbrühe von einer Hochzeitsfeier, die sich die ganze Nacht hingezogen hatte. Der Wirt brachte uns hinauf auf unsere Zimmer, und im Vorübergehen sah ich vor einer Tür den Rock und die Jacke einer Frau an einem Haken hängen (Kleiderbügel waren in Europa damals noch unbekannt). In allen Hotels (und ebenso in Häusern, wo es Dienstpersonal gab) hängte man die Kleider zum Ausbürsten und Reinigen vor die Tür und stellte die Schuhe zum Putzen hinaus. Der Wirt setzte uns davon in Kenntnis, daß das Kostüm und die Schuhe vor besagter Tür unserem Gesangsstar gehörten. Ich spottete über die Größe ihrer Stiefel – es war Winter. Da es sechs Uhr morgens war, war ich sicher, daß sie noch schlafen würde, und dämpfte meine Stimme nicht, als ich meine Bemerkung fallenließ. Wenige Stunden später begegnete ich der Dame beim Frühstück in der immer noch nicht geruchsfreien Gaststube. Sie lachte und sagte: „Ich hörte, wie Sie sich über meine großen Füße lustig gemacht haben." Sie können sich vorstellen, in welche Verlegenheit mich das brachte. Wir hätten nun eigentlich proben müssen, doch das Wetter war so herrlich und die tiefverschneite Gegend so einladend, daß ich vorschlug: „Wollen wir nicht eine Schlittenfahrt unternehmen? Es wäre bestimmt ein großes Vergnügen, und proben können wir auch noch kurz vor dem Konzert." Sie und mein belgischer Kollege waren einverstanden, und so genossen wir einen ausgedehnten Ausflug in einer Troika (drei Pferde, russischer Stil) und kamen gerade rechtzeitig zu einer Tasse Tee zurück. Dann gingen wir in den Konzertsaal, um zu proben (mit dem Geiger hatte ich bereits in Berlin geprobt). Sehr viel später sagte mir Fräulein Behr, daß es eine sonderbare Probe gewesen sei, denn ich habe darauf beharrt, ihr meine Kompositionen vorzuspielen, anstatt ihre Lieder zu proben. Sie wurde natürlich etwas nervös und ungeduldig, aber anschließend spielte ich ihr Programm zu ihrer vollen Zufriedenheit vom Blatt, und das Konzert verlief sehr gut. Ein Jahr darauf waren wir verlobt und fünf Jahre später verheiratet.

Wir traten von da an – dreißig Jahre lang – in unzähligen Liederabenden zusammen auf. Von daher habe ich eine recht enge Beziehung zur Kunst des Liedgesangs, die es mir erlaubt, mit einer gewissen Autorität über diesen diffizilen und äußerst anspruchsvollen Zweig musikalischen Ausdrucks zu sprechen. Seine öffentliche Blütezeit war kurz – sie dauerte kaum ein Jahrhundert. Sein Niedergang war offensichtlich eine Folge der allmählichen, zwangsläufigen Anpassung des Menschen an Mechanisierung, Massenproduktion und Kommerzialisierung, mit einem Wort: Maschinenzeitalterkollektivismus. Das Lied hat seinen eigentlichen und angemessensten Ort im kultivierten Heim – und wir alle wissen, daß die Massenproduktion von kultivierten Heimen noch nicht sehr weit gediehen ist. Wir wissen auch, daß man sich dem ständigen Angebot an vorproduzierten Vergnügungen kaum erwehren kann – vor allem die Jugend nicht. Öffentliche Liedvorträge sollten in intimen Sälen stattfinden. Doch welcher erfolgreiche Künstler würde auf die größten Säle verzichten, wenn er sie füllen kann, und künstlerischen Erfordernissen Folge leisten, wenn sie Opfer verlangen? Opernsänger sind selten imstande, dem Lied gerecht zu werden. Ihr Revier ist nicht absolute Musik – und das Heim ist weder der Rahmen für Opern noch deren Zentrum. Umgekehrt eignet sich der „echte" Liedsänger nicht für die Oper.

Von meinen Knabenjahren an bis in die Zeit nach dem Ersten Weltkrieg begegnete ich einer ganzen Reihe von „echten" Liedsängern, von denen einige ebenso überragende Oratoriensänger waren. Ein paar von ihnen reisten auch in den USA, und zwar mit großem Erfolg. Einer davon war Ludwig Wüllner. Er wurde – hierzulande – als „der Sänger ohne Stimme" annonciert. In der Tat unterschied er sich sehr von *The Voice* Frank Sinatra.

Die Gattung Kunstlied ist eine deutsche Hervorbringung. Volkslieder, Songs, Chansons, Madrigale, Arien etc. waren bekannt und weit verbreitet, bevor sich das Lied entwickelte, waren höchstwahrscheinlich die Stufen, die zu ihm hinführten – dem jüngsten, zartesten und individuellsten Beispiel der Formen absoluter Musik. Sie könnten natürlich einwenden, da es mit Worten verbunden sei, die immer deskriptiv und zweckgerichtet sind, dürfe ich es nicht als absolute Musik bezeichnen. Doch ich tue es. Die Worte sind ein Mittel, es singbar und menschlich zu machen. Die ganze Zeit do re mi fa sol la si, selbst in wechselnder Reihenfolge, liefe Gefahr, Musik zu reiner Stimmakrobatik zu machen.

Das Lied ist definitiv ein Stück absoluter Musik. Seine Transformation in Lieder ohne Worte, Nocturnes, Intermezzi, Reverien und so weiter für andere Instrumente als die menschliche Stimme erscheint mir schlüssig.

Die Lieder Franz Schuberts, als Gesamtwerk gesehen, sind bis heute ohne Parallele geblieben. Schumann, Brahms, Hugo Wolf, Mussorgski, Richard Strauss, Gustav Mahler, Debussy, Fauré haben kostbare Schöpfungen zur Liedliteratur beigetragen. Und dort ist sie – in ihrem letzten Stadium schon merklich dünner geworden – stehengeblieben. Einige zeitgenössische Komponisten haben interessante Lieder geschrieben. Sie werden nicht aufgeführt. Niemand verlangt nach ihnen. Wie sollten sie auch mit Aufführungen rechnen können, wenn die besten der Vergangenheit nicht sehr gefragt sind? Der Grund, warum die Kunstform Lied eine relativ kurze Blütezeit erlebte und nach 1880 seine herausgehobene Stellung im öffentlichen Musikleben schnell verlor, läßt sich nur vermuten. Ich glaube, es ist eine Folge des Wagnerschen Gesangsstils, der zum Maßstab des Gesangs schlechthin wurde. Die Programme von Liederabenden sind heute in der Regel ein merkwürdiges Sammelsurium disparater Stücke.

Wie kann man den Verlust der Bereicherung, die man im vertrauten Umgang mit dem einzigartigen Schatz der Liedliteratur erfährt, kompensieren? Ich sehe nur einen Weg: Jeder, der sich dazu hingezogen fühlt, der Klavier spielt und Noten lesen kann (viele „Musikliebhaber" bekennen heutzutage stolz, daß sie es nicht können – selbst wenn sie Klavier spielen), sollte sich die Lieder von Schubert (und anderen) besorgen und täglich ein wenig seiner Freizeit dem Umgang mit ihnen widmen.

In Berlin machte ich bald die Bekanntschaft mehrerer Musiker, unter ihnen der gefeierte Dirigent Arthur Nikisch. Ich spielte ihm unter anderem mein Klavierkonzert vor, das ich gerade geschrieben hatte. Nikisch war überaus freundlich zu mir und bot mir seine Unterstützung an.

Als ich zwanzig war, wurde ich als Solist mit den Berliner Philharmonikern für Konzerte in Berlin und Hamburg engagiert, in Leipzig spielte ich mit dem Gewandhausorchester. Alle drei Konzerte wurden von Nikisch dirigiert. Tourneeorchester waren damals noch nicht in Mode. Die Hamburger Abonnementkonzerte der Berliner Philharmoniker waren eher ein Ableger – oder ein Ausflug – als eine Konzertreise. (Das Meininger Orchester, zunächst unter Hans von Bülow, dann Steinbach und später Max Reger, unternahm richtige Konzerttourneen.)

Bei meinen drei Debüts mit diesen wunderbaren Orchestern spielte ich das zweite Klavierkonzert von Brahms und galt von da an für lange Zeit als Brahms-Spezialist. (Freilich nicht in München. Sie erinnern sich?) In einigen Städten war ich der erste, der das B-Dur-Konzert spielte – beispielsweise in Brüssel (zumindest wurde mir das gesagt).

In jenen Tagen waren auch Hauskonzerte noch üblich, und ich wurde einige Male für solche engagiert. Ich erinnere mich an ein sehr ungewöhnliches im Hause des Grafen Hochberg, des Intendanten der Königlichen Oper in Berlin. Er bat mich, neben anderen Stücken Mozarts D-Dur-Sonate für zwei Klaviere zu spielen. Der andere Pianist, sagte er, sei Dr. Karl Muck, ein Name, der in meiner Wiener Zeit so gut wie nie gefallen war. Er war damals erster Kapellmeister an der Berliner

Oper. Mit ihm zusammen zu spielen war also eine große Ehre; und es war auch ein großer Genuß.

Ein andermal wurde ich zu einem Hauskonzert – einer Abendgesellschaft – im Schloß des Prinzen Henckell-Donnersmarck eingeladen, aber ich war im voraus gewarnt worden, daß sich die Prinzessin gelegentlich recht seltsam verhalte. Einige Tage vor dem Ereignis wurde ich zu ihr bestellt. Sie erkundigte sich nach meinem Repertoire, doch bevor ich eine Chance hatte, Auskunft darüber zu geben, sagte sie mir, daß sie mir unter keinen Umständen gestatten würde, Chopin zu spielen. Ihre Gäste seien das Beste gewohnt und würden deshalb meine Chopin-Interpretation kaum goutieren. Da sie mich nie hatte spielen hören, war mir der Grund einer solch überraschenden Behandlung schleierhaft. Später lieferte mir jemand den Schlüssel: Sie war Polin. Bei jener Abendgesellschaft waren die Künstler durch ein rotes Seil von den Gästen getrennt, wie Tiere in einem Zoo, die man nicht reizen soll, und es war ihnen untersagt, sich unter die Gäste zu mischen. Nach dem Konzert wagten es ein paar Leute auf der Zuschauerseite des Seils, ein Gespräch mit mir anzufangen – und niemand kam dabei zu Schaden. Die ganze Affäre war überhaupt nicht nach meinem Geschmack und führte dazu, das ich Hauskonzerte dieser Art, der gesellschaftlichen, wo der größte Teil des Publikums – wenn überhaupt – nur eine oberflächliche Beziehung zur Musik, aber stets einen Platz in der vornehmen Welt hatte, fortan mied.

Lange nach dieser Kollision mit adligen Umgangsformen erfuhr ich von meinem Impresario, Herrn Wolff, daß die Prinzessin mein Honorar gekürzt hatte. Auf die Frage, ob da möglicherweise ein Mißverständnis vorliege, erwiderte sie: „O nein, das geschah mit voller Absicht. Zum einen gefiel mir seine Musik nicht besonders, und zum andern konnte ich sein Haarwasser nicht ausstehen." Wolff wartete Jahre, bis er mir von diesem Trick, Geld zu sparen, erzählte. Er dachte wohl, daß es einen jungen Musiker deprimieren könnte – insbesondere die Bemerkung über das Haarwasser. Jedenfalls schickte er mir das volle Honorar, die Differenz legte er aus seiner eigenen Tasche drauf.

Ich habe von meiner schändlichen Faulheit in jenen Tagen erzählt. Meine Konzertprogramme bereitete ich sozusagen fünf Minuten vor zwölf vor. Aber selbst am Tag des Konzerts spielte ich gewöhnlich den ganzen Nachmittag Billard. Wenn die Partie beendet war, raste ich nach

Hause, zog mich in Blitzeseile um, stürzte Unmengen starken schwarzen Kaffees in mich hinein, traf meist etwas später als das Publikum im Konzertsaal ein, eilte aufs Podium und stürzte mich in die Musik. Es war eine unverzeihliche Nonchalance, und ich denke nur mit Reue – und einem Schauder – daran zurück.

In meinem Berliner Bekanntenkreis befanden sich eine Witwe und deren Sohn, ein junger Chemieprofessor. Ihr Vater war, glaube ich, zwischen 1840 und 1850 in die Vereinigten Staaten ausgewandert, doch sie war nach ihrer Heirat nach Deutschland zurückgekehrt. Die beiden wurden meine liebsten Freunde. Mein Auftauchen in ihrem Haus hatte so etwas wie eine Revolution ihrer Lebensweise zur Folge. Als ich zum erstenmal zu ihnen kam, lebten sie in fast völliger – natürlich frei gewählter – Zurückgezogenheit, verglichen mit dem Lebensstil, der sich bald entwickelte, als ich bei ihnen verkehrte.

Ich hatte ihnen ein Empfehlungsschreiben aus Wien mitgebracht und war der erste Berufsmusiker, mit dem sie persönlichen Kontakt hatten. Schon nach wenigen Jahren war ihr Haus jeden Sonntagabend voller junger Musiker aus aller Herren Länder. Bald gesellten sich auch ältere und alte Musiker (ebenfalls aller Rassen, Hautfarben und Konfessionen) dazu, denn der Ruf dieses außergewöhnlichen Hauses breitete sich rasch aus und schien jeden Musiker magisch anzuziehen. Bis zum Ersten Weltkrieg und auch danach, bis in die Mitte der zwanziger Jahre, fanden diese ungemein anregenden Zusammenkünfte jeden Sonntagabend statt. Der überwiegende Teil der Gäste waren Berufsmusiker; eine kleine Gruppe hervorragender Amateure und eine Auswahl von Musikliebhabern waren ebenfalls zugelassen. Zwanzig bis vierzig Musiker waren gewöhnlich pro Abend zugegen. Einige trugen vor, was sie gerade wollten – Kammermusik, Vokalmusik, Soli –, und die Zuhörer waren, wie Sie sich vorstellen können, die Aufmerksamkeit selbst und natürlich sehr kritisch, aber nie voreingenommen oder mißgünstig.

Ich verbrachte etliche Male meine Sommerferien mit dem jungen Professor und seiner unvergleichlich begeisterungsfähigen Mutter, besuchte sie in Berlin auch an Wochentagen (ohne Musik und Musiker), und einmal die Woche nahmen sie mich mit ins Theater oder in die Oper. Sie boten an, die Kosten einer Aufführung meines Klavierkonzerts zu übernehmen. Ich war außer mir vor Freude, und eines Sonntagvormittags im Winter 1901/02 spielte ich es mit den Philharmonikern vor einem Publikum geladener Gäste. Ein unvergleichliches Geschenk für einen jungen Künstler!

Die Berliner Philharmoniker waren, soviel ich weiß, damals das einzige selbstgetragene Orchester in Deutschland. Später wurden sie von der Stadt Berlin subventioniert. Hermann Wolff veranstaltete jede Saison eine Abonnementkonzertreihe, wobei jedes Programm zweimal aufgeführt wurde: in einer sogenannten „öffentlichen Probe" Sonntag vormittags und im „Konzert" Montag abends. An zwei weiteren Abenden in der Woche gaben sie „populäre" Konzerte. An den restlichen Tagen konnte sie jeder Dirigent verpflichten, der mit ihnen arbeiten wollte.

Zusammen mit der Aufführung meines Klavierkonzerts gab ich auch die meines Wissens Berliner Erstaufführung von Paderewskis einzigem Klavierkonzert. Sie sehen alle so überrascht aus – nun, es ist, soviel ich mich entsinne, ein ganz hübsches Werk, bestimmt so gut wie sein Menuett.

Und nun wollen wir unsere Diskussion eröffnen.

— *Ich möchte noch einmal auf Ihre Äußerung über den Liedgesang als eine heute wenig geachtete Kunst zurückkommen: Wie erklären Sie sich dann den stürmischen Beifall, den Lotte Lehmann für ihre Liederabende letzten Winter erhielt?*

A.S.: Es hat mich sehr gefreut, von der begeisterten Aufnahme, den ihre Liederabende hier und anderswo fanden, zu hören. Im übrigen habe ich nicht gesagt, daß *Sänger* unpopulär geworden seien, sondern daß eine bestimmte Form der Liedkultur ihre einstige Stellung im häuslichen wie im öffentlichen Bereich verloren hat. Lotte Lehmann ist eine großartige Künstlerin, doch sie kommt von der Bühne her und entspricht nicht ganz dem Typus von Sänger, auf den ich mich bezog, als ich die Abkehr vom unverfälschten Liedgesang beklagte.

— *Genau diesen Liedgesang möchten die Leute hören.*

A.S.: Da bin ich mir nicht so sicher, aber es würde mich freuen, wenn Sie recht hätten. Die „Leute", das ist meine feste Überzeugung, sind ohnehin am wenigsten für die Hintanstellung oder das Fehlen von geistigen Werten im öffentlichen Leben verantwortlich zu machen. Glauben Sie, daß die riesigen Säle, in denen Frau Lehmann auftritt, der geeignete Ort für das Lied sind?

— *Bestimmt nicht.*

A.S.: Das ist ein heikles Problem. Angenommen, ein oder auch mehrere genuine Liedsänger gingen hin und weigerten sich, ihre geliebten Lieder in großen Sälen zu singen. Könnten sie existieren, wären sie konkurrenzfähig, würden sie bekannt werden? Besonders hierzulande? Ich denke, man muß einen Kompromiß finden. Auch wenn der intime Charakter dabei verlorengeht, ist es besser, wenn Lieder an ungeeigneten Orten von unspezialisierten Sängern dargeboten werden als überhaupt nicht!

— *Was ist mit Caruso?*

A.S.: Ich weiß, daß Caruso ein Liedsänger war und Schaljapin ebenso. Sie waren natürlich Sonderfälle, denn sie sangen sowohl Opern als auch Lieder, aber das Überwältigende an ihnen waren mehr ihre elementaren Qualitäten als der Stil. Die für den Liedgesang erforderliche Stimme und Veranlagung ist etwas Unergründliches und Unbegreifliches. Ich kann es Ihnen nicht beschreiben.

— *Haben Sie jemals Claire Dux gehört?*

A.S.: Ja.

— *Einige Leute haben mir erzählt, ihr Liedgesang sei demjenigen Lotte Lehmanns vergleichbar gewesen, doch Frau Lehmann reiche nicht ganz an sie heran.*

A.S.: Das sehe ich nicht so. Claire Dux sang bezaubernd und sehr musikalisch, aber ich finde, Frau Lehmann verfügt über mehr Imagination. Haben Sie Elisabeth Schumann gehört?

— Ja.

A.S.: Sie war eine hervorragende Liedsängerin, aber deshalb auch in kleinen Sälen am eindrucksvollsten. Das Problem ist, daß Sie mit einem ausverkauften Saal, der achthundert Menschen faßt, immer noch ein Defizit machen. Die Saalmieten sind derart gestiegen und die Werbekosten so hoch, daß Sie nur in einem großen Saal Geld verdienen können.

— *Was halten Sie von Frau Teyte?*

A.S.: Ich habe sie in London gehört, und es war entzückend, aber ich würde nicht sagen, daß sie dem gleichen Fach angehört. Es war bei einem Gemeinschaftskonzert, das ich mit ihr zusammen gab, und es ist mir unvergeßlich geblieben. Ich habe seitdem nie wieder ein Gemeinschaftskonzert gegeben. Nachdem ich eine Schubert-Sonate gespielt hatte, war Frau Teyte an der Reihe. Als Zugabe sang sie einen Schweizer Jodler, das Echo mit den Händen vor dem Mund. Sie machte das großartig; ich will es gar nicht kritisieren.

— *Als der amerikanische Jazz nach Europa kam, waren Sie jung genug, um ihn aufzunehmen, ohne ihn als Schund abzutun.*

A.S.: Wie kommen Sie auf den Gedanken, ich täte ihn als Schund ab?

— *Ich habe diesen Eindruck bei so vielen anderen Leuten gewonnen, daß ich annahm, es träfe auch auf Sie zu.*

A.S.: Ich habe nie sogenannte „Unterhaltungs"-Musik studiert oder zu analysieren versucht. Sie fällt nicht in mein Ressort. Dieses Faktum – oder Fatum, wenn Sie lieber wollen – hat keinerlei Auswirkungen auf meine Einstellung zu den anderen Ressorts. Weder hasse noch verachte ich Tanzmusik oder Gebrauchsmusik oder auch bloße Hintergrundmusik. Ich gehe an diese Kategorien nie herablassend heran. Ich habe, nolens volens (denn wer kann ihnen schon entrinnen?), viele, zu viele Erzeugnisse dieser Sparte gehört. Einige waren und bleiben auch weiterhin faszinierend. Die Mehrzahl scheint, genau wie in meinem Ressort, uninteressant. Diese Gleichheit der Ungleichheit hebt natürlich nicht die grundlegenden Unterschiede zwischen den einzelnen Ressorts auf. Auch der beste Walzer von Johann Strauß läßt sich nicht mit einem Mozartschen Rondo vergleichen. Ich räume ein, daß ich für diese Behauptung keinen anderen Beweis habe als meinen persönlichen Eindruck. Doch dieses Eingeständnis hebt die Unterschiede nicht auf. Warum ist nicht *alle* gute oder *alle* schlechte Musik populär? Nun, auch das beste Jazzstück fordert nicht viel von mir, während selbst ein vergleichsweise seichtes Stück „ernster" Musik manchen andern bereits überfordert.

Im übrigen bin ich viel unduldsamer gegenüber billiger ernster Musik als gegenüber billigen Liedchen. Sie klingen sowieso alle sehr ähnlich für mich. Meine Enkel erkennen im Radio innerhalb von Sekunden, welche Jazzband gerade spielt. Ich kann nicht einmal nach einer Stunde erraten, welches Symphonieorchester zu hören ist, oder auch nur mit Sicherheit sagen, ob ich eine Schallplattenaufnahme von mir selbst höre. Unsere spitzfindige Jugend spricht von „hot", „soft", „middle" oder „boogie-woogie" und ich weiß nicht wie vielen anderen Jazz-Stilen.

— *Die meine ich nicht.*

A.S.: Was meinen Sie denn?

— *Ursprünglich, glaube ich, war es im wesentlichen Negermusik, die in der Gegend von New Orleans aufkam und um 1910 herum nach Europa gelangte. Es ist keineswegs Tanzmusik.*

A.S.: Was ist es sonst? Wie würden Sie es nennen? Würden Sie es Hausmusik nennen?

— *Ich denke, es ist einfach der Ausdruck von jemandem, wie er die Dinge sieht. Es ist sehr spontan, es geht nicht um Kunstfertigkeit.*

A.S.: Ist es lediglich Improvisation? Wenn ja, fällt es nicht ins Gebiet der Kunst. Ein Kunstwerk ist nie improvisiert.

— *Dieser Meinung bin ich nicht.*

A.S.: Nun denn, ich bin sehr gespannt, von Ihnen zu erfahren, inwiefern Improvisation Kunst sein kann.

— *Ich verstehe nicht viel von Kunst, deshalb kann ich frei von der Leber weg sprechen. Aus dem Stegreif würde ich sagen, Improvisation ist die einzige Kunst, die es gibt. Mit anderen Worten, sie greift etwas auf und verleibt es sich ein, und daraus entsteht etwas völlig Neues.*

A.S.: Glauben Sie, daß Kunstwerke improvisiert wurden oder daß Improvisationen Kunstwerke sind?

— *In einer Beethoven-Biographie las ich, daß man zehn Männer brauchte, um ihn ans Klavier vor sein Publikum zu bringen, da er einfach nicht spielen wollte.*

A.S.: Klavierpacker?

— *Er sträubte sich so sehr, vor Leuten zu spielen.*

A.S.: Das ist Unsinn oder ein Witz. Emil Ludwigs Werke sind wirklich Schund.

— *In dieser Beethoven-Biographie habe ich gelesen, daß er oft am Klavier improvisierte und die Leute mit seinen Improvisationen in Staunen versetzte.*

A.S.: Improvisation war im achtzehnten Jahrhundert ein Prüfstein des handwerklichen Könnens eines Berufsmusikers. Man verlangte von ihm, über ein gegebenes Thema zu improvisieren, Variationen oder eine Fuge. Sie war aber kein Ventil für seine Gefühlsregungen. Sie bedeutete nicht, „zur Dämmerstunde in Trance und Weltabgeschiedenheit am

Klavier zu sitzen und seinen Fingern freien Lauf zu lassen". Die adligen Dienstherren oder Mäzene hatten einen musikalischen Berater, der die Musiker zu prüfen und zu beurteilen hatte, die sich um eine Anstellung bewarben. Gut möglich, daß Beethoven und Mozart nicht immer zur Zufriedenheit dieser Kapellmeister improvisierten. Der Ideenreichtum und die Kühnheit eines Genies gingen vermutlich über ihren Horizont und stießen deshalb auf Ablehnung.

Die zweite Sorte von Improvisation ist etwas völlig anderes, sie ist häufig wohl nicht viel mehr als das, was man früher – weniger euphemistisch – „Klimpern" nannte. Klimpern ist zweifellos unmittelbar und kann durchaus reizvoll sein, aber es ist keine Kunst. Kunst ist Spontaneität, die einen Bewußtseinsprozeß durchlaufen hat.

Sie kennen nun die beiden Arten von Improvisation: die professionelle, technische und die unterbewußte, emotionale. Erstere kann von jedem Musiker, auch von einem geübten Amateur, mehr oder weniger erfolgreich betrieben werden. Die zweite bleibt eine Art stammelnde Selbstdarstellung.

Lassen Sie sich nicht von Musikerbiographien irreführen, die selten von einem Musiker geschrieben wurden. Was musikalische Dinge betrifft, sollten Sie ihnen nicht allzusehr trauen. Glauben Sie mir, einem Musiker: Erwachsene, ernstzunehmende Leute „improvisieren" nicht. Weder ihre eigenen Kompositionen noch ihre Interpretationen von Kompositionen anderer.

Ich könnte stundenlang improvisieren, was immer Sie wollen. Als Kind machte ich das, und den Leuten gefiel es, aber ich halte das für eines der nachrangigsten Anzeichen musikalischen Talents, die ich kenne.

— *Können Sie sich keine unmittelbare, emotionale Improvisation vorstellen, die ein gelungenes Werk darstellt?*

A.S.: Sie kann eine beeindruckende menschliche Äußerung darstellen, aber nie das, was wir gemeinhin unter einem „Werk" verstehen.

— *Meinen Sie, ein Kunstwerk muß etwas Ausgeklügeltes sein?*

A.S.: Nein, nein nein! Ein Kunstwerk muß in einem gleichmäßigen Strom der Inspiration – der inspirierten Konzentration – geschaffen werden, vom Anfang bis zum Ende. Was haben Sie gegen das Denken, das Kohärenz stiftet?

Glauben Sie, daß man Bücher improvisieren kann? Unmittelbarkeit ist nur ein Element geistiger Tätigkeit. Ich behaupte nicht, alle Kunstwerke seien hervorragende Kunstwerke. Aber sie alle sind durch Denken hervorgebracht worden. Der Unterschied der Ergebnisse beruht auf der ungleich verteilten Begabung. Jeder Komponist komponiert genauso, wie es Mozart oder andere überragende Köpfe taten, nur hat nicht jeder so viel schöpferische Kraft wie sie.

In einer Zeitschrift namens *Advertisers' Digest* fand ich neulich eine Stelle, die versprach, der Erfolg liege gleich um die Ecke, sei so sicher, so überwältigend und nah, daß Werbung von einer Kunst zur Wissenschaft erhoben werde. „Von Kunst zur Wissenschaft erhoben" – auf welche Höhe wird sie die nächste Welle heben? Ich rate zu mehr Vorsicht und Sparsamkeit beim Gebrauch von Begriffen wie „Kunst" und „Wissenschaft".

„Improvisation" ist zweifellos ein wohlklingender Ausdruck, viel wohlklingender als „Klimpern". Ich wiederhole: Improvisationen von Primitiven können für eine gewisse Zeit reizvoll und ein interessantes Phänomen sein. Doch Improvisationen, die aufgeführt und verkauft werden, sind keine Improvisationen. Das gleiche gilt für gedruckte „Improvisationen".

Sind Sie zufrieden? Sie können natürlich weiterhin behaupten, daß nichts außer Improvisation Kunst sein könne, Sie können das sogar glauben. Mir scheint das eine völlig überflüssige Verwirrung, die der Improvisation wie der Kunst gleichermaßen zum Nachteil gereicht.

— *Als Sie Brahms' B-Dur-Konzert spielten, haben Sie sich da alles selbst beigebracht? Ich meine, zu jener Zeit hatten Sie keinen Lehrer.*

A.S.: Ich hatte es mit meinem Lehrer gespielt, Jahre bevor ich die Gelegenheit hatte, es öffentlich aufzuführen. Ebenso drei der Beethoven-Konzerte. Es kommt jedoch der Tag, wo man seine Fehler selbst verantworten muß.

Ich bin oft gefragt worden, warum ich in Konzerten, für die der Komponist Kadenzen verlangt, aber keine geliefert hat, meine eigenen Kadenzen spiele. Zu der Zeit, von der wir sprechen, schrieben die Komponisten keine Kadenzen, weil sie die einzigen waren, die ihre Konzerte spielten. Also brauchten sie die Kadenzen nicht aufzuschreiben. Und so haben diese Werke heute keine authentische Kadenz. Es wäre normal, daß jeder Interpret seine eigene schreibt. Einige taten es, darunter Musiker, die keine Interpreten waren. Die Mehrzahl tat es nicht und wählte statt dessen aus dem vorhandenen Material eine aus, die entweder ihren Lehrern oder ihrem Geschmack die beste dünkte. Ich spiele selbstgestrickte und nehme das Recht auf eigene Fehler in Anspruch.

— *Herr Schnabel, was haben Sie damals gespielt, als der Prinzessin Ihre Musik nicht gefiel? Können Sie sich erinnern?*

A.S.: Ich glaube, ich spielte Schubert und Bach. Ich bin nicht sicher. An Schubert erinnere ich mich, weil einer der Gäste hinterher Schumann und Schubert verwechselte. Das „Schu" verwirrte ihn.

— *Wurde das Brahms-Konzert gut aufgenommen, als Sie es zum erstenmal spielten?*

A.S.: O ja, und ich bekam auch sehr gute Kritiken – dank Nikisch. Ich vermute, er hatte die Presse zuvor instruiert, mich wohlwollend zu behandeln. Nicht so gut erging es mir indes, als ich kurz darauf das erste Brahms-Konzert in Berlin spielte, ebenfalls mit Nikisch. Die führende Zeitung attackierte ihn, weil er es zugelassen habe, daß ich den langsamen Satz zu langsam spielte, wie der Kritiker meinte. Er begreife nicht, daß ein Mann wie er eine derartige Entstellung eines Meisterwerks mitmachen konnte. Jahre später erfuhr ich, daß Nikisch dem verletzten Kritiker einen Brief schrieb und ihm darlegte, daß ein junger Künstler das Recht habe, Fehler zu machen, und er mir deshalb keinen Einhalt geboten habe.

Als ich in erstaunlich kurzer Zeit „offiziell anerkannt" war, begannen einige große Dirigenten wie Nikisch oder Richard Strauss, mir Proben zu verweigern mit der Begründung: „Sie sind ein musikalischer Junge; wir brauchen keine Probe. Es wird schon klappen heute abend."

Der unvergleichliche Nikisch nahm es (so gingen die Gerüchte) mit Proben nicht immer so genau. Eine beliebte und weitverbreitete Anekdote berichtete, daß Max Reger bei der ersten Probe eines seiner symphonischen Werke Nikisch unterbrach, nachdem er ein paar Minuten zugehört hatte, und vorschlug, zuerst die Schlußfuge zu probieren. Nikisch erklärte sich einverstanden und begann die Partitur durchzublättern, bis zum letzten Takt. Nervös drehte er sich zu Reger um und rief: „Wo ist sie? Ich finde sie nicht." Mit einem diabolischen Grinsen brummte Reger: „Es gibt auch keine." Er hatte natürlich bemerkt, daß Nikisch sein Stück gar nicht kannte, und revanchierte sich mit diesem Trick.

— *Sie sind vermutlich auch schon von Studenten in anderen Ländern befragt worden. Es würde mich interessieren, was Sie von den amerikanischen Studenten halten.*

A.S.: Ich würde sagen, daß viele der Fragen, die von den Jüngeren hier gestellt wurden, dieselbe Wurzel erkennen lassen. Sie lassen einen Glauben an die Existenz von etwas erkennen, was ich als Königsweg zur Weisheit bezeichnen möchte, ein Vertrauen auf Methoden und Bücher und Regeln, die zur Lösung aller Probleme führen, die alles erklären sollen. Auch einen Glauben, daß es nur *eine* Lösung gibt, *einen* Weg, *eine* Art von Erfahrung.

Wenn mir einer von Ihnen sagte, die wichtigste und fruchtbarste Erfahrung seines Lebens sei es, unorganisierte Äußerungen von Verlangen und Wohlbefinden zu hören, würde ich das verstehen und respektieren, obwohl ich denke, daß es eine andere Art von Erfahrung wäre, Beethovens Neunte zum ersten oder zum fünfzigsten Mal zu hören. Es ist wichtig, sich bewußtzumachen, daß es verschiedene Arten von Glück gibt.

Es hängt davon ab, wie viele Empfänglichkeitsbereiche wir in unserem sensorischen System haben. Es ist ein völlig legitimes Vergnügen, an der Oberfläche gekitzelt zu werden; eine tiefere Befriedigung ist es, im Innersten berührt zu werden.

Ich kann es genießen, die Fifth Avenue entlangzubummeln und mir die Schaufensterauslagen anzuschauen. Ich kann mich dabei vollkommen glücklich fühlen. Ebenso fühle ich mich vollkommen glücklich, wenn ich nach stundenlangem Klettern den Gipfel eines Bergs erreiche. Nur derjenige, dem beides ein Glücksgefühl bereitet hat, das Klettern und das Bummeln, weiß, daß beides nicht vergleichbar ist, und vor die Wahl gestellt, würde er sich bestimmt für den Berg entscheiden.

Was ich heute über Kunst und Improvisation gehört habe, war, vermute ich, nicht das Resultat einer Erfahrung, sondern eine intellektualisierte Verherrlichung einer modischen Flucht vor echtem Bemühen. Es sind weder Gefühle noch Überlegungen, die aus vielen Ihrer Fragen sprechen. Aus ihnen spricht manchmal Wißbegierde – eine großartige Triebfeder –, doch meistens Gewohnheit. Anscheinend läßt es sich nicht vermeiden, von der Reklame infiziert zu werden. Seien Sie auf der Hut! Ich meine, ich habe Ihnen von dem jungen amerikanischen Komponisten erzählt, der fragte, ob es für einen amerikanischen Komponisten ratsam sei, Dissonanzen zu verwenden.

Wir haben den Antwortmann, ein neuer Berufszweig. Er ist nicht dasselbe, was Wahrsager, Hellseher oder Magier waren. Er verfügt über Antworten auf alles und jedes.

Ich bekenne, das einzige, dessen ich mir völlig sicher bin, ist meine eigene Verwirrung oder anders gesagt: meine Anerkennung des Pluralismus im Reiche der Beweggründe, Zwecke und Ziele. Ich weiß, daß ich mir große Mühe gebe, das zu finden, was ich für überpersönliche Wahrheit halte, aber ich weiß nicht, warum ich mich darum bemühe. Befriedigt Sie das, die Sie auch ein wenig verwirrt sind, wie ich hoffe?

— *Gewiß.*

— *Ich glaube. Sie haben einmal gesagt, daß Sie niemals beweisen könnten, daß Bach ein bedeutenderer Komponist ist als Irving Berlin.*

A.S.: Das kann ich auch nicht.

— *Wie können Sie dann die Behauptung bestreiten, die neulich von einem unserer führenden Musikkritiker aufgestellt wurde, daß die beste Musik eben die sei, die uns am besten gefällt?*

A.S.: Nun, da sich die Qualität von Kunstwerken nicht mit einem Lineal messen läßt, akzeptiere ich sein nihilistisches Diktum insoweit, als das Schlechteste selbstverständlich das ist, was uns am wenigsten gefällt. Für jemanden, der das Amt eines „Kritikers" bekleidet, ist es eine ungewöhnliche Einstellung. Wie kann er erwarten, daß seine Urteile irgendwelche Folgen haben? Und dennoch zitieren Sie ihn. Vor ein paar Minuten habe ich Sie davor gewarnt, sich allzusehr auf Werturteile aus zweiter Hand zu verlassen. Ich habe damit nicht gemeint, daß Sie sich hermetisch gegen jeden Einfluß abschotten sollten. Ich wollte damit vor allem sagen, daß die Publicity, die Reklame, nicht den größten Einfluß haben sollte.

Warum wurde ich eingeladen, diese Vorträge hier zu halten? Was meinen Sie? Was mag der Grund gewesen sein? Jeder andere hätte eingeladen werden können. Ich behaupte nicht, daß mir diese Ehre zusteht, aber ich wurde dennoch eingeladen. Wenn Sie nun die Leute, die mich eingeladen haben, fragen würden: „Können Sie beweisen, daß dieser Mann besser geeignet ist als irgendein anderer?", was würden sie antworten? Wahrscheinlich, daß sie darauf vertrauten, daß ich für diese Aufgabe geeignet sei. Wenn ich versage – nun, sie haben nie behauptet, unfehlbar zu sein. Vertrauen ist natürlich ein unsichererer Boden als sogenannte Tatsachen. Eindeutig, angeblich exakt, pseudowissenschaftlich, statistisch und so weiter und so fort zu sein ist verhältnismäßig bequem. Hier scheint es vergöttert zu werden.

Zur Illustration dieser Mentalität zwei Beispiele, die Sie belustigen werden. Eines Morgens sagte ich zu einem Schüler, als er mein Studio betrat, nicht eben originell: „Heute ist es feucht draußen." Seine höfliche Antwort war: „Das kommt daher, daß es geregnet hat." Ich erzähle diese Sottise jemand anders – *der* sagte: „Nun, es hätte ja auch ein Sprengwagen sein können." Einmal fragte mich eine Dame prestissimo: „In welchem Stil komponieren Sie? Ist es Kolorit, Emotion oder Atmosphäre?" Ich antwortete: „Eine Melange." Bei einer anderen Gelegenheit fragte mich eine Dame, welcher der beiden Unterrichtsmethoden ich anhinge: derjenigen, die im Takt, oder derjenigen, die nach der Empfindung spielen läßt. Ich mußte einen Augenblick nachdenken, bevor ich sagte: „Kann man denn nicht im Takt empfinden?"

Tausende von Malen habe ich gehört, daß man essen müsse, um zu leben. Jedesmal stehe ich auf und verbeuge mich voll Dankbarkeit für diese Information. Wenn man Vertrauen, Neigung, Erlebnisfähigkeit, Idealismus und Wissen (soweit es oder man selbst reicht) in sich verbindet, sollte man eigentlich zu einem sicheren Unterscheidungsvermögen gelangen. Oft ist, was als glasklare Tatsache ausgegeben wird, keineswegs eine solche. Ich hörte einmal einen Arzt sagen – und fiel fast in Ohnmacht –, Liebe sei nichts anderes als eine Störung des Drüsensystems. Selbst wenn es so wäre, sind diejenigen, die nicht lieben, zu einem Leben mit ungestörten Drüsen verurteilt? Wenn sie lieben möchten und es ihnen gelingt, ihre Drüsen zu stören, ist der Erfolg garantiert?

— *Es stimmt, daß Leute Unsinn reden. Ich glaube nicht, daß ich irgend jemanden kenne, der nie ein Urteil abgegeben hat. Ich meine, wenn man ein Urteil abgeben will, muß man entweder einen Grund dafür haben oder sollte besser gar nichts sagen.*

A.S.: Ich würde auch den Begriff „Urteil" nicht gebrauchen. Wenn Sie jemanden fragen, was er von Shakespeare hält, und er antwortet, dessen Stücke langweilten ihn, ist das kein Urteil, es ist einfach eine Antwort, eine Mitteilung, die nichts Anmaßendes enthält. Wenn er geantwortet hätte „Kitsch", müßten Sie ihn bedauern, da er von etwas ausgeschlossen ist, das anderen so viel bedeutet. Mich könnte man natürlich bedauern, weil ich vom Preisboxen ausgeschlossen bin. Sein Ausgeschlossensein und mein Ausgeschlossensein erlauben jedoch nicht den Schluß, Boxen und Shakespeare seien vergleichbar. Genausowenig sind Bewunderer verschiedener Dinge vergleichbar, nur weil sie Bewunderer sind.

Vorurteile und Einbildung, beide viel zu übermächtig, sind gleichfalls nicht die richtige Einstellung Kunst gegenüber. Auf einer Gesellschaft, die in Paris zu Ehren des greisen Franz Liszt gegeben wurde, hatte sich einer der weiblichen Gäste in den Kopf gesetzt, ihn bei dieser Gelegenheit spielen zu hören. Sie bat und flehte, lag auf den Knien, in Tränen aufgelöst, weil er sich weigerte. Schließlich bettelte sie: „*Einen Ton, bitte."* Um sie loszuwerden, ging Liszt ans Klavier und schlug leise eine Taste an – sie sank ohnmächtig zu Boden. Sie sehen, die Macht der Einbildung kann fürwahr überwältigend sein.

Ich lehne es ab, mich auf eine Diskussion über den Unterschied zwischen Irving Berlin und Johann Sebastian Bach einzulassen. Und ich bin sicher, Mr. Berlin würde es ebenfalls ablehnen.

— *Man muß hundert Jahre warten, um ein Urteil fällen zu können?*

A.S.: Auch nach hundert Jahren wird es keinen Königsweg zur Weisheit geben.

— *Das ist richtig. Deshalb meine ich, daß Sie sich selbst widersprechen.*

A.S.: Das ist gut möglich.

— *Neulich sagten Sie, zu beurteilen, ob Schostakowitsch vom gleichen Kaliber wie Beethoven sei, sei erst in hundert Jahren möglich.*

A.S.: Ja.

— *Dies vorausgesetzt, wäre ein heutiges Urteil ganz auf sich selbst gestellt und somit unmöglich.*

A.S.: Sie haben meine Äußerung mißverstanden. Ich meinte, daß zeitlicher Abstand, Nachwelt, Langlebigkeit, Anerkennung durch Generationen Unterscheidungskriterien sind, mit denen es unsere persönliche Meinung nicht aufnehmen kann und die wir nicht widerlegen können, auch wenn wir die zeitgenössische, kurzlebige, vertraute Produktion der kleinen Auswahl von Werken vorziehen, die stark genug sind, die Menschen für alle Zeiten auszufüllen und zu erheben.

Wenn Sie zu verstehen geben wollen, daß mir Beethovens Musik mehr zusage als heutige Improvisationen, weil sie einhundert Jahre überdauert hat, würde ich denken, Sie scherzen. Es versteht sich von selbst, daß mich nicht alle Kunstwerke, die überlebt haben, in exakt dem gleichen Grade ansprechen. Und einige Schöpfungen der Vergangenheit, die vergessen und verborgen waren, kehren jetzt wieder und werden dankbar als wertvolle Bereicherung begrüßt. Warum meinen Sie, daß ich mich von offiziellen Etikettierungen leiten ließe? Haben Sie kein Vertrauen zu sich selbst?

— *In bestimmten Dingen habe ich das größte Selbstvertrauen. Das ist es, warum ich das frage. Ich habe das Selbstvertrauen, mir ein eigenes Urteil über etwas zu bilden und nicht hundert Jahre darauf zu warten, was andere meinen. Sie wissen immer, wenn Sie etwas spielen, ob es Ihnen gefällt oder nicht.*

A.S.: Ich spiele ausschließlich Musik, die mir gefällt. Mir mißfallen oftmals meine Darbietungen der Werke, aber nie die Werke, die ich darbiete.

Das dritte Schnabel-Trio: Artur Schnabel mit dem Geiger Carl Flesch und dem Cellisten Hugo Becker, 1915. (Foto: Erna Lendvai-Dircksen)

6

Ich habe Ihnen gestern von den ins Auge springenden Unterschieden zwischen Wien und Berlin erzählt. Berlin: voller Optimismus, einer glänzenden Zukunft entgegenblickend, hart und ernsthaft arbeitend und dennoch mit Pep und Gusto – und Wien: nun, über Wien habe ich genug gesagt.

Die Verhältnisse in Berlin waren – mehr als anderswo in Deutschland – typisch für eine plötzlich prosperierende Gesellschaft. Der rasche Machtgewinn der Deutschen entwickelte sich nahezu unangefochten die letzten drei Viertel des neunzehnten Jahrhunderts hindurch mit kaum einem Rückschlag nach den Napoleonischen Kriegen. Nachdem sie innerhalb kurzer Zeit drei Kriege gewonnen hatten, hatten sie zu den „Großen" aufgeschlossen.

Als ich 1900 dorthin zog, war diese optimistische Welle fast an ihrem Scheitelpunkt angelangt. Die folgenden vierzehn Jahre waren durch einen sich äußerst langsam vollziehenden, für einen sensiblen Menschen jedoch unverkennbaren Übergang von Optimismus in Nervosität gekennzeichnet. Auf das immer mächtiger werdende und, wie es in einem solchen Prozeß nicht ausbleiben kann, immer arroganter und herausfordernder auftretende Deutschland reagierten die anderen (und älteren) Großmächte mit Warnungen, die glaubhaft genug waren, um in Deutschland für Verärgerung zu sorgen.

Der junge Kaiser war ein von Ehrgeiz zerfressener, aufgeblasener, launenhafter Gimpel (das ist nicht etwa mein eigenes, sondern das damals vorherrschende Urteil der Deutschen) und deshalb doppelt gefährlich. Nachdem er Bismarck gefeuert hatte, störte er die Weltpolitik auf eine außergewöhnlich polternde, aggressive, oft primitive Weise. Er versuchte sich in den Burenkrieg einzumischen. Später lehnte er eine von England angebotene Verständigung über die Größe der beiderseitigen Kriegsflotten ab. Eines Tages landete er drohend mit einem Kriegsschiff in Marokko – und so weiter und so weiter, bis sich die andern, England, Frankreich und Rußland, schließlich in einer Entente cordiale zusammenschlossen. Dadurch wiederum fühlte sich Deutschland von Feinden umzingelt, denen gegenüber Angriff als beste Verteidigung erachtet wurde – und so schlitterten wir in Weltkriege.

Der extrem schnelle Prozeß, in dem sich Deutschland auf eine wirtschaftlich, sozial und geistig neuartige Konstellation zubewegte, wurde, wenn überhaupt, nur zögernd von einer Neuordung im staatlichen Bereich begleitet (vielleicht nicht ganz unähnlich den Entwicklungen in den USA und in Japan). Verwaltung und Politik blieben konservativ. Industrie, Handel, Arbeiterschaft und Wissenschaft waren zu beschäftigt (und zu erfolgreich), um Zeit und Aufmerksamkeit auf Staatsangelegenheiten zu verschwenden – das Feld von Bürokraten und Diplomaten.

Ich glaube, außerhalb Deutschlands macht man sich weitgehend falsche Vorstellungen vom Ausmaß der staatlichen Kontrolle zu Beginn dieses Jahrhunderts. Die späteren Maßnahmen des Nationalsozialismus lassen rückwirkend ein völlig falsches Bild entstehen. Beispielsweise fiel unter dem Regime des Kaisers der Hof überhaupt nicht ins Gewicht. Er wurde permanent bekrittelt und lächerlich gemacht. Die Presse mokierte sich ganz ungeniert über die höchst sonderbaren Erklärungen, die der Kaiser immer wieder abgab. Nach der Eröffnung einer staatlich geförderten Ausstellung moderner Kunst befahl er einmal eine Gruppe von Malern, Bildhauern und Architekten zu sich und hielt ihnen einen „erzieherischen" Vortrag, der in dem selbstbewußten Satz mündete: „Kunst, die die von mir gezogenen Grenzen überschreitet, ist keine Kunst." Sie dürfen nicht denken, daß irgend jemand in Deutschland das ernst nahm.

Der deutsche, speziell der preußische Leutnant – Inbegriff des militärischen Geistes – gehörte zu den meistverspotteten Figuren im Lande und diente als öffentliche Zielscheibe. Insbesondere eine Zeitschrift, der *Simplicissimus*, ein in München erscheinendes sogenanntes Witzblatt, verfolgte alle Aktionen und Ereignisse, die den Herausgebern schädlich, unredlich oder anrüchig erschienen, mit überaus beißendem und schlagendem Witz. Hauptziel waren in erster Linie die herrschenden

Klassen – Junker, Geschäftemacher, Spießbürger –, gefolgt von ihren menschlichen Werkzeugen. Ich bin natürlich mit Angehörigen aller dieser Gruppen in Berührung gekommen.

Der preußische Adel hatte seine Fehler, aber auch seine guten Eigenschaften, und die Beamtenschaft war weder schlampig noch korrupt. Die Beamten waren eine ziemlich farblose Kaste, nicht gerade dynamisch, aber zuverlässig, absolut zuverlässig. Diese Zuverlässigkeit mag mit ein Grund dafür gewesen sein, daß die Wirtschaftsführer, die im unablässigen konjunkturellen Aufschwung von morgens bis abends arbeiteten, Politik und Regierung der bewährten alten Garde überließen. Ähnlich verhielten sich die Intellektuellen, Professoren und Lehrer, die sich ebenfalls nicht am politischen Leben beteiligten. Hätten sie es getan, die Dinge hätten vielleicht einen anderen Lauf genommen. Ich vermute, mit fast einem vollen Jahrhundert des Erfolgs im Rücken wurden die Deutschen zunehmend anmaßend, größenwahnsinnig und selbstgerecht. Keine Macht, glaubten sie, könne sie aufhalten. Doch mit zunehmendem Wettbewerb und mit der zunehmenden Effizienz Deutschlands in diesem Wettbewerb traten unvorhergesehene Hindernisse auf und erzeugten, wie ich Ihnen geschildert habe, eine Nervosität, die im Verein mit übersteigertem Durchsetzungswillen und Chauvinismus in die Katastrophe führte. Überflüssig zu sagen, daß man den Deutschen nicht die alleinige Verantwortung für diese Entwicklung aufbürden sollte.

Es war eine überaus lebhafte Zeit. Während dieser Periode – bis 1914 – spielte ich vorwiegend in Deutschland. Leider sprach ich keine andere Sprache als Deutsch. Ich hatte zwar etwas Französisch gelernt, aber es war viel zu wenig, als daß ich es gewagt hätte, in ein Land zu reisen, wo man ausschließlich Französisch sprach. Englischkenntnisse hatte ich damals überhaupt keine. Also reiste ich hauptsächlich in Deutschland, ein Markt freilich, der die Kapazität eines Musikers mühelos absorbieren konnte. Es dürfte wenige Konzertplätze in Deutschland gegeben haben, an denen ich nicht wenigstens einmal gespielt habe.

Hin und wieder spielte ich auch in anderen Ländern, zwei- oder dreimal in Spanien. Das erstemal reiste ich mit dem Böhmischen Streichquartett. Es bestand aus vier faszinierenden Männern, die großartige Schlichtheit mit großartiger Vitalität vereinten und alle hervorragende

Instrumentalisten waren. Der zweite Geiger, Josef Suk, war ein Schwiegersohn Antonín Dvořáks. Der Bratscher, Oskar Nedbal, verlegte sich einige Jahre später aufs Dirigieren und Komponieren. Suk komponierte ebenfalls, und zwar recht beachtliche Stücke. Wir verbrachten eine herrliche Zeit zusammen und spielten Quintette und Quartette in Madrid und anderen spanischen Städten.

Die nächste Spanienreise unternahm ich zusammen mit meiner Frau. Wir gaben gemeinsame Konzerte, und ich begleitete ihre Liedprogramme. Man hatte sie gebeten, ausschließlich in Deutsch zu singen. Das Reglement der spanischen Konzertgesellschaften war strenger als in jedem anderen Land. In den meisten Städten bestand das Publikum ausschließlich aus Mitgliedern der örtlichen Konzertvereinigungen. Denn diese verfuhren nicht wie die üblichen Konzertvereinigungen, die ein bestimmtes Platzkontingent für ihre Mitglieder reservieren und die Restkarten frei verkaufen. Mitglied zu sein war eine Frage des gesellschaftlichen Status. Folglich war die Zahl der Mitglieder weit größer als die der verfügbaren Plätze. Ein Heer von Anwärtern wurde auf Wartelisten geführt, aber sie hatten geringe Chancen, denn wenn ein Mitglied starb, hatten dessen Kinder den Vorrang. Dennoch waren die Konzerte oft sehr spärlich besucht: Die Mitglieder zahlten, aber sie gingen nicht hin, und denen, die liebend gern hingegangen wären, durften die unbesetzten Plätze nicht verkauft werden. So war es mir nicht möglich, Karten für Freunde zu bekommen, obwohl die Säle bei weitem nicht gefüllt waren. Eine weitere Spezialität dieser Konzerte bestand darin, daß das Publikum ausdrücklich und in Schriftform darum ersucht wurde, sich nicht zu unterhalten (was mich an ein Schild erinnert, das ich einmal in einer Kirche in Bayern gesehen habe, auf dem die Gemeinde ermahnt wurde, nicht „herumzuspucken" – tatsächlich: „herum"!). Wer während dieser Art spanischer Unterhaltung laut sprach, wurde mit Ausschluß bedroht, seine Mitgliedschaft war gefährdet. Allerdings schienen diese Ermahnungen nur von geringem Erfolg gekrönt. Des weiteren war es den Mitgliedern untersagt, vor Ende des Konzerts den Saal zu verlassen. Auch Zugaben waren verboten. In dieser Hinsicht hatten sie von mir nichts zu befürchten, da ich nie mehr spiele als im Programmheft angekündigt! Die Konzertprogramme wurden von einem aus einer Handvoll Herren bestehenden Komitee festgelegt, die häufig Werke auswählten, die als die am schwersten zugänglichen der gesamten Musikliteratur galten. Alles war so exklusiv und formell, daß sich bei einem solchen musikalischen Festakt weder der Künstler noch das Publikum besonders wohl fühlte. Doch ich kam wieder. Spanien ist solch ein herrliches Land, besonders im Norden.

Besonders überraschte mich, daß ich bei allen meinen Besuchen in Spanien kein einziges Mal einer Frau vorgestellt wurde, außer einer, und die war Engländerin – der Königin. Wir waren gebeten worden, ihr im Schloß ein Privatkonzert zu geben. Nur einmal wurde ich in ein spanisches Privathaus eingeladen; das war in Valencia, und mein Gastgeber war ein Kleinbürger, dessen Tochter sich im Klavierspiel versuchte. Später, als ich – unmittelbar nach einer weiteren Spanientournee – zum erstenmal in die Vereinigten Staaten kam, wurde ich entschädigt: hier hatte ich es überwiegend mit Frauen zu tun.

1904 fuhr ich nach England und hatte die große Ehre, bei der Royal Philharmonic Society unter der Leitung von Hans Richter zu spielen (der einen langen Bart hatte). Richter war zunächst Hornist gewesen, wurde in jungen Jahren ein enger Vertrauter Richard Wagners, war später für viele Jahre Kapellmeister an der Wiener Oper sowie Leiter des Hallé-Orchesters in Manchester, England. Er war ein bedeutender Mann. Ich hatte ihn oft in Wien gesehen, denn er wohnte genau gegenüber von Leschetizky, hatte aber nie persönlichen Kontakt mit ihm gehabt.

Ich spielte wieder Brahms' B-Dur-Konzert und hatte beträchtlichen Erfolg. Doch da ich, wie gesagt, wegen meiner Einsprachigkeit etwas gehemmt war und in Deutschland genug Konzerte hatte, baute ich diesen Londoner Erfolg nicht weiter aus. Was sich mir von dieser ersten Begegnung mit London am nachhaltigsten eingeprägt hat – am nachhaltigsten deshalb, weil es so fürchterlich war –, ist die Fahrt von meinem Hotel zur Queen's Hall, wo das Konzert stattfand. An Verkehrsverhältnisse Londoner Dimensionen nicht gewöhnt (Berlin war da überhaupt kein Vergleich), bestellte ich meine Droschke viel zu spät. An jeder belebten Straßenkreuzung hieß es warten, warten und nochmals warten – mit jedem Mal schien es mir länger zu dauern, und angesichts meines fieberhaft beschleunigten Pulses kam es mir wie eine Ewigkeit vor. Ich schaffte es gerade so, und mir fiel ein Stein vom Herzen.

1905 war ich noch einmal für einen kurzen Aufenthalt in London und danach erst wieder 1925. Inzwischen hatte ich mir einige Englischkenntnisse angeeignet, war zweimal in den Staaten gewesen und war von daher nicht mehr so ängstlich. Hin und wieder reiste ich nach Italien und Frankreich, selten nach Skandinavien, aber recht häufig nach Österreich, vor allem nach Wien, der Stadt, in der ich aufgewachsen war, sowie nach Prag und Budapest. In Wien habe ich nie gern gespielt. Ich kann nicht sagen, ob es Ressentiments, Vorurteile oder Hemmungen waren, aber mit dem Wiener Publikum bin ich nie richtig warm geworden. Es gab da, wie ich bereits erwähnt habe, zu viele Philister. Vielleicht bin ich den Wienern gegenüber ungerecht. Vielleicht bin ich in dieser Beziehung befangen. Ich glaube, die fehlende Affinität beruhte auf Gegenseitigkeit.

Dann reiste ich dreimal nach Rußland – ins zaristische Rußland. Diese Reisen gehören zu meinen stärksten Eindrücken. Die Präliminarien waren unerquicklich, denn Juden bekamen damals in der Regel keine Einreiseerlaubnis, und ich mußte mit Empfehlungsschreiben in der russischen Botschaft antichambrieren. Das gefiel mir ganz und gar nicht. Ich sah nicht ein, warum ein Musiker oder überhaupt irgend jemand ausgeschlossen sein sollte, nur weil er Jude war. Das war tatsächlich das einzige Mal, daß ich mich in dieser Hinsicht wirklich gedemütigt fühlte. Doch schließlich wurde der konfessionelle Schleier gelüftet, und ich erhielt meine Einreiseerlaubnis.

Als erstes besuchte ich die baltischen Provinzen. Riga machte einen tiefen Eindruck auf mich: es war die kosmopolitischste, internationalste, lebhafteste Stadt, die ich bis dahin gesehen hatte. Da gab es die lettische Urbevölkerung, in der Mehrzahl kleinbäuerlicher Herkunft – sie schienen ein wenig schwerfällig und unbeweglich –, dann die russischen Verwaltungsbeamten und die Besatzungstruppe, die deutschen Kaufleute, die seit den Zeiten der alten Hanse hier lebten, zahlreiche deutsche Adlige mit ausgedehnten Besitzungen und schließlich eine blühende jüdische Bevölkerungsgruppe aus Ärzten, Anwälten, Lehrern und Kaufleuten. Diese Mischung von Charakteren verlieh der Stadt eine besondere, fast einzigartige Vielschichtigkeit und Anziehungskraft.

Ich spielte dort mit Orchester. Auch das war unvergeßlich. Die Symphoniekonzerte wurden vom Opernorchester gespielt und fanden im städtischen Opernhaus statt, wo Richard Wagner als junger Mann Kapellmeister gewesen war. Einige Jahrzehnte später bekleidete Bruno Walter diesen Posten. Die Opern wurden in deutscher Sprache gesungen.

Als ich dort spielen sollte, lag die Opernverwaltung bereits seit Monaten mit der deutschen Musikergewerkschaft über Kreuz, die seltsamerweise auch das Rigaer Orchester kontrollierte. Es war Ende März, und man hatte der Gewerkschaft zu verstehen gegeben, daß die Verträge mit dem Orchester, die am 1. Mai ausliefen, nicht verlängert werden würden. Die Musiker erwiderten diese Aussperrung mit Nadelstichen heimlicher Sabotage und „passiven Widerstands". Bei jeder Probe und jeder Aufführung fehlten einige wichtige Instrumentalisten wegen Krankheit; Ersatz war nicht zu bekommen, da das Haus bereits unter Gewerkschaftsboykott stand.

Ich sollte wieder einmal Brahms' B-Dur-Konzert spielen. Diesmal war das erste Horn mit Krankfeiern dran, und die Lage schien aussichtslos. Da erbot sich ein junger Korrepetitor und Kapellmeister, in die Bresche zu springen. Er sagte, er habe am Konservatorium in Köln Horn spielen gelernt und würde es gern versuchen. Wir nahmen sein Angebot dankbar an, und er spielte den heiklen Hornpart in der Probe am Vormittag recht gut. Wir bewunderten ihn sehr, denn wie Sie wissen, gehört das Horn zu den schwierigsten Instrumenten. Im Bestreben, am Abend noch besser zu spielen, übte er weiter – das Instrument und die Stimme. Kein Wunder, daß am Nachmittag seine Lippen von dieser ungewohnten Anstrengung geschwollen waren. Doch ungeachtet seiner beträchtlichen Schmerzen und seiner dementsprechenden Nervosität war er fest entschlossen, das eingegangene Abenteuer durchzustehen. Seine Tapferkeit wurde im großen und ganzen mit einer bemerkenswerten Aufführung belohnt, bis er plötzlich und natürlich an der exponiertesten Stelle den Faden verlor und einige Sekunden lang allein durch die Partitur irrte. Es war ein denkwürdiger Augenblick.

Ich berichte diese Geschichte deshalb so ausführlich, weil es sich bei dem Helden am Horn um Fritz Busch handelte, den heute weltberühmten Dirigenten. Und ich muß noch hinzufügen, daß mir bei der Probe und im Konzert unter den Geigern ein blonder Junge auffiel – ich konnte mich nicht enthalten, ihn anzuschauen, sooft sich mir eine Gelegenheit dazu bot –, der sich in seinem Gesichtsausdruck, seiner Hingabe und Selbständigkeit auffallend von den anderen unterschied. Er war, wie ich später erfuhr, ein nicht gewerkschaftlich organisierter Gast, der in Riga seinen Bruder besuchte und jede sich bietende Gelegenheit zum Musikmachen freudig beim Schopfe packte. Sein Name war Adolf Busch.

Von Riga fuhr ich nach Moskau und St. Petersburg (jetzt Leningrad). Dort lernte ich Kussewitzky kennen, einen unübertroffenen Kontrabaßvirtuosen, der auf einem sehr kleinen Instrument spielte, nicht viel größer als ein Cello. Als wir uns begegneten, hatte er sein großes Instrument gerade gegen ein noch größeres eingetauscht, das Orchester. Er stand am Beginn seiner Dirigentenlaufbahn, von der jeder erwartete – zu Recht, wie wir heute wissen –, daß sie glorreich verlaufen würde. In Moskau spielte ich – erschrecken Sie nicht – Liszts Es-Dur-Konzert. Dirigent war Willem Mengelberg aus Amsterdam.

Rußland hinterließ wie gesagt einen tiefen Eindruck bei mir. Nach dem Ersten Weltkrieg, im Jahr 1923 und den drei darauffolgenden Jahren, fuhr ich wieder nach Rußland – das jetzt Sowjetrußland hieß. Es unterschied sich nicht so grundlegend vom zaristischen Rußland, wie die Propaganda im In- und Ausland glauben machen wollte. Es waren immer noch dieselben Russen. Diejenigen, die in der Revolution und im Bürgerkrieg besiegt worden waren, waren zum Teil verschwunden oder hatten ihr Erscheinungsbild geändert. Die Sieger waren die alten Russen mit neuen Möglichkeiten, für die sie gekämpft, gelitten und auf die sie endlos gewartet hatten. Wenn die Veränderung der sozialen Bedingungen den Menschen entscheidend verändern könnte, hätten wir nichts mit unseren Vorfahren gemeinsam. Was für ein Verlust das wäre!

Unterdessen blieb ich in Deutschland sehr aktiv, spielte mit Nikisch jedes Jahr in Berlin, fast jedes Jahr in Leipzig, doch nur selten in Hamburg, wo das Berliner Orchester nur sechs Konzerte im Jahr gab, gewöhnlich ohne Solist. Allerdings wurde ich in Hamburg regelmäßig von einem ortsansässigen Symphonieorchester verpflichtet.

Ich sah Nikisch häufig: bei Proben, bei Konzerten und bei jenen denkwürdigen sonntäglichen Diners, zu denen Hermann Wolff, der Impresario, nach den „öffentlichen Proben" der Montagskonzerte zu sich nach Hause einlud. Diese Einladungen waren eine Wonne für Leib und Seele: erlesene Speisen und Weine und eine brillante, anregende und amüsante Menschenrunde.

Ich erlebte Nikisch als ziemlich wortkarg. Er schien eher verbindlich als herzlich und immer etwas distanziert. Ich habe ihn nie aufgebracht erlebt. Er war leidenschaftlicher Pokerspieler. Ich spielte kein Poker, da es mich, von meinem norwegischen Fehltritt einmal abgesehen, im Grunde langweilt. Ich bin einfach keine Spielernatur. Als Zuschauer war ich hin und wieder zugegen, wenn Nikisch pokerte. Es war höchst instruktiv. Die Atmosphäre einer kultischen Handlung – stundenlanges Schweigen, absolute Ernsthaftigkeit, höchste Konzentration, kaum eine Bewegung (eine solche des Gesichts, habe ich mir sagen lassen, sei Selbstmord) – unter Geselligkeit stelle ich mir etwas anderes vor.

Aus dieser Beschreibung läßt sich unschwer ersehen, daß ich nicht viel Umgang mit Nikisch hatte und es nicht einmal zu privaten Gesprächen kam, dennoch fühlte ich mich ihm sehr verbunden. Anders war es bei Richard Strauss, mit dem ich 1905 zum erstenmal auftrat, ebenfalls in Berlin und mit dem Philharmonischen Orchester, und zwar in dem Konzert, das darüber entscheiden sollte, ob er der richtige Mann für die ständige Leitung der Symphoniekonzerte in der Berliner Oper sei. Die Alternative war Felix von Weingartner. Strauss war von Hermann Wolff eingeladen worden, der ihn anscheinend insgeheim seinem Gegenkandidaten vorzog. Deshalb arrangierte er dieses Sonderkonzert, und ich hatte die Ehre, als Solist mitzuwirken. Es war ein reines Beethoven-Programm; Strauss dirigierte eine Ouvertüre und die fünfte Symphonie, ich spielte das fünfte Klavierkonzert. Seine Interpretation der Fünften war eine Offenbarung. Keine Aufführung, die ich seitdem gehört habe, auch unter ihm selbst, hat diese Höhen erreicht. Sie war inspiriert, überwältigend – Feuer und Entschlossenheit. Sie fand entsprechenden Widerhall und entfachte einen der gewaltigsten Beifallsstürme, die ich je erlebt habe. Vor diesem Konzert war er kein „Star" gewesen, lediglich ein Bewerber. Danach war er einer – und natürlich bekam er den Posten.

Später gab er sich nicht immer diese Mühe beim Dirigieren. Von Zeit zu Zeit vollbrachte er die Wunder, zu denen er fähig war, doch meistens, vor allem in Opern, vertrieb er sich bloß die Zeit. Ich habe Opernaufführungen gehört, bei denen er sich verhielt, als sei er vollkommen allein. Bestimmte Stellen, die ihm gefielen, hätschelte er, über andere, die ihn weniger reizten oder berührten, ging er einfach hinweg.

Strauss war fast das genaue Gegenteil von Nikisch: ein wenig überheblich, manchmal schroff oder gehässig. Auch er liebte das tägliche Kartenspiel – aber nicht Poker. Er zog lebhaften Zeitvertreib vor, Lärm nicht ausgeschlossen. Ich entsinne mich eines Zusammentreffens, bei dem über das damals in Preußen geltende Wahlrecht diskutiert wurde. Es kannte drei Klassen von Wählern, von denen die obere, glaube ich, über vier Stimmen pro Kopf verfügte, die mittlere über vielleicht zwei und die untere über höchstens eine. Nahezu alle Anwesenden stimmten darin überein, daß diese obsolete Verteilung der Bürgerrechte lange genug gedauert habe und schleunigst abgeschafft gehöre. Richard Strauss war anderer Meinung. Er regte sich fürchterlich auf, lief rot an – ich hatte diesen ziemlich kühlen Mann nie zuvor so aufgebracht gesehen – und rief, wobei er auf den Tisch schlug, daß das Dreiklassenwahlrecht zumindest für etwas Gerechtigkeit sorge. Es wäre absurd, wenn seine Stimme nicht mehr zählte als die seines Bäckers. Offensichtlich verwechselte er Gesellschaftsschichten mit Individuen. Er vergaß, daß Tugenden und Laster und alles, was dazwischenliegt, Gemeingut aller Schichten ist. Er behauptete steif und fest, daß wenn der Adel abdankte, auch die Kunst abdanken müßte. Dieses Argument, muß ich sagen, klingt ein wenig snobistisch.

Das Kartenspiel, dem Strauss frönte, hieß Skat und war sehr beliebt in Deutschland, bevor ihm Bridge den Rang ablief (Bridge war damals noch unbekannt, zumindest in seiner heutigen „wissenschaftlichen" Form). Ich spielte Skat und Tarock, das Lieblingsspiel der Österreicher.

Ich war natürlich erpicht darauf, so oft wie möglich mit Strauss zusammenzutreffen. Der einfachste Weg war über Skat. Eine Handvoll reicher, aber – jedenfalls in Berlin – absolut nicht adliger Leute gab ständig opulente Dinner-und-Skat-Partys für ihn – dies war im allgemeinen der einzige Köder, der ihn in ihre Häuser locken konnte. Es war ein faires Geschäft. Er kam in den Genuß luxuriöser Mahlzeiten, spielte um hohe Einsätze, gewann stets, blieb bis spät in die Nacht und schenkte den Leuten, die ihn bewirteten, nicht viel Beachtung. Als Gegenleistung erwarben sie sich das Recht, damit zu renommieren, daß dieser berühmte Mann bei ihnen verkehrte.

Nach kurzer Zeit hat er einige von ihnen fallen gelassen, vielleicht ausgetauscht. Sie rächten sich, indem sie ungefragt herumerzählten, daß er ihren Bediensteten nie ein Trinkgeld gegeben habe, nicht einmal, wenn er mehrere Tage bei ihnen verbracht habe. Bei einer Einladung zum Essen dem Hauspersonal ein Trinkgeld zu geben war eine fast obligatorische Gepflogenheit in Deutschland und seinen östlichen Nachbarländern.

Es gelang mir, ebenfalls eingeladen zu werden. Nach solchen Partys ging Strauss hin und wieder zu Fuß nach Hause und gestattete mir, ihn zu begleiten. Und an diesem Punkt begann für mich das Vergnügen. Um in den Genuß dieser recht ausgedehnten Fußmärsche und Gespräche zu gelangen, beteiligte ich mich auch an den Skatrunden. Eines Abends jedoch verlor ich dabei so viel, daß ich auf einen weniger kostspieligen Weg, mit ihm zusammenzutreffen, sann – mit wenig Erfolg. Ich spielte keinen Skat mehr und traf Richard Strauss nur noch selten.

Von Zeit zu Zeit vom künstlerischen Tugendpfad abzuweichen ist keineswegs eine Erfindung der heutigen Generation von Stars. Nikisch zum Beispiel dirigierte bei einem seiner regulären Gewandhauskonzerte in Leipzig eine Aufführung von Beethovens siebter Symphonie als Begleitmusik zu den gesucht-phantastischen Bewegungen, welche die reizende junge Isadora Duncan vor dem Orchester vollführte. Sie war so attraktiv – das war die einzige Erklärung.

Später dirigierte er in London ein Konzert für Klavier und Orchester, bei dem der Klavierpart einem Roboter anvertraut wurde, einem unbemannten Klavier namens Pianola. Solch kleine Kunstbeben taten seinem außergewöhnlichen Rang keinen Abbruch.

Um die Jahrhundertwende wurde in Berlin ein Verein namens Volksbühne gegründet. Er war von einer kleinen Gruppe progressiver Schriftsteller angeregt und aufgebaut worden in der Absicht, die Arbeiterklasse mit solchen Geistesprodukten vertraut zu machen, die ihr bis dahin unerreichbar oder nie an sie adressiert gewesen waren. Sie begannen mit einer Handvoll Mitgliedern, alles Arbeiter oder Arbeiterinnen. Volksschullehrer, glaube ich, durften ebenfalls beitreten. Ich war noch nicht lange in Berlin, als mich die Volksbühne zur Zusammenarbeit einlud. Ich nahm die Einladung an und spielte von da an mehrmals im Jahr für sie. Sie gewann rasch eine beträchtliche Zahl von Mitgliedern und wurde innerhalb kurzer Zeit zu einer beispielgebenden Institution. Ihr Programm erstreckte sich nach und nach über alle Genres, vom ausgesprochen Anspruchsvollen bis zum unverkrampft Heiteren; letzteres allerdings nur an den im Kalender dafür reservierten Tagen.

Als ich nach Berlin kam, gab es dort nur ein Opernhaus, etwa drei Schauspielbühnen, ein Varieté und eine Operettenbühne. Letztere hatte nur eine kurze Spielzeit. Es gab offenbar keine größere Nachfrage. Die Schauspielhäuser wie die Oper, die Konzertsäle und auch die beiden anderen Häuser schienen sich mit ihrem Programm an ein und dieselbe Zielgruppe zu wenden, die schätzungsweise zehntausend Köpfe zählte. Als ich 1933 Berlin verließ, hatte sich die Zahl derer, die abends ausgingen vervielfacht; es gab nun drei (zeitweilig sogar vier) Opernhäuser, sechs Konzertsäle, unzählige Theater und Varietés, ganz zu schweigen von den Bars, Speise- und Tanzlokalen, die wie Pilze aus dem Boden schossen, und dem Kino als dem größten Konsumentenfresser.

Die Volksbühne bestand schon lange vor dieser Vielzahl an Unterhaltungsangeboten. Zunächst wurden Vereinbarungen mit den Theatern und dem Philharmonischen Orchester getroffen: Diese verkauften eine oder zwei Vorstellungen pro Woche an die Volksbühne als geschlossene Vorstellungen für deren Mitglieder. Dann, noch nicht einmal fünfundzwanzig Jahre alt, errichtete die Volksbühne ein eigenes Theater – weltweit eines der besten modernen Theatergebäude mit einer geradezu idealen Akustik. Es wurde von Oskar Kaufmann entworfen, dem Architekten, der die Titelblätter für einige meiner frühen Kompositionen gestaltet hatte. 1927 spielte ich dort alle zweiunddreißig Beethoven-Sonaten – zum ersten Mal in meiner Laufbahn. Bei diesem Konzertzyklus war die Hälfte des geräumigen Saals für Mitglieder reserviert, die andere Hälfte stand dem allgemeinen Publikum offen. Die Plätze mußten verlost werden. Natürlich konnte nicht das ganze vielfältige Angebot der Volksbühne in dem neuen Haus abgewickelt werden; sie nahm deshalb weiterhin Veranstaltungen in anderen Spielstätten in ihr Programm auf. Vorträge zum Beispiel waren eine weitere Facette ihrer Aktivitäten.

In Österreich bestand allgemeine Wehrpflicht vom achtzehnten Lebensjahr an. Folglich mußte ich mich zwischen 1900 und 1914 einmal im Jahr im österreichischen Konsulat vorstellen, wo ein Arzt im Beisein eines Armee- und eines Zivilfunktionärs über meine Eignung zum Krieger befand. Der Generalkonsul mochte meine Musik und war mir wohlgesinnt. Er gab dem Arzt zu verstehen, daß es mit meiner Einberufung keine Eile habe – die Armee hatte kein dringendes Bedürfnis nach mir. Der Arzt stellte eine leichte Unregelmäßigkeit an einer meiner Zehen fest, hielt meine musikalische Dienstpflicht für erfolgversprechender und stellte mich jedesmal dafür frei. Jetzt zu unserer Diskussion.

— Ich wollte Sie fragen, ob Sie jemals Rachmaninow begegnet sind.

A.S.: Ja, kurz nach der russischen Revolution. Er hatte sein Vaterland und seinen gesamten Besitz dort verloren. Er hatte das Leben eines Grandseigneurs auf seinem Landgut geführt. Dann, bevor er in die USA ging, verbrachte er einige Jahre in Skandinavien. Dort begegnete ich ihm zum erstenmal. Ich traf ihn dann ziemlich häufig in Kopenhagen. Wir harmonierten absolut miteinander. Als ich in die Vereinigten Staaten kam, versuchte ich, den Kontakt zu ihm wiederaufzunehmen. Er hat nie geantwortet, und so habe ich in den Staaten nie mit ihm gesprochen. Ich habe nicht darüber nachgegrübelt, was seinen plötzlichen Sinneswandel bewirkt haben könnte. Es tat mir nur leid. Einmal, 1921 oder 1922, als ich ihn großartig spielen gehört hatte, sandte ich ihm eine kleine handschriftliche Dankesnotiz – eine unter Kollegen nicht gerade übliche Geste, und wenn es geschieht, eine besondere Befriedigung für den Empfänger. Doch er verharrte in seinem Schweigen. Möglicherweise wurde ihm meine Botschaft nicht ausgehändigt.

— Sie erwähnten gewerkschaftliche Boykottmaßnahmen in Riga. Es würde mich interessieren, was Sie von der Musikergewerkschaft und ihrem Vorsitzenden, Mr. Petrillo, hier in den Vereinigten Staaten halten und inwieweit sie mit den Musikergewerkschaften, falls es dort so etwas gibt, in Europa vergleichbar sind und ob Sie glauben, daß Mr. Petrillo und die Musikergewerkschaft einen guten Einfluß haben und warum.

A.S.: Meinen Sie auf Musik oder auf Musiker?

— *Auf Musik und Musiker. Ich möchte Ihren Standpunkt erfahren.*

A.S.: Wir müßten zunächst klären, ob das materielle Wohl der Musiker für das geistige Wohl der Musik unerläßlich ist. Die Musik gedieh unabhängig von der Not oder dem Wohlstand der Musiker. Letzteres ist ein soziales Problem. Das vordringliche Anliegen der Gewerkschaften ist nicht die Musik, sondern der Schutz der Musiker vor Ausbeutung. Ihre Aktionen sind Reaktionen. Ich bin nicht kompetent, über dieses Thema zu sprechen, und verspüre wenig Neigung zu schwadronieren. Die Methoden sind zwar nicht sehr fein, aber offenbar allgemein üblich.

— *Sind Berufsmusiker wie Sie nicht davon betroffen?*

A.S.: Ich glaube nicht. Ich glaube, Berufsmusiker wären ohne die Gewerkschaft sogar glücklicher. Aber ich kann das nicht beurteilen. Es ist auch unwichtig. Es gibt viele Dinge im öffentlichen Leben, über die ich mich mehr ärgere. Ich wurde zwangsweise Gewerkschaftsmitglied. Doch ich habe nichts gegen solchen Zwang einzuwenden, solange andere gesellschaftliche Mißstände blühen und gedeihen. Sie wissen wahrscheinlich besser als ich, wie es zu diesem Zwang kam. American Federation of Musicians gegen Agma oder umgekehrt. Sie kennen die Geschichte?

— *Ja.*

A.S.: Dann brauche ich sie Ihnen nicht zu erzählen. Die American Federation of Musicians hatte uns Solisten vor dieser Querele nie aufgefordert, ihr beizutreten. Als der Streit beigelegt war, gab sie zu, daß wir eigentlich nicht dorthin gehören. Wir werden nicht ausgebeutet, wir verrichten unseren Dienst nicht auf Stundenbasis, wir haben viele verschiedene Arbeitgeber, wir arbeiten nicht zu festen Tarifen. Unsere Tätigkeit beruht auf individuellen Vereinbarungen. Nachdem ich Gewerkschaftsmitglied geworden war – zwangsweise, aber durchaus bereitwillig –, wurde ich sofort in den Streik geschickt. Ich bin mir sicher, daß ähnlich arglose Streikende, wie ich einer war, keine Seltenheit sind. All dies ist ein Symptom eines Systems. Und wenn wir seine Annehmlichkeiten genießen wollen, müssen wir auch seine Stacheln ertragen. Auch die Annehmlichkeiten sind häufig ungerecht.

Das einzige Mal, daß ich in Europa etwas von Musikergewerkschaften gehört habe, war in Riga. Doch es gab welche, und sie waren zweifellos gut organisiert. Die meisten Orchestermusiker in Deutschland waren öffentlich Bedienstete, und ob sie einer Gewerkschaft beitreten oder sich nur in Verbänden zusammenschließen durften, weiß ich nicht. Die meisten Orchester in Frankreich und einige in England waren unabhängig und autark. Ich glaube, inzwischen hat sich das in dieselbe Richtung verändert wie hier, hin zu gewerkschaftlich festgesetzten Tarifen. Massenproduktion und mechanisierter Wettbewerb erzwangen diese Entwicklung.

— *Halten Sie es für richtig, daß die Gewerkschaft Sie zum Beitritt zwang? Hat es Sie geärgert?*

A.S.: Sie appellierten – mit sanftem Druck – an mein Solidaritätsgefühl. Sie dachten wahrscheinlich, daß ich als Musiker in vergleichsweise privilegierter Position eigentlich froh sein müßte, etwas zum Schutz weniger privilegierter Musiker beizutragen. So interpretiere ich es zumindest. Ich sehe das ganz nüchtern.

Manchmal kommen notleidende Musiker zu mir und sagen, daß ihnen die Gewerkschaft nicht hilft, wenn sie krank werden oder anderweitig in Schwierigkeiten geraten. Aber ich weiß nicht, ob es stimmt oder welche Gründe die Gewerkschaft dafür hat. Einige Praktiken dieser Gewerkschaft gefallen mir nicht. Das Substitutionsverfahren ist eine bedenkliche und unwürdige Waffe und führt zur Demoralisierung. Ich warte auf den Tag, an dem mir ein Gewerkschaftsvertreter wenige Minuten vor einem Konzert eröffnet, daß es zwei arbeitslose Pianisten im Ort gebe und ich entweder meine Gage mit ihnen teilen oder die Konsequenzen tragen müsse. Ich zahle meine Steuern, ohne je zu murren, und befolge das Gesetz, so gut ich kann. Ich nehme an, daß Substitute legal sind und die Grenzen privater Initiative nicht überschreiten.

— *Auf welche Art und Weise wurden Sie in den Streik geschickt?*

A.S.: Genauso wie alle andern Gewerkschaftsmitglieder: Man untersagte uns, Plattenaufnahmen zu machen.

— *Ich verstehe. Aber sie verboten Ihnen nicht, Konzerte zu geben?*

A.S.: Das war nicht der Streitpunkt. Wenn ich mich richtig erinnere, stand der Streik im Zusammenhang mit der Ausstrahlung von Schallplatten im Rundfunk, und wie es scheint, war er nicht ungerechtfertigt. Wir Interpreten oder Komponisten bekommen keinen Cent von den Rundfunkanstalten, die sich fortwährend unserer Aufnahmen bedienen, sogar in kommerziellen Programmen. Ich möchte es wiederholen: Die Einbeziehung von Solisten, zumindest meiner Sorte, ist eine ganz junge Erscheinung. Wenige Tage vor einem meiner Auftritte mit dem New York Philharmonic unter der Leitung von Bruno Walter teilte mir der Orchestermanager mit, daß die Gewerkschaft meinen Auftritt verhindern könnte, da ich kein Mitglied sei. Er riet mir, auf der Stelle beizutreten. Ich weiß nicht, ob es der plötzliche Überfall oder Eitelkeit, mangelnde Anpassungsfähigkeit oder Halsstarrigkeit war. Was immer es war, ich weigerte mich. Bruno Walter versuchte freundlich, mich von meinem Vorurteil zu befreien. Ich war mir meiner Kurzsichtigkeit und Einseitigkeit voll bewußt. Einige Tage vor dem Konzert hatte ich eine Probe mit dem Orchester – die Gewerkschaft hatte nicht interveniert –, und anschließend ein sehr angenehmes Gespräch mit dem Gewerkschaftssekretär. Er berichtete von den Ereignissen, die dazu geführt hätten, daß sich die Gewerkschaft auch für Nicht-Ensemblemusiker interessiere, die bis dahin nicht behelligt worden und auch gar nicht erwünscht gewesen, aber nun aufgerufen seien, ihren Korpsgeist unter Beweis zu stellen. Ich fragte den Sekretär, welches Interesse er an mir habe, da ich doch nur ein paar Konzerte spielte, und wollte wissen, welchen Unterschied es für die Gewerkschaft mache, ob ich Mitglied sei oder nicht. Ich versicherte ihm, daß ich gleichwohl seine Argumente verstünde und sie für einleuchtend hielte. Er sagte, er wolle mit Mr. Petrillo sprechen. Das Resultat war, daß die Gewerkschaft für jene Konzertsaison allen Orchestern, mit denen ich auftreten sollte, grünes Licht gab. Als die

Saison im Mai zu Ende war, beantragte ich – aus freien Stücken – die Mitgliedschaft – und befand mich kurz darauf in einem partiellen und nicht ungerechtfertigten Streik. Der Streik dauerte, glaube ich, zwei Jahre.

— *Nehmen Sie zur Zeit Schallplatten auf?*

A.S.: Nicht hier. Ich stehe bei „His Master's Voice" in London unter Vertrag und habe nur zweimal Aufnahmen für die Victor Company, die hiesige Vertretung von H.M.V., gemacht: ein paar Solostücke, die sie nie herausgebracht haben (möglicherweise waren sie nicht zufriedenstellend), und zwei Beethoven-Konzerte, das vierte und das fünfte, mit dem Chicago Symphony Orchestra unter der Leitung von Dr. Stock – nur wenige Monate, bevor er starb.

— *Da wir gerade bei sozialen Fragen sind: Sehen Sie einen Unterschied hinsichtlich der Qualität der Musik und der Freiheit musikalischen Schaffens zwischen Ländern wie Rußland, in denen es keine Frage des Geldes ist, Symphonieorchester, Theater und solche Dinge zu unterhalten, und Amerika, wo sie sich über Spenden oder die Eintrittspreise finanzieren müssen? Haben Sie den Eindruck, daß dies einen Unterschied in der Qualität des musikalischen Schaffens bewirkt?*

A.S.: Nein. Ich glaube nicht, daß es einen großen Unterschied macht, ob die Gelder für öffentliche künstlerische Veranstaltungen vom Staat, das heißt von allen seinen Bürgern, oder aus privaten Quellen kommen. Übrigens ist der Eintritt in Theater und Konzerte in Rußland keineswegs, wie Sie zu meinen scheinen, frei. Die Orchestergesellschaften hier in den USA scheinen ziemlich überladen mit Ausschüssen und Komitees und Kampagnen – Jugendkomitees und Damenkomitees, Verwaltungsräten und Treuhänderausschüssen –, und jedes Jahr monatelang das gleiche geschäftige Förderungs-Drum-und-Dran, Versammlungen, Bankette, alle Register der Werbeorgel werden gezogen – ist das wirklich notwendig? Oder ist es in der Hauptsache Tradition oder Amüsement oder Zeittotschlagen oder Belebung des Geschäfts als solchen? Gibt es wirklich nicht genug Beständigkeit und Vertrauen, um bewährten und beliebten Vereinigungen über einen längeren Zeitraum eine hinreichende Besucherzahl zu garantieren? Es besteht immer die Gefahr, daß der musikalische Leiter solcher Institutionen durch so viel Unruhe und Pessimismus abgelenkt wird.

Doch Amerika hat die besten Orchester der Welt. Wir haben das Glück, daß ein amerikanisches Orchester ein internationales Orchester ist, das sich aus den Erben sämtlicher europäischer Traditionen zusammensetzt. Wir haben die größte Auslese an Talenten.

— *Erreichen sie den Standard, sagen wir des St. Petersburger Orchesters während der Zarenherrschaft?*

A.S.: Gewiß. Manche übertreffen an Wohlklang, Strahlkraft und Virtuosität alle anderen Orchester, die ich kenne. Was den Geist betrifft, können einige im Ausland durchaus konkurrieren. Es gibt Orchester, die zwar nicht mit äußerlicher Perfektion, aber mit Idealismus und innerer Beteiligung spielen, und andere, die einen zwar kitzeln, elektrisieren und „umhauen", aber vermissen lassen, was ich kreatives Bewußtsein genannt habe. Ihre glänzenden Leistungen enttäuschen mich zuweilen. Ich höre eine Zurschaustellung, eine wie geölt funktionierende Maschine, einen Hauch von Verkäufermentalität. Sie servieren Sensationen – und schauen gelangweilt drein.

Ich glaube, staatlich oder städtisch subventionierte Orchester mit Verträgen über mehrere Jahre – und nicht wie heute über einige Monate – würden die musikalische Qualität heben. Sie werden kommen. Es gibt viele, eine beständig wachsende Zahl von Leuten, die Gefallen an diesem Gedanken finden. Noch vor wenigen Jahren schien jeder dagegen zu sein. Jeder gab fast automatisch dieselbe Antwort, wenn staatliche Subventionen für Orchester vorgeschlagen wurden: sie wären den Händen von Politikern ausgeliefert. Ich verwies dann auf die vielen staatlichen und städtischen Einrichtungen wie Krankenhäuser, Bibliotheken, Schulen, Museen, die meines Wissens nicht schlechter geführt werden als vergleichbare Privatunternehmen. Und warum sollten es Politiker schlechter machen als Damenkomitees? Dieser Standardeinwand ist wahrhaftig kein Zeichen gründlichen Nachdenkens. Und in den letzten Jahren hat die Überzeugung, daß Subventionen förderlich – und letztlich unumgänglich – sein könnten, immer mehr Boden gewonnen. Die privaten Sponsoren könnten sich allmählich zurückziehen. Wie ich höre, werden es bereits weniger.

Ich glaube auch, ja, da ich die Vereinigten Staaten in musikalischen Dingen recht gut kenne, bin ich fest davon überzeugt, daß dieses Land reif ist für Dutzende von Opernhäusern mit einer Spielzeit von, sagen wir, neun Monaten. Sie wären ein kolossaler Erfolg. Warum haben wir nur zwei mit einer kurzen Spielzeit? Trägheit, Mißtrauen gegenüber dem Staat? Was für Chancen sich für unsere musikalischen Talente auftäten! Wohin sollen Sänger und Dirigenten denn gehen, so wie die Dinge gegenwärtig liegen?

— *In einem Ihrer Bücher schreiben Sie, daß technische Probleme Ihrer Meinung nach nicht als solche angegangen, sondern dort gelöst werden sollten, wo sie sich aus der Musik heraus ergeben. Gilt das für ein Kind, das gerade anfängt, ebenso wie für einen fortgeschrittenen Klavierspieler?*

A.S.: Ja. Ich finde, man sollte nie irgendwelche Musik machen, nicht einmal einen einzigen Ton erklingen lassen, ohne daß eine musikalische Vorstellung vorausgeht.

— *Die meisten von uns wurden anders unterrichtet.*

A.S.: Ich kann es nicht ändern.

— *Wurden auch Sie anders unterrichtet?*

A.S.: Ich weiß wirklich nicht mehr, wie ich unterrichtet wurde. Möglicherweise wurde ich genauso unterrichtet wie Sie, oder vielleicht wurde ich gar nicht unterrichtet und lernte einfach. Ich hatte keinen Einfluß auf den Unterricht meiner Lehrer. Auch wenn sie ein System gehabt hätten, wäre es mir als Kind verborgen geblieben. Wir waren noch nicht so systemhungrig, wie man heute ist. Das erste Buch über Probleme des Klavierspiels, das mir unter die Augen kam, war 1904 von einem gewissen Herrn Breithaupt in Berlin geschrieben worden. Er war Kritiker einer Musikzeitschrift, ein hochinteressanter, origineller und faszinierender Mann. In meinen ersten Berliner Jahren traf ich ihn häufig, und er wollte immer, daß ich ihm unter vier Augen vorspielte. Ich begriff nicht, warum. Später veröffentlichte er, mit durchschlagendem Erfolg, sein Buch über das Klavierspiel. In jenen privaten Sitzungen, auf denen er so hartnäckig bestand, hatte ich ihm, wie ich jetzt weiß, als Versuchskaninchen gedient. Einmal, noch bevor das Buch erschienen war, kam er nach einem Konzert ins Künstlerzimmer und rief aufgeregt jubilierend: „Schnabel, Sie spielen mit Schulterbeteiligung." Ich und die Leute um mich herum dachten, er sei verrückt geworden. Was meinte er? Er war nur ins Konzert gekommen, um mich zu beobachten und, wie er hoffte, nachweisen zu können, daß ich mit Schulterbeteiligung spielte. Ich hatte mir nie Gedanken darüber gemacht, wieviel Schulterbeteiligung erforderlich ist, wieviel „Fall", „Gewicht", Handgelenksrollen, welche Stellung der Ellbogen und so fort. Doch wir leben in einem wissenschaftlichen Zeitalter. Das Gehör, insbesondere die Verbindung zwischen musikalischer Vorstellung und dem physischen Hörorgan, ist jetzt Gegenstand medizinischer und psychologischer Forschungen, doch die Musiker schenken ihnen noch nicht genug Aufmerksamkeit.

Ich meine, daß Kinder und alle anderen Menschen, die *Musik machen*, am besten ebendas versuchen sollten. Wäre ich ein Diktator, würde ich den Ausdruck „üben" aus dem Wortschatz streichen, da er für Kinder zu einem Schreckgespenst, einem Alptraum wird. Ich würde sie fragen: „Hast du heute schon Musik gemacht? Wenn nicht – geh und mach Musik." Wenn Sie zwei Töne hintereinander pfeifen, machen Sie bereits Musik – in einer sehr primitiven Form, aber doch Musik; alles, was in Tönen ausgedrückt wird, muß man als Musik bezeichnen. Es gibt keine andere Bezeichnung. Stimmen Sie mir zu?

— *Ich frage mich, ob nach drei Monaten „Musikmachen" nicht denselben fürchterlichen Beigeschmack angenommen hätte wie „Üben" – wenn man Kinder hat.*

A.S.: Schon möglich. Aber es ist eine hübschere Bezeichnung und steht in engerer Beziehung zum Zweck. Der Begriff „Musik" ist darin enthalten. Üben kann ich viele andere Dinge.

— *Herr Schnabel, gibt es einen speziellen Grund dafür, daß Sie sich anscheinend, zumindest in ihren Konzerten, auf Mozart, Beethoven, Brahms und Schubert beschränken, obwohl Sie in einem sehr modernen Stil komponieren?*

A.S.: Ich bin mir keines Grundes bewußt. Ich folge dem unerklärlichen Phänomen unwiderstehlicher Anziehungskraft. Auch beim Komponieren ist es keine Sache der Wahl. Technisch (und theoretisch) könnte ich jede Musik spielen und ganz andere Sachen komponieren, als ich es tue. Aber warum sollte ich? Habe ich Ihnen von jenem Kollegen erzählt, einem berühmten Dirigenten, der, fürchterlich aufgebracht über eine meiner Kompositionen, wild gestikulierend ins Künstlerzimmer gestürzt kam und mir vor zahlreichen Leuten ins Gesicht schrie: „Entweder lügen Sie, wenn Sie spielen, oder Sie lügen, wenn Sie Komponieren!" Ich sagte: „Beruhigen Sie sich, ich lüge bei beidem."

Lassen Sie mich Ihnen eine Gegenfrage stellen: Glauben Sie, daß zwischen moderner Musik – ich meine zeitgenössischer Musik von heute – und der Musik früherer Epochen ein grundsätzlicher Unterschied besteht? Glauben Sie, daß Musik in früheren Epochen nicht modern war?

— *O doch, das war sie. Aber jene Epochen waren anders. Heute ist moderne Musik zweifellos anders als die Musik, die damals als modern galt.*

A.S.: Glauben Sie, daß ihre Musik vollkommen anders war, als die Musik, die ihr vorausging?

— *Nein.*

A.S.: Nun, ich hoffe, Sie erwarten von uns heutigen Komponisten nicht, daß wir Musik schreiben, die sich von früherer Musik lediglich durch die Töne unterscheidet.

— *Ich dachte, möglicherweise wurden Sie beeinflußt.*

A.S.: Ich bin zweifellos beeinflußt, aber ich weiß nicht genau, wovon.

— *Dann eine andere Frage.*

A.S.: In Ordnung, aber lassen Sie mich zuvor noch ein paar Worte zu dieser Frage sagen. Ich sehe keinen Widerspruch darin, daß ich Mozart spiele und Musik schreibe, die Sie modern nennen, denn seine Musik ist nach meinem Verständnis des Begriffs ebenfalls modern.

— *Ich verstehe, was Sie meinen. Seine Musik ist modern – sie ist unsterblich.*

A.S.: Ich mache einen zugegebenermaßen ziemlich willkürlichen Unterschied zwischen dem Modernen, dem Modischen und dem Modernisierten. Aber was verstehen *Sie* unter modern? Sicherlich meinen Sie nicht einfach „zeitgenössisch". Schreiben alle zeitgenössischen Komponisten moderne Musik?

— *Nein.*

A.S.: Und zu Mozarts Zeit? Schrieben alle Zeitgenossen Mozarts moderne Musik?

— *Nein.*

A.S.: Waren Mozarts Kompositionen viel weiter als die der meisten, die zur gleichen Zeit komponierten?

— *Durchaus.*

A.S.: Aus diesem Grund bezeichne ich sie als modern. Und dasselbe gilt für alle Epochen. Was Motivation und Vorgehensweise betrifft, komponieren Komponisten heute nicht anders als Mozart. Für mich steht zweifelsfrei fest, daß wir heute genau so an die Musik herangehen müssen wie Mozart. Der Unterschied liegt im Grad der Begabung. Hier liegt der wirkliche Unterschied. Deshalb muß ich befürchten, daß Sie mich fragen: „Wenn Sie so viel weniger Talent als Mozart besitzen und sich dessen bewußt sind und Ihre Kompositionen, obwohl sie heute modern scheinen, kaum eine Chance haben, Sie zu überleben – warum komponieren Sie dann?" Was sollte ich darauf antworten? Doch nun zur nächsten Frage.

— *Ich habe den Eindruck, daß Sie in den letzten zehn Jahren in Ihren Konzerten hauptsächlich Sonaten gespielt haben. Weshalb? Weil die Sonate eine Form ist, die den Musiker oder das Klavier am ungeschminktesten zeigte? Möglicherweise sind Sie der Ansicht, daß auf dem Klavier nur größere Werke dargestellt werden sollten, weil es als Instrument dem Orchester nahekommt?*

A.S.: Bitte, nehmen Sie es als gegeben hin, daß ich das, was ich musikalisch mache, deshalb mache, weil ich es am liebsten mache. Ich sehe keine Grund, anders zu verfahren, und bin überzeugt, daß niemand sein Repertoire aus Werken zusammenstellt, die ihm nicht gefallen. Warum auch? Natürlich gehe ich das Risiko ein, daß meine Vorlieben von anderen nicht geteilt werden. Aber meine Programme müssen meinem Geschmack entsprechen. Sie mögen das nackten Egoismus nennen. Und zugegeben, es befriedigt *mich* am meisten. Aber ich muß es einfach versuchen, und solange ich Sonaten gegen Brot tauschen kann, werde ich weitermachen. Es gibt jedoch eine Menge Stücke außer Sonaten, die mir genauso gefallen und die ich oft spiele, wenn sie in mein Programmkonzept passen.

— *Sie lebten in einer Blütezeit der Philosophie, der Malerei und aller möglichen Künste. Sie sind nie zur Schule gegangen und sprechen zu uns hier anscheinend frei von irgendwelchen speziellen Einflüssen. Es würde mich interessieren, etwas darüber zu erfahren, was Sie sich außerhalb der Schule – ich meine ohne Schule – von den allgemeinen Ideen Ihrer Zeit angeeignet haben und wie Sie es sich angeeignet haben.*

A.S.: Ich habe etliche Namen – die meisten dürften Ihnen unbekannt sein – von brillanten Köpfen in Wien und Deutschland erwähnt, die kennenzulernen ich das Glück hatte. Diese Kontakte müssen anstekkend gewirkt und in mir die Keime der Kultur gelegt haben. Ich hatte zwei ausgezeichnete Lehrer und eine ganze Reihe hochbegabter Mitstudenten. Trotzdem, außerhalb der Musik, des Gebiets, mit dem ich mich ständig beschäftigt habe, weiß ich tatsächlich sehr, sehr wenig. Wie konnte ich es wagen, die Einladung anzunehmen, zwölfmal vor Ihnen zu sprechen?

— *Warum haben Sie sie angenommen?*

A.S.: Weil mich Abenteuer reizen.

— *Ich möchte Ihnen versichern, daß Sie eine Menge wissen.*

A.S.: Es freut mich, daß Sie diesen Eindruck haben. Aber von dem, was ich für Wissen halte, ist nur wenig auf meinem eigenen Mist gewachsen.

— *Sie wären bestimmt nicht bereit, zu uns zu sprechen, wenn Sie nicht glaubten, daß selbst wenn Sie nur wenig wüßten, wir noch weniger wissen!*

A.S.: Vielleicht sollte ich nur über Musik sprechen. Seit meinem siebten Lebensjahr bin ich Musiker. Ich habe mich mein Leben lang mit Musik befaßt, als Komponist, Interpret und Lehrer. Doch ich habe – und hatte – wenig Zeit, wenig Neigung und, wie ich glaube, wenig Talent, Musik zu analysieren und Systeme oder Methoden zu entwickeln oder zu diskutieren.

Von meiner Veranlagung her bin ich mitteilsam. Für einen mitteilsamen Menschen habe ich nicht genug Zeit für Worte – ich habe in meinem Leben viel weniger Zeit auf Worte und Gespräche verwendet als auf Töne –, und das mag der Grund dafür sein, daß ich einen Hang zum Ausdruck in einer eher komprimierten, aphoristischen Form entwickelt habe und, wenn ich zuhören muß, unfähig bin, ausgearbeiteten Reden und Beweisführungen zu folgen.

Daher glaube ich wirklich, daß es keine Koketterie ist – nichts weniger als das –, wenn ich bekenne, daß ich kein Talent für Systeme und Methoden habe. Vielleicht ist es für einen Künstler nicht unbedingt erforderlich, systematisch und methodisch zu sein. Und vielleicht ist es, selbst wenn er keinen analytischen Verstand besitzt und nicht sehr viel weiß, nicht ganz ausgeschlossen, daß er etwas zu erzählen und möglicherweise sogar etwas zu *sagen* hat.

— *Die Gemälde von Renoir, Picasso, den französischen Impressionisten und anderen sind heute allgemein anerkannt, und wir gehen in Museen und schauen sie uns an, weil sie heute als „Kunst" gelten. Doch als Sie ein junger Mensch waren, rangen da diese Künstler, ebenso wie Sie selbst, nicht mit etwas, was noch nicht anerkannt war?*

A.S.: Ich erinnere mich gut daran, wie ich, ich glaube es war 1901, in einem Privathaus in München zum erstenmal Bilder von Cézanne – es waren zwei Porträts – und von van Gogh sah. Doch obwohl die herrlichen Cézannes mir damals äußerst häßlich vorkamen, konnte ich sie nicht vergessen – während ich andere Bilder, die mir auf den ersten Blick gefallen hatten, vergaß. Die Cézannes wuchsen in meiner Erinnerung zu immer schöneren und ausdrucksvolleren Werken, wurden immer überzeugender und gesellten sich schließlich zu den anderen Gemälden, die mein Bewußtsein hütete.

Ich erinnere mich auch, daß der junge Chemieprofessor, den ich gestern erwähnte, mir 1900 von Kernspaltung und Rutherford erzählte, und ein oder zwei Jahre später erwähnte er Einstein und sagte, daß er anscheinend ein Genie sei. Ich hatte immer Kontakt zu Leuten, die mich auf etwas aufmerksam machten, das vielversprechend, neu oder bedeutend war. Dieser Freund, der junge Professor, erzählte mir vor allem deshalb von Kernspaltung, weil er meine vermeintliche Lebenseinstellung, die er für zu anthropozentrisch hielt, ablehnte. Er glaubte, daß ich glaubte, daß der Mensch, das Ich, der Mittelpunkt des Universums sei, und um diesen Glauben zu hinterfragen und zu zerstören, begann er mir von der Kernspaltung und der Zukunft, die sie habe, zu erzählen.

— *Ist Ihnen ein junger Arzt namens Sigmund Freud begegnet?*

A.S.: Sie meinen, ob ich ihn persönlich kannte?

— *Ja.*

A.S.: Nein, das nicht. Aber einer meiner besten Freunde seit meiner Jugendzeit – er gehörte zur Gruppe meiner Freunde in Wien – ist Professor für Psychoanalyse. Er lehrt in Harvard. Er weiß jedoch, daß ich der Psychoanalyse sehr skeptisch und mit Unbehagen gegenüberstehe. Tatsächlich scheint es mir, als habe Freud indirekt, durch die landläufige oberflächliche Interpretation seiner Entdeckungen, sehr viel zu dem heute weitverbreiteten Kult der Nichtverantwortlichkeit beigetragen. Ich glaube, daß Einsteins Theorie, die Relativitätstheorie – von der ich kein einziges Wort verstehe – zu der allenthalben zu hörenden Phrase „Das kommt auf den Standpunkt an" beigetragen hat. Es ist also sehr gefährlich, Entdeckungen wie die Relativitätstheorie zu popularisieren und ihnen zuviel Publizität zu verschaffen. Und was die Psychoanalyse betrifft, befürchte ich genau dies. Ich fühle mich unbehaglich dabei.

— *Ich erinnere mich, in einem Karikaturenband ein Bild von Wagner gesehen zu haben, der jemandem eine Viertelnote ins Ohr rammt. Als seine Musik zum erstenmal zu hören war, hatte der Zeichner diesen Eindruck von ihr und ihren Auswirkungen: daß sie das Ohr ruiniere. Sie haben die Zeit miterlebt, da Wagners Musik noch verhältnismäßig neu war. Hatte man wirklich diesen Eindruck?*

A.S.: Wagners Musik stand jahrzehntelang in dem Ruf, sie sei unerträglich häßlich, kakophon und unverständlich. Nichtsdestoweniger haben viele seiner Melodien heute eine Spur von Plattheit angenommen. Tatsächlich werden alle Komponisten von einigen ihrer Zeitgenossen negativ beurteilt. Eines der angesehensten Musiklexika des achtzehnten Jahrhunderts sagt über Johann Sebastian Bach, er sei ein kümmerlicher musikalischer Handwerker.

Das führt uns wieder auf unsere Diskussion von neulich zurück, bei der ich kritisiert wurde, als ich sagte, man solle zeitgenössische Werke besser nicht mit solchen vergleichen, die hundert Jahre überlebt haben. Diese mußten sich gegen die Gesamtheit der Kritik ihrer Zeit und der nachfolgenden Generationen behaupten. Nach alldem immer noch höchst lebendig zu sein ist zweifellos ein wesentliches Kriterium, wie ich Ihnen gestern darzulegen versucht habe.

— *Es gibt zahlreiche Werke Bachs, die nie aufgeführt werden. Würden Sie sagen, daß sie eben deshalb keine gute Musik seien? Mir ist natürlich klar, daß es andere Gründe gibt, die einer Aufführung im Wege stehen – Schwierigkeiten, die die Ausführenden überwinden müssen –, aber es gibt so viele Stücke, die man nie hört. Doch würden Sie nicht auch sagen, daß das kein Grund ist, sie nicht als große Musik zu betrachten?*

A.S.: Die Auswahl für öffentliche Aufführungen hängt nicht allein von hoher Qualität ab. Auch die Tatsache, daß einige Werke während einer bestimmten Zeit – wie unserer – nicht aufgeführt werden, bedeutet noch nicht, daß es ihnen nicht gelungen wäre zu überleben. Und ich habe Ihnen gestern gesagt, daß wenn Sie mit dem größeren Teil wundervoller Musik – wie Bach-Kantaten oder Schubert-Liedern – vertraut werden wollen, Sie sie zu Hause spielen müssen. Die öffentliche Versorgung kann nicht alles bereitstellen. Wir haben bereits über die Gründe gesprochen, warum die öffentliche Versorgung nur einen kleinen Ausschnitt der Musik abdecken kann. Und von diesem kleinen Ausschnitt gehört ein erheblicher Teil zur zweitklassigen, kurzlebigen Musik.

Andererseits sind natürlich nicht alle Werke großer Komponisten gleichermaßen gelungen. Es ist höchst interessant, das Verhältnis zwischen gelungenen und weniger gelungenen Werken bei den einzelnen Komponisten zu untersuchen. Bei Mozart und Schubert zum Beispiel, glaube ich, könnte man sagen, daß nur die Hälfte ihres Œuvres wirklich gelungen ist und die andere Hälfte, im Vergleich zu der gelungenen, weniger; bei Beethoven und Wagner hingegen ist der Anteil gelungener Werke erstaunlich hoch. Doch wenn wir uns, sagen wir einmal, Shakespeare betrachten, denke ich, daß sich die Hälfte seiner Werke nicht mit den erfolgreichen messen können.

— *Mit „Erfolg" meinen Sie öffentlichen Beifall?*

A.S.: Nein! Gewiß nicht. Haben Sie es so verstanden?

— *Nein. Ich dachte nicht, daß Sie das meinten.*

A.S.: Selbstverständlich nicht. Ich habe bereits davon gesprochen: den beiden Arten von Erfolg. Hier bezog ich mich auf den „Erfolg bei einem selbst".

— *Mich würde interessieren, ob Sie, als Sie jung waren, angesichts des Allerneuesten in Kunst und Musik eine gewisse Unruhe verspürten, wegen seiner Form oder seinem Inhalt, dahingehend, ob es eigentlich mit der Tradition im Einklang stand oder ob die Künstler eine Richtung einschlugen, die sich als Sackgasse erweisen könnte.*

A.S.: Es kann sein, daß es Elemente einer Krise gab, hauptsächlich in der Musik und in der bildenden Kunst, wo einige Maler die Malerei, insbesondere die Leinwandmalerei, für erschöpft hielten und nach einer eher abstrakten Herangehensweise strebten. Möglicherweise war dies Ausdruck einer gewissen Nervosität oder Unruhe. In der Musik war dies das gesamte neunzehnte Jahrhundert hindurch der Fall. Schon im frühen siebzehnten Jahrhundert waren das Harmoniesystem und die temperierte Stimmung voll entwickelt. Im frühen zwanzigsten Jahrhundert haben wir die Tonalität hinter uns gelassen, indem wir dieses Harmoniesystem aufgegeben haben.

Als ich einige Werke von Reger – ich war damals sehr jung – und von Strauss zum erstenmal hörte, konnte ich das technische Verfahren dieser Musik nicht nachvollziehen. Später hörte ich die Uraufführung von Strauss' *Elektra* und war überwältigt; es war fast ein physischer Schock. Es lag etwas Neues in der Erscheinung dieser Musik. Als ich sie zwölf Jahre später wieder hörte, erschien sie mir flach. Inzwischen hatte sie Nachahmer gefunden, und ich hatte mich an ihre Faktur gewöhnt. Deshalb war ich in der Lage, wahrzunehmen, was sich unter der Oberfläche verbarg, und das erschien mir recht dünn.

Ich mag ein zeitgenössisches Werk, zum Beispiel im Stil des späten Schönberg, beim Hören nicht analysieren, nach Regeln, die sich nicht darauf anwenden lassen. Regeln sind eigentlich immer Postulate gewesen. Große Komponisten haben ihre Werke nicht geschaffen, indem sie in Büchern aufgestellten Regeln folgten; vielmehr wurden diese Regeln aus ihren Werken abgeleitet.

Das gegenwärtige Problem des Zuhörers scheint folgendes zu sein, wie ich es neulich einmal zu formulieren versuchte: Während die Musik dreihundert Jahre lang einem System verhaftet war, in welchem die Harmonik das Grundgerüst und die Melodie eine Konsequenz der Harmonik darstellte – selbst in Bachs Polyphonie ist die Melodik immer Folge der Harmonik –, entstand in den letzten Jahren Musik, bei der sich die Harmonik als Konsequenz der Melodie ergibt. Ich komponiere auch auf diese Weise; das ist keine bewußte Entscheidung, sondern ein innerer Zwang. Diese Musik wird „atonal" genannt – ein höchst irreführender Begriff, da er klingt, als sei er von „Ton" abgeleitet, und Töne natürlich nicht a-tonal sein können. In Wirklichkeit kommt er von „Tonalität", denn diese Musik bezieht sich nicht auf irgendwelche Tonalitäten oder Tonarten des alten Harmoniesystems.

Das neue Verfahren klingt für Ohren, die ausschließlich auf dem alten Verfahren basierende Musik zu hören gewohnt sind, natürlich fremd. Die Zuhörer erwarten, in jedem Musikstück, das sie hören, auf das vertraute Verfahren zu stoßen, und wenn ihre Erwartung enttäuscht wird, sagen sie, das sei keine Musik. Doch das ist natürlich ungerechtfertigt. Es ist Musik, aber sie sind noch ausgeschlossen. Der Umstand, daß ungeübte Hörer ausgeschlossen sind, beweist nicht, daß es keine Musik sei.

Die Musik, die sich dieses Verfahrens bedient, braucht noch viele Jahre, viele Aufführungen und viele aufgeschlossene Zuhörer, bevor man sagen kann, ob sie je allgemein genießbar sein wird oder nicht. Ich bin mit diesem Verfahren vertraut, so daß ich, wenn ich solche Musik höre, allein auf den Gehalt höre, und ich stelle fest, daß mir auch unter den Werken dieser Art einige augenblicklich billig und flach und andere sehr vital und inspiriert vorkommen. Auch hier ist es also nicht allein die Erscheinung, sondern ebenso die Substanz der Musik, die einen beeindrucken kann. Wenn Sie sich mit diesem Verfahren näher vertraut machen wollen, empfehle ich wiederum häuslichen Konsum.

Irgendwelche weiteren Fragen? Ich hoffe, ich habe Sie nicht eingeschüchtert.

— *Etliches von Strawinsky erscheint mir bedeutend minderwertiger als andere Werke von ihm. Wie Sie neulich sagten, komponiert ein Komponist so, wie er komponieren muß. Bei ihm habe ich den Eindruck, daß er beim Komponieren oftmals eine Pose einnimmt.*

A.S.: Das würde ich nicht so sagen. Er experimentiert, wie Picasso auf dem Gebiet der Malerei. Möglicherweise gibt es hier eine Parallele – Strawinsky mit seinen zahlreichen Stilen und Picasso mit seinen. Ich bin jedoch überzeugt, daß er in jedem Fall sein Bestes tat.

— *Sie meinen, es war ein Zwang?*

A.S.: Ja. Besser konnte er es nicht machen. Doch ich stimme mit Ihnen überein, daß einige seiner Werke sehr enttäuschend sind. Die sprühende Frische seines *Petruschka* (der übrigens keine besonders moderne Musik war, sondern in der Tradition Rimski-Korsakows steht), dessen Vitalität, Energie und Temperament, und einige seiner späteren Werke, die ich sehr schätze, in Erinnerung, war ich enttäuscht und niedergeschlagen, als ich letztes Jahr ein Konzert mit Werken hörte, die weit unter dem erwarteten Niveau lagen.

— *Haben Sie das in Chicago gehört?*

A.S.: Nein. Ich hörte ein Konzert, das er in New York dirigierte. Es interessierte mich sehr, sein erstes Klavierkonzert noch einmal zu hören. Ich glaube, in Deutschland führte er es 1923 zum erstenmal auf. Damals fand ich das Stück sehr aufregend, und letztes Jahr erschien es mir immer noch weitaus besser als die jüngeren Kompositionen, die er aufführte, etwa die norwegischen Stücke.

— *Haben Sie Leonard Bernsteins Musik gehört?*

A.S.: Nein. Ich hatte noch keine Gelegenheit, Mr. Bernstein dirigieren zu hören oder eine seiner Kompositionen kennenzulernen.

7

Gestatten Sie mir, heute damit zu beginnen, daß ich zu dem, was ich beim letztenmal über die ersten zehn Jahre meines Lebens in Berlin gesagt habe, noch einige Dinge ergänze. Zu meinen Berliner Bekannten gehörte auch die Familie Mendelssohn. Fast täglich zu musizieren war in dieser Familie jahrhundertealte Tradition. Es gab zwei Mendelssohn-Brüder, Robert und Franz (im Hause des letzteren verkehrte ich häufiger); Robert spielte Cello, Franz Violine. Sie besaßen die edelsten erhaltenen Stradivaris. Die Töne, die sie darauf hervorbrachten, waren nicht unbedingt die edelsten – auf minderwertigeren Instrumenten habe ich edlere gehört –, aber sie waren beachtliche Amateurmusiker.

Die Zahl der Musiker, die sich bei ihnen versammelten, war meistens nicht größer als für das Stück, das man spielen wollte, erforderlich – anders als in jenem Professorenhaushalt, von dem ich Ihnen letzte Woche erzählt habe, wohin eine Menge junger und alter Musiker kamen, als Publikum und Ansporn für die Aktiven. Die Mendelssohns vertraten eine ziemlich konservative Musikauffassung. Darin ließen sie sich von Joseph Joachim leiten, der in seinen späteren Jahren zeitgenössischer Musik, die sich nicht an traditionellen Mustern orientierte, äußerst reserviert gegenüberstand. Moderne Musik war bei den Mendelssohns nicht willkommen; bei der anderen Familie hingegen war man begierig darauf. Das Niveau war in beiden Häusern sehr hoch, bei den Mendelssohns vielleicht noch etwas höher, da hier auch Amateure mitspielten. Ich glaube, Hausmusik erreicht das höchste vorstellbare Niveau, wenn sich Amateure und Profis aus Freude am Musizieren zusammentun.

Mehrere Male hatte ich die Ehre, mit Joachim zu spielen. Ich war viel zu jung, um dies voll zu würdigen oder auch nur zu genießen. Wissen Sie, ich begehrte ein wenig dagegen auf, unangefochtene Autoritäten unter den Zeitgenossen zu akzeptieren. So war ich wahrscheinlich voreingenommen und hielt seinen Stil für überholt. Erst dreißig Jahre später wurde mir klar, daß er natürlich recht hatte.

Hin und wieder spielte ich auch mit Ysaÿe, der erheblich jünger war als Joachim und einer anderen Schule angehörte. Für ihn war Kammermusik zu spielen ein Ausflug auf ein nahezu unbekanntes Terrain; Joachim hingegen galt offiziell als höchste Autorität in Sachen Kammermusik.

In Frankfurt am Main war ich mit dem berühmten Louis Koch befreundet. Ich erwähne ihn deshalb, weil er eine der erlesensten Sammlungen von Musik- und anderen kostbaren Handschriften besaß. Jedesmal, wenn ich nach Frankfurt kam, lud er mich ein, und ich durfte mich stundenlang völlig ungestört in seinem Haus bewegen. Seine Haushälterin hatte Anweisung, mir alles zugänglich zu machen, was mich interessierte. So las und spielte ich in diesem Haus ganz für mich allein Werke wie einige der späten Beethoven-Sonaten und die drei letzten Schubert-Sonaten aus dem Manuskript. Dies war eine unschätzbare Erfahrung.

Ich möchte Ihnen auch vom damaligen Musikfestspielwesen in Deutschland erzählen. Städte in allen Landesteilen veranstalteten regelmäßig Musikfeste, manche jährlich, andere weniger häufig. Regelmäßige Bachfeste gab es in Leipzig, Regensburg, Breslau und Königsberg; es gab das Schlesische, das Schleswig-Holsteinische und das Rheinische Musikfest, und jedes Jahr die „Tonkünstler-Versammlung" des Allgemeinen Deutschen Musikvereins, der von Franz Liszt zur Zeit seiner Tätigkeit in Weimar gegründet worden war. Sinn und Zweck dieses zuletzt genannten Musikfestes war es, zeitgenössische Musik vorzustellen und Werken deutscher wie nichtdeutscher Komponisten zur Uraufführung zu verhelfen. Es liegt in der Natur solcher Organisationen, daß sie reaktionär werden, sobald sie eine gewisse Lebensdauer überschritten haben. So wurde nach dem Ersten Weltkrieg die Internationale Gesellschaft für Neue Musik gegründet, da der Allgemeine Deutsche Musikverein völlig eklektisch geworden war und die beste zeitgenössische Musik überging.

Bei einem dieser Musikfeste lernte ich Prinz Friedrich Wilhelm von Preußen kennen, einen jungen, sehr gebildeten Mann und leidenschaftlichen Musikliebhaber, der dort in einer mittelalterlichen Festung lebte.

Er besaß eine der großartigsten Geigen, auf der er die abscheulichsten Kratztöne produzierte. Für einen Musiker war es in gewisser Hinsicht eine Genugtuung, solch häßliche Töne auf so einem guten Instrument zu hören – bewies es doch, daß es nicht das Instrument ist, das den Ton macht.

Ab und zu wurde ich „vorgeladen", um vor dem Prinzen Kammermusik zu spielen. Manchmal kam er auch zu mir nach Hause. Ich hätte nicht nein sagen können, denn er war ein höchst autokratischer Mensch und konnte recht böse werden, wenn man nicht seiner Meinung war, selbst in Dingen, die so wenig mit Kunst zu tun hatten, wie als Gast seines Hauses ein weiteres Glas Wein abzulehnen (er war einer der hervorragendsten Weinbauern im Rheinland). Bei einem Musikfest gab er ein Mittagessen unmittelbar vor einem Nachmittagskonzert, bei dem ich um drei Uhr spielen mußte. Ich saß direkt neben ihm. Es wurden verschiedene Weine gereicht; er trank mir zu, und ich mußte trinken, doch als ich das dritte Glas höflich und vorsichtig ausschlug, wandte er sich von mir ab und sprach während des restlichen Mahls nicht mehr mit mir.

Zu den Musikern, die mich in meinem Leben – von meiner Kindheit abgesehen – am stärksten beeindruckt haben, gehörten Busoni, Schönberg, die beide älter waren als ich, und später Krenek, der achtzehn Jahre jünger ist als ich. Ich weiß nicht, ob Sie von ihm gehört haben. Er lebt in St. Paul, hier ganz in der Nähe. Der Mann ist ein großes Talent. Hindemith machte ebenfalls großen Eindruck auf mich, obwohl ich in vielen unwesentlichen Punkten anderer Meinung bin als er, hauptsächlich in musiktheoretischen Fragen und in solchen des musikalischen Ansatzes.

Die überragende Gestalt war Busoni, ihm kam keiner gleich. Er war faszinierend, sowohl als Pianist und Komponist wie als Person. Leider sah ich ihn nicht so häufig, wie ich es mir gewünscht hätte, da er fast ständig von einer Gruppe von Leuten umgeben war, die mir, wie ich es ausdrücken möchte, etwas zu kostspielig waren, um sie mit in Kauf zu nehmen. Er hatte einen Faible für „verrückte" Leute; irgendwie fühlte er sich zu ihnen hingezogen. Jeden Tag nach dem Mittagessen gab er sich zwei oder drei Stunden lang mit dieser Gruppe ab: einem sonderbaren Haufen, der nicht einmal sonderlich talentiert war. Er war sehr freundlich zu ihnen. Doch mit einer Art diabolischer Freude erzählte er ihnen die absurdesten Sachen über Musik, die er einfach erfand. Sie übernahmen all diese Hirngespinste blind und verbreiteten sie anschließend als das letzte Wort in Sachen Musik. Als ich einmal die Gelegenheit hatte, ihn allein zu sprechen, sagte ich: „Ihr junger Freund Soundso hat mir erzählt, Sie behaupteten das und das." Er begann zu grinsen und nannte ihn einen Gartenzwerg. Dieser spitzbübische Zug gehörte zu seinem Naturell; im übrigen war er ein wundervoller Mensch von einzigartiger Vitalität. Er und d'Albert, der ebenfalls eine faszinierende Ausstrahlung hatte, zu einer Person vereinigt, ergäben einen der größten Musiker aller Zeiten, denn d'Albert besaß das ganze Rohmaterial, Busoni die ganze Kultiviertheit. Übereinander sprachen sie ziemlich ironisch und reagierten etwas gereizt aufeinander.

Beide begannen von ihrem vierzigsten Lebensjahr an ihr Klavierspiel zu vernachlässigen – es bedeutete ihnen immer weniger, sie komponierten lieber. Ich weiß nicht, ob Ihnen Busonis Kompositionen vertraut sind. Sie zeichnen sich weniger durch ihre Substanz als vielmehr durch ihr Raffinement, große Feinheit und Originalität, vor allem Originalität des Materials, aus, besonders seine Opern. Er war auch ein bemerkenswerter Dirigent. D'Albert mit seinen elementareren Qualitäten galt als „der" Beethoven-Spieler, später wurde Frederic Lamond sein Konkurrent und schließlich sein Nachfolger. Zuletzt, viel später, wurde mir die Ehre dieses „Schwergewichtstitels" zuteil. Wir drei sind verschiedener, als Sie sich vorstellen können, doch Beethoven umschließt uns alle.

Weder d'Albert noch Busoni wurden in den Vereinigten Staaten je wirklich glücklich. Es war wahrscheinlich die Zeit, da Paderewski hier seine größten Triumphe feierte. Möglicherweise hemmte sie das Bewußtsein, von einem völlig anderen Schlag zu sein als er. Es gibt ein paar sehr interessante Briefe von Busoni, der gern schrieb, über seine Erlebnisse in Amerika.

Das letzte Mal, daß ich ihn sah, werde ich nie vergessen. Es war nach dem Ersten Weltkrieg, kurz vor seinem Tod, und er war bereits schwer krank. Ich begegnete ihm allein. Als er das Zimmer betrat, betrachtete er mich eine Weile und sagte dann: „Schnabel, Sie bekommen allmählich ein Gesicht." Es machte einen tiefen Eindruck auf mich – ein großes Kompliment. Es bedeutete natürlich, daß ich bis dahin keines gehabt hatte. Ich war damals vierzig...

Da sich meine Karriere in Deutschland verhältnismäßig rasch entwickelte, hatte ich schon in jungen Jahren eine Position erreicht, die es mir ermöglichte, mich gelegentlich für andere Musiker einzusetzen. Einmal hörte ich in Lübeck ein Konzert unter der Leitung eines jungen Mannes namens Furtwängler, der mich überaus faszinierte. Ein andermal, in Straßburg, lernte ich einen jungen Dirigenten namens Klemperer kennen; auch dieser beeindruckte mich sehr. Beide Male schrieb ich sofort an meinen Agenten Wolff, berichtete ihm von meinen Eindrücken und empfahl ihm diese jungen Männer, so nachdrücklich ich konnte. Ich will nicht behaupten, daß es meinem Einfluß zuzuschreiben war, aber als ich nach Berlin zurückkam, hatte Wolff bereits beide eingeladen, herzukommen und ihr Talent unter Beweis zu stellen. Beide machten sehr schnell Karriere. Furtwängler wurde in den folgenden Jahren ein enger Freund von mir – zeitweilig erhielt ich von ihm mehrere Briefe in der Woche, da er jedes Detail mit mir erörtern wollte.

In Ostpreußen (ich muß darauf zurückkommen, da es recht interessant ist) wohnte ich immer bei einem Herrn namens Kapp – ich glaube, er war Präsident oder Verwalter der Provinz. Später wurde er als Initiator eines Staatsstreichs bekannt, der fehlschlug. Dieser Herr Kapp war ein überaus liebenswürdiger, freundlicher und charmanter Mann. Die Damen waren hingerissen von ihm, und das beruhte auf Gegenseitigkeit. Er war ein echter Kavalier und hatte hübsche Töchter. Eines Abends (und das war immer eine gute Zeit in seinem palastartigen Haus) wollte er von mir, dem jungen Österreicher, meine Ansichten über die Zukunft Österreichs wissen, und ich sagte ihm, daß ich die tschechische Volksgruppe für die bei weitem vielversprechendste, solideste, fleißigste und intelligenteste hielte. Er sprang auf und entgegnete, daß sie alle an die Wand gestellt und erschossen gehörten. Dieser überaus liebenswürdige und freundliche Mann hatte seine Fassade fallen lassen. Seitdem fürchtete ich mich vor ihm und ließ den Kontakt zu ihm einschlafen.

Um 1910 erregte ein komponierendes Wunderkind großes Aufsehen – Vergleiche zum jungen Mozart wurden gezogen. Sein Name war Erich Wolfgang Korngold. Sein Vater war Musikkritiker der bedeutendsten Wiener Zeitung, Nachfolger Eduard Hanslicks, der als Oberhaupt der deutschsprachigen Musikkritik des neunzehnten Jahrhunderts galt. Ich brachte eine Sonate Korngolds zur Uraufführung, die er im Alter von zwölf Jahren geschrieben hatte. Es war ein wirklich erstaunliches Werk; natürlich ist dieses Urteil relativ, denn unwillkürlich beurteilt man das Werk eines zwölfjährigen Jungen anders als das eines Sechzigjährigen. Doch auch heute noch halte ich es, wenn man es unter diesem Aspekt zu betrachten versteht, für ein höchst erstaunliches Stück. Leider entwickelte sich dieser Erich Wolfgang Korngold, von dem wir hofften, daß er ein ganz großer Komponist werden würde, nicht in der erwarteten Richtung und ist ein ziemlich unglücklicher Mensch, der viel Geld mit dem Komponieren von Musik für Hollywoodfilme verdient. Er ist unglücklich, dieses Geld zu verdienen. Ich bin immer noch gut mit ihm befreundet und habe den Eindruck, daß er, Geld hin oder her, die Nase voll hat von Hollywood und ihm sehr bald den Rücken kehren wird. Anscheinend hat er genug von der schlechten Musik, die er geschrieben hat.

1905 erlebte ich in Berlin die ersten Triumphe Max Reinhardts mit, die er mit seinen überaus subtilen und eindringlichen Schauspielinszenierungen feierte. Ich erinnere mich an jede dieser Produktionen, denn ich habe sie mir alle angeschaut. Reinhardt war ein einzigartiger Mann, aber kurze Zeit später verlegte er sich ganz aufs Showbusineß. Er ging ebenfalls nach Hollywood.

In jene Zeit fiel auch meine erste Herausgebertätigkeit. Gemeinsam mit meinem Freund Carl Flesch, meinem langjährigen Duo- und Triopartner, gab ich für die Edition Peters Mozarts Sonaten für Klavier und Violine heraus. Ich möchte diese meine erste Ausgabe nicht verteidigen. Sie entspricht nicht meinen späteren Vorstellungen von Editionen; aber ich glaube, sie ist nicht schlechter als die meisten anderen – nach meinen heutigen Begriffen – „schlechten" Ausgaben.

1909 kam mein erster Sohn zur Welt, 1912 mein zweiter. Als der Krieg ausbrach, waren sie also kleine Kinder. Sie wissen, daß der österreichische Thronfolger, Erzherzog Franz Ferdinand, zusammen mit seiner Frau in Serbien oder Bosnien, das kurz zuvor von der österreichisch-ungarischen Monarchie annektiert worden war, einem Attentat zum Opfer fiel. Nun, wie mir gesagt wurde – und ich habe dies immer für die zutreffendste Interpretation der zu dem Attentat führenden historischen Ereignisse gehalten –, gelang es den ungarischen Großgrundbesitzern und Magnaten eines Tages, die österreichisch-ungarische Regierung dazu zu bewegen, eine Verordnung oder ein Gesetz zu erlassen, wonach keine serbischen Schweine mehr nach Österreich oder Ungarn exportiert werden durften, da diese Schweine eine Konkurrenz für die ungarischen Schweine darstellten. Davor war Serbien der österreichisch-ungarischen Regierung als deren Schützling freundschaftlich zugetan gewesen. Nun, da die armen Serben (übrigens das tüchtigste Volk auf dem Balkan) nicht mehr wußten, wohin mit ihren Schweinen – sie hatten keinen Meereszugang und waren eingekesselt –, war der einzige Ausweg schließlich, sich Rußland und dem Panslawismus zuzuwenden, und dies führte zu antiösterreichischer Propaganda und zu dem Attentat.

Deutschland, das seit 1910 immer gereizter und aggressiver geworden war, fand dieses Attentat wunderbar – bot es doch einen Anlaß zu dem Krieg, den es haben wollte. So zwang Deutschland Österreich, Serbien Konditionen vorzulegen, die Serbien nicht akzeptieren konnte, ohne seine Ehre gänzlich zu verlieren. Warum die österreichische Regierung dies tat, ist nicht klar. Möglicherweise überschätzte sie Deutschlands militärische Stärke, Kraft und Unbesiegbarkeit genauso, wie sie im Zweiten Weltkrieg überschätzt wurde.

Nun, wie Sie wissen, endete dieser Krieg in der Niederlage, Zerschlagung und Auflösung Österreichs. Doch 1917 schlugen die Deutschen Rußland und sagten sich, daß dieser Sieg noch vollkommener wäre, wenn sie Lenin ermunterten, von Genf nach Rußland zu gehen, um zusätzlich zu der Niederlage noch die bolschewistische Revolution in Gang zu bringen. Die Folgen sind Ihnen bekannt. Vielleicht steckte dahinter ein ziemlich raffiniertes Kalkül. Wenn Lenin, der von Ludendorff in einem versiegelten Zug durch Deutschland nach Rußland geschickt wurde, die Revolution nach Rußland brachte, waren die Deutschen auf der sicheren Seite, da sie annehmen konnten, daß England und andere kapitalistische Länder nicht die völlige Niederlage Deutschlands betreiben, sondern es beim Kampf gegen die Bolschewiki wiederum unterstützen würden. Den Rest kennen Sie.

Während des Ersten Weltkriegs wurde ich einberufen und aus dem gleichen Grund wie früher wieder vom Militärdienst freigestellt. Im zweiten, dritten und vierten Kriegsjahr verschlechterten sich die

Lebensbedingungen in Deutschland drastisch. Viele Lebensmittel, die hierzulande als für die Gesundheit oder auch nur zum nackten Überleben unerläßlich gelten, hatten wir nicht. Es gab so gut wie keine Milch, keine Butter, keinen Zucker, kein Öl, keine Schokolade, kein Fleisch, und noch viele andere Dinge waren nicht zu bekommen. Ich weiß nicht, wie wir es schafften. Ich weiß nur, daß, nachdem wir drei Jahre lang das unbeschreibliche Kriegsbrot gegessen hatten, eines Morgens meine Kaumuskeln ihren Dienst versagten – sie wollten einfach nicht mehr; sie streikten.

Und dabei befanden wir uns in einer privilegierten Lage. Ich reiste viel in all jene Länder, die mit Deutschland nicht im Krieg standen und zu erreichen waren, ohne ein Land durchqueren zu müssen, das mit Deutschland Krieg führte. Ich spielte in Holland, der Schweiz und Skandinavien und mußte auch in Länder, die von Deutschland besetzt worden waren, und immer erbot sich der deutsche Gesandte oder der deutsche Hochkommissar dort, mir reichlich Lebensmittel zu schicken. Einer von ihnen schickte zwei Kisten voll Lebensmitteln ins Außenministerium in Berlin, wo ich sie bloß abzuholen brauchte. Deshalb standen wir etwas besser da. Vielleicht zweimal im Jahr bekamen meine Jungen ein paar Riegel Schokolade. Eiscreme natürlich nie. Trotzdem wurden sie groß und stark.

Ich erinnere mich, daß ich im April 1915 ein Konzert in Mailand gab. Das war höchst unangenehm, da sich Italien gerade entschlossen hatte, Deutschland den Krieg zu erklären. Da ich aus Deutschland kam, wurde ich auch in den neutralen Ländern von der proalliierten Presse stets als „musikalischer Repräsentant des preußischen Militarismus" attackiert. Die Kritiken, die ich in diesen Blättern bekam, sind schlechterdings nicht zitierfähig. Die reizendsten Komplimente erhielt ich in Schweden und Holland. Ein Kritiker in Amsterdam begann seine Vierzig-Zeilen-Invektive mit der Bemerkung, mich spielen zu hören sei nicht wert gewesen, die Schuhsohlen dafür abzunutzen, fügte hinzu, die Puppe in *Hoffmanns Erzählungen* habe mehr Herz und Seele als ich, und fragte, warum ich eigentlich nicht als Feldwebel an der deutschen Front stehe. Natürlich stellte er sich selbst bloß durch einen Satz, den ich nicht vergessen habe. Er schrieb, meine musikalischen Darbietungen seien wie eine lebende Seite aus Kant oder Hegel. Natürlich sagte das mehr über ihn selbst aus. Dann schrieb er – und das war der Höhepunkt –, ich hätte gespielt „wie ein Erbsen zählender Sträfling". Doch das faßte ich als großes Kompliment auf – später. Ich sage es immer zu meinen Musikstudenten und bitte sie oft, wenn sie Figuren verwischen oder sehr schlampig spielen, zu spielen wie Erbsen zählende Sträflinge. So war es im Grunde eigentlich gar nicht so übel.

Infolge der schlechten Ernährung und des Mangels an Brennmaterial, um unsere Wohnung zu heizen, erkrankte ich im dritten und vierten Kriegsjahr an einer schweren Nervenentzündung in meinen Schultern und Armen, die vermutlich von den Versuchen ausgelöst worden war, meine ständig vor Kälte verspannten Hände zu dehnen. In den darauffolgenden Jahren hatte ich sieben weitere Anfälle, dann verschwanden sie zum Glück für immer.

Im dritten Kriegsjahr wurden die deutschen Militärbehörden mißtrauisch, da die Österreicher den Krieg nicht mit derselben Energie und Begeisterung zu betreiben schienen wie sie selbst, vor allem was die „Mobilisierung aller verfügbaren Männer" anbelangte. Ich wurde erneut vorgeladen, und der Arzt, der mich musterte – es war derselbe wie bei den vorausgegangenen Malen –, sagte: „Ich weiß, Sie waren schon mehrmals hier, und wir haben Sie stets untauglich geschrieben, weil Sie ein Fußleiden haben, das Sie an längeren Fußmärschen hindert." Ich erwiderte: „Keineswegs. Ich bin passionierter Bergsteiger. Ich habe alle möglichen Bergtouren in den Alpen gemacht." Es wird mir immer unbegreiflich bleiben, welcher Teufel mich ritt, dies zu sagen. Augenblicklich wurde mir klar, daß es fatal war. Der Doktor hatte nun keine andere Wahl, als mich „tauglich" zu schreiben. Daß ich dennoch der Einberufung entging, ist kaum faßbar. Ich war damals vierunddreißig. Das deutsche Außenministerium, das mir helfen wollte, zog mich zur Propaganda im Ausland heran. So sollte ich mit den Berliner Philharmonikern nach Brüssel fahren, Weingartner dirigierte. Ich mußte natürlich annehmen. Ich kann nicht sagen, ob ich es auch freiwillig getan hätte – ich möchte nicht in einem besseren Licht erscheinen, als ich es verdiene. Aber so wie die Dinge nun einmal lagen, konnte ich nicht ablehnen. Ich spielte im Théâtre de la Monnaie vor einem Publikum, das ausschließlich aus deutschen Uniformträgern bestand. Ich war nicht sehr glücklich, nicht wegen der deutschen Uniformen, sondern wegen der deutschen Uniformen in einem fremden Land.

Eine Zeitlang erkannten die deutschen Militärbehörden diese Tätigkeit an. Dann wurde ich abermals zu einer Musterung geladen, diesmal vor einen deutschen Offizier, keinen Arzt, und dieser sagte zu mir: „Des Kaisers Uniform zu tragen ist eine höhere Auszeichnung und wichtiger, als es Kunst oder geistige Dinge je sein können." Nun war das österreichische Außenministerium so freundlich, den deutschen Behörden, die meine Unterlagen anforderten, stets zu antworten, man könne sie nicht finden. Dazwischen verstrichen natürlich jedes Mal einige Monate – und so war der Krieg vorüber, bevor ich einberufen wurde.

Aber ich hatte andere Schwierigkeiten. So sollte zur Feier der zweitausendsten Aufführung des *Dreimäderlhauses* eine Benefizvorstellung unter der Schirmherrschaft Ihrer Königlichen Hoheit der Kronprinzessin stattfinden, und irgendein Leutnant, der mit der Durchführung dieser Veranstaltung betraut war, verfiel auf die glorreiche Idee, ich sollte im Kostüm und der Maske Schuberts auftreten und ein oder zwei Stücke spielen. Als mir das angetragen wurde, hatte ich tatsächlich den blasphemischen Gedanken, daß ich besser in den Krieg gezogen wäre. Ich hatte einen Freund, einen großartigen Menschen, der einen hohen Posten im deutschen Außenministerium bekleidete. Ich eilte zu ihm, flehte ihn um seine Hilfe an und sagte ihm, ich würde für die Kronprinzessin mit Freuden so viele Schubert-Sonaten spielen, wie sie nur möchte, aber im *Dreimäderlhaus* könne ich einfach nicht auftreten. Er half mir, und wie es schien, machte er sogar dem Leutnant Vorhaltungen, der auf diese Idee verfallen war. Danach, erinnere ich mich, schrieb er mir einen reizenden Brief, in dem es hieß: „Trifft es sich nicht gut, daß höhere Intelligenz stets auch das höhere Amt bekleidet?"

Ich denke, wir sollten morgen fortfahren. Wir sind am Ende des Kriegs angelangt.

— *Kannten Sie einen Mann namens Straube, der die Bach-Ausgabe bei Peters besorgte?*

A.S.: Ja, ich kannte ihn recht gut. Karl Straube genoß einen sehr hohen Ruf und bekleidete auch das Amt des Thomaskantors. Als Interpret tendierte er vielleicht etwas zur gefühlsseligen Seite, aber er war ein großartiger, idealistischer Mann, ein bißchen wie Dr. Schweitzer. Ich bin mit seinen Ausgaben nicht vertraut, aber sie sind bestimmt sehr anregend.

— *Ja, das sind sie.*

A.S.: Es mag sein, daß einige seiner Ansichten über Bach-Interpretation dem neunzehnten Jahrhundert verhaftet waren. Selbst Busonis Bach-Ausgaben, so interessant und faszinierend sie sind, können in den Händen von jemandem, der sich der Wandlungen in der Auffassung des Bach-Stils, die seit damals stattgefunden haben, nicht bewußt ist, gefährlich sein. Die im neunzehnten Jahrhundert vorherrschende Auffassung der Bach-Interpretation ist wahrscheinlich falsch und irreführend.

— *Sind Sie gegen Klaviertranskriptionen der Bachschen Orgelwerke?*

A.S.: Ich mag sie nicht. Wissen Sie, ich mag keine Transkriptionen. Und die meisten dieser dröhnenden Transkriptionen wurden in einer Zeit angefertigt, in der die Auffassung von Bachs Musik meiner Meinung nach falsch war. Es kostet schon einige Mühe, in der Busoni-Transkription der *Chaconne* Bachs Stück wiederzuerkennen. Sie klingt eher wie César Franck, bekommt eine Sinnlichkeit, Unreinheit und einen Bombast, die Bachs eigentlichem Wesen völlig fremd zu sein scheinen.

Es gab zwei Bach-Auffassungen – entweder man begriff ihn als eine Kathedrale oder als ein Tintenfaß. Doch Bach war ein Mensch, der gern im Wald spazierenging und die Vögel singen hörte, genauso wie andere Menschen.

Beim Hören der Orchestertranskriptionen – die später kamen und in die auch einigen Vorstellungen des zwanzigsten Jahrhunderts einflossen – überfiel mich oft ein physischer Schock. Vor allem diejenigen

Herrn Stokowskis bereiten mir ziemliches Unbehagen, um es gelinde auszudrücken. Als ich die d-Moll-Toccata hörte, dachte ich, eine Zigeunerkapelle würde zu spielen beginnen; es klang für mich wie ungarische Volksmusik.

— *Glauben Sie, daß die Musik Wagners und die Vergrößerung des Orchesters in jener Zeit den Charakter des Orchesters und den Dirigierstil veränderten und sich dies möglicherweise auch auf das Dirigieren älterer Werke auswirkte?*

A.S.: Ich glaube, es gibt bereits eine Gegenbewegung. In der zweiten Hälfte des neunzehnten Jahrhunderts gab es eine Entwicklung, die zu einer Verfälschung, einer Art Vulgarisierung der vor Wagner geschriebenen Musik zu führen drohte. Nicht nur durch eine Veränderung der Klangqualitäten, sondern vor allem durch die Einführung dessen, was ich als „innere Dynamik" bezeichne, auf die man verfiel, um den Unterricht an den Hochschulen zu vereinfachen. „Innere Dynamik" wurde als Ersatz für natürlichen Ausdruck gebraucht. Lassen Sie mich ein Beispiel geben: In einer fünftönigen melodischen Linie, bestehend aus einem Viertel, einem Achtel, einer Achtelpause, einem Viertel, einem Achtel, einer Achtelpause und einem Viertel, werden der zweite und vierte Ton (Achtel) dermaßen verkürzt und unterdrückt, daß die melodische Linie völlig verlorengeht. Zugleich erzeugt die dynamische Entstellung den Eindruck einer oberflächlichen, sentimentalen Gefühligkeit, die die Absicht des Komponisten zusätzlich verzerrt.

Selbstverständlich sollte eine musikalische Linie ein Ganzes bleiben; ob sie „legato" oder „staccato" bezeichnet ist, ob einige Notenwerte länger oder kürzer sind und gleich in welcher rhythmischen Konstellation sie erscheint, sie sollte eine Einheit, *eine* Phrase bleiben.

Es gibt jedoch immer noch viele Dirigenten, die sich der „inneren Dynamik" bedienen.

— *Könnte man einiges davon dem Einfluß Wagners zuschreiben?*

A.S.: Ja. Aber Wagner war natürlich ein Bühnenkomponist. Außerdem wurde es sogar in Aufführungen seiner Musik übertrieben. Ich glaube, es gereicht seiner Musik zum Vorteil, daß sie heute viel schlichter dirigiert wird, als ich sie in meiner Jugend hörte.

— *Und Strauss?*

A.S.: Strauss hatte das bereits aufgegeben und selbst gemerkt, daß das eine Verunreinigung des musikalischen Ausdrucks war.

— *Würden Sie sagen, daß Beethoven eher der klassischen Epoche angehört?*

A.S.: Ich lehne die Unterscheidung zwischen „klassisch" und „romantisch" ab, denn es läßt sich wirklich keine Grenzlinie ziehen. Jede bedeutende künstlerische Äußerung enthält romantische Elemente, und jede bedeutende Äußerung ist in eine Form gebracht, so daß man sie klassisch nennen könnte.

Das Ganze begann im neunzehnten Jahrhundert, als wir anfingen, alles zu erforschen, einzuordnen und zu kategorisieren. Als nächstes folgte die Einteilung sämtlicher Werke in „apollinisch" und „dionysisch". All dies ist äußerst verhängnisvoll, deckt sich nicht mit der Wirklichkeit, ist allenfalls praktisch für den Schulunterricht. Zum Beispiel, wenn Sie Schumanns Musik als einen Übergang, sagen wir: von Beethoven oder Mozart zu Wagner betrachten würden. Ich finde, daß Schumanns beste Werke absolut rein und einfach sind und für sich bestehen können. Sie sind nicht bloß ein langer und langsamer Übergang. Solch herrliche Stücke wie die *Kinderszenen* sind sowohl vollkommen wie rein und einfach und absolut unerschöpflich, würde ich sagen. Für mich haben sie heute immer noch die Frische, die sie zum Zeitpunkt ihres Entstehens gehabt haben müssen.

Doch der wagnerianische Einfluß auf die Bewertung aller Musik ist beachtlich, weil diese Bewertungen im Unterricht und in der Musikliteratur noch immer fortwirken. Jeder große Komponist wurde klassifiziert. Beethoven: der ewig Ringende, der seine Leiden unverholen hinausschreit; Mozart: eine Art Möbelausstellung und Maskerade; Bach: Tintenfaß oder Kathedrale; und Schubert: der bezaubernde Liederfürst. All das ist natürlich barer Unsinn. Wagner ließ tatsächlich einzig Beethoven als seinen Vorgänger gelten. Die Wagnerschule behauptet zum Beispiel, daß Berlioz der größte Meister der Orchestrierung gewesen sei. Das ist ausschließlich ein Resultat der Wagnerpropaganda. Ich würde nicht sagen, daß das alles von ihm selbst so formuliert wurde, aber wie Sie wissen, waren diese Propagandisten laut und wortgewaltig.

— *Können Sie uns irgendwelche Biographien von Beethoven, Bach, Brahms und anderen großen Komponisten empfehlen?*

A.S.: Die Biographien, die ich am meisten empfehlen würde, sind stets jene, die am wenigsten lesbar sind – trockene Berichte; denn der romantisierende Typus, wie ihn zum Beispiel Emil Ludwig vertritt, besteht aus kontinuierlichen Verfälschungen. Das meiner Meinung nach beste Buch über Beethoven heißt *The Beethoven Lexicon* oder *Beethoven Dictionary*. Es ist alphabetisch angelegt, zweibändig, und wo immer Sie es aufschlagen, finden Sie etwas zu Beethovens Leben oder Schaffen. Es enthält keinerlei Interpretation, lediglich Fakten. Ich halte die Thayersche für die beste Beethoven-Biographie.

Zu Mozart und Berlioz würde ich die Bücher von Walter J. Turner empfehlen. Nicht wegen dem, was sie zur Musik sagen – das ist oft unhaltbar, Turner war kein Musiker –, sondern weil es ihm gelingt, einen in die Sphäre des schöpferischen Genies zu führen. Seine Bücher sind von einer natürlichen Wärme und einer unabhängigen Sichtweise geprägt. Sie haben mich am meisten überzeugt. Tovey, der ausschließlich Werkanalysen geschrieben hat, ist sehr lesenswert und interessant.

— *Sind alle diese Werke in Englisch?*

A.S.: Ja. Turner, Tovey und Thayer schrieben auf englisch. Thayer war im diplomatischen Dienst tätig, er war amerikanischer Konsul in Triest und liebte die Musik. Er trug das gesamte Material zusammen, starb aber, bevor er sein Werk vollenden konnte. Hermann Deiters stellte es fertig. Es besteht aus fünf Bänden; die beiden letzten, in deutscher Sprache, wurden von Riemann, dem Leipziger Musikwissenschaftler, herausgegeben, während die ersten drei Bände, in englischer Sprache, allein das Werk des amerikanischen Konsuls sind.

— *Wie steht es mit Alfred Einsteins Mozart-Biographie?*

A.S.: Die erste Hälfte dieses Buchs, der biographische Teil, gefällt mir sehr gut. Sie ist packend, gut zu lesen und enthält möglicherweise auch einige neue Gesichtspunkte. Wenn er sich mit der Musik beschäftigt, fühle ich mich ausgeschlossen, denn es ist äußerst selten, daß Musiker und Musikwissenschaftler den gleichen Weg gehen. Die Musikwissenschaftler haben einen anderen Ansatz, den ich einfach nicht verstehe. Wenn Sie also den biographischen Teil gelesen haben – weil Sie wissen wollen, in welchen Kreisen Mozart verkehrte und was er dachte –, wäre es meines Erachtens viel sinnvoller, Ihre Zeit darauf zu verwenden, seine Briefe zu lesen. Es gibt eine dreibändige Sammlung wunderbarer Mozart-Briefe, übersetzt von Miss Anderson. Sie zu lesen ist das reinste Vergnügen.

— *Ich las einmal in einem Aufsatz, daß Musik ein funktionaler Bestandteil der Gesellschaft sei. Zum Beweis führte der Verfasser Gershwins „Rhapsody in Blue" an und behauptete, daß ein erfahrener Musiker, der nichts von Gershwin wüßte, weder, daß er Jude war, noch, daß er in den dreißiger Jahren in New York lebte, diese Dinge heraushören könnte, wenn er die Musik spielte. Entsprechend könne jemand, der nichts von Musik verstehe, aber in demselben Milieu wie Gershwin aufgewachsen sei und die gleiche Lebensauffassung habe, die „Rhapsody in Blue" hören und die Musik verstehen.*

A.S.: Sie meinen, einzig russische Juden, die nach Amerika kamen, können seine Musik verstehen? Das ist eine ziemlich begrenzte Zahl von Menschen. Wenn Sie Gershwins Kunst für universell halten – warum dann die Einschränkung?

— *Ist Musik denn kein funktionaler Bestandteil der Gesellschaft, unseres Lebens, unseres Vergnügens?*

A.S.: Diese soziale Funktion ist nur eine Anwendung oder eine Wirkung der Musik, sie hat nichts mit der Musik an sich zu tun. Denn die Gesellschaft konsumiert alle Arten von Musik. Sie gelangen zu keiner musikalischen Wertbestimmung, wenn Sie mit Statistiken auffahren, die darlegen, wie sich Musik verkauft oder umsetzt. Diese sagen etwas über die Verwertbarkeit von Musik aus, nicht über die Musik an sich.

— *Könnte man dann sagen, daß Musik an sich ihren Ursprung in einer Adaption absoluter klassischer Werte an das Ohr hat?*

A.S.: Ich denke, Musik an sich hat ihren Ursprung in dem Verlangen, dem Vermögen, der Notwendigkeit, etwas in Tönen auszudrücken. Haben Sie nie gesummt oder gepfiffen?

— *Freilich.*

A.S.: Nun, damit fängt es an. Wenn Sie pfeifen und summen, ist das Musik.

— *Ja, aber Musik wird oft auch als eine Art abstrakte Kunst verstanden, wie es die Vasenmalerei bei den alten Griechen war – etwas, was man aus dem Blickwinkel des Laien nicht wirklich verstehen kann.*

A.S.: Das sind alles Interpretationen. Sie können alles über Musik sagen. Sie können sagen, sie ist kriminell in ihrer Wirkung oder sie ist günstig in ihrer Wirkung. Beides ist gesagt worden. Tolstoi verdammte alle Kunst als verderblich für die Moral des Menschen.

— *Aber Schreiben ist ebenfalls Kunst ...*

A.S.: Aber er hat es nicht als Kunst begriffen. Er ist natürlich nicht ohne Worte ausgekommen. Er mußte sich der Sprache als Medium bedienen. Wenn er lediglich gebellt hätte, hätte es keinerlei Bedeutung gehabt.

— *Ist alle große Musik, alle reine Musik universal, oder gibt es auch welche, die auf bestimmte Nationalitäten beschränkt ist?*

A.S.: Nicht nur große, beständige Musik ist universal; das Ephemere, würde ich sagen, ist genauso universal – nur hat es keinen Bestand, darin liegt der Unterschied. Journalismus ist ebenso universal wie Zeitlosigkeit. In einer Zeit allerdings, in der allein Journalismus als universal gilt, denke ich, bewegen wir uns in die falsche Richtung. Aber würden Sie mir nicht zustimmen, daß das Ephemere ebenfalls universal ist? Minderwertiges ist genauso universal wie Kostbarkeiten. Aber obgleich beide universal sind, sind sie natürlich keineswegs gleich.

— *Ich schrieb einmal in einem Aufsatz, daß der überwiegende Teil der Musik auf der Welt nie aufgeschrieben worden ist. Sie besteht darin, daß Menschen sich zu einem Rhythmus bewegen und summen und pfeifen und mit den Fingern auf Tischplatten trommeln, und diese ungeschriebene Musik entspringt dem menschlichen Ausdrucksbedürfnis.*

A.S.: Sie sagen, daß es in uns allen viel ungeschriebene Musik gibt. Da sind wir vermutlich gleicher Meinung. Aber wir müssen uns mit der Musik beschäftigen, die aufgeschrieben worden ist. Es gibt viele ungeborene Dinge auf der Welt. Doch auch die Dinge, die geboren wurden, tragen ein beträchtliches Quantum unsichtbarer Wirklichkeit in sich, besonders die Musik, und das ist Inspiration.

— *Doch ich frage mich nach dem Ursprung der Inspiration. Woher kommt sie?*

A.S.: Nicht aus Marshall Field's Department Store. Sie können sie nicht dort kaufen – obwohl es sonst fast alles dort gibt.

— *Wenn Sie sagen, daß auch Schund universal ist, meinen Sie, daß ein russischer Bauer genauso Gefallen an Boogie-Woogie fände wie die Teenager in Amerika?*

A.S.: Der russische Bauer hat etwas, das dem Boogie-Woogie hierzulande entspricht. Ich habe großen Respekt vor den Teenagern und war tief beeindruckt als ich gestern in einer Chicagoer Zeitung die Schlagzeile „Backfisch-Gruppe gegen Rassenvorurteile" sah. Die Welt wird besser werden, sie wird sich läutern, daran besteht kein Zweifel. Ich denke, diese Teenager-Mädchen verhalten sich einfach deshalb so, wie sie sich verhalten, weil sie wissen, daß sie auf diese Weise Aufsehen erregen. Wenn niemand von ihnen Notiz nähme, verhielten sie sich anders. Sie sind ganz in Ordnung, sie sind bedauernswerte Opfer. Manchmal werden sie sogar dafür bezahlt, daß sie sich so aufführen, wie Sie vielleicht wissen. So mag dem russischen Bauern Boogie-Woogie gefallen oder nicht, jedenfalls hat er etwas Entsprechendes. Vielleicht gibt es in Rußland keine solche Ramsch-Industrie wie in anderen Ländern (in vielerlei Hinsicht ist Rußland noch „rückständig") – jedenfalls ist der Schund dort noch nicht kommerzialisiert. Aber Mist haben sie dort.

— *Was halten Sie von dem in den Vereinigten Staaten vorherrschenden Brauch, Lieder und Opern in der Originalsprache zu singen, obwohl wir eine englischsprechende Nation sind?*

A.S.: Ich bin sehr dafür, daß Opern in der Sprache des Landes gesungen werden, in welchem sie aufgeführt werden. Auch bei Liedern, meine ich, wäre das vorteilhaft. Denn obwohl die Werke dann nicht genau so erscheinen mögen, wie sie komponiert wurden, wollte der Komponist, wenn er Worte mit Musik kombinierte, zweifellos, daß diese Worte vom Publikum verstanden werden. Ich finde, alle Opern sollten hierzulande auf englisch gesungen werden.

In allen europäischen Ländern wurde es so gehalten: In Italien wurde alles auf italienisch gesungen, in Deutschland auf deutsch, in Ungarn auf ungarisch. Man verwendete nie die Originalsprache, außer in Covent Garden in London, aber dort hatten sie nur eine kurze Spielzeit für Leute, von denen die meisten sowieso nicht zuhörten – es kam also nicht so drauf an.

— *Bei Opern ist es vielleicht nicht so wichtig. Dort gibt es neben der Musik und dem Text eine sichtbare Handlung. Aber bei Liedtexten handelt es sich in vielen Fällen um erstrangige Poesie, die eine Bedeutung hat, und wenn man solche Musik singt, sollten die Leute verstehen, was es bedeutet.*

A.S.: Ich stimme völlig mit Ihnen überein.

— *Aber da gibt es Probleme. Die vorhandenen Übersetzungen sind nicht gut.*

A.S.: Dann sollten wir uns dafür einsetzen, daß bessere Übersetzungen angefertigt werden. Dr. Drinker in Philadelphia zum Beispiel hat die Texte sämtlicher Bach-Kantaten übersetzt. Seine Übersetzungen sind sehr gehaltvoll. Daraufhin fertigte er eine neue Übersetzung des Passionstextes an, da die alte nicht besonders gut war. Soweit ich weiß, ist er jetzt dabei, die Texte aller Brahms-Lieder zu übersetzen. Er lebt als Rechtsanwalt in Philadelphia, ist ein großer Musikliebhaber und leitet einen Chor.

— *Darf ich in diesem Zusammenhang eine weitere Frage stellen? Sie sprachen neulich davon, achtundvierzig Opernensembles in diesem Land zu installieren, für jeden Bundesstaat eines. Ich nehme an, daß Sie die Opern dann in Englisch aufgeführt sehen wollten, so daß sie für die Leute verständlich sind.*

A.S.: Natürlich. Ausschließlich.

— *Würden Sie dann das übliche Repertoire eines großen Opernhauses empfehlen? Es gibt bestimmt einen großen Bestand kleinerer Opern, die der Leistungsfähigkeit der Ensembles gemäß wären.*

A.S.: Das hinge eher vom Umfang des Budgets ab. Aber ich denke, es brauchte nicht auf dem Standard der großen Oper zu sein.

— *Gibt es in Deutschland viele kleinere Opernensembles – ich meine, gab es sie?*

A.S.: Es gab Hunderte von Opernhäusern. Jede Kleinstadt hatte ihr städtisches oder staatliches Opernhaus. Selbstverständlich wurden sie alle subventioniert, denn Opernbühnen können sich nie selbst tragen. Wenn die Stadt nicht sehr groß war, waren Schauspiel und Oper vereinigt. Sie hatten ein festes Ensemble, und wie ich bereits gesagt habe, mußten sie bei der kleinen Einwohnerzahl einer solchen Stadt ein großes und breitgefächertes Repertoire haben. Sie hatten höchstens drei oder vier Abonnentengruppen.

— *Was für Opern wurden da gespielt? Wagner zum Beispiel?*

A.S.: Ja, und Puccini, aber auch Mozart und hin und wieder eine Operette. Alles war an denselben Besucherkreis adressiert. Das Publikum war damals noch sehr homogen.

— *Die Metropolitan Company hat jetzt einen Preis von eintausend Dollar für eine amerikanische Oper ausgeschrieben.*

A.S.: Eintausend Dollar ist wirklich schäbig. Die Detroit Symphony vergibt einen Preis von fünfundzwanzigtausend Dollar für eine amerikanische Symphonie. Doch was ist eine amerikanische Symphonie? Unter einer amerikanischen Oper kann ich mir etwas vorstellen: die Handlung spielt in Amerika. Doch was ist eine amerikanische Symphonie?

— *Herr Schnabel, würden Sie uns sagen was Sie lieber tun: komponieren, spielen oder unterrichten – oder wissen Sie das nicht?*

A.S.: Oh, das weiß ich durchaus.

— *Komponieren?*

A.S.: Ja, am liebsten komponiere ich. Doch – es macht mich traurig, wenn ich daran zurückdenke – zweimal in meinem Leben gab es lange Unterbrechungen, in denen ich nicht komponiert habe; zusammen dauerten sie fast zwanzig Jahre, von 1905 bis 1914 und von 1925 bis 1935. Wenn ich mich frage, warum ich in dieser Zeit nicht komponiert habe, finde ich nur die Antwort, daß der Drang anscheinend nicht stark genug war.

Doch ich habe das Komponieren immer als eine Art Freizeitbeschäftigung betrieben. Offiziell bin ich kein Komponist – ich bin als Pianist abgestempelt –, also war das Komponieren für mich immer eine Art Zeitvertreib oder Liebesaffäre, womit ich nicht sagen will, daß eine Liebesaffäre ein Zeitvertreib sei. Ich habe es immer im Sommer, während der Ferien, betrieben.

— *Sie hatten also das Gefühl fremdzugehen, wenn Sie komponierten?*

A.S.: Fremdzugehen?

— *Ja.*

A.S.: Nein, nicht direkt. Ich komponiere sehr gern, mich interessiert gar nicht so sehr der Wert meiner Kompositionen, sondern einfach die Tätigkeit. Nur wenige meiner Kompositionen sind veröffentlicht. Das ist jedoch zum Teil meine eigene Schuld, denn ich hatte eine ziemlich hochmütige, falsche Einstellung zu meinen Kompositionen, als ich sie hätte veröffentlichen können. Sie werden auch sehr selten aufgeführt. Es wird immer schwieriger, Kompositionen des Typs, den ich schreibe, aufgeführt zu bekommen, denn sie kosten viel Mühe – und Geld, da sie keinen Erfolg versprechen.

— *Gilt das nicht für viele gute neue Musik?*

A.S.: Sicherlich. Sehen Sie, Musik ist zu einem Handelsartikel geworden. Die Kommerzialisierung der Musik hat natürlich zu einigen Verbesserungen, zu in mancherlei Hinsicht besseren Bedingungen geführt; in anderer Hinsicht war sie jedoch schädlich. Der zeitgenössische Komponist befindet sich in einer ziemlich schwierigen Situation, wenn sein Werk nicht leicht zugänglich ist und vor allem wenn er sich nicht des harmonischen Systems bedient, das wir mit der Muttermilch eingesogen haben. Unser ererbtes Musikverständnis bezieht sich auf eine Musik, die sich innerhalb eines bestimmten anerkannten Systems harmonischer Fortschreitungen bewegt (welches im übrigen völlig willkürlich ist und höchst sinnreich). Doch eines Tages erschien einigen von uns dieses System erschöpft. Nicht daß die Komponisten, die es nicht mehr verwenden, besonders originell sein wollten, denn wenn man per Entschluß originell sein könnte, gäbe es Millionen origineller Köpfe. Man kann per Entschluß nicht einmal zum Schwachsinnigen werden.

— *Ich hatte eine Auseinandersetzung mit jemandem, der meint, Komposition sollte wie ein wissenschaftliches Spiel, wie Geometrie betrieben werden.*

A.S.: Lassen Sie's ihn versuchen.

— *Was ich meinte, ist folgendes: Kann man Musik schreiben ohne die Absicht, irgend etwas auszudrücken – einen Gedanken oder eine Empfindung –, indem man einfach Regeln aufstellt und zusieht, was sich aus der Befolgung dieser Regeln machen läßt?*

A.S.: Möglicherweise gibt es ein solches Verfahren. Aber wenn jemand über kreative Begabung verfügt, dürfte er sich selbst etwas vormachen, wenn er solche Geschichten erzählt.

Neulich sah ich die Ankündigung einer Kompositionsschule, die in einem der renommiertesten Verlage ernster Musik in den Vereinigten Staaten, bei Carl Fischer, erscheinen soll: *The Way to the Perfect Composer* in vier Bänden. George Gershwin und einige Tin-Pan-Alley-Genies waren eine Zeitlang Schüler des Verfassers. (Ich glaube, Gershwin hatte viele Lehrer. Er war sehr unruhig und ging vom einen zum andern, um etwas zu finden, wonach er suchte.) In dieser Ankündigung hieß es (ich zitiere wörtlich), wenn man diese vier Bände gelesen habe, wäre man in der Lage, in jedem gewünschten Stil und jedem gewünschten Perfektionsgrad zu komponieren – was anscheinend voraussetzt, daß sich jemand für nur vierzig Prozent Perfektion entscheidet, ein anderer für fünfundsiebzig Prozent und so weiter. Wenn Sie mich fragen, ich werde dieses Buch nicht kaufen, und ich würde Ihnen nicht empfehlen, Ihr Geld dafür zu vergeuden. Doch ich bin sicher, daß der Autor kein Betrüger ist und auch keiner dieser eingefleischten Fanatiker, die an ein System glauben, das alles und jedes kuriert und löst. Er gehört nicht zu denen, die in Anzeigen „Von der Hölle zum Himmel in sechs Wochen" versprechen.

— *Wie ist das bei Bach: Glauben Sie, daß er in seinen Stücken eine Idee oder eine Gemütsbewegung zum Ausdruck bringt?*

A.S.: Ich meine, er bringt den Kosmos zum Ausdruck. Aber ich verstehe dieses ganze Problem nicht: „Idee oder Gemütsbewegung", „Ausdruck oder Wissenschaft" oder wie immer Sie es nennen. Jeder Musiker kann komponieren, wie es ihm gefällt, und jeder Musiker kann reden, wie es ihm gefällt. Aber kein Musiker kann allen anderen Musikern gefallen, vor allem wenn er redet. Wenn Ihnen also wieder einmal jemand erzählt, Musik solle so und nicht anders hervorgebracht werden, sagen Sie ihm, er solle es versuchen.

Artur Schnabel und das Havemann Quartett, das 1924 Schnabels zweites Streichquartett uraufführte.

8

Zweimal in meinem Leben gab es längere Zeitabschnitte, in denen ich nicht komponierte. Der erste dauerte von 1905 bis 1914. Vor 1905 hatte ich Werke geschrieben, die auch dem reaktionärsten Schulmeister keinen Verdruß bereitet hätten. Meine erste Komposition nach dieser Pause war ein Stück für Alt und Klavier nach einem Text von Richard Dehmel mit dem Titel *Notturno*. Heute würde man es als ziemlich konservativ bezeichnen, aber bis 1922 wurde es als das Produkt eines kranken Geistes und unverschämte Vergewaltigung des guten Geschmacks verurteilt. Danach schrieb ich bis 1925, als ich erneut aufhörte zu komponieren, vier Streichquartette, ein Quintett für Klavier und Streicher, ein Streichtrio, eine Sonate für Violine solo, eine Cello- und eine Klaviersonate. Ich glaube, das sind sie alle.

Nur eines dieser Stücke, das erste Streichquartett, wurde gedruckt, aber einige wurden aufgeführt. In diesen Werken läßt sich der Wandel von einer harmonikalen zu einer zunehmend melodisch, rhythmisch und formal bestimmten Grundlage verfolgen.

Während des Ersten Weltkriegs lernte ich einen deutschen Major kennen, den Sohn des Direktors der preußischen Musikhochschule. Sein Vater verdankte seine Stellung seinen einflußreichen Verbindungen – anders hätte er diesen Posten als Jude nie bekommen. Diese Verbindungen ermöglichten es auch dem Sohn, die Offizierslaufbahn einzuschlagen.

Ich kannte den Major als einen sehr freundlichen Menschen. Er war mit einer französischen Geigerin verheiratet, und ich war öfters bei ihm zu Gast. Ich wurde zu verschiedenen Zusammenkünften oder vielmehr Seancen eingeladen. Diese Sitzungen im Hause des Majors wurden offensichtlich seinen Vorgesetzten vom deutschen Generalstab zu

Gefallen veranstaltet, die sich sehr zu Okkultismus und Philosophie hingezogen fühlten.

Graf von Moltke, der Chef des Generalstabs, war ein Schüler Rudolf Steiners, und ich lernte Steiner im Hause des Majors kennen. Ich fühlte mich nicht allzu wohl bei diesen Seancen, aber es reizte mich, mitzuerleben, wie die Spitzen des preußischen Militärs sich solchen mystischen Ritualen hingaben, offenbarte sich mir hier doch etwas von der eigentümlichen Natur der deutschen Oberschicht, die in vielerlei Hinsicht pragmatisch, aggressiv und mystisch zugleich war.

1914 traf der Kaiser in einer Rede an das Volk die verblüffende Feststellung: „Ich kenne von nun an keine Parteien mehr, von nun an kenne ich nur noch Deutsche." Damit schuf er die Voraussetzung für die Gründung einer Vereinigung, die sich Deutsche Gesellschaft nannte und alle Interessen und Anschauungen repräsentierte. Sogar Kommunisten wurden aufgenommen. Die Mehrzahl der Verantwortlichen waren aber Sozialdemokraten.

Einer der führenden Köpfe der Gesellschaft war Walther Rathenau, den ich recht gut kannte. Er war ein bedeutender Industrieller und Politiker; ein Idealist und Liberaler von absoluter Integrität und scharfem Intellekt, doch nicht ganz frei von einem ziemlich snobistischen Ressentiment, das an ihm nagte. Ich glaube, es war das Ressentiment, als Jude geboren zu sein, das ihn am meisten verdroß. Er verspürte immer eine gewisse Gehemmtheit, die daher rührte, daß er Jude war. Das gleiche war bei einem anderen, ansonsten grundverschiedenen Mann der Fall, den ich sehr gut kannte. Beide waren durch die Tatsache, als Juden geboren zu sein, nachhaltig gestört. Dies konnte sich in zwei Richtungen auswirken: Entweder wurden sie von einem Minderwertigkeitskomplex geplagt oder von Größenwahn befallen. Eine normale Entwicklung gab es nicht. Die Mitglieder der Gesellschaft kamen aus allen Berufszweigen. Man versammelte sich, um über allgemeingesellschaftliche Fragen zu diskutieren, und gelegentlich sprach man auch über Musik. Ich trat der Deutschen Gesellschaft bei und denke mit Freude und Dankbarkeit an die Abende zurück, die ich dort verbrachte. Die Versammlungen sprühten vor Geist und stifteten zahlreiche Bekanntschaften.

Mitglied war ich auch im Deutschen Alpenverein. Ich habe Ihnen bereits erzählt, daß ich mein Leben lang ein leidenschaftlicher Bergsteiger gewesen bin. 1924 – ich war seit fünfundzwanzig Jahren Mitglied – beschloß der Deutsche Alpenverein auf seiner Hauptversammlung in Berlin, die Zahl der jüdischen Mitglieder künftig zu limitieren. Das war das zweite Mal, daß ich mich für meine Generation schämte, denn die Berge machten diese Unterscheidung nicht. Das erste Mal war 1917 auf der Gründungsversammlung der Vaterlandspartei, der ich *nicht* beitrat. Die Vereinigten Staaten waren in den Krieg eingetreten, das Vertrauen auf einen Sieg schwand in Deutschland rapide, und die übelste Sorte von Reaktionären und Demagogen tat sich hervor. Die Einheit oder das Verlangen und die Bereitschaft zur Einheit, welche sich 1914 in der Deutschen Gesellschaft gezeigt hatten, waren schnell zunichte. Ich werde das entsetzliche Gebrüll nie vergessen (Lautsprecheranlagen gab es damals noch nicht). Die Redner waren prominente Persönlichkeiten aller Berufssparten. Einer von ihnen, der Bürgermeister einer der größten Städte in Deutschland, sagte: „Deutschland wird den Krieg verlieren, wenn wir nicht dem Beispiel unserer Feinde folgen, die keinerlei Skrupel haben und, ohne mit der Wimper zu zucken, jede erdenkliche Lüge verbreiten. Wir Deutschen sind viel zu ehrlich in unserer Propaganda, und die einzige Chance, unsere Lage zu verbessern, liegt darin, daß wir unsere Feinde im Lügenerzählen übertreffen." Ich kann mich nicht entsinnen, je solche Scham und solchen Ekel empfunden zu haben wie an jenem Abend.

Im September 1918 mußte ich nach Belgien fahren, um am 28., 29. und 30. in Brüssel und Antwerpen zu spielen. Im Zug von Köln nach Brüssel saßen viele alte deutsche Soldaten, die nach Belgien abkommandiert worden waren, um Bahnhöfe zu bewachen oder ähnliche Aufgaben zu erfüllen, für die man alte Soldaten – Männer über Fünfzig – einsetzen konnte.

Unverhohlen bekundeten sie ihre Einschätzung der Lage. Sie berichteten mir von einer Rede, die der Kaiser wenige Tage zuvor vor den Arbeitern der Kruppwerke in Essen gehalten hatte. Sie mokierten sich über ihn und ließen sich in den drastischsten Ausdrücken über seine Rede aus. Ich kann ihre Worte nicht wiederholen – sie gingen über alles hinaus, was Sie sich vorstellen können –, aber sie ließen mich ahnen, daß das Ende bevorstand. Zu deutlich sprachen aus ihnen Defätismus und äußerste Unzufriedenheit mit dem Regime.

In Brüssel war ich Gast des Chefs der deutschen Militärverwaltung in Belgien. Er war ein abscheulicher Mensch und ein Narr obendrein, doch nichtsdestotrotz faszinierend. Zwanzig Jahre zuvor hatte er ein paar Klavierstunden bei mir gehabt. In der Folgezeit hatte er alles mögliche ausprobiert, war Schriftsteller geworden und hatte auch eine ziemlich elegante Zeitschrift herausgegeben. Er war unglaublich überheblich und ließ sich von nichts aufhalten. Sein ungeheurer Zynismus schockierte mich und ebenso der Zynismus sämtlicher Offiziere und Offizieller, denen ich damals in Brüssel begegnete.

Nach einem meiner Konzerte gab es ein Abendessen, bei dem auch der Major, in dessen Haus die spiritistischen Sitzungen stattgefunden hatten, zugegen war. Dieser Abend ist mir unvergeßlich geblieben. Wir unterhielten uns die ganze Nacht hindurch, der Major, ein Professor und ich, hauptsächlich über Dinge, die nichts mit Politik oder dem Krieg zu tun hatten. Aber im Laufe dieser Nacht eröffnete uns der Major, ohne daß ihn jemand danach gefragt hätte, daß bereits alle Unterlagen der Militärverwaltung von Belgien nach Deutschland zurückgeschafft worden seien. Sie hatten nicht einmal um einen Waffenstillstand ersucht.

Nun war ich mir sicher, daß das Ende bevorstand, und fühlte mich ungemein erleichtert. Auf der Rückfahrt von Brüssel nach Köln saß ich mit einem der deutschen Offiziere, die ich in Brüssel kennengelernt hatte, allein im Abteil. Er war Künstler, noch ziemlich jung, intelligent – und genauso zynisch wie all die andern. Er war mit der Tochter eines der mächtigsten Industriellen Europas, eines Deutschen, der an der I.G. Farben beteiligt war, verheiratet. Dieser Mann sagte mir, daß es in vier bis sechs Wochen in Deutschland eine Revolution geben werde – einfach so. Ich hielt ihn für gut informiert und bewahrte Stillschweigen darüber.

Bevor wir den Kölner Bahnhof erreichten, gingen plötzlich die Lichter aus, die Abteile waren stockfinster, und der Zug hielt eine geschlagene Stunde. Am Himmel sahen wir ein prächtiges Feuerwerk, ein überwältigendes Schauspiel. Der Offizier meinte, es sei ein Luftangriff auf den Bahnhof, aber offensichtlich passierte nichts, und später sagte er, es sei lediglich eine Art Übung oder Probe für die Deutschen gewesen.

Am 5. Oktober 1918 war ich in München. Um sechs Uhr abends wurden in den Straßen Extrablätter verteilt, die berichteten, daß Deutschland um Waffenstillstand ersucht habe. An jenem Abend beschloß ich, zu einem Vortrag eines Mannes namens Maximilian Harden zu gehen. Er war einer der bekanntesten Kommentatoren und Publizisten, hatte jahrelang eine Zeitschrift mit dem Titel *Die Zukunft* herausgegeben und war recht großspurig und eitel. (Maximilian Harden war ein Pseudonym, nicht sein wirklicher Name.) Ich ging aus reiner Neugierde hin. Gewöhnlich gefielen mir seine Mätzchen ganz gut, doch an diesem Tag war das gesamte Konzept seines Vortrags von der Meldung der Extrablätter über den Haufen geworfen worden. Um sieben Uhr sollte sein Vortrag beginnen, und eine halbe Stunde vorher hörte er eine Nachricht von der Art, daß nichts, was er zu sagen beabsichtigt hatte, noch Gültigkeit besaß. Er war leichenblaß und zitterte. Was er sagte, war eine Mischung aus Schwarzseherei, Gejammere, Anklagen und Spekulationen.

Es herrschte eine unglaubliche Spannung unter den Tausenden, die sich eingefunden hatten, denn für jeden von ihnen hatte sich vieles verändert, seit die Meldung erschienen war. Eine Explosion schien unmittelbar bevorzustehen; doch sie traf nicht ein.

Am 6. November – dies sind die beiden einzigen Daten meiner beruflichen Tätigkeit in jenen letzten Kriegstagen, die ich behalten habe – gab ich mit meinen Kollegen Flesch und Becker einen Trioabend in Bonn, der Geburtsstadt Beethovens. Es war ein recht erfreuliches Konzert, und anschließend hatten wir ein noch erfreulicheres Abendessen in einem guten Hotel, wo man einen vorzüglichen Wein kredenzte.

Um Mitternacht kam der Oberkellner an unseren Tisch und sagte, man habe soeben einen Telefonanruf aus Köln erhalten: Eine Revolution sei ausgebrochen. Sehen Sie, so kann es sich abspielen, wenn man den Ausbruch einer Revolution miterlebt – ein Oberkellner kommt und berichtet einem von einem Telefonanruf.

Ich machte mir natürlich Sorgen, ob und wie ich zu meiner Familie nach Berlin kommen würde. Außerdem sollte ich am 8. November ein Konzert in Kassel geben. Von Bonn nach Kassel war es nicht allzu weit, aber nun war eine Revolution ausgebrochen, und ich wußte nicht, was ich tun sollte. So fragte ich jenen Oberkellner, was er mir raten würde. Er sagte: „Ich würde auf jeden Fall morgen früh den ersten Zug nach Köln nehmen, sofern denn überhaupt einer fährt."

Dies tat ich. Als ich in Köln ankam, standen dort Tausende von Menschen mit ihrem Gepäck auf dem Bahnhof herum – das reinste Chaos. Ich konnte unmöglich mein ganzes Gepäck alleine tragen, schließlich war ich Pianist und wie alle Pianisten stets darauf bedacht, meine Hände nicht überzustrapazieren. So stand ich denn mit all den Tausenden und wartete ab, was geschehen würde.

Was geschah, war, daß junge – einige waren erst sechzehn Jahre alt – und alte Soldaten absolut ruhig und ohne ein Wort zu verlieren auf Generäle und Obersten zugingen, ihnen die Epauletten abschnitten und die Säbel abnahmen. Auch die Generäle sprachen kein Wort. Das Ganze ging so glatt und geräuschlos vonstatten, als wäre es angeordnet worden und würde nun korrekt und gehorsam ausgeführt.

Schließlich muß ein alter Eisenbahner Mitleid mit mir bekommen haben und sprach mich an: „Brauchen Sie einen Gepäckträger? Möchten Sie Ihr Gepäck deponieren?"

Ich entgegnete, daß ich das liebend gern täte, und er sagte: „Ich werde darauf aufpassen. Sie kommen alle Stunde hierher und erkundigen sich, ob ein Zug Köln verläßt."

Ich erklärte mich einverstanden.

„Soweit wir wissen", fügte er hinzu, „wird allerdings kein Zug fahren."

Ich ging in die Schalterhalle, und dort sah ich aus Gewehren und Karabinern errichtete Pyramiden. Die Gewehre waren in zwei Teile zerbrochen und sorgfältig aufeinandergestapelt worden. Dann wurden sie auf Lastwagen geladen und in den nahe gelegenen Rhein geworfen. So also spielte sich eine Revolution ab. Es war höchst eindrucksvoll.

Ich trat aus dem Bahnhof und betrachtete den herrlichen Dom gleich gegenüber. Linker Hand befand sich die neue Rheinbrücke, und dort wurde das Geschehen, wie ich feststellte, von fünf oder sechs wild aussehenden Matrosen mit roten Nelken regiert. Sie waren aus Kiel, der Basis der Kriegsmarine gekommen.

Ich fragte mich „Was machst du jetzt?", streifte umher und schaute der Revolution zu. Es war nicht viel Aufruhr zu bemerken, aber überall schien die Luft zu vibrieren. Alle Stunde ging ich zum Bahnhof und suchte den alten Mann, meinen Freund, aber es fuhr kein Zug.

Schließlich ging ich ins Hotel Excelsior, wo ich sehr gut zu Mittag aß. Die Gäste dort speisten friedlich und von der Revolution anscheinend völlig unberührt. Als ich am Nachmittag auf den Bahnhof zurückkam, berichtete mir mein Freund, daß um fünf Uhr ein Zug abfahren solle. Er erwähnte, daß dieser Zug über Kassel fahre, und ich entgegnete: „Das grenzt an ein Wunder, denn genau da muß ich hin."

Es stand jedoch zu erwarten, daß der Zug sehr voll sein würde – das heißt, wie wir feststellen mußten, *war* er bereits voll. Durch die Türen war kein Hineinkommen mehr. So hob mich denn mein Freund durch ein Fenster in ein Coupé. Ich besaß eine Fahrkarte erster Klasse, die normalerweise den Anspruch auf ein mit nur drei Mitreisenden zu teilendes Abteil bedeutet hätte. Es gab nur vier Sitzplätze, doch als ich durchs Fenster hineingelangte, saßen bereits zehn oder elf Soldaten dort. Bereitwillig und gutgelaunt quetschten wir uns zusammen, und dann begann unsere lange, langsame Reise.

Ich kam mit den Soldaten ins Gespräch. Alle zehn oder elf hatten, als sie von der Revolution erfahren hatten, die Lazarette und Gefängnisse, in denen sie sich befunden hatten, verlassen. Die einen waren Häftlinge, die anderen Lazarettpatienten, und mir wurde etwas unbehaglich, da die beiden Männer, zwischen denen ich saß, fortwährend Chininpillen schluckten und mir erzählten, daß sie Malaria hätten. Mir fiel auf, daß sie alle mit neuen Sachen versehen waren und eine Menge funkelnagelneues Gepäck dabeihatten. Ich fragte sie: „Sind das Mitbringsel für Ihre Frauen und Familien?"

„Nun", sagten sie, „es hat eine Revolution gegeben, und so sind wir in die Kaufhäuser gegangen und haben uns diese Sachen genommen." Sie sagten das in aller Naivität und Unschuld. Und damit war die Sache erledigt.

Um ein Uhr nachts kam ich in Kassel an. Ich ging in das Hotel, in dem ich ein Zimmer reserviert hatte. Es war alles in Ordnung. In Kassel war alles ruhig; die Revolution war noch nicht bis hierher vorgedrungen. Und so ging ich zu Bett.

Am nächsten Morgen suchte ich den Hoteldirektor auf, um in Erfahrung zu bringen, ob mein Konzert stattfinden würde. Er antwortete: „Das kann niemand sagen. Niemand weiß etwas Genaues."

Es nieselte, wie ich mich erinnere. Ich ging hinaus in die Stadt, weil ich sehen wollte, wie Kassel auf die Revolution und das Kriegsende reagierte. Die Stadt war trübe, träge und verschlafen, doch als ich auf die Hauptstraße kam, drückte mir jemand ein Flugblatt in die Hand, auf dem für zwölf Uhr zu einer Kundgebung auf dem größten Platz der Stadt aufgerufen wurde.

Als ich dort hinkam, hatten sich bereits zwanzig- bis dreißigtausend Menschen versammelt, die auf irgend etwas warteten. Inmitten der Menge tollten Kinder herum und spielten. Kurz nach zwölf kam ein Auto in hoher Geschwindigkeit auf den Platz gefahren, auf dem sich fünf Matrosen befanden. Sie schauten aus wie die Matrosen, die ich in Köln gesehen hatte – vielleicht waren es sogar dieselben. Als sechster saß ein Zivilist auf dem Wagen. Er erhob sich und verkündete: „Der Kaiser hat abgedankt." Und dann geschah etwas ganz Unbeschreibliches: Diese dreißigtausend Menschen reagierten, als müßte sich die Zukunft der gesamten Menschheit nun in den rosigsten Farben gestalten. Mit einemmal lag Erleichterung in ihren Gesichtern, und sie schienen überzeugt, von nun an ein glückliches Leben zu führen und sich nie wieder auf Probleme gefaßt machen zu müssen.

Das war am 8. November. Mein Konzert fand statt und war ausverkauft. Es war ein sehr schöner Abend. Am nächsten Morgen fuhr ich mit dem Zug nach Göttingen, wo ich ein Nachmittagskonzert gab, und am darauffolgenden Tag, dem 10. November, kam ich schließlich in Berlin an.

Von Göttingen aus hatte ich zu Hause angerufen, und meine Frau hatte mir berichtet, daß die Revolution in Berlin ebenfalls am 9. November begonnen hatte. Für diesen Tag, einen Samstag, hatte sie unseren beiden Jungen versprochen, Nachmittags in die Oper zu *Hänsel und Gretel* zu gehen. Man riet ihr, das Haus nicht zu verlassen, doch als sie sah, wie enttäuscht die Kinder waren, brachte sie es nicht übers Herz, ihnen die versprochene Freude vorzuenthalten; also gingen sie hin und sahen am Tag der Revolution *Hänsel und Gretel*. Es waren viele Kinder dort, und sie genossen es aus vollem Herzen.

Nach ein paar Tagen der Revolution kehrte die Armee zurück, eine neue Regierung wurde installiert, und die alten Machthaber rüsteten sich insgeheim bereits für die Wiederkehr der alten Pracht und Herrlichkeit. Ich würde sagen, daß schon vom ersten Tag an die geheime Wiederaufrüstung begann. Sie war für jeden Deutschen erkennbar, der hinsehen wollte.

Ich reiste viel, aber es war damals sehr schwierig in Deutschland zu reisen. Es gab plündernde Truppen – sogenannte Freikorps –, und wenn man in eine Stadt kam, konnte man nie sicher sein, sich nicht plötzlich inmitten einer Schießerei wiederzufinden. Die Eisenbahnzüge waren ungeheizt und stets überfüllt. Nirgends gab es Gepäckträger, und wenn man sein Gepäck aufgab, kam es nicht an. Deshalb reise ich mit so wenig Gepäck wie möglich. Ich trug dicke Wollsachen, denn es war bitterkalt.

Ich erinnere mich an ein Konzert im Februar 1919 in Kiel. Ich hatte etwas Gepäck vorausgeschickt, was sehr unklug war – aber ich konnte es einfach nicht tragen, und Gepäckträger gab es nicht. Dieses Gepäck kam nicht an, und ich hatte nichts bei mir als einen kleinen Notenkoffer, in dem sich auch Kamm und Bürste befanden. Ich konnte mich also für das Konzert nicht umziehen. Doch das war nicht das einzige Problem, als ich in Kiel ankam. Man berichtete mir, daß in der Stadt ein Generalstreik herrsche, und da die meisten Menschen in den Vororten wohnten, war es sehr unwahrscheinlich, daß das Konzert stattfinden würde. Außerdem gab es kein Licht.

Ich sagte mir: „Nun denn." Zu jener Zeit war ich auf alles gefaßt, müssen Sie wissen. Doch dann kam der Vorsitzende der Konzertvereinigung, deren Gast ich war, und sagte: „Sie werden es nicht glauben, aber das Konzert wird stattfinden. Die Leute werden mit Kerzen kilometerweit durch die dunklen Straßen laufen."

In unmittelbarer Nachbarschaft des Konzertsaals, der sich übrigens im Gewerkschaftshaus befand und der beste Saal der Stadt war, in dem alle Konzerte stattfanden, gab es ein Scharmützel mit revolutionären Gruppen, auf dem Dach des gegenüberliegenden Hauses hatten Maschinengewehrposten Stellung bezogen und lagen bereit, jeden Augenblick auf das Gebäude zu feuern, in dem ich mein Konzert geben sollte.

Nun, wir alle traten ziemlich beherzt und unbekümmert auf, und mit einer Kerze in der Hand und in meinen Wollsachen machte ich mich mit einem Begleiter auf den Weg zum Konzertsaal. Als wir um die

Ecke der Straße bogen, an der das Gewerkschaftsgebäude lag, wurden wir von einem Soldaten angehalten, einem Jungen von fünf- oder sechzehn Jahren. Er fragte mich nach meinem Paß. Ich zeigte ihn vor – ich trug in jenen Tagen stets meinen Paß bei mir – und fragte ihn: „In wessen Namen, wenn Sie so freundlich wären, mir das zu sagen, fragen Sie mich nach meinem Paß?"

„Im Namen des Roten Soldatenbunds", erwiderte er.

Es machte mir Freude, dieses Konzert zu geben. Ein paar Kerzen erhellten den Raum, und allein diese Atmosphäre war sehr beeindruckend.

Ähnliche, wenn auch nicht ganz so krasse Erlebnisse hatte ich bei Konzerten in Breslau, Bremen und anderen Städten. Irgendwo um die Ecke oder in den Parks wurde stets geschossen. Es war überaus gefährlich, sich nach Einbruch der Dunkelheit auf die Straße zu begeben. Sie würden es vielleicht abenteuerlich oder romantisch nennen.

Und so verging die Zeit. Es gab ständig politische Morde und Kämpfe gegen die Arbeiter, die Regenten, und es war sehr bezeichnend, daß in all diesen Jahren kein einziger aus dem reaktionären Lager einem Mordanschlag zum Opfer fiel – nur Angehörige der liberalen oder linken Gruppen. Da waren Kurt Eisner, der für die äußerst kurze Zeitspanne von zwei Wochen einem kommunistischen Regime in Bayern vorstand, Karl Liebknecht und Rosa Luxemburg. Die beiden Letztgenannten waren hervorragende Leute, die mit Billigung der sozialdemokratischen Minister von einem Freikorps-Garderegiment auf brutalste und zynischste Weise ermordet wurden. Ich sage noch einmal: Es ist sehr bezeichnend, daß die Opfer oder Getöteten den sogenannten Linksradikalen in Deutschland angehörten. Ob die Linksradikalen zu feige waren, um ihrerseits Angehörige des rechten Lagers zu töten, gehört zu den offenen Fragen.

In jener Zeit erhielt ich den Ehrenprofessorentitel. Ich war der letzte, der diesen Titel in Preußen verliehen bekam. Der Erziehungsminister war der Ansicht, daß ich ihn verdient hätte, und so erhielt ich den Titel von der neuen Regierung, unmittelbar bevor beschlossen wurde, den Professorentitel nur noch in Verbindung mit einem Amt und nicht mehr ehrenhalber zu vergeben.

Mit dem Antritt dieser neuen Regierung änderten sich viele Dinge. Es gab einen deutlich zu verspürenden Stimmungswandel. Im Erziehungsministerium nahm ein neuer Mann namens Kestenberg – ein Schüler Busonis – unverzüglich Reformen in Angriff, vor allem auf dem Sektor der Schulmusik. Er war es auch, der später die Musiklehrerlizenz einführte. Jeder Musiker mußte eine Prüfung ablegen, bevor er unterrichten durfte.

Das Musikleben erfuhr von 1920 an durch einige junge Leute einen herrlichen Aufschwung, der ungefähr ein Jahrzehnt lang andauerte. 1920 bekam die Staatliche akademische Hochschule für Musik einen neuen Direktor. Es war ein Opernkomponist, der von der Presse beziehungsweise von einem äußerst einflußreichen Kritiker als der neue Richard Wagner gefeiert wurde. Sein Name war Franz Schreker. Er hatte ungeheuren Erfolg, zu großen Erfolg vielleicht im Verhältnis zu seinen Verdiensten als Opernkomponist. Er war ein sehr guter Musiker, ein liebenswürdiger und ziemlich naiver Mensch. Als Direktor der Hochschule hatte er Professor Schünemann, einen hervorragenden Musikwissenschaftler, als Assistenten.

Professor Schreker brachte einige Schüler aus Wien mit, darunter Ernst Krenek, der damals erst zwanzig Jahre alt war. Als er zum erstenmal in mein Haus kam, spielte er uns auf dem Klavier seine erste Symphonie vor, ein wirklich imposantes und überwältigendes Stück. Wir begründeten damals eine Freundschaft, die bis auf den heutigen Tag anhält.

Dann war da ein junger Mann aus dem Baltikum, Eduard Erdmann, ein Lette deutscher Abstammung, Pianist und Komponist – ein Mann von außerordentlicher Begabung. Und schließlich Alois Hába, der junge Komponist aus der Tschechoslowakei, der die Vierteltonreihe einführte und damit für ziemlichen Aufruhr sorgte. Doch das lag gewiß nicht in seiner Absicht; er ist ein absolut integrer Mensch. Und seine Vierteltonwerke sind höchst interessant.

Ich glaube, für heute müssen wir Schluß machen. Haben Sie irgendwelche Fragen?

— Es wird sehr oft behauptet, daß große Komponisten eine Botschaft an die Menschheit hätten. Trifft es zu, daß diese Botschaft nur eine emotionale sein kann, oder ist es eine intellektuelle Botschaft? Es ist nicht möglich, das klar zu bestimmen, oder?

A.S.: Sie meinen, daß es vom Komponisten als Botschaft gedacht ist?

— So sagt man, aber das hat nichts zu bedeuten, nicht wahr?

A.S.: Das muß jeder für sich entscheiden. Wenn jemand meint, eine Botschaft zu empfangen, kann niemand behaupten, es sei nicht so; auch ob es eine emotionale oder intellektuelle Botschaft ist, kann nur er selbst entscheiden. Wenn man es gut genug vorbereitet, kann es sogar so etwas wie einen massenhypnotischen Effekt geben. Wenn man zum Beispiel den Leuten vorher erzählt, welche Wirkung die Neunte Symphonie auf sie ausüben wird, dürften sie entsprechend reagieren. Wenn ihnen oft genug gesagt wird, was sie voraussichtlich empfinden werden, werden sie tatsächlich empfinden, was man ihnen gesagt hat.

Ich denke, musikalisch gesehen, existiert es nicht. Ich weiß allerdings, daß viele Musiker glauben, der Menschheit verpflichtet zu sein. Viele Künstler denken so: daß sie Botschafter oder Missionare sind und den Leuten das Heil bringen und sie veredeln müssen. Ich glaube nicht daran. Das heißt, mir ist dieses Problem vollkommen gleichgültig.

— Daß die Russen behaupteten, Schostakowitschs Botschaft enthalte nicht die richtige politische Ideologie, ist absurd, nicht wahr?

A.S.: Wenn jemand viel Musik kennt und bestimmte Assoziationen herstellt, kann manche Musik eine sehr erregende und anstachelnde Wirkung entfalten. Sie kann sogar so anstachelnd sein, daß jemand sie als Aufforderung versteht, einen andern zu töten. Aber ob er einen Roten oder einen Weißen töten soll, kann die Musik nicht vermitteln.

— Könnten Sie uns den konstruktiven Unterschied zwischen dem Klavier der Beethovenzeit und dem modernen Steinway schildern?

A.S.: Fragen Sie einen Klavierbauer. Das ist eine technische Frage, die ich nicht beantworten kann. Ich habe, wie gesagt, auf all diesen Instrumenten gespielt, aber mich interessierten vor allem der Klang der Instrumente, ihre Grenzen und Möglichkeiten. Zu meiner Schande muß ich gestehen, daß ich wenig über den Aufbau des Klaviers weiß. Ich würde mich nicht einmal getrauen, eine Klaviatur herauszuziehen. Als Junge habe ich das einmal gemacht – und viele Hämmer brachen. Meine Mutter war sehr böse mit mir. Seitdem bin ich vorsichtig.

— *Könnten Sie uns etwas mehr über den Unterschied zwischen den Klavieren, die Sie in Europa gespielt haben und die Ihnen so gut gefielen, und unseren Instrumenten hier sagen?*

A.S.: Wie ich Ihnen gesagt habe, hatten jene Instrumente weniger Persönlichkeit. Ich würde sagen, die Eigenschaft, durch die sich das Klavier von allen anderen Instrumenten unterscheidet, ist seine Neutralität. Ein einzelner Ton kann auf dem Klavier nicht schön sein; es ist die Verbindung und das Verhältnis von Tönen, die Schönheit bewirkt.

Wissen Sie, ein einzelner Ton hat keinen Charakter auf dem Klavier. Sie sind gezwungen, mindestens zwei oder drei Töne zu erzeugen, um dem Ohr eine musikalische Empfindung zu vermitteln, während fast alle anderen Instrumente (mit Ausnahme der Schlaginstrumente) oder die menschliche Stimme Ihnen schon mit einem einzigen Ton sinnlichen Genuß bereiten können. Sie können Vibrato einsetzen, sie können kalte oder warme Töne erzeugen – nichts davon ist auf dem Klavier möglich. Um 1910 galt es als sehr „modern" zu sagen, das Klavier sei ein Perkussionsinstrument und man könne alles staccato spielen. Strawinsky trug viel zur Verbreitung dieses Gedankens bei, zusammen mit vielen Klavierlehrern, und es gab auch ein Buch zu diesem Thema.

Ein Musiker sagte mir einmal – ich hoffe, er machte einen Witz –, es mache nicht den geringsten klanglichen Unterschied, ob man eine Taste mit der Spitze eines Regenschirms oder einem Finger anschlage. Das wurde auch in jenem Buch abgedruckt – und zwar nicht als Witz. Natürlich ist das barer Unsinn. Jeder, dem es um Musik zu tun ist, weiß, was sich mit den Fingern auf dem Klavier alles bewerkstelligen läßt. Er kann alle möglichen Töne erzeugen; nicht nur lautere oder leisere, kürzere oder längere, sondern auch unterschiedliche Klangfarben. Es ist möglich, auf dem Klavier beispielsweise den Klang einer Oboe, eines Cellos oder eines Waldhorns nachzuahmen. Aber es ist nicht möglich, den Klang einer Oboe auf einer Flöte oder den einer Klarinette auf einer Geige zu imitieren; diese anderen Instrumente behalten immer ihren eigenen Charakter. Deshalb sagte ich, das Charakteristikum des Klaviers liege darin, das neutralste Instrument zu sein.

Der Bechstein-Flügel erfüllte diese Forderung nach Neutralität besser als jedes andere Instrument, das ich kenne. Auf diesem Klavier konnten Sie fast alles machen. Der Steinway – oder vielmehr der Steinway von vor zwanzig Jahren, denn er hat sich seit damals etwas verändert – war ein Flügel, der immer irgend etwas zur Schau stellen wollte. Er hatte zuviel eigene Persönlichkeit.

Anfangs ging es mir so, daß wenn ich auf einem Steinway etwas wie, sagen wir die Stimme eines Vogels erzeugen wollte, der Flügel für mich immer wie die Stimme eines Tenors anstatt der eines Vogels klang. Jahrelang hatte ich das Gefühl, daß mich der Steinway nicht mochte. Ein absurder Gedanke, aber ich hatte dieses Gefühl.

Er vertrug meine Art, das Klavier zu handhaben, nicht. Daraus schließe ich, daß der Steinway begrenzter ist. Der Bechstein-Flügel ermöglichte mir Effekte, die auf einem Steinway nicht möglich sind. Der Ton des Steinway schwingt viel stärker nach; außerdem gibt es technische Gründe: er hat eine andere Mechanik.

Es gab weitere Klavierbauer in Frankreich, aber das waren zumeist Deutsche, die nach Frankreich ausgewandert waren. Es gibt natürlich auch in Deutschland noch andere Fabriken. Die österreichischen Instrumente sind ziemlich oberflächlich, brillant, elegant und sehr spritzig. Die französischen Instrumente sind sehr akademisch, präzise, scharf und spröde und bieten nicht viel Spielraum, während der Bechstein, wie gesagt, die perfekte Neutralität mitbringt.

— *Hat sich der Steinway in dieser Hinsicht mittlerweile geändert?*

A.S.: Sehr wenig. Sehen Sie, Steinway hat jetzt ein Monopol, und wenn jemand ein Monopol hat, sieht er keinen Grund für Änderungen oder

Verbesserungen. Viele Pianisten sind von der „Repetitionsmechanik" des Steinway irritiert, aber die Firma hält hartnäckig daran fest.

— *Was hat es mit dieser „Repetitionsmechanik" auf sich?*

A.S.: Spielen Sie Klavier?

— *Nein.*

A.S.: Im Grund kann man es auch nachvollziehen, wenn man nicht Klavier spielt. Wenn Sie eine Taste eines Steinway ganz leicht und langsam niederdrücken, stoppt sie, bevor sie ganz unten ist, und erfordert einen gewissen Druck, einen zusätzlichen Druck, um ganz hinunter zu gehen.

Inzwischen habe ich mich so daran gewöhnt, daß es mich kaum noch irritiert. Am Anfang jedoch störte es mich sehr, denn um ein Fortissimo zu erzeugen, können Sie federleicht spielen, doch wenn Sie pianissimo spielen wollen, brauchen Sie verhältnismäßig viel Gewicht, weil sonst die Taste nicht hinuntergeht. Es scheint reichlich verdreht.

— *Warum, Herr Schnabel, haben Sie während des Krieges und inmitten einer Revolution weiterhin Konzerte gegeben?*

A.S.: Warum ich Konzerte gab? Weil mich die Natur als Musiker erschaffen hat. Ich kann nichts anderes, und da es Leute gibt, die fürs Klavierspielen Geld bezahlen, habe ich es zu meinem Beruf gemacht – das ist alles. Es ist ganz einfach, nicht wahr?

— *Gewiß. Tut es Ihnen denn nicht weh, das zu wissen?*

A.S.: Ob es mir weh tut, was zu wissen?

— *Zu wissen, daß Sie lediglich eine Ware sind.*

A.S.: Ein Instrument, keine Ware. Ich bin ein Instrument der Musik.

— *Nun, Sie wissen, daß die Leute oft nur in Ihre Konzerte gehen, um dabeizusein.*

A.S.: Das weiß ich nicht. Ich frage die Leute nicht, warum sie gekommen sind.

— *Inmitten einer Revolution spielen Sie vor Leuten, die in der Dunkelheit zu Ihren Konzerten kommen, nur um zu beweisen, daß wenn sie sonst nichts, so doch immerhin Kultur haben. Ich frage mich, ob das von viel Kultur zeugt.*

A.S.: Ich hatte in Kiel nicht einen Moment die Möglichkeit, der Frage nachzugehen, wer im Recht war; ich tat einfach meine Pflicht. Es lag mir völlig fern, über jemanden den Stab zu brechen. Weder über jenen kleinen Soldaten, der mich nach meinem Paß fragte, noch über jene unerschrockenen Leute, die meilenweit durch die Dunkelheit marschierten, um ein Konzert zu hören, auch wenn sie Reaktionäre gewesen wären.

— *Ich fragte nicht, ob sie im Recht oder Unrecht waren; ich möchte Ihren Standpunkt erfahren, was Sie empfanden.*

A.S.: Anscheinend geht es Ihnen nicht um meinen Standpunkt gegenüber Richtig und Falsch sondern um meinen Standpunkt gegenüber Rechts und Links. Ist es das?

— *Ich möchte gerne wissen, was Sie empfanden. Sie sagen uns selten, was Sie bei den Dingen empfinden, die Sie tun.*

A.S.: Ich berichte Ihnen von dem, was ich tat und erlebte – nicht über das, was ich empfinde. Doch es mag sein, daß meine Empfindungen auf das abgefärbt haben, was ich erlebt habe, und wenn ich Ihnen davon berichte, was ich erlebt habe, etwas von dem Licht durchscheint, in dem ich es gesehen habe. Ich hoffe es jedenfalls.

Doch es ist äußerst schwierig, etwas über die Beziehung zwischen sozialen Bedingungen, sozialen Bewegungen und der Musik, die keine Erklärungen abgeben kann und keine erkennbaren Absichten verfolgt, auszusagen. Es wird immer äußerst verschwommen sein. Selbst in der bildenden Kunst ist es, wenn jemand ausschließlich Landschaften malt, sehr schwer, eine Beziehung zu sozialen Bewegungen nachzuweisen. In der Musik, der am wenigsten deskriptiven von allen Künsten, ist es völlig willkürlich, ganz und gar offen für persönliche Interpretation.

Mein Leben lang habe ich diesen Spruch von der Macht der Musik, die Menschen einander näherzubringen, gehört; daß der Weltfriede nur eintrete, wenn mehr Musik in Umlauf gebracht und ausgetauscht werde. Doch ich habe Menschen gesehen, die von Musik tief ergriffen waren – so tief ergriffen und bewegt wie nur möglich –, und am nächsten Tag wandten sie sich Geschäften zu, die man als kriminell und unmenschlich bezeichnen muß.

Ich glaube nicht, daß es je ein Musikstück gab, das die Wahlentscheidung eines Menschen änderte. Wenn zwei Menschen für verschiedene Leute stimmen, können sie dasselbe Musikstück mit derselben Hingabe lieben.

— *Aber es gab sehr viele Künstler, die, als der Krieg ausbrach, das Malen, die Musik, das Schreiben, oder was immer sie taten, aufgaben.*

A.S.: Und Soldaten wurden.

— *Das habe ich nicht gemeint. In zahlreichen Fällen trifft es jedoch zu.*

A.S.: Und was machten die andern?

— *Ich weiß es nicht. Das wollte ich Sie fragen. Internationales Desaster, Bedrückung und Blutvergießen bewirken bei manchen Leuten, daß sie Musik nicht mehr mögen, bei anderen, daß sie sie noch intensiver lieben.*

A.S.: Was kann ich denn tun, und was konnte ich angesichts von Krieg, Blutvergießen, Verderben und der Atombombe anderes tun, als mit meiner Musik weiterzumachen? Wenn ich meine Musik aufgäbe, würde das weder meine Einstellung zum Ausdruck bringen noch irgend jemandem helfen.

— *Sie sind einer von den Menschen, die diese Dinge objektiv beurteilen können. Andere können das natürlich nicht.*

A.S.: Man kann sterilisiert oder paralysiert werden. Wenn der Antrieb, der Impuls oder die Inspiration blockiert wird, wird vermutlich auch die Person aufhören; das Instrument, das wir sind, wie ich vorhin gesagt habe, wird aufhören zu spielen. Aber solange wir weitermachen können und es nicht völlig unmöglich ist, glaube ich, haben wir keine Wahl – und werden weitermachen.

— *Ich wüßte gern, was geschieht, wenn Sie den Impuls oder die Inspiration zum Komponieren verspüren. Ich habe mich oft gefragt, was man eigentlich hört, wie es auftaucht und wie man darauf reagiert.*

A.S.: Wie soll ich das im einzelnen erklären? Zuweilen taucht es auf und verschwindet wieder. Zuweilen kehrt es mit großem Nachdruck und Beharrlichkeit wieder.

— *Ist es ein Thema, eine Phrase? Fällt es Ihnen plötzlich zu?*

A.S.: Es ist eine Gruppe von Tönen; eine Konstellation von Tönen. Thema, Melodie, Phrase sind ziemlich arbiträre Kategorien. Es ist eine Verbindung von Tönen. Das dürfte die einfachste Definition von Musik sein: eine Verbindung von Tönen. Denn ein einzelner Ton als solcher ist noch keine Musik, aber zwei Töne können bereits Musik sein. Der Kukkuck macht Musik.

— *Herr Schnabel, Sie sagten, Sie bezweifelten, daß irgendein Musikstück die Wahlentscheidung eines Menschen verändern könne. Auf den ersten Blick scheint das zweifellos einleuchtend, aber wenn man es genauer betrachtet und dem innersten Wesen der Kunst nachspürt, stellt man fest, daß Kunst ein Teil des menschlichen Geistes, der menschlichen Seele ist; etwas, das in uns allen ist und sich nicht verändert.*
Wenn Kunst überhaupt einen Sinn hat, liegt er darin: daß sie uns zu einem tieferen Verständnis des Lebens und unserer Erfahrungen verhilft und uns somit besser macht.
Vielleicht trifft das nicht in dem Maße zu, daß ich eine Sonate höre und dann ins Nebenzimmer gehe und einen anderen Stimmzettel abgebe. In diesem unmittelbaren Sinn ist es vielleicht nicht so, aber in dem langfri-

stigen Sinne, daß Kunst eine Bedeutung hat und einen höheren Wert verkörpert. Sie trägt zweifellos zur Förderung der menschlichen Rasse bei und wirkt sich in einem tieferen Sinne auf unsere Einstellung zu unseren Mitmenschen aus und darauf, welche Stimmen wir letzten Endes abgeben werden. Drücke ich mich einigermaßen verständlich aus, oder bin ich konfus?

A.S.: Absolut verständlich. Doch wie erklären Sie sich dann, was mit einem Volk wie den Deutschen geschehen ist, die wirklich eine tiefe Beziehung zur Musik bewiesen haben? Wie erklären Sie sich, daß diese Deutschen zu dem fähig waren, was sie in den letzten zwölf Jahren getan haben, daß sie fähig waren, es auch nur zuzulassen, obwohl sie gewissermaßen mit Kunst, vor allem mit Musik, identifiziert wurden? Und obwohl das durchschnittliche Bildungsniveau nirgendwo höher war als in Deutschland?

— *Ich kann es nicht erklären.*

A.S.: Sie müssen von einer anderen Macht motiviert, getrieben oder überwältigt worden sein, die im gesellschaftlichen Leben stärker ist. Sie sehen, es gibt auch Kollektivhandlungen, die anscheinend unabwendbar sind.

In meinem langen Leben als Musiker und unter Künstlern, zu denen ich viel Kontakt hatte, bin ich zu der Überzeugung gelangt, daß es für jeden, der eine echte Beziehung zur Kunst hat, für den sie einen Teil des Lebens und eine innere Notwendigkeit darstellt, bestimmte Dinge geben muß, die ihm einen gewissen Halt geben.

Ich teile jetzt die Menschen, die eine Beziehung zur Kunst haben, in zwei Gruppen ein: die Besitzer, für die Kunst einfach ein Teil ihres Lebens ist, in der einen oder anderen Form schon immer zu ihnen gehörte – zumindest als Sehnsucht nach ihrem Besitz; und die andern, die ich als schwächliche Opportunisten bezeichne. Diejenigen, die zur Gruppe der Besitzer gehören, wissen natürlich sehr wohl, was sie an der Kunst haben, und wenn sie von allem andern enttäuscht sind, ist hier etwas, das sie nicht enttäuschen kann.

Ob sich das allerdings in ihren Handlungen, ihren sozialen Handlungen, zeigt, ob es sie daran hindern kann, etwas zu tun, was wir für schändlich halten, ist eine andere Frage. (Ich glaube, es gehört traditionell zur deutschen Kultur, den Leuten zu versprechen, daß sie sich durch Musik besser verstehen lernten.) Doch wir sollten froh darüber sein, daß auch Menschen, die anders handeln als wir und deren Handlungen wir mißbilligen, Kunst lieben können, nicht von ihr ausgeschlossen sind und nicht von ihr ausgeschlossen werden können. Ich glaube, daß Menschen, die Mozart lieben, voll hinter Hitlers Taten stehen können. Vielleicht ist das Beispiel schlecht gewählt, aber ich glaube, daß Kunst nichts oder nur sehr wenig mit den politischen Ideen und Handlungen von Menschen zu tun hat.

— *Wie steht es mit Richard Wagner?*

A.S.: Richard Wagner war egozentrisch und fanatisch in der Verfolgung dessen, was er als seine Mission betrachtete, aber wir können ein Genie vom Format Wagners nicht an bürgerlichen Tugenden messen. Dieser Maßstab wäre zu klein.

— *Vielleicht muß gute Kunst mit Theologie verbunden sein, und vielleicht soll sie direkt oder indirekt das menschliche Handeln beeinflussen, denn gute Kunst muß theologische oder philosophische Implikationen enthalten, die sich auf das praktische Leben anwenden lassen.*

A.S.: In der Tat hatte ich persönlich nie einen Schüler, der gemein gewesen wäre. Ich hatte welche, die dumm waren, und solche, die intelligent waren, manche waren naiv, manche schwer von Begriff, aber alle hatten sie eine noble Einstellung zu den Dingen.

— *Herr Schnabel, Sie scheinen eine Sympathie für Amateurmusiker zu haben, und wir wüßten gern, welche Unterscheidung Sie zwischen dem Berufs- und dem Amateurmusiker treffen.*

A.S.: Zunächst, glaube ich, sollten wir uns darüber einigen, ob wir von den Musikern sprechen, die sich mit musikalischer Kunst befassen, oder von denen in den anderen Abteilungen, die nicht zur Kunst gehören. Wenn ich in der Musik von Kunst spreche, meine ich es genauso, wie es in der Literatur verstanden wird. Wir würden nicht sagen, daß alles Gedruckte Kunst ist. Nicht anders verhält es sich in der Musik.

Nun, beziehen Sie sich auf alle Musiker oder auf diejenigen, die sich mit Kunst befassen?

— *Auf alle.*

A.S.: Ich würde sagen, daß es in den unteren Regionen des Musikmachens schwerlich Amateure geben kann. Das mag Ihnen als eine völlig abwegige Behauptung erscheinen. Es kommt darauf an, was Sie meinen, wenn Sie „Amateur" sagen. In seiner ursprünglichen Bedeutung bezeichnete dieser Begriff stets jemanden, der sich in der höchsten musikalischen Region zu betätigen versuchte. Erst sehr viel später begannen auch Leute, die schon damit zufrieden sind, eine kleine Melodie oder einen kleinen Walzer zu spielen, sich als Amateure zu bezeichnen. Ich denke, dies war auch eine Folge der Industrialisierung und des wachsenden kommerziellen Interesses, Noten und Musikinstrumente an die größtmögliche Zahl von Leuten zu verkaufen.

In den höheren Regionen, meine ich, wählt die Natur aus, wer Berufsmusiker und wer Amateur wird. Berufsmusiker wird offensichtlich derjenige, der das Gefühl hat, sein Leben der Musik widmen zu müssen. Dieser Wunsch oder Zwang ist bei anderen nicht so stark, doch können sie, als Amateure, zuweilen Höheres zustande bringen als ein Berufsmusiker.

Berufsmusiker, würde ich sagen, wurden Berufsmusiker aus Notwendigkeit und nicht per Entschluß. Manche scheinen trotz ihres hinreichend starken Verlangens infolge bestimmter Umstände ihrer persönlichen Situation unschlüssig, etwa wenn ihre Eltern nicht damit einverstanden sind, daß sie Berufsmusiker werden.

Ich kenne Fälle von Amateurmusikern, die bis zu ihrem fünfunddreißigsten oder sogar vierzigsten Lebensjahr Anwälte oder Ärzte waren und ihren Beruf schließlich aufgaben, um Berufsmusiker zu werden – eine Tätigkeit, mit der sie viel weniger Geld verdienten als in ihrer alten Position als Arzt oder Anwalt. Nun hatten sie keinen Namen mehr, aber sie waren Berufsmusiker und zum erstenmal in ihrem Leben glücklich.

Andere haben den Wunsch und versuchen, Berufsmusiker zu werden, und werden doch Amateure, da sie nicht zum Berufsmusiker geeignet sind.

Heutzutage sind die Amateure nicht mehr so zahlreich wie früher, denn in der Kunst der Musik Amateur zu sein erfordert Zeit, und seitdem so viele Forderungen an die Leute gestellt werden, haben sie keine Zeit mehr.

Es gibt auch die faule Ausrede: „Wir können so viele hören, die besser spielen, als wir selbst es können, warum sollten wir dann spielen?" Das mag ich nicht.

— Ich glaube, das Radio und die Schallplatte haben bei den Leuten den Drang erstickt, selbst zu musizieren.

A.S.: Es gibt keine Statistiken darüber. Es würde mich brennend interessieren, ob die Amateure in der Kunst der Musik zu- oder abgenommen haben, seitdem sich Musik mechanisch reproduzieren läßt.

— Es scheint nun viele zu geben, die das gleiche Musikstück lieber zu Hause in Pantoffeln auf Schallplatte oder im Radio als in der steifen Atmosphäre eines Konzertsaals hören. Ich frage mich, ob die Vervollkommnung der Aufnahmetechnik und die Einspielung aller neuen Stücke, sobald sie komponiert sind, möglicherweise zum Verschwinden des Konzertsaals führen könnten.

A.S.: Das glaube ich nicht. Ich denke, daß die meiste mechanisch wiedergegebene Musik eine Art Surrogat bleibt. Die akustische Wiedergabe ist nicht ganz authentisch. Es gibt, zumindest in meinen Ohren, immer eine gewisse Veränderung. Dennoch, glaube ich, ist es verständlich, wenn manche Leute heute damit zufrieden sind, hauptsächlich Schallplatten zu hören, und es der Anwesenheit im Konzertsaal sogar vorziehen.

Zu Hause können sie sich aussuchen, was gespielt wird. Sie können es wiederholen und haben einen engeren Kontakt dazu, während in den Konzertsälen die Programme im allgemeinen so gemischt und manchmal so fragwürdig sind, daß die sensibleren Musikhörer lieber nicht hingehen.

Es gibt sehr musikalische Menschen, und es werden immer mehr, die nur noch in ein Konzert gehen, wenn das Programm sie reizt; wenn etwas gespielt wird, das sie noch nie oder noch nicht oft gehört haben und das sie ganz speziell hören wollen. Ansonsten bedienen sie sich lieber des Grammophons oder hören Radio.

Es gibt jedoch einen Kontakt, eine Schwingung, möchte ich sagen, zwischen lebendigen Wesen. In einem Konzert gibt es einen lebendigen Zuhörer und einen lebendigen Interpreten. Wenn man hingegen eine Schallplatte abspielt, gibt es nur ein lebendiges Wesen und ein Objekt, das in gewisser Hinsicht tot ist; jener Kontakt, jene „Schwingung", geht verloren.

— *Das ist genau das, was ich empfinde. Wenn ich eine bestimmte Schallplatte hören möchte, kann ich sie mir anhören, aber ich ziehe ein Konzert dem Schallplattenhören vor.*

A.S.: Ich denke, das sollte auch so sein – es ist nur natürlich. Obwohl sich Musik eigentlich nicht an den Gesichtssinn wendet, ist es etwas anderes, wenn man eine Originalaufführung hört und sich im selben Raum wie der Interpret befindet. Man reagiert anders.

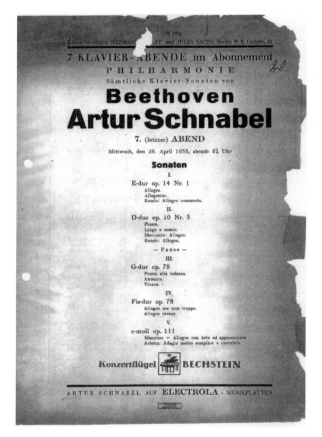

Schnabels Aufteilung der 32 Klaviersonaten Beethovens auf sieben Konzertabende und das Programm seines letzten Konzerts vor seiner Emigration am 26. April 1933 in der Berliner Philharmonie.

9

Die Jahre von 1919 bis 1924 in Berlin waren musikalisch gesehen die anregendsten und vielleicht glücklichsten meines Lebens. Ich ging auf die Vierzig zu, und nun trat eine Veränderung in meinem Leben ein: Hatte bis dahin mein Umgang stets aus Leuten bestanden, die älter waren als ich, fühlte ich mich ab 1919 mehr zu jüngeren Musikern hingezogen – einige von ihnen habe ich gestern erwähnt –, die sehr bereitwillig darauf eingingen.

Es waren sehr lebendige und fruchtbare Kontakte. Die jungen Musiker kamen mindestens einmal in der Woche zu mir und spielten entweder ihre Kompositionen vor oder ließen sich von mir etwas vorspielen; danach unterhielten wir uns und diskutierten bis drei oder vier Uhr morgens über die Werke. Einige von ihnen entwickelten sich zu beachtlichen Persönlichkeiten, einige erlangten internationalen Ruhm.

Zwei junge Komponisten aus dieser Gruppe, Ernst Krenek und Eduard Erdmann, eröffneten mir eines Tages, sie wollten Operetten schreiben, da damit schneller Geld zu verdienen sei als mit der Sorte von Musik, die sie normalerweise komponierten. Ich riet ihnen ab, in der Gewißheit, daß es schiefgehen würde, denn ich bin überzeugt davon, daß ein Komponist, um eine erfolgreiche Operette zustande zu bringen, sein absolut Bestes geben muß. Wenn er es lediglich in einem Akt der Herablassung tut, wird es ihm nicht gelingen. Aber sie ließen sich nicht davon abbringen und erzählten mir, daß sie die beliebtesten und erfolgreichsten Werke dieses Genres gründlich studiert hätten und sie einfach nachahmen wollten und es womöglich besser machen würden.

Also fuhren sie mit ihrem Unternehmen fort. Sie spielten mir oft vor, was sie gerade komponiert hatten. Erdmann hatte großen Spaß daran, gab es jedoch sehr bald auf, während Krenek zäher war und seine Operette vollendete. Sein Verleger wollte für eine Aufführung sorgen und bestellte ihn zu sich, um sein Werk einigen Leuten vorzuspielen, die qualifiziert seien, dessen Wert zu beurteilen. Nachdem er die erste Seite seiner Partitur gespielt hatte, so erzählte mir Krenek später, stand einer der Experten auf und sagte: „Herr Krenek, viel zu gut!"

Sehen Sie, das ist eine sehr aufschlußreiche Geschichte. Wenn ein Operettenkomponist, talentiert und bestimmt dazu, diese Art von Musik zu schreiben, ein Oratorium komponierte und einem Experten vorspielte, würde der sagen: „Viel zu schlecht!"

Während dieser Zeit, 1924, spielte ich gemeinsam mit sechs anderen Musikern in Berlin in einer Aufführung von Schönbergs *Pierrot lunaire*, die von Fritz Stiedry geleitet wurde. Wir hatten zwanzig Proben, ohne dafür bezahlt zu werden. Zu unserem Ensemble gehörten auch Mitglieder der Berliner Philharmoniker. Die Bratsche spielte Boris Kroyt, ein junger Mann, der später Bratscher des Budapester Streichquartetts wurde.

Kroyt hatte uns von einem jungen russischen Cellisten erzählt, der gerade erst nach Berlin gekommen sei; er wohnte in einer ungeheizten Mansarde und war unterernährt. Kroyt sagte: „Er ist ein außergewöhnlicher Musiker, äußerst vielversprechend", und empfahl ihn als Cellisten für unser Ensemble. Und so kam dieser hochgewachsene junge Mann, Gregor Piatigorsky, zu mir nach Hause. Er spielte uns ein Solostück vor, und wir alle waren tief beeindruckt sowohl von seiner Musik als auch von seinem gewinnenden Wesen.

Die Flöte in unserem Ensemble wurde vom ersten Flötisten der Berliner Philharmoniker gespielt, der auch Geschäftsführer des Orchesters war, und wie es der Zufall wollte, war dort gerade die Stelle des ersten Solocellisten vakant.

Er war von Piatigorsky so angetan, daß er ihn direkt von unseren Proben weg als Solocellisten der Berliner Philharmoniker engagierte. Eine schier unglaubliche Geschichte, die Piatigorsky, wie ich gelesen und gehört habe, später oft in Interviews erzählte und mit einigen amüsanten Details ausschmückte.

So erzählte er, daß jedesmal, wenn wir Probe hatten, für die Pause ein paar Sandwiches vorbereitet worden waren. Da nun Piatigorsky der hungrigste von uns allen war und es mehrere Sätze gab, in denen er nicht mitspielte, ging er in das Zimmer, in dem die Sandwiches bereitlagen, und – so erzählte er, wenn man ihm glauben darf – aß sie alle auf, so daß, wenn die anderen kamen, nichts mehr übrig war.

1925 führte Eduard Erdmann beim Festival der Internationalen Gesellschaft für Neue Musik in Venedig eine Klaviersonate von mir auf. Dieses Stück kam beim überwiegenden Teil des Publikums nicht besonders gut an. Zwei Musiker schienen sich besonders zu ärgern, und als das Stück weiter und weiter ging und, wie es ihnen schien, einfach nicht enden wollte, rief einer von ihnen laut: *„Allora basta!"* („Es reicht!") Doch Erdmann spielte weiter.

Toscanini war auch bei dieser Aufführung zugegen, und noch zehn Jahre später sagte er einmal zu mir: „Sind Sie wirklich derselbe Schnabel, der diese grauenhafte Musik geschrieben hat, die ich vor zehn Jahren in Venedig gehört habe?" Ich mußte bestätigen, daß ich ebender sei. Noch in der Erinnerung daran schien er zu leiden.

Dies war die musikalische Seite. In anderlei Hinsicht war das Leben in Berlin in jenen Jahren nicht immer so erfreulich. Die Erleichterung nach der Abdankung des Kaisers war nicht von Dauer, und schon sehr bald folgten ihr eine fürchterliche Gereiztheit und Nervosität und mehr Probleme, als ich bis dahin erlebt hatte. Freunde entzweiten sich über politische Meinungsverschiedenheiten, und jeder fürchtete sich vor dem Aufstieg des Kommunismus.

Dazu fällt mir eine bezeichnende Geschichte ein. Eines Abends hielt mir Rathenau bei Freunden eine Privatvorlesung. Mit Hilfe von Papier, Bleistift und vielen Zahlen versuchte er mir zu beweisen, daß der Kommunismus zwangsläufig zum ökonomischen und moralischen Ruin der menschlichen Gesellschaft führen müsse. Am nächsten Tag reiste ich nach Wien und saß dort beim Mittagessen neben einem ungarischen Adligen, den ich nie zuvor gesehen hatte. Er war begierig darauf, von jemandem, der frisch aus Berlin kam, zu erfahren, was sich dort abspielte. Eine seiner vielen Fragen lautete: „Was macht eigentlich dieser Bolschewist Rathenau momentan?"

Politisch waren nun sowohl Deutschland als auch Österreich Republiken, was sich auf alle Bereiche der Gesellschaft auswirkte. Doch auch viele Traditionen veränderten sich spürbar. Auffällig war zum Beispiel, daß die Mädchen aus bürgerlichen Familien mit einem Mal andere

Hochzeitsgeschenke bekamen. Anstatt des Klaviers, das sie ein Jahrhundert lang bekommen hatten, wenn sie heirateten, bekamen sie nun ein Auto.

Dies hatte weitere Folgen. Vor dem Zeitalter des Autos, zu Beginn des Jahrhunderts, gehörte es zum Sozialprestige der höheren Schichten, Mitglied der örtlichen Chorvereinigung zu sein, einfach um dazuzugehören. Diese Chöre studierten den Winter über eines der Werke ein, die dann im Frühjahr aufgeführt wurden. Jetzt mußten sie aufgelöst werden, und selbst wenn man bereit war, die Sänger zu bezahlen, war es schwierig, sie zusammenzuhalten. Auf der anderen Seite gründeten sich nun Arbeitergesangvereine, und etliche von ihnen erreichten ein außerordentliches Niveau. Nur wenige der Mitglieder konnten Noten lesen; die anderen sangen die schwierigen Werke einfach nach dem Gehör.

Im Dezember 1921 fuhr ich zum ersten Mal in die Vereinigten Staaten. Ich war damals neununddreißig und noch nie zuvor in Amerika gewesen. Und irgendwie fürchtete ich mich vor diesem Wagnis. Kollegen, die in den Vereinigten Staaten zu Ruhm und Ehre gelangt waren, hatten mich mit jeder Menge guter Ratschläge eingedeckt. Einer sagte mir zum Beispiel, ich dürfe mich in den Vereinigten Staaten nie überheblich geben und niemals auf bestimmte Themen zu sprechen kommen. Außerdem riet er mir, bestimmte Werke nicht zu spielen; so sagte er beispielsweise: „Sie können in Amerika nicht alle vierundzwanzig Chopin-Préludes spielen. Die größte dort mögliche Anzahl dürften acht sein, eine Auswahl von acht." Es entzieht sich meiner Kenntnis, wie eine solche Auswahl zu treffen wäre. Doch sechs Jahre später stellte ich fest, daß er selbst alle vierundzwanzig spielte.

Ein anderer Kollege sagte mir: „Die c-Moll-Variationen von Beethoven dürfen Sie nicht spielen." Denn ein gewisser Mr. Hall, der damals in den musikalischen Kreisen anscheinend tonangebend war, hatte eine Anekdote veröffentlicht, der zufolge Beethoven eines Tages beim Betreten des Hauses seines Freundes Johann Streicher, des Klavierbauers, Fräulein Streicher Klavier spielen hörte. Entgeistert fragte er: „Was um Gottes willen spielen Sie denn da?"

„Aber Herr Beethoven, ich spiele Ihre c-Moll-Variationen."

Ich mag diese Geschichte nicht glauben – ich bin davon überzeugt, daß sie schlicht erfunden ist –, doch selbst wenn Beethoven diese Äußerung tatsächlich getan hätte, wäre das offensichtlich einer seiner Witze gewesen. Er tat so etwas gern. Mr. Hall jedoch schloß daraus, daß Beethoven dieses Stück verworfen habe, und so sagte mein Kollege: „Sie dürfen es in den Vereinigten Staaten nicht spielen."

Einer meiner berühmtesten Kollegen riet mir, während der ersten Stunde meines Programms nie von der Bühne zu gehen. „Denn die erste Stunde, müssen Sie wissen, ist der sekundäre Teil des Programms, der ‚Pflicht-Teil', und die meisten Leute hören kaum hin. Erst wenn der ‚familiäre Teil' kommt, gehen die Leute mit." Nun, ich glaubte auch das nicht. Doch stellte ich dann fest, daß es tatsächlich die Gewohnheit einiger Virtuosen in den zwanziger Jahren war, die erste Programmhälfte einfach durchzupauken. Ich hörte Paderewski – es war das einzige Mal, daß ich ihn hörte – Beethovens Opus 111 spielen, und in der Tat war das Publikum während dieser ersten Stunde nicht sehr empfänglich, ging nicht so mit wie dann in der zweiten Stunde.

Gleich nach meiner Ankunft in New York ging ich in mein Hotel und stellte fest, daß ich nicht begütert genug war, um an einem solchen Ort zu bleiben. Außerdem wohnten schon dreißig oder vierzig Musiker dort, und es war wie in einem Zoo – dem Geräuschpegel nach. So wechselte ich am nächsten Tag in ein anderes Hotel, wo ich Besuch von einem Herrn bekam, der mir eine Einladung zu einem Konzert in der Carnegie Hall überbrachte, einem Benefizkonzert für Moritz Moszowski, bei welchem fünfzehn Pianisten, die meisten von ihnen internationale Zelebritäten – wie Ossip Gabrilowitsch, Ignaz Friedman, Wilhelm Backhaus, Harold Bauer, Joseph Lhévinne, Percy Grainger – an fünfzehn Klavieren spielen sollten. Sie werden sicherlich zugeben, daß das sensationell war.

Der Herr, selbst ein bekannter Geiger, der später Dirigent des New York Philharmonic wurde, erzählte mir, daß Schumanns *Carnaval* gespielt werden würde, das erste Stück und das Finale von allen Pianisten gemeinsam, alle anderen Stücke in einem „Reigen", jedes von einem der Pianisten. Seine Frau, eine berühmte deutsche Pianistin, war eine von ihnen. Er sagte: „Sie soll das vierte Stück spielen, und da sie den *Carnaval* noch nie in ihrem Leben gespielt hat, wäre sie sehr froh, wenn Sie kämen und es sich anhörten und ihr eventuell ein paar Ratschläge gäben." Ich konnte das nicht abschlagen, aber eigentlich sollte man das niemals machen – einem Musiker unmittelbar vor einem Auftritt Ratschläge geben, denn es bleibt keine Zeit, sie zu verdauen oder gar zu reflektieren, und es ist viel wahrscheinlicher, daß es Verwirrung stiftet, als daß es eine Hilfe darstellt. Sie machte ihre Sache danach sicherlich nicht besser.

Am Weihnachtstag 1921 hatte ich mein Debüt in der Carnegie Hall. An jenem Tag ging ein Schneesturm über New York nieder. Ich kann nicht sagen, daß mein Konzert ein großer Erfolg gewesen wäre. Die Presse war nicht schlecht. Aber einige Leute versuchten sofort, mir die Schliche beizubringen, wie ich mich von dem Typ von Musiker, als den ich mich betrachte, in eine etwas populärere Sorte verwandeln könnte.

Ich erinnere mich, daß der Manager meiner Klavierfirma zu mir sagte: „Hören Sie, Herr Schnabel, Sie müssen vernünftig sein, wenn Sie hierherkommen. Angenommen, Sie verfügen über zehn Qualitäten. Dann reicht es völlig aus, wenn Sie fünf davon gebrauchen. Wir werden eine Menge Geld verdienen. Die anderen fünf heben wir auf, und wenn Sie wiederkommen, können Sie sie auspacken und dann alle zehn einsetzen." Ich nahm solche Dinge damals sehr ernst und entgegnete: „Sie irren sich. Wenn ich tatsächlich über zehn Qualitäten verfüge, wie Sie es bezeichnen, reizen mich nur Aufgaben, die fünfzehn verlangen." Er sah mich verständnislos an.

Dann erinnere ich mich an einen Leitartikel im *Musical Courier*, den ich damals regelmäßig, seitdem aber nicht mehr gelesen habe. Die Überschrift lautete „Salesmanship". Dort hieß es: „Zur Zeit gastiert hier ein ausgezeichneter Künstler und Musiker, Mr. Schnabel. Warum ist er nicht vernünftig? Warum insistiert er darauf, sein Repertoire zu spielen? Er könnte viel Geld verdienen, wenn er nur ein wenig flexibler und anpassungsfähiger wäre. Er kam hierher, um seine Produkte zu verkaufen, und wenn er seine Produkte verkaufen will, muß er auch den Bedürfnissen des Marktes Rechnung tragen."

Ich wußte, wer der Autor war; wir hatten einen gemeinsamen Freund. Ich denke, der Mann hatte vollkommen recht. Also bat ich meinen Freund, ihm auszurichten, daß ich mit ihm übereinstimme. „Nur in einem Punkt irrt er sich. Es stimmt, daß ich hierherkam, um meine Produkte zu verkaufen, aber er verwechselt mich mit einem Warenhaus."

Mein Agent war damals Mr. Hurok (anscheinend gab er sich in jenen Tagen mit weniger Prominenten zufrieden). Er hatte ausgehandelt, daß ich auf meiner ersten Tournee den Knabe-Flügel benutzen sollte, und mir eine Liste berühmter Musiker übersandt, die ihn zuvor gespielt hatten. Der Knabe-Flügel ist ein sehr guter Flügel, aber er befriedigte mich nicht unbedingt. Im allgemeinen freue ich mich und bin durchaus zufrieden, wenn es mir gelingt, sagen wir, fünfzig bis sechzig Prozent dessen, was ich mir vorgenommen habe, zu verwirklichen. Auf dem Knabe-Flügel kam es nicht zu einem so hohen Prozentsatz.

Bei meinem Debüt mit dem Chicago Symphony Orchestra Anfang 1922 – ich spielte Brahms' d-Moll-Konzert – hatte ich ein recht unerfreuliches Erlebnis mit diesem Instrument. Mitten im Konzert weigerte sich plötzlich ein Ton zu erklingen. Ich versuchte es immer wieder und schlug schließlich mit der Faust auf die Taste, um dem Publikum zu demonstrieren, daß ihr beim besten Willen kein Ton zu entlocken war. Der Hammer ging einfach nicht hoch – ich weiß nicht, was die Ursache war. Also wurde der Flügel von der Bühne geschoben. Es gab einen Aufzug, und mit diesem wurde aus dem Keller ein anderer Flügel heraufgeschafft, ein Flügel, der nicht für den Konzertgebrauch vorgesehen und seit geraumer Zeit nicht mehr gestimmt worden war. Und auf diesem mußte ich dann mein Chicagoer Debüt fortsetzen.

Ich war mit diesen Umständen nicht allzu glücklich. Doch ich versuchte es 1922/23 noch für eine weitere Saison mit dem Knabe-Klavier. Steinway weigerte sich, mir ihre Instrumente zur Verfügung zu stellen, solange ich in Europa den Bechstein-Flügel spielte, den ich so viele Jahre lang benutzt hatte. Sie bestanden darauf, daß ich überall auf der Welt ausschließlich auf einem Steinway spielte, andernfalls würden sie mir ihre Flügel in den Vereinigten Staaten nicht überlassen. Dies ist der Grund, warum ich von 1923 bis 1930 nicht wieder nach Amerika gekommen bin.

Im Anschluß an mein Chicagoer Debüt bereiste ich eine Reihe von Kleinstädten im mittleren Westen, und alles war so neu für mich, daß ich manchmal zum Bahnhof zurückgehen mußte, um mich zu vergewissern, wie die Stadt hieß, in der ich spielte, denn auf den ersten Blick sahen sie alle gleich aus.

Auf dieser ersten Amerikatournee wurde ich natürlich auch interviewt. Ich war das nicht gewohnt und sagte vermutlich nicht das Richtige. Obwohl diese Sitte nach dem Ersten Weltkrieg auch in Europa immer beliebter wurde, besonders in Form von Fragebögen, die Personen des öffentlichen Interesses vorgelegt wurden. An einige dieser Fragebögen kann ich mich noch genau erinnern: Ich antwortete stets auf eine Art und Weise, von der ich hoffte, daß sie sich von all den anderen Antworten unterscheiden würde – einfach aus Jux und Tollerei. Ich wollte sehen, wie sich meine Antwort unter den anderen Antworten ausnehmen würde.

Eine besonders alberne Frage lautete: „Wie verbringen Sie Ihre Wochenenden?" Ich sagte: „Es ist das Los eines Künstlers, keine Werktage zu kennen. Er kennt nur Feiertage. Deshalb kann ich diese Frage nicht beantworten." Und erwartungsgemäß kam ich auf meine Kosten, als ich las, wie der Großteil der anderen Antworten ausgefallen war: Die einen berichteten, wie sie sich in ihren Rolls-Royce schwängen, um an die Küste zu fahren, andere protestierten: „Wie soll es für mich ein Wochenende geben, bei meinem Arbeitspensum?!"

Eine andere Frage lautete: „Wer war Ihr bester Schüler?" An dieser hatte ich mein besonderes Vergnügen, gab sie mir doch die Möglichkeit, meine Antwort auf ein einziges deutsches Wort zu beschränken. Ich sagte: „Jeder."

1923, im Jahr von Hitlers Bierhallenputsch, reiste ich zum ersten Mal nach Sowjetrußland. Alle ausländischen Künstler, die dorthin eingeladen waren, wurden von der Regierung eingeladen. Die Tatsache, daß ich auf das geräuschvolle, provokante und ziemlich abstoßende Auftreten der Kriegsgewinner in entsprechend ostentativer Form reagierte, hatte mir in Deutschland den Ruf eingetragen, ein Kommunist zu sein. Ich erhielt damals etliche anonyme Drohbriefe. Möglicherweise war also dieser Ruf der Grund für meine Einladung nach Rußland.

Ich glaube, daß wohl in jedem Künstler sowohl der Anarchist als auch der Aristokrat lebt, und wo immer er die eine Seite auf die Spitze getrieben oder pervertiert sieht, wendet er sich der anderen zu. In Deutschland hatte also das Auftreten jener Kriegsgewinner meine anarchistische Seite wachgerüttelt. Doch als ich nach Rußland kam, wo man darauf zu warten schien, einen Genossen in die Arme zu schließen, reagierte ich nicht so, wie man offenkundig erwartete, denn hier kam meine aristokratische Seite zum Vorschein.

Natürlich war nun alles ganz anders als in dem Rußland, das ich in zaristischen Zeiten kennengelernt hatte. Damals waren die wohlhabenden Schichten liebenswürdig, lebenslustig, sehr elegant und attraktiv gewesen. Nun sah man niemanden mehr, der elegant oder attraktiv gewesen wäre. Früher hatte ich die Not bei den unteren Schichten nur vereinzelt wahrgenommen; diese schienen jetzt allesamt viel glücklicher, während meine Freunde, die unter dem alten Regime bedeutende Persönlichkeiten gewesen waren, im Elend lebten.

Man hatte einen Mann delegiert, mir Gesellschaft zu leisten und die protokollarischen Aufgaben wahrzunehmen. Er sagte mir, daß mein erstes Konzert nicht zum festgelegten Datum, sondern erst vier Tage später stattfinden werde. Deshalb fragte ich – es war in Moskau: „Und was wird aus meinem Konzert am Samstag in Leningrad?"

Er sagte: „Auch das werden wir arrangieren." Sie sehen, alles wurde von einem Ort, von einer zentralen Stelle aus organisiert.

Ich mußte mir also vier Tage um die Ohren schlagen, bevor ich spielen konnte, und das, ohne ein Wort Russisch zu verstehen. Die meiste Zeit über saß ich im Büro des Mannes, der für das Musikwesen verantwortlich war. Ich glaube, er war vorher Zahntechniker gewesen und kannte kaum den Unterschied zwischen einem Klavier und anderen Instrumenten, aber er war überaus freundlich. Von meiner Anwesenheit in seinem Büro nahm niemand Notiz. Ich saß vier Tage lang in der Ecke auf einem Sofa und schaute diesen glücklichen Menschen zu, die anscheinend zum erstenmal in ihrem Leben ein Telefon benutzen durften. Es waren stets an die dreißig Menschen im Raum, man rauchte Zigaretten, Suppe wurde gebracht, und man redete und redete. Ich genoß es sehr – es herrschte echtes Leben, kindliche Ausgelassenheit.

Die Abende verbrachte ich im Theater. Es war außerordentlich faszinierend – nicht so sehr aufgrund dessen, was sich auf der Bühne, als vielmehr wegen dem, was sich im Publikum abspielte, denn die Zuschauer agierten ebenfalls. Sie nahmen in einem solchen Maße am Bühnengeschehen teil, daß es ungeheuer spannend war, sie zu beobachten. Übrigens sah ich all die modernen inszenatorischen und bühnentechnischen Standards hier zum erstenmal. Auch das war hochinteressant. Ebenso die Oper, wo sämtliche Techniken des Musiktheaters in den Dienst der Propaganda gestellt wurden.

Schließlich gab ich in diesem großen Theater mein Konzert, vor fünftausend Menschen. Es war ausverkauft. Die Leute waren mucksmäuschenstill. Doch dann – der Schlußakkord von Beethovens Opus 111, dem letzten Stück meines Programms, war noch nicht verklungen – rief jemand von der Galerie herunter: „La Campanella!" Andere fielen ein: „La Campanella! La Campanella!" Es erschien mir höchst sonderbar. Später erhielt ich eine Erklärung dafür. Der einzige ausländische Pianist, der vor mir hier gastiert hatte und sehr populär geworden war, spielte nach dem letzten Stück seines Programms stets Liszts „Campanella", so daß sie es anscheinend für einen Teil des Konzerts und den unverzichtbaren Schlußpunkt eines jeden Klavierabends hielten. Ich vermute, daß sie gar nicht einmal unbedingt „La Campanella" hören wollten, sondern aus reiner Höflichkeit – oder Gewohnheit – danach verlangten.

Am nächsten Morgen übersetzte mir jemand die Kritik der führenden Zeitung. Mittlerweile war ihnen klargeworden, daß ich nicht der Kommunist war, den sie erwartet hatten, und so schrieb denn der Rezensent, daß meine Interpretationen für die bourgeoise Welt durchaus als gelungen gelten möchten, es könne aber kein Zweifel darüber bestehen, daß die Revolution nicht den geringsten Einfluß auf mein Beethoven-Bild gehabt habe!

Zwei Tage später spielte ich dasselbe Programm in Leningrad, wohin das Gerücht, ich sei gar kein Genosse, noch nicht vorgedrungen war. Hier bekam ich eine Kritik, in der es hieß, mein Rhythmus spiegele den Sturm der Arbeiterbataillone auf das Bollwerk des Kapitalismus wider.

In jenen Tagen feierte ein junger russischer Pianist dort große Triumphe: Vladimir Horowitz, damals neunzehn Jahre alt. Er spielte mir privat vor, und ich war tief beeindruckt. Später war ich behilflich, ihn aus Rußland herauszuholen. Wenn Sie seine Musik genießen, können Sie sich also auch bei mir bedanken.

Und nun können wir mit unserer Diskussion beginnen.

— *Bekommen Sie, wenn Sie spielen, etwas vom Publikum mit? Merken Sie, ob das Publikum aufnahmebereit oder müde oder was immer ist? Ist das greifbar genug, um es wahrzunehmen?*

A.S.: Nun, ich habe in den vergangenen dreißig Jahren hart gekämpft, um meine Neutralität auf der Bühne zu festigen und mich ausschließlich von der Musik leiten zu lassen. Wenn ich, zu Recht oder zu Unrecht, den Eindruck habe, daß das Publikum nicht besonders gut ist, könnte ich davon beeinflußt werden, würde schlecht spielen und der Musik schaden.

Ein Konzertveranstalter sagte mir einmal, daß ein Künstler in dem Augenblick, in dem er auf die Bühne kommt, spüren sollte, wie sein Publikum an diesem Abend ist. Er verwies auf einen berühmten Sänger und sagte: „Schauen Sie sich diesen Mann an! Er spürt es, sobald er einen Fuß auf die Bühne setzt, und je nach seinem Eindruck entscheidet er sich dann, ernsthaft, halbernst oder unernst zu sein." Das ist eine wahre Geschichte – alle meine Geschichten sind wahr.

Deshalb sage ich, ist es besser, sich des Publikums nicht allzu bewußt zu sein. Wenn Sie in einer Stadt spielen, in der Sie noch nie gewesen sind, ist es ohnehin sehr schwer einzuschätzen. Erst wenn Sie mit einem Ort sehr vertraut sind und schon oft dort gespielt haben, können Sie es besser unterscheiden. Doch meines Erachtens ist es für einen Interpreten immer ratsam, nicht davon abhängig zu sein.

Man sollte davon ausgehen, daß es dem Interpreten um die Musik geht und daß es dem Zuhörer um die Musik geht. Wenn es ihnen also beiden um die Musik geht, werden sie irgendwie zusammenkommen, und es wird eine gemeinsame Schwingung geben.

— *Als die Leute anfingen, Auto zu fahren, anstatt in einem Chor zu singen, war das so, daß es zwar ein hohes Prestige bedeutet hatte, in einem Chor zu sein, doch als man dasselbe Prestige durch den Besitz eines Automobils erlangen konnte, sich die Leute nicht mehr für den Chor interessierten?*

A.S.: Ja, das ist richtig. Natürlich haben wir auch jetzt noch Chöre, aber das sind Berufschöre. Sie sind ausgezeichnet, aber sie werden bezahlt, es sind keine Amateure. Einige Schulen haben hervorragende Chöre. Ich glaube Amateurchöre sind wieder im Kommen.

— *Erinnern Sie sich, was Sie empfanden, als Horowitz Ihnen vorspielte?*

A.S.: Ich war sehr beeindruckt. Er wollte sogar Unterricht bei mir nehmen, aber ich stellte fest, daß er keinen nötig hatte. Ich fragte ihn auch, ob er komponiere, und er sagte schüchtern: „Ja." Er hatte ungeheuren Erfolg, wurde ziemlich verheizt und war erschöpft. In ein und derselben Stadt gab er zwanzig Konzerte pro Saison. Er war wirklich ein Idol zu jener Zeit. Ich erachtete es als unbedingt notwendig für ihn, physisch wie psychisch, Rußland zu verlassen. Ich bin froh, daß er meinem Rat folgte.

— *Weshalb war die Konkurrenz unter den Klavierbauern so mörderisch?*

A.S.: Die Konkurrenz war keineswegs „mörderisch", sie gehörte zum Geschäft. Wenn ein Pianist in Amerika Steinway-Klaviere benutzen wollte, sagte man ihm, daß er überall auf der Welt Steinway-Klaviere benutzen sollte. Erst 1933 gab man diese Geschäftspolitik auf. Als ich 1930 hierherkam, um beim Brahms-Festival in Boston zu spielen, spielte ich auf einem Bechstein-Flügel, der eigens zu diesem Anlaß aus Deutschland herübergeschickt worden war. Bechstein schickte auch einen Stimmer aus Deutschland und einen zweiten Flügel, alles auf Firmenkosten.

Kurioserweise verbreitete Steinway das Gerücht, daß Bechstein-Klaviere keinen Klimawechsel vertrügen. Das scheint nicht sehr glaubhaft, denn ich erlebte Bechstein-Klaviere in Australien, Rußland, der Türkei, Griechenland und Norwegen, in tropischem wie in arktischem Klima, und sie waren stets die gleichen.

— *Was halten Sie von südamerikanischer Musik? Meinen Sie, daß Südamerika zu unerfahren in der Kultur ist, um etwas wirklich Gutes hervorzubringen?*

A.S.: Wie Sie mittlerweile gemerkt haben sollten, gibt es für mich keine andere Musik als musikalische Musik. Ich weigere mich, all diese speziellen Zweige oder Arten von Musik anzuerkennen. Ich kenne keine deutsche Musik, weiß nicht, was französische Musik oder österreichische Musik sein soll. Es mag kleine Unterschiede in den Manieren oder Verzierungen geben, aber ich kann mir keine andere Musik als musikalische Musik vorstellen – sie mag primitiv, schlecht, ordinär, gut oder edel sein.

Es scheint eine von der Natur gezogene Grenze in Hinblick auf die Menge bedeutender Musikwerke zu geben, die in einer Generation hervorgebracht werden. In manchen Ländern mag das Musikleben noch nicht den Grad erreicht haben, daß ihre Musik zum Export geeignet wäre. Und dennoch ist ihre Musik für den heimischen Gebrauch überaus nützlich.

Wenn Sie aus politischen Gründen (etwa im Sinne der „Politik der guten Nachbarschaft") oder aus Gründen des Musikbusineß (wie der „Verwertung von Abfallprodukten") alle Musik anhören müßten, die irgendwo auf der Welt geschrieben wurde, würden Sie indes feststellen, daß Musik überall sehr ähnlich ist. Die guten Stücke aus einem Land gleichen den guten Stücken aus anderen Ländern und die schlechten Stücke aus einem Land den schlechten Stücken von anderswo. Selbst die Verwendung von Volksmusikelementen ändert nichts daran. Wenn Beethoven in einem Streichquartett ein russisches Thema verwendet, klingt es nach Beethoven, nicht nach Rußland.

— *Haben Sie in Ihren Kompositionen je das atonale System angewandt?*

A.S.: Nicht streng. Ich halte nicht allzuviel davon, sich an irgendein System zu binden. Wir interessieren uns sehr für die großartigen Leistungen Arnold Schönbergs, der neues Material bereitgestellt hat. Schönberg wollte Veränderung. Ich glaube, das Publikum war der Ansicht, daß in seiner Musik ein gewisser Mangel an Ursprünglichkeit des Ausdrucks herrsche, da er sich eines Orchesterapparats und eines Ausdrucksmediums bediente, die immer noch sehr stark von der Ausdruckswelt des *Tristan* beeinflußt waren. Es muß eine gewaltige geistige Anstrengung gewesen sein, das neue Medium zu finden. Mittlerweile ist es zum Gemeingut geworden, sogar in der Popularmusik; nicht in seiner Gesamtheit, aber Teilelemente finden sich in aller zeitgenössischen Musik.

Schönberg erlegte sich eine Art Selbstdisziplinierung auf, da er sich in der Gefahr sah, zu mühelos und zu schnell zu schreiben. Als ihn seine Mühelosigkeit zu beängstigen begann, beschloß er, sich für einige Jahre selbst an die Kandare zu nehmen, indem er die Zwölftontechnik verwendete. Eigentlich wurde die Zwölftontechnik zuerst von Hauer vorgestellt. Haben Sie von ihm gehört? Er war ein Wiener Schulmeister. Aber in seinem Fall war es eher ein berechnetes System.

Wir verbinden Schönberg immer mit der Zwölftontechnik. Andere, die mit seiner Musik vertraut sind, meinen, daß es selbst in seinen späteren Werken eine gewisse Abhängigkeit von der romantischen Expressivität Wagners, vor allem der *Tristan*-Musik, gibt. Denn fünfzig Jahre nach *Tristan* können Sie keine wirklich gute Komposition im Stile Wagners finden. Sein größter Einfluß ist in der Musik von Strauss, Mahler und Debussy zu hören, aber in der Musik Strawinskys nicht mehr oder nur noch selten. Strawinskys Musik ist nicht expressiv.

Gelegentlich war Schönberg sehr böse auf mich. Wir hatten fürchterliche Auseinandersetzungen – einige dauerten Jahre –, aber wir blieben immer gute Freunde. Es machte mir Spaß, ihn aufzuziehen. Als ich eines Tages in einer Berliner Zeitung las, daß Strawinsky in einem Interview gesagt hatte „Kunst sollte kalt sein", hinterbrachte ich dieses Zitat Schönberg. Er entgegnete: „Das stimmt nicht! Das habe ich zuerst gesagt!"

— *Sie erwähnten vorhin, daß Sie beim Komponieren kein System anwenden. Halten Sie es für besser, im Theorieunterricht den Studenten keine starren Systeme beizubringen und sie Aufgaben lösen zu lassen, sondern mit ihnen Partituren zu studieren und sie sich die Theorie aus dem Studium guter Musik aneignen zu lassen?*

A.S.: Ich denke, man sollte einen Studenten stets mit den technischen Verfahren der Vergangenheit, der Entwicklung des harmonischen Systems und dem reinen polyphonen Satz vertraut machen. Das ist eine ausgezeichnete Schulung und auch für jemanden fruchtbar, der in einem ganz anderen Stil oder einer ganz anderen Technik komponiert. Zuerst sollte er damit vertraut gemacht werden, und dann sollte man ihn auffordern zu erkunden, welche Weiterentwicklungen, Veränderungen oder Abweichungen sich in neuerer Musik finden.

— *Glauben Sie, daß es manchmal die Kreativität eines Studenten unterdrücken kann, wenn im Theorieunterricht zu sehr auf die Technik abgestellt wird?*

A.S.: Eigentlich nicht, aber ich will nicht abstreiten, daß es vorkommen kann.

— *Ich frage mich, ob er zu penibel werden könnte, anstatt natürlich zu schreiben.*

A.S.: Sie müssen sich einer Form bedienen, es muß organisch sein, sonst nimmt es keine Gestalt an. Es ist nicht nötig, daß jeder Komponist für jedes neue Stück, das er schreibt, einen neuen Organismus oder neues Material kreiert. Meinen Sie, daß es eine Gefahr für die Kreativität eines modernen Dichters bedeutet, wenn er alte Dichtung liest und deren Formen studiert?

— *Als Sie von der Konzentration auf der Bühne sprachen, bezogen Sie sich da ausschließlich auf das Klavier?*

A.S.: Nein. Wir alle müssen uns körperlich entspannen, um mit einem Minimum an Anstrengung zu spielen, und zugleich müssen wir uns geistig konzentrieren. Ich habe meinen Schülern immer gesagt, daß alle Konzentration beim Spielen oberhalb der Augen ansetzen sollte; sie sollte nicht die Schultern einschließen, denn jede Verspannung in den Schultern macht es unmöglich, Arme und Hände völlig zu entspannen.

Das Gelingen hängt hauptsächlich von der ununterbrochenen Konzentration ab. Doch diese ununterbrochene Konzentration ist praktisch nie zu erreichen, selbst wenn man allein zu Hause ist. In einem Konzertsaal ist sie fast undenkbar, denn dort gibt es immer Geräusche, manchmal widrige akustische Verhältnisse, der ungewohnte Flügel ist oft unbefriedigend oder bei anderen Instrumentalisten oder bei Sängern ihr Begleiter oder Partner – und dann die ständige Gefahr, von der Anwesenheit des Publikums abgelenkt zu werden. Ich habe mich mein Leben lang bemüht, von alldem immer unabhängiger zu werden.

— *Wenn man sich auf ein spezielles musikalisches Feld begeben will, halten Sie es dann für nötig, Unterricht zu haben? Was ist Ihre Meinung dazu?*

A.S.: Ich würde sagen, ja. Aber mir gefällt der Ausdruck „nötig" nicht.

— *Nun, ich wollte nur wissen, ob es wichtig ist.*

A.S.: Ich weiß nicht, ob es auf dem Gebiet der Unterhaltungsmusik wichtig ist. Ich habe gehört, daß berühmte Schlagerkomponisten einfach die Melodie summen oder mit einem Finger spielen, während sie ein anderer aufschreibt und mit Harmonien versieht. Ich weiß nicht, ob das stimmt. Auch bin ich vielen Leuten begegnet, die mir erzählten, daß sie Verwandte oder Freunde hätten, die gerne spielten, aber keine Noten lesen könnten.

— *In der frühen Hitlerzeit, waren Sie da in Deutschland? Es würde mich interessieren, ob es irgendwelche Auswirkungen auf das Konzertleben in Deutschland gab.*

A.S.: Ich habe Deutschland sofort verlassen, als Hitler an die Macht kam, doch meine letzten Konzerte in Berlin fanden statt, als er schon am Ruder war. Ich werde darauf zurückkommen; es gehört zum Bericht über meine Laufbahn.

— *Ich würde gern etwas mehr von Ihrem Eindruck von der Musik in Amerika hören; ich meine die Verfassung unseres Musiklebens.*

A.S.: Es ist ein hervorragender Platz für Musik, die allgemeine Resonanz ist wirklich erfreulich, und es gibt wunderbare Orchester hierzulande. Was ich als schädlich erachte, ist die Vorstellung, daß nur, was der Masse gefällt, wirklich gut wäre. Ich weiß nicht, ob das die herrschende Meinung ist, aber ich habe es oft zu hören bekommen. Ich halte es für unerläßlich im Umgang mit Kunst, daß man den Mut hat, sich zu seinen Neigungen zu bekennen. Wenn Ihnen etwas gefällt, sollten Sie nicht abwarten, ob es der Mehrheit gefällt, bevor Sie sich zuzugeben getrauen, daß Sie es mögen.

Vielleicht leben Sie in einem kleinen Ort, wo nur drei oder vier Leute Ihre künstlerischen Wertvorstellungen teilen. Dann sollten Sie weder sich selbst noch die Leute, die Ihre Einsicht nicht teilen, für minderbemittelt halten. Es ist kein Grund zu Überheblichkeit, allenfalls zu Dankbarkeit und Freude, das Privileg des Verstehens zu genießen.

Der Stellenwert der Musik im Leben der Völker hat sich gewandelt. Ich bin sicher, daß die Stellung der Musik hier in den Vereinigten Staaten vor fünfzig oder sechzig Jahren eine andere war als heute, und derselbe Wandel hat in Europa stattgefunden. Der Rückgang der Live-Musik im Privathaushalt, als die mechanische Reproduktion und das Automobil als Konkurrenten aufkamen, war überall der gleiche. Ein Unterschied liegt natürlich darin, daß es in Europa alte Traditionen gab. Aber auch hier gibt es einige Traditionen. Die Orchester haben einige Tradition und ebenso die Musikvereinigungen. Doch in Europa wie hierzulande hat sich das gesamte öffentliche Leben verändert. Das Radio, das Kino und die Illustrierte haben nach dem Ersten Weltkrieg einen ungeheuren Einfluß gewonnen, auch auf diejenigen, die nie ins Kino gehen, nie Radio hören, nie eine Illustrierte lesen. Dessen bin ich mir sicher. Ich werde davon beeinflußt, obwohl ich zu denen gehöre, die äußerst selten diesen Vergnügungen nachgehen.

— *Was halten Sie von Konzerten für Kinder?*

A.S.: Nun, auch die gibt es erst in allerjüngster Zeit. Ich würde nicht sagen, daß es nicht gut ist, Kinder zu Konzerten einzuladen. Aber mit wenigen Ausnahmen halte ich es für unsinnig, bevor sie zehn Jahre alt sind. Säuglinge in Konzerte zu schleppen, denke ich, dient nur der Publicity.

Gestern bekam ich einen Brief: „Ich weiß, Herr Schnabel, daß Sie sich nicht für junge Pianisten interessieren, aber ich wäre Ihnen sehr verbunden, wenn Sie meinen Sohn anhören würden. Er begann mit drei Jahren mit dem Klavierunterricht." Ich fürchte, er wurde zugrunde gerichtet.

Was Kinderkonzerte und die Art ihrer Durchführung betrifft, bin ich mit denen in England besser vertraut als mit denen hierzulande. Ich habe den Eindruck, daß sie hier nicht in der Art und Weise durchgeführt werden, die ich als die beste oder empfehlenswerteste für Kinderkonzerte erachte. Es wird zu viel geredet – zum Beispiel über die verschiedenen Orchesterinstrumente. Das mag ganz unterhaltsam und instruktiv sein, aber die Kinder werden nicht dazu angehalten, die Musik anzuhören, sondern die Oboe von der Klarinette zu unterscheiden. Das hat wenig mit Musik zu tun. Es wäre meines Erachtens viel besser, wenn man sie einfach aufforderte zuzuhören und ihnen nichts erzählte.

Außerdem bin ich dagegen, spezielle Programme für Kinder darzubieten, etwa nur einen Satz aus einer Symphonie zu spielen, dann ein anderes Stück, dann ein Scherzo und so weiter. Das ist nur eine Form von Selbsttäuschung, denn die komplette Symphonie wäre auch nicht länger als die drei oder vier verschiedenen Stücke – oder Teile aus verschiedenen Stücken – zusammen. Und zwischen den einzelnen Sätzen einer Symphonie herrscht genauso viel Ausdrucksvielfalt wie zwischen unterschiedlichen Stücken.

(Ich las einmal die Besprechung eines Konzerts von mir – ich glaube, es war in Kanada –, die so komisch war, daß sie mir unvergeßlich geblieben ist. Der Rezensent schrieb: „Wann ist eine Sonate keine Sonate? Wenn sie von Mr. Schnabel gespielt wird.")

Konzerte für Kinder sollten nicht anders sein als andere Konzerte, vielleicht etwas kürzer. Und keine Vorträge. Aber heute gibt es ja sogar Erwachsenenbildung. Ich weiß nicht recht, was das sein soll, vor allem in der Musik.

Ein Publikum, das sich aus einer einzigen Gruppe von Leuten zusammensetzt, ist ohnehin nicht sehr erstrebenswert – es sei denn, die Gemeinsamkeit liegt darin, daß das Publikum ausschließlich aus Leuten besteht, die gekommen sind, weil sie Musik lieben. Es ist nichts Erstrebenswertes, ausschließlich vor Clubmitgliedern oder ausschließlich vor Arbeitern, Juden, Frauen oder Kindern zu spielen!

Selbst ein Abonnentenpublikum gilt überall auf der Welt als ziemlich abgestumpft. Ich habe einmal eine hübsche Geschichte gelesen: Eine Frau zog von ihrem kleinen Heimatort nach Hamburg, und nun erfüllte sich ihr alter Traum – sie konnte endlich in die Oper gehen. In der Pause unterhielt sie sich mit ihrer Platznachbarin und erzählte ihr, wie glücklich sie sei, jetzt in Hamburg zu wohnen und Opern hören zu können. Die andere Dame, die ihr Leben lang in Hamburg gewohnt hatte, sagte: „Ich bin Abonnentin. Das ist meine fünfundzwanzigste Saison. Ich höre gar nicht mehr hin."

Artur Schnabel und der Dirigent Fabian Sevitsky an Bord der M.S. „Queen Mary", um 1935.

10

Ein herausragendes musikalisches Ereignis des Jahres 1920 war das Mahler-Fest in Amsterdam. Soviel ich weiß, war es das einzige Mahler-Fest, das jemals stattfand. Es gab natürlich 1907 oder 1908 in München die großartige Aufführung seiner achten Symphonie, die vom Veranstalter „Symphonie der Tausend" getauft wurde, doch bei diesem Festival in Amsterdam wurde das symphonische Gesamtwerk Mahlers aufgeführt. Es dauerte zehn Tage, und als eine Art Beiprogramm gab es eine Konzertreihe, in der ausschließlich zeitgenössische Musik gespielt wurde, darunter auch eine Komposition von mir.

Eine der Besonderheiten dieses Amsterdamer Festivals war die Anwesenheit Hunderter von Musikern aus dem Ausland – Musikern, Musikschriftstellern und Leuten, die sonstwie mit Musik zu tun hatten –, alle als Gäste der Stadt Amsterdam von dem Augenblick an, da sie holländischen Boden betraten, bis zu dem Zeitpunkt, da sie ihn wieder verließen. Diejenigen Gäste, die aus Ländern östlich von Holland kamen, hatten alle jahrelang mehr oder weniger in der Kriegs- und Nachkriegszeit Hunger gelitten. Hier nun bot sich ihnen eine wunderbare Gelegenheit, ihre Entbehrungen wettzumachen – und sie nutzten diese Gelegenheit weidlich. Die einen wohnten bei holländischen Familien, die ihnen Gastfreundschaft gewährten, die anderen bekamen Gutscheine, die in allen Restaurants und Hotels eingelöst werden konnten – es war für alle eine herrliche Zeit.

Die namhaftesten Geiger und Cellisten, die eingeladen waren, wurden gebeten, auch in den orchestralen Aufführungen als Konzertmeister mitzuwirken, und sie taten dies mit großem Enthusiasmus.

Ich muß gestehen, daß sich nicht alle ausländischen Gäste, die in den seltenen Genuß kamen, sich einmal satt zu essen – und die Verpflegung war hervorragend –, so benahmen, wie es sich gehört hätte. Wenn sie ins Konzert kamen, konnten sie oft kaum noch atmen – sie hatten zuviel gegessen – und schliefen dann vor Erschöpfung ein. Doch wie gesagt, es war auch musikalisch ein außerordentliches Ereignis.

In der Konzertsaison 1922/23 unternahm ich meine zweite Tournee in die Vereinigten Staaten. Diesmal erstreckte sie sich von Küste zu Küste. Sie verlief ohne Höhepunkte, und ich war ziemlich niedergeschlagen. Ob ich niedergeschlagen war, weil die Tournee nicht besser verlief, oder die Tournee nicht besser verlief, weil ich niedergeschlagen war, ist eine unentschiedene Frage. Jedenfalls hatte ich nur einen sehr mittelmäßigen Erfolg und zweifellos auch nicht mehr verdient. Sie sehen also, das amerikanische Publikum verfügte damals über ein gutes Urteilsvermögen.

Möglicherweise hinderten mich Hemmungen und Vorurteile daran, meine Sache so gut zu machen, wie es die Umstände erlaubt hätten. Ich mochte und mag das Starsystem nicht, und ich war und bin davon überzeugt, daß ich einer anderen musikalischen Abteilung angehöre als die Musiker, die damals in Amerika am beliebtesten waren. Es mag also sein, daß ich eine falsche Einstellung zum öffentlichen Musikleben in den Vereinigten Staaten hatte und mich deshalb irgendwie entmutigt fühlte und nicht viel zustande brachte. Meine Erinnerungen sind deshalb recht spärlich und nicht sehr substantiell.

Ich war berauscht von der Klangfülle des Philadelphia und des Boston Symphony Orchestra und ihrer technischen Perfektion, wie ich sie noch nie zuvor gehört hatte – was nicht heißt, daß ich nicht ebenbürtige oder sogar bessere Interpretationen gehört hätte, denn technische Perfektion und Interpretation sind – fast unnötig, das zu sagen – nicht dasselbe. Als ich das erstemal mit dem Boston Symphony Orchestra spielte, wurde es von Bruno Walter dirigiert. Es war sein Debüt in den Vereinigten Staaten.

Von alledem abgesehen, war ich auf meiner Reise in den Westen überwältigt von der Landschaft, deren Weiträumigkeit in Mittel- oder Westeuropa unvorstellbar wäre. Meine persönlichen Erlebnisse hatten allerdings einen engeren Horizont: So erinnere ich mich zum Beispiel, daß sich in Colorado Springs herausstellte, daß einer der Kellner in meinem Hotel aus Wien stammte. Er lud mich zu einem Ausflug in seinem Wagen ein und nahm mich mit auf einen Berggipfel.

In einer Stadt in Montana fand ich bei meiner Ankunft ein Telegramm aus dem Ort vor, an dem ich als nächstes engagiert war und der nicht weit entfernt lag, das besagte, daß das Konzert nicht stattfinden würde, da der Vorstand der Konzertvereinigung in einer Sitzung am Abend zuvor mangels Geldmitteln die Auflösung des Vereins beschlossen habe. Da ich das Engagement bereits ein Jahr zuvor in Deutschland angenommen hatte, fand ich es reichlich spät für eine Absage – zwei Tage bevor das Konzert stattfinden sollte. Da die Stadt auf dem Weg zu meinem nächsten Konzerttermin lag, beschloß ich, diesen Leuten wenigstens ein bißchen Angst einzujagen und meinen Spaß zu haben. Und so telegrafierte ich: „Akzeptiere Absage nicht. Komme." Sie kabelten zurück: „Aber wir haben keinen Saal. Wir haben kein Klavier." Und ich wiederum: „Bestehe auf Vertragserfüllung. Komme."

Schließlich traf ich ein. Damals reiste stets ein Klavierstimmer mit mir, und mit vereinten Anstrengungen machten wir drei Damen des Vorstandes ausfindig: die Schatzmeisterin, die Vorsitzende und eine weitere, deren Funktion mir verborgen blieb. Sie kamen ziemlich aufgeregt in mein Hotel und sagten: „Es tut uns schrecklich leid, aber wir haben keine Mittel, wir haben absolut keine Mittel mehr. Wissen Sie, das war unsere erste Konzertsaison. Unser Verein wurde erst letztes Jahr gegründet, und wir haben für zehn Abonnementkonzerte Künstler eingeladen, Ihr Klavierabend wäre das siebte gewesen. Doch die vorausgegangenen Konzerte haben alle unsere Mittel erschöpft." Ich entgegnete: „Da bin ich nun den weiten Weg von Deutschland hierher gereist. Unser Vertrag wurde vor einem geschlagenen Jahr geschlossen. Sie erwarten doch nicht im Ernst, daß ich nun so mir nichts, dir nichts auf mein Konzert verzichte." Sie erwiderten: „Was sollen wir machen. Wir haben kein Geld."

Als nächstes suchte ich einen Notar auf, um mir meine Anwesenheit bestätigen zu lassen, und dann ging ich zum Konzertsaal, zusammen mit meinem Klavierstimmer und einem weiteren Zeugen. Natürlich kam ich nicht hinein: Der Saal war verschlossen, und es gab kein Licht. Dann reiste ich ab und verfolgte die Sache nicht weiter. Immerhin hatte ich meinen Spaß gehabt.

Damals gingen schwere Schneestürme nieder. Ich fuhr nach Salt Lake City, wo ich das große „Mormon Tabernacle" besichtigte. Man sagte mir, er habe eine Decke aus Rinderfell und eine so einzigartige Akustik, daß man sogar das Echo eines Flüsterns hören könne. Für Musik ist das natürlich nicht besonders vorteilhaft. Ich erinnere mich, daß ich kaum mein Hotelzimmer in Salt Lake City betreten hatte, als mich die Zeitungsredaktion anrief und sagte, daß mich ihr Reporter und ihr Fotograf sofort sehen müßten. Ich erklärte mich bereit, sie zu empfangen, und erfuhr: „Sie sind schon unterwegs." Ein paar Minuten später wurde an meine Tür geklopft; der Reporter trat ein und fragte: „Wie heißen Sie, bitte?" Das war recht erstaunlich. Ich sagte es ihm, und er stellte andere Fragen.

Dann fuhr ich zu meinem ersten Konzert in Kalifornien. Der Name der Stadt ist mir entfallen, es war irgendwo landeinwärts von Sacramento. Ich war sehr beeindruckt, als wir in diesen ewigen Frühling mit den prächtigen Palmen kamen. Bei dieser zweiten Amerikatournee war meine Frau dabei. Wir mußten von Sacramento aus einen Bus nehmen, der total überfüllt war und in dem es entsetzlich nach Knoblauch roch, aber wir kamen rechtzeitig vor dem Konzert an. Wie gewöhnlich machte ich mich mit meinem Klavierstimmer sogleich auf den Weg zum Konzertsaal, um den Flügel in Augenschein zu nehmen, während meine Frau im Hotel unsere Koffer auspackte. Unterwegs kamen wir an einem Zeitungsbüro vorbei, und ich sah im Schaufenster meinen Namen. Ich blieb stehen und las: „Wegen der schweren Schneestürme kann Mr. Schnabel nicht rechtzeitig zum vorgesehenen Termin hier eintreffen. Sein Konzert wird deshalb fünf Tage später stattfinden." Das war wiederum höchst erstaunlich, wie Sie verstehen werden. Ich ging in das Zeitungsbüro und sagte: „Hier bin ich." „Ja, da können wir nichts machen", antwortete man. Dann riefen sie ihre drei Damen an, die Schatzmeisterin, die Vorsitzende und jene ominöse dritte, um ihnen mitzuteilen, daß ich in der Stadt sei. Ich wurde ans Telefon gerufen und bekam zu hören. „Es tut uns schrecklich leid, aber unser Agent in San Francisco sagte uns, es sei ausgeschlossen oder zumindest ungewiß, ob Sie durchkommen würden, und deshalb verschob er das Konzert um fünf Tage. Er bittet Sie, den nächsten Bus nach San Francisco zu nehmen. Er geht um acht

Uhr. Es ist ein Schnellbus und die beste Verbindung, die Sie bekommen können."

Also eilte ich zu meiner bedauernswerten Frau zurück und eröffnete ihr: „Du mußt alles sofort wieder einpacken – wir haben nicht einmal mehr Zeit, etwas zu essen." Wir nahmen den Bus. Es war finster, stockfinster, und während wir den Bus nicht verlassen durften, hielt der Fahrer mindestens dreimal an, um etwas zu trinken, einen Plausch zu halten oder sonst etwas zu erledigen. Wir mußten die ganze Zeit im dunklen Bus sitzen, bis wir nach Mitternacht endlich ankamen. Allerdings nicht in San Francisco, sondern in Oakland. Woher hätte ich das wissen sollen. Niemand hatte es mir gesagt. Irgendwo in San Francisco hatte ich Zimmer reserviert, und nun stand ich auf dem Busbahnhof in Oakland. Wir hatten eine Menge Gepäck dabei, und Gepäckträger gab es nicht. Plötzlich rief jemand: „Beeilen Sie sich. Die Straßenbahn zur letzten Fähre geht in drei Minuten." Niemand hatte mich über all diese Dinge informiert, aber irgendwie schafften wir es, unser Gepäck in die Straßenbahn und dann auf die Fähre zu verfrachten, und um halb drei Uhr morgens trafen wir in San Francisco ein. Als wir schließlich in unserem Hotel waren, war es drei. Ich fühlte mich nicht mehr wie ein menschliches Wesen, sondern wie ein Paket, und ich brauchte einige Zeit, um mich von den Strapazen dieses Transports zu erholen.

Unsere Hotelzimmer waren außergewöhnlich geräumig, und ich erinnere mich, daß es da eine Tür gab, eine hohe und breite Tür mit Spiegeln: Wenn man sie öffnete kamen drei zusätzliche Betten zum Vorschein.

In Los Angeles traf ich mich mit einer alten Freundin, einer Wienerin, die ich seit mehr als fünfzehn Jahren nicht mehr gesehen hatte. Bei unserem letzten Zusammentreffen in Berlin, es muß so um 1905 herum gewesen sein, hatte ich ihr eine Fotografie von mir gegeben – keines jener Reklamefotos, von denen zahlreiche Kopien gezogen werden, sondern ein richtiges Porträt. Von dieser Fotografie existierten nur zwei Abzüge – einer, der stets bei meiner Familie verblieb, und ebenjener, den ich meiner Freundin gegeben hatte. Sie lud mich in Los Angeles zum Essen ein, und als ich zu ihr kam, zeigte sie mir als erstes eine alte, vergilbte Zeitungsseite, auf der genau dieses Bild prangte. Es war unverkennbar das gleiche Foto, jedes Detail der Kleidung, jede Falte meines Jacketts war identisch. Sie hatte diese Zeitung ungefähr fünf Jahre zuvor auf der Straße gefunden. Als sie das Bild sah, hob sie die Zeitung auf, weil sie sicher war, es handele sich um eine Ankündigung, daß ich nach Amerika käme. Doch zu ihrem großen Erstaunen stand ein anderer Name unter dem Bild, und im dazugehörigen Artikel hieß es, dies sei der Mann, den man tags zuvor im Park ermordet habe. Als sie näher hinsah, stellte sie fest, daß die Zeitung aus einer anderen Stadt stammte und der Erscheinungstag lange zurücklag.

Sie gab mir die Zeitung, und ich besitze sie noch immer. Es tröstete mich einigermaßen, daß ich immerhin nicht als Mörder, sondern als Opfer abgebildet war. Die Sache hat sich nie aufgeklärt. Vielleicht verkaufen Fotografen ihre Bestände an alten Bildern manchmal an Zeitungsredaktionen, die sie verwenden, wenn eine benötigte Fotografie nicht zu beschaffen ist, und, zeitlich und räumlich so weit vom Ursprung entfernt, dabei kaum ein Risiko eingehen. Doch auch dann bleibt es ein Rätsel, warum die einzige Person in Amerika, die einen Abzug des Bildes besaß, diese Zeitung fand – lange nach ihrem Erscheinen, auf der Straße in einer anderen Stadt.

Nach New York zurückgekehrt, hatte ich ein echtes Erlebnis: Ich machte die Bekanntschaft von Mrs. Harriet Lanier, einer Frau von außergewöhnlichem Geist und Charakter. Sie war die Gründerin der Society of the Friends of Music, die unter der Leitung von Artur Bodanzky selten zu hörende Chor- und Orchesterwerke aufführte. Bis zu ihrem Tode 1932 blieb ich mit Mrs. Lanier in Verbindung. Jeden Sommer kam sie nach Europa, und 1931 verlebten wir drei herrliche Wochen als ihre Gäste in einem gotischen Palast aus dem vierzehnten Jahrhundert in Venedig. Wir hätten länger bleiben sollen, aber meine Sehnsucht nach Wiesen, Bäumen und Tieren – die es in Venedig alle nicht gab – wurde so übermächtig, daß ich abreisen mußte.

Bevor ich die Vereinigten Staaten 1923 verließ, hatte ich eine Unterredung mit dem Direktor der Firma Knabe, die mir unvergeßlich geblieben ist. Er sagte mir, es sei unmöglich, mit mir zusammenzuarbeiten, da es mir an Verständnis für die Situation fehle. Um den „Mann auf der Straße" und den „erschöpften Geschäftsmann" – zwei mythische Wesen, versteht sich – zufriedenzustellen, müsse man sich musikalisch ganz anders verhalten, als ich es tue. „Ihre berühmten Kollegen wollen alle den Mann auf der Straße bedienen und zufriedenstellen. Warum Sie nicht?" fragte er. Ich erinnere mich, daß ich antwortete „Ich möchte ihn nicht für dumm verkaufen" und ging. Dennoch schickte er mir eine Kiste ausgezeichneter Zigarren aufs Schiff. Aber ich kam nicht wieder, nicht vor 1930, aus den Gründen, die ich bereits dargelegt habe.

Als ich nach Deutschland zurückkam, war die Inflation in vollem Gange. Sie können sich nicht vorstellen, was das heißt. Es war das Verrückteste, was ich je erlebt habe. Die Uneinigkeit der Deutschen nach dem Ersten Weltkrieg war wie weggeblasen, die Inflation sorgte für absolute Eintracht. Jeder war ausgelassen und munter und in bester Stimmung. Niemand hatte etwas anderes im Kopf, als so schnell wie möglich sein Geld loszuwerden, egal, was er dafür bekam, denn der Wert des Geldes sank von Stunde zu Stunde, und nach ein paar Stunden bekam man nur noch halb soviel wie zuvor. Alles rannte herum, die Taschen voller Banknoten. Schließlich, gegen Ende der Inflation, kostete eine Busfahrt mehrere Milliarden Mark. Ich erhielt meine Gagen in Paketen von Geldscheinen, und einmal, als ich mit dem Philharmonischen Orchester in Berlin gespielt hatte, mußte ich einen Mann bitten, mir meine Gage nach Hause tragen zu helfen. Unterwegs kamen wir an einem Feinkostgeschäft vorbei, und um meinen Helfer zu entlasten, investierte ich die Hälfte in ein paar Würstchen. Am nächsten Morgen entnahm ich der Zeitung, daß ich nun für die andere Hälfte nicht einmal mehr ein einziges Würstchen bekommen würde. Und so lachte ich herzlich – wie alle andern.

Es war wirklich unvorstellbar. Jeder eilte aufs Land und kaufte, was immer die Bauern ihm gaben. Man zahlte die höchsten Preise, denn eine halbe Stunde später würden sie noch höher sein. Die Bauern verkauften alle die schönen Sachen, die sie in ihrer besten, jahrhundertealten Tradition hergestellt hatten – Möbel, Stickereien und Schmuckgegenstände – an Städter und eilten dann in die Stadt und kauften die Warenhäuser leer. Ausländer kamen und kauften ganze Häuserblocks für ein paar Dollar.

Aber das Musikleben lief in dieser Zeit unberührt weiter, angeregt und lebendig wie nie zuvor. Die drei, zeitweilig vier Opernhäuser, die in Berlin gleichzeitig betrieben wurden, spielten außer dem klassischen und romantischen Repertoire Opern von Richard Strauss, Pfitzner, Strawinsky, Schönberg, Hindemith, de Falla, Krenek, Schreker, Rathaus, Korngold, d'Albert und vielen anderen. Die Mehrzahl dieser Werke ist hierzulande noch nie zu hören gewesen.

Infolge der Inflation verlor ich, zum zweitenmal innerhalb weniger Jahre, meine gesamten Ersparnisse. Das schien damals ziemlich belanglos, da es anscheinend immer wieder geschah; ich begann mich daran zu gewöhnen.

In jedem der folgenden Jahre spielte ich wieder in Rußland: 1923, 1924, 1925 und 1926. Danach fuhr ich nicht mehr hin, da ich es als unangebracht für einen Ausländer empfand, Zeuge der dortigen Entwicklungen zu sein. Einige unserer alten Freunde litten so sehr, daß ich es nicht länger ertragen konnte.

Bei einem dieser Rußlandaufenthalte machte ich die Bekanntschaft von Alexander Glasunow. Er war der freundlichste und zuvorkommendste ältere Herr, dem ich je begegnet bin, sehr formell und äußerst korrekt, und verhielt sich immer noch so, als lebte er in den gleichen Verhältnissen wie vor der Revolution. Er hatte eine sehr geräumige Wohnung, aber sie war nie geheizt, und die Familie bewohnte nur einen einzigen Raum, in dem ein Ofen stand. Doch auch in diesem Raum war es so kalt, daß ich stets meinen Mantel anbehalten mußte, wenn ich bei ihm zu Besuch war, und auch der Wodka, den er mir jedesmal anbot, half nicht viel. Ohnehin konnte ich natürlich nie ganz mit ihm mithalten. Er war unglücklich, weil einige seiner Musikerkollegen, die er sehr schätzte, nicht mit ihm darin übereinstimmten, daß es sich bei bestimmten Noten in klassischen Werken wie etwa Schuberts C-dur-Symphonie oder bei Beethoven um Fehler handeln müsse, da sie zu ungewöhnlich, zu unerwartet seien. Er litt tatsächlich, als ich und andere Musiker ihm sagten, wir seien überzeugt davon, daß jene Noten absolut richtig seien, gerade weil sie so unerwartet und ungewöhnlich seien. Meiner Meinung ist in einem Werk eines Genies das Unerwartete wahrscheinlicher als das Übliche.

Ich zögere, die folgende Geschichte zu erzählen, aber sie ist so hübsch und charakteristisch, daß ich versuchen will, meine Bedenken zu überwinden. Glasunow liebte es, mir seine Kompositionen vorzuspielen. Eines Abends spielte seine Adoptivtochter ein Stück, das er gerade komponiert hatte, und ich saß mit ihm zwei Zimmer weiter in dem geheizten Raum, um es mir anzuhören. Glücklicherweise verfügte sie über einen recht kräftigen Ton. Sie spielte dieses ziemlich unspektakuläre Stück, und plötzlich faßte er mich am Arm und sagte: „Haben Sie gehört? Eine Dissonanz." Aber ich hatte überhaupt nichts bemerkt. Es verwirrte und verletzte ihn, daß ein Mann wie Strawinsky Erfolg hatte. „Von allen zweitausend Schülern, die ich am St. Petersburger Konservatorium unterrichtet habe", sagte er, „hatte er das schlechteste Gehör."

1926 befand ich mich während der Osterwoche in Rußland. Ich hatte so viel über die Behinderung von Gottesdiensten gehört, daß ich beschloß, in jede Kirche zu gehen, die offen war. Zusammen mit einem russischen Freund besuchte ich in der Osternacht sechsundzwanzig Kirchen. Jede von ihnen war überfüllt, und man sah viele Soldaten in Uniform, Soldaten der Roten Armee, denen, so schien es, nicht verboten worden war, in die Kirche zu gehen. Ich muß hinzufügen, daß ich nicht viele Anzeichen wahrnahm, die auf eine besondere innere Teilnahme hätten schließen lassen. Aber die Leute waren da, und ich hatte den Eindruck, daß sie auch in der Woche zuvor in der Kirche gewesen waren.

Zwischendurch fuhr ich 1925 nach England, zum erstenmal seit zwanzig Jahren wieder. Meine Konzerte waren von der Klavierfirma Bechstein arrangiert worden. Sie war sehr bedacht darauf, daß ich in England auftrat: Ihre Instrumente waren dort hoch angesehen und weit verbreitet, und sie unterhielt sogar einige Werkstätten für die Endmontage und Reparaturen in England. Ich gab zwei Konzerte in einem kleinen Saal in London und hatte beachtlichen Erfolg. Von da an kam ich bis zum Ausbruch des Zweiten Weltkriegs jedes Jahr wieder und gab unzählige Konzerte sowohl in England als auch in Schottland und Irland. Ich fühlte mich sehr wohl dort. Ich lernte Menschen kennen, die zu engen Freunden wurden, unter ihnen auch Mr. und Mrs. Samuel Courtauld. Ich war Gast in ihrem herrlichen Haus mit seiner wundervollen Gemäldesammlung.

Eines Tages eröffnete mir Mrs. Courtauld, sie sei es allmählich überdrüssig, die Covent Garden Opera zu unterstützen, wie sie es seit dem Ersten Weltkrieg ununterbrochen getan hatte, und fragte mich, ob ich etwas anderes wüßte, was sie für die Musik tun könnte. So entstand das

Projekt der Courtauld-Sargent-Konzerte, die bald zu einer festen Institution wurden, außerordentlich erfolgreich waren und überall nachgeahmt werden sollten. Ich bin überzeugt, es wäre ein Erfolg, wo immer man es probierte. Die Absicht dieses Projekts war, eine Reihe von Symphoniekonzerten solchen Musikliebhabern anzubieten, die nicht in der Lage waren, die hohen Eintrittspreise der regulären Symphoniekonzerte zu zahlen. Diese Konzertreihe firmierte unter dem Namen Courtauld-Sargent-Club, da Sir Malcolm Sargent ihr ständiger Dirigent wurde. Die Mitgliedschaft beschränkte sich auf Angestellte von Warenhäusern, Einzelhandelsgeschäften, Fabriken, Banken und anderen Betrieben. Jede dieser Firmen mußte mindestens sechs Abonnements übernehmen. Sie erkundigten sich, wie viele und welche ihrer Angestellten an den Konzerten interessiert waren, und orderten die entsprechende Anzahl Abonnements. Die Reihe bestand aus sechs Konzerten im Jahr, wobei jedes Konzert zweimal gespielt wurde. Sie waren stets ausabonniert, und das Niveau des Publikums war wundervoll.

Es gab ein jährliches Defizit, aber es war nie höher als ungefähr zweitausend Pfund, und die Hauptursache dafür war, daß Mr. Courtauld großzügig Proben bewilligte. Oft wurden für ein Konzert fünf oder sechs Proben angesetzt, und wenn Hindemith oder Strawinsky eingeladen wurden, eines ihrer neuesten Werke zu dirigieren, wurden ihnen sogar sieben oder acht Proben gewährt. Und Sie wissen ja, wie teuer Proben mit einem großen Symphonieorchester sind.

Doch ich glaube, daß eine derartige Organisation auch mit weniger Proben vermutlich ein kleines jährliches Defizit aufwiese und deshalb subventioniert werden müßte. Mit Kammermusik würde sich eine solche Organisation jedoch bestimmt selbst tragen. Ich habe sehr oft angeregt, dieses Modell auch in den Vereinigten Staaten auszuprobieren, und ich bin absolut überzeugt, daß es ein großer Erfolg werden würde. Aber bisher wollte niemand. Ich weiß nicht, aus welchen Gründen.

Dauerhafte Freundschaft schloß ich in England auch mit dem Schriftsteller Walter J. Turner und mit Sir Robert Mayer, der in Deutschland geboren war, aber seit seiner Kindheit in England lebte. Er veranstaltete als erster Konzerte für Kinder und hatte solchen Erfolg damit, daß diese Kinderkonzerte 1939 in achtundzwanzig englischen Städten veranstaltet wurden. Die Kinder wurden von ihren Schullehrern ausgewählt, die sie auch auf die Programme vorbereiteten und in die Konzerte begleiteten. Es war eine wirklich beispielhafte Einrichtung, ein Modell, wie man es machen sollte.

1924 beschloß ein deutscher Zeitungsverlag, der auch Bücher und Zeitschriften verlegte, seinen Unternehmensbereich weiter auszudehnen und auch Musik zu verlegen. Der Name des Verlags war Ullstein, und sein Notenprogramm nannte sich „Tonmeister-Ausgabe". Sie umfaßte ausschließlich Klavierwerke, von Bach bis Brahms. Ullstein trat an mich heran und fragte, ob ich die Klavierwerke Beethovens für sie herausgeben wolle. Ich erklärte mich einverstanden, edierte dann aber nur die zweiunddreißig Sonaten und die *Diabelli-Variationen*.

Damals hörte ich, wie ich Ihnen bereits erzählt habe, mit dem Komponieren auf, und die folgenden zehn Jahre meines Lebens widmete ich vor allem der editorischen Arbeit, Konzertreisen, ersten Schallplattenaufnahmen und meiner Tätigkeit an der Staatlichen akademischen Hochschule in Berlin – denn ebenfalls 1924 fragte mich dieses Institut, ob ich eine Klavierklasse übernehmen würde. (Zuvor hatte ich das immer abgelehnt.) Ich hatte wirklich ideale Bedingungen; worum immer ich bat, es wurde mir zugestanden. Zum Beispiel betrug die Mindeststudentenzahl der anderen Klassen achtzehn, doch mir wurde gestattet, meine Klasse auf sieben Schüler zu begrenzen. Ich hatte nie mehr als sieben – und alle sieben mußten in allen Unterrichtsstunden anwesend sein. Ich habe festgestellt, daß dies eine recht fruchtbare Form des Unterrichts ist – vorausgesetzt, man hat nicht Hunderte von Schülern. Außerdem hatte ich darum gebeten, falls meine Reisen ins Semester fielen, den Unterricht im Spätsommer, wenn die Hochschule geschlossen war, nachholen und bei mir zu Hause erteilen zu dürfen. Auch das wurde bewilligt. Man gestattete mir auch, meine Stunden an der Hochschule abends, von neun Uhr bis Mitternacht oder noch später, zu geben. Der Hausmeister, meine Studenten und ich waren dann die einzigen Menschen, die sich in dem Gebäude befanden. Einige Pianisten, die jetzt in den Vereinigten Staaten wohlbekannt sind, wie Leonard Shure oder Victor Babin, waren damals in meiner Klasse.

Ich war sehr dankbar für so viel Entgegenkommen. Doch 1931 legte ich meine Professur nieder, vor allem, weil sich unter der Mehrzahl der Lehrer ein nationalistischer Geist breitmachte, der mir schließlich die ganze Institution zuwider werden ließ. Man hielt es für absolut töricht, daß ich solch eine ideale Position aufgab, die hervorragend bezahlt war und mir alle Freiheiten ließ, die ich mir wünschte. Aber sehen Sie, jedesmal wenn ich in das Geschäftszimmer der Fakultät kam, war ich diesen ständigen Reibereien und Konflikten ausgesetzt, Meinungsgegensätzen, die sich in einem ziemlich aggressiven, gehässigen Ton entluden. Ich zog es vor, zu gehen. Ich glaube, wir können jetzt mit der Diskussion beginnen.

*

— *Gab es in Rußland irgendwelche Restriktionen hinsichtlich der Musik, die Sie spielen durften?*

A.S.: Nein.

— *Sie erwähnten, daß die Kirchen geöffnet waren. Ich fand das sehr interessant und habe mich gefragt, wieviel von dem, was wir über musikalische Restriktionen hören, wahr ist. Gab es viele Einschränkungen?*

A.S.: Soweit ich weiß, gab es nur eine Einschränkung hinsichtlich der Texte von Vokalwerken. Solche Texte wurden geändert, besonders wenn sie anstößig schienen. Zum Beispiel die „Ode an die Freude" im Schlußsatz von Beethovens neunter Symphonie: Ein „lieber Vater überm Sternenzelt" war zu jener Zeit tabu, und so wurde dieser Text durch Propaganda für die Bewegung ersetzt. Die Bedeutung des neuen Textes blieb mir natürlich, auch nachdem ich eine Aufführung gehört hatte, verborgen, da ich kein Russisch verstehe.

Als ich wiederkam, war jedoch ein auffallender Wandel festzustellen. Damals hörte ich die beiden ersten Aufführungen von Bachs *Johannespassion*, die je in Rußland gegeben wurden, mit dem vollständigen Evangeliumstext.

— *War das 1935?*

A.S.: Ja, 1935. Da gab es keine Propaganda mehr. Aber 1924/25 war das noch anders. Ich werde nie die Inszenierung des *Lohengrin* vergessen, bei der zwei Scheinwerfer eingesetzt wurden, ein blauer und ein roter. Jedesmal, wenn das gute Prinzip die Oberhand gewann, wurde die Szene in rotes Licht getaucht, und wenn das böse Prinzip die Oberhand gewann, in blaues. Außerdem war zu Beginn des Vorspiels der große Kronleuchter in der Moskauer Oper dunkel. Bei jedem Crescendo des Orchesters wurden ein paar Lichter eingeschaltet, während sie bei einem Diminuendo nach und nach wieder verloschen.

Ich nehme an, das alles war als Kunstgriff gedacht, der Musik für ein vollkommen neues Publikum attraktiv und verständlich machen sollte. Alles mußte sichtbar und sinnfällig sein und wurde stark vereinfacht. Vielleicht war das notwendig... Ich jedenfalls genoß das sehr – die beiden Scheinwerfer für das böse und das gute Prinzip.

— *Wie war die Qualität der musikalischen Darbietungen zu jener Zeit? Die russischen Orchester zum Beispiel. Waren sie gut?*

A.S.: Nein. Sie waren ziemlichen ungeschliffen. Ich hörte auch das dirigentenlose Orchester. Haben Sie davon gehört? Es war eine kommunistische Idee – ein Orchester ohne Dirigent. Es bestand aus den besten Instrumentalisten Moskaus und war ungewöhnlich gut. Sie saßen im Halbkreis, und einer von ihnen führte natürlich unauffällig einige Funktionen eines Dirigenten aus, denn sonst hätte es nicht funktioniert. Sie spielten Beethovens fünfte Symphonie, und anfangs war es wirklich erstaunlich. Aber bald wurde es monoton und mechanisch, weil sich kein Musiker getraute, irgend etwas anders zu machen als die andern. Jegliche Unwägbarkeit wurde vermieden. Nachdem es einmal begonnen hatte, lief alles wie auf Schienen. Es war nicht sonderlich befriedigend. Ich fragte sie hinterher im Spaß, ob sie die Tempi per Abstimmung festgelegt hätten.

— *Hatte Glasunow dort ein gutes Renommee? War er anerkannt?*

A.S.: O ja. Er wurde hoch verehrt. Er war der Grand Old Man. Später ging er weg. Er starb in Paris.

— *Ich war in zwei ihrer Opern. Die Handlung war für Propaganda-Zwecke geändert worden. Glauben Sie, daß sie das immer noch machen?*

A.S.: Nein. Ich habe Ihnen erzählt, daß sie die *Johannespassion* mit dem Evangeliumstext aufführten, gesungen von Russen. „Bürgerliche" Kunst war damals zugelassen. Sie spielten Shakespeares *Othello* zwei Jahre lang in der vollständigen Fassung – fünfstündige Vorstellungen, jeden Abend vor ausverkauftem Haus. Die Propaganda in öffentlichen Musik- oder Theatervorstellungen war verschwunden. Anscheinend war sie nicht mehr notwendig. Vielleicht haben Sie eine andere Interpretation, warum sie eingestellt wurde. Ich glaube, sie war überflüssig geworden.

— *In der Schule, an der ich unterrichte, hatten wir eine Diskussion, ob es zweckmäßiger sei, im Theorieunterricht mit Kontrapunkt oder mit Harmonielehre anzufangen.*

A.S.: Zweifellos mit Harmonielehre. Man kann sehr bald beides simultan betreiben, aber ich glaube, einige Grundkenntnisse in Harmonielehre sind unerläßlich, bevor man mit Kontrapunkt anfängt.

— *Es gibt hierzulande eine regelrechte Bewegung, die die Ansicht vertritt, man solle mit Kontrapunkt beginnen, weil der kontrapunktische Satz in der Geschichte zuerst kam, und da die Musik damit anfing, sollte man auch im Unterricht in dieser Reihenfolge vorgehen.*

A.S.: Aber später wurde der Kontrapunkt auf das harmonische System abgestimmt. Offenbar wurde dieses harmonische System errichtet, weil der Kontrapunkt so, wie er zuvor verwendet wurde, nicht hinreichend war.

— *Wir haben eine Art Kompromiß gefunden, und unser Theoriekurs nennt sich jetzt „Melodischer Weg zur Harmonik". Aber wir haben festgestellt, daß die Studenten zunächst unbedingt ein Grundwissen über Intervalle und Akkorde brauchen, sonst verstehen sie den kontrapunktischen Satz nicht.*

A.S.: Ich sage immer, Interpretation ist ein freies Gehen auf festem Grund. Das dürfte auf Komposition ebenso zutreffen, und auf den Unterricht. Wenn Kontrapunkt das freie Gehen ist, dann ist die Harmonik der feste Grund. Da wir ohne Untergrund nicht gehen können, würde ich empfehlen, sich vor dem Kontrapunkt zuerst mit Harmonielehre zu beschäftigen.

— *In meinem Klavierstudium begegnen mir immer wieder die Ausdrücke „deutsche Technik" und „russische Technik" des Klavierspiels, und ich wüßte gern, wie Sie darüber denken.*

A.S.: Sie sollten Ihre Lehrer fragen, die diese Ausdrücke gebrauchen. Ich weiß nicht, worauf sie sich beziehen. Benutzen sie in der einen Schule nur vier Finger und in der anderen fünf – oder wie? Oder spielen sie mit den Knöcheln? Was machen sie? Ich habe nie davon gehört. Es wäre sehr interessant, von Ihnen zu hören, worin der Unterschied liegen soll.

— *Ich frage Sie deshalb, weil ich wie Sie der Ansicht bin, daß diese Form von Methodik für den Unterricht unbrauchbar ist. Aber ich bin darauf gestoßen, als ich bei russischen Lehrern studierte. Sie sprechen von ihrer Methode als der russischen Methode des Klavierspiels und beziehen sich auf das Spiel mit gestreckten und flacheren Fingern anstatt mit runden, das einen metallischeren und härteren Klang bewirke als die deutsche Technik.*

A.S.: Ich kann nichts spezifisch Russisches darin entdecken, mit gestreckten und flachen Fingern zu spielen. Ich habe dreißig Jahre lang in Deutschland gelebt, und trotzdem wäre ich nicht in der Lage zu sagen, was die „deutsche Technik" ist. In Deutschland wurden alle möglichen Klaviertechniken gelehrt – flache oder runde Finger, ausgestreckte oder eingezogene, die Ellbogen fixiert oder schwingend, an die Hüften gepreßt oder weit ausgestreckt wie eine Waschfrau. Manche spielten mit der Nasenspitze auf den Tasten, andere schauten an die Decke. Welches war die „deutsche Technik"?

— *Diese Bezeichnungen werden von sehr bekannten Pianisten hierzulande gebraucht, und deshalb –*

A.S.: Entschuldigen Sie, ich war nicht ernst genug. Aber meiner Meinung nach sind diese äußerst unglücklichen Unterscheidungen und Vereinfachungen wirklich albern. Es gibt nur eine gute Technik, ob beim Radfahren, Schwimmen oder was auch immer, und die besteht darin, ein Maximum an Leistung mit einem Minimum an Anstrengung zu erzielen. Das gilt für alle körperlichen Tätigkeiten.

— *Da wir gerade beim Thema Unterricht sind: Mußten sich Musiklehrer in Europa durch ein Examen qualifizieren, oder konnte jedermann Klavierunterricht geben wie hier in den Vereinigten Staaten?*

A.S.: Nach dem Ersten Weltkrieg wurde in Deutschland eine Musiklehrerlizenz eingeführt. In Österreich war der Musikunterricht schon immer an eine Lizenz gebunden, und in Rußland, glaube ich, war es vor dem Ersten Weltkrieg genauso. Wie es in Frankreich war, weiß ich nicht.

— *Was halten Sie von dieser Regelung?*

A.S.: Ich denke, sie hat große Vorzüge. Es ist zuviel Mißbrauch möglich, wenn keinerlei Qualifikationsnachweis verlangt wird.

— *Ich halte die Verfassung des Musikunterrichts in den Vereinigten Staaten für beklagenswert. Unter der Unmenge von Musiklehrern gibt es so wenig wirklich gute, und für einen jungen Studenten, der zum erstenmal in ein Zentrum wie New York kommt, ist es ein reines Glücksspiel. Es scheint keinerlei Kontrolle über die Massen von Lehrern zu geben, die nach Gott weiß welchen Methoden unterrichten.*

A.S.: Sind sie nicht alle examiniert?

— *O nein. Jeder Schuster kann ein Schild vor die Tür hängen und Gesangsunterricht anbieten. Mit Gesangsunterricht, denke ich, wird am meisten Schindluder getrieben.*

A.S.: Ja, in puncto Unkontrollierbarkeit kommt er gleich nach dem Pferdehandel.

— *Wer kontrollierte die Vergabe jener Lizenzen? Gab es eine städtische oder staatliche Kommission?*

A.S.: Ich glaube, es gab eine staatlich Kommission. In Deutschland, glaube ich, waren alle Lehrer, die zu dem Zeitpunkt, da diese Regelung eingeführt wurde, älter als fünfunddreißig waren, nicht betroffen, aber alle jüngeren Lehrer mußten ein Examen ablegen. Diese Prüfungen fanden unter der Aufsicht der Rektoren der staatlichen oder städtischen Musikschulen statt, die einige der zuverlässigsten und erfahrensten Musiker in die Prüfungskommissionen beriefen.

Preußen hatte auch eine staatliche Musikhochschule und eine sehr bedeutende Akademie für Kirchen- und Schulmusik, an der Leo Kestenberg der Spiritus rector war. Ich habe Kestenberg bereits erwähnt. Das Zulassungsverfahren für Musiklehrer und ähnliche Projekte waren sein Lebenswerk, dem er sich mit Leidenschaft hingab. Als Jude ging er nach Prag, als in Deutschland die Nationalsozialisten an die Macht kamen. Dort engagierte er sich vor allem für den internationalen Wissenstransfer über Volks- und Schulmusik. Jetzt lebt er in Palästina und ist dort, soviel ich weiß, Leiter des gesamten musikalischen Unterrichtswesens. Falls wir einmal daran denken sollten, eine entsprechende staatliche Organisation aufzubauen und Prüfungen und Lizenzen für Musiklehrer einzuführen, würde ich sehr empfehlen, diesen erfahrenen Mann als Berater hinzuzuziehen.

— *Ein bloßer Titel besagt noch nicht, daß jemand die Fähigkeiten zum Lehrer oder gar die Fähigkeiten zum Musiker besitzt.*

A.S.: Nun, aus diesem Grund wäre eine spezielle Prüfung und Lizenz zum Unterrichten wünschenswert.

— *In anderen Berufen haben wir das. Man kann nicht als Jurist arbeiten, ohne die Staatsexamen bestanden zu haben; und als Arzt benötigt man eine Zulassung. Es wäre also nicht so außergewöhnlich.*

A.S.: Das sollte es nicht sein. Aber Musik ist so nutzlos.

— *In einem Ihrer früheren Vorträge haben Sie erzählt, daß Sie Paderewski flüchtig kannten, vor langer Zeit.*

A.S.: Ich bin ihm nur einmal in meinem Leben begegnet.

— *Haben Sie ihn professionell spielen gehört?*

A.S.: Er spielte nur professionell.

— *Aber haben Sie ihn mal gehört?*

A.S.: Ja, einmal habe ich ihn gehört.

— *Ich habe von Leuten erzählt bekommen, daß bei seinen Konzerten ein Trupp von drei oder vier Männern auf die Bühne kam, bevor er spielte, um die Höhe des Klavierstuhls, seinen Abstand vom Flügel und so weiter nachzumessen.*

A.S.: Ich habe nie etwas Derartiges von Paderewski gehört. Ich habe gehört, daß Pachmann einen ausgeprägten Hang zur Clownerie bei seinen Konzerten hatte; aber Paderewski war der Ernst in Person. Er und Fritz Kreisler wirkten immer, als habe Atlas im Vergleich zu ihnen eine leichte Aufgabe gehabt – als trügen sie allen Jammer der Menschheit. Als ich ihn hörte, es war in Los Angeles, hatte er den Gipfel seiner pianistischen Laufbahn anscheinend bereits überschritten. Es war, nachdem er jahrelang pausiert hatte. Die zweite Hälfte des Konzerts gefiel mir sehr gut, die erste nicht so sehr.

Ich habe die Beobachtung gemacht, daß sich bei sogenannten Virtuosenkonzerten das Publikum überall auf der Welt gleich verhält. Ich habe, als Zuhörer solcher Virtuosenkonzerte, festgestellt, daß die Leute um neun Uhr stets zufriedener sind als um acht Uhr, ausnahmslos. Ich nenne die erste Stunde eines solchen Programms den „Pflichtteil" und die zweite Stunde den „familiären Teil". In der ersten Stunde hören die

Leute kaum zu, sind ziemlich indifferent und uninteressiert. Erst wenn es auf die Zugaben zugeht, kommen sie in Schwung. Doch die besseren Stücke sind meist in der ersten Stunde gespielt worden.

Ich spiele nie diese Art von Programm und habe, mit demselben Publikum, ganz andere Erfahrungen gemacht. In meinen Programmen gefällt dem Publikum oft das erste Stück am besten. Da sind sie noch frisch und aufnahmefähig, während sie gegen Ende zu möglicherweise etwas müde werden.

Von einer Spanientournee schrieb ich einmal meiner Frau, in manchen Städten sei das Publikum offenbar so enttäuscht von meinem Programm, daß ich mir vorkomme, als würde ich es betrügen. Zuweilen kam ich mir auf der Bühne während eines Konzerts regelrecht schofel vor, zum Beispiel in Sevilla, als ich Beethovens *Diabelli-Variationen* spielte. Ich dachte: „Es ist wirklich ungerecht. Du bist der einzige hier, dem es Vergnügen macht, und bekommst das Geld; sie zahlen und haben zu leiden." Sie waren so schrecklich enttäuscht, weil meine Konzerte genauso wie andere Konzerte angekündigt worden waren, mit genau der gleichen Schriftgröße auf Plakaten in derselben Farbe und in derselben Terminologie wie alle Ankündigungen zuvor. Aber meine Konzerte entpuppten sich schließlich auch in der zweiten Stunde als langweilig, und das war völlig unerwartet, das war nie zuvor vorgekommen.

— *Haben Sie immer den Mut gehabt, Ihre Art von Programm zu spielen und Zugaben zu verweigern?*

A.S.: Es ist sehr freundlich von Ihnen, es „Mut" zu nennen.

— *Oder haben Sie sich in Ihrer Jugend den Vorstellungen anderer gefügt?*

A.S.: In meiner frühen Jugend habe ich ein sehr viel bunteres Repertoire gespielt, aber wissen Sie, wenn man älter wird, muß man sich konzentrieren, muß man ein intensiveres Leben führen. Ich spielte natürlich sehr viel Schumann. Ich spielte auch viel Liszt, doch Virtuosenstücke spielte ich nur kurze Zeit, da ich einfach nicht die Geduld hatte, meine Zeit auf Stücke zu verwenden, die mir keine interpretatorischen Probleme bereiteten. Zeit lediglich mit mechanischer Arbeit zuzubringen war mir nie möglich. Ich kann es einfach nicht.

Doch ich betrachte es nicht als Großtat, daß ich mein Repertoire auf das beschränkt habe, was ich heute spiele. Ich tat es, weil meine Fähigkeit, Unbehagen zu ertragen, sehr begrenzt ist. Und bei vielen Stücken, die ich nicht spiele, fühle ich mich ziemlich unbehaglich. Das ist keine Kritik und trifft gewiß nicht auf alle Stücke zu, die ich nicht spiele. Viele der Kompositionen, die ich nie spiele, liebe ich sehr; aber man kann nicht alles spielen.

— *Die Tatsache, daß Sie keinen Bach mehr spielen, bedeutet also nicht, daß Ihnen Bach keine Probleme stellte?*

A.S.: Bestimmt nicht. Ich spiele zum Beispiel keinen Brahms mehr – außer mit Orchester, aber nie in einem Solokonzert. Wie ich schon sagte, ist das nicht als Kritik gemeint.

— *Ist es, weil Sie glauben, daß Bach nicht in große Konzertsäle paßt?*

A.S.: Das ist der Hauptgrund. Das *Wohltemperierte Klavier* und selbst die Suiten sind dort irgendwie fehl am Platz, und ihr wahrer Wert kommt nicht zum Vorschein. Der Hauptgrund liegt in der Intimität des überwiegenden Teils der Bachschen Klaviermusik. Und ich spiele keine Transkriptionen oder Bearbeitungen.

Ich habe sehr oft Toccaten, das *Italienische Konzert* und andere Werke von Bach gespielt, und drei Bach-Stücke habe ich auf Schallplatte eingespielt: die D-Dur-Toccata, die c-Moll-Toccata und das *Italienische Konzert*. Haben Sie diese Aufnahmen einmal gehört?

— *Nein.*

A.S.: Ich glaube, sie sind gut angekommen.

— *Haben Sie die* Goldberg-Variationen *gespielt? Haben Sie sie so eingerichtet, daß man sie auf einem Manual spielen kann?*

A.S.: Ich habe sie nicht gespielt. Aber ich meine, daß man sie, ohne einen Ton einzubüßen, so, wie sie sind, auf einem Manual spielen kann. Es gibt nur drei oder vier unangenehme Stellen. Ich mag den Klang des Cembalos nicht und ziehe diese Musik auf dem Klavier bei weitem vor.

— *Sind Sie der gleichen Meinung wie einige Lehrer, daß man, wenn man Bach spielt, das Cembalo, das heißt seine dynamischen Eigenschaften, nachahmen und eher mit unterschiedlichen dynamischen Ebenen als mit Crescendi oder Diminuendi spielen sollte? Ein Lehrer sagte mir, daß ein Stück, das für Cembalo geschrieben ist, durchweg non legato gespielt werden sollte.*

A.S.: Ich weiß; lange Zeit tobte ein Krieg zwischen Musikwissenschaftlern über die Frage, ob Crescendo und Diminuendo in Bachs Musik zulässig seien, da die Bezeichnungen Crescendo und Diminuendo erst nach Bach von der Mannheimer Schule geprägt wurden. Aber Crescendo und Diminuendo sind nicht bloß Bezeichnungen; sie sind Grundbestandteile von Artikulation und Modulation, und wenn man Bachs Musik ohne Artikulation und Modulation – oder Flexion, wie in der Sprache – spielen würde, wäre es unerträglich, es wäre keine Musik. Dasselbe gilt für Legato und Staccato. Ich bin absolut gegen das ausschließliche Nonlegato in Aufführungen Bachscher Musik.

Wie Sie wissen, hat Bach seiner Musik so gut wie keine Hinweise auf Tempo, Dynamik, Phrasierung, Klang, Ausdruck und so weiter hinzugefügt. Deshalb besteht eine Originalausgabe, das heißt eine unbearbeitete Ausgabe Bachscher Musik fast ausschließlich aus Noten. Da ich nun meinen Schülern, die alle sehr talentiert und fortgeschritten sind, nicht erlaube, Stücke nach bearbeiteten Texten einzustudieren, hängt ihre Interpretation im Falle Bachs in höchstem Maße von ihrem eigenen Urteilsvermögen ab. Das ist es, worauf es mir ankommt. Jeder meiner Schüler hat das Recht, seine *eigenen* Fehler zu machen. Aus denen sollte er lernen, anstatt die Interpretationen und Fehler von Herausgebern zu kopieren.

Ich habe erstaunliche Resultate damit erzielt. Jedesmal, wenn ein Schüler mit dem reinen, originalen Text gearbeitet hat, spielt er in der Stunde mit viel weniger Manierismen oder offenkundig falschen Phrasierungen, als wenn er mit einer bearbeiteten Version gearbeitet hat, in der der originale Text nicht zu erkennen war. Dies war eine sehr wichtige Erfahrung für mich. Ich glaube, es besteht wenig Gefahr, daß eine musikalische Person auf ein Stück von Couperin die Klangvorstellungen eines Stücks von, sagen wir, Skrjabin überträgt. Ich halte es für unnötig, solche Dinge zu unterrichten. Eine musikalische Person kennt sie und wird im allgemeinen durchaus gute Lösungen finden, ob etwas zum Beispiel legato oder staccato zu spielen ist, wenn es keine Hinweise des Komponisten gibt.

Nicht jeder wird dieselbe Lösung finden, und gelegentlich mag man seine Lösung gegen eine neue tauschen. Darauf kommt es nicht an. Ich bin darin überhaupt nicht dogmatisch. Einer der größten Reize bei der Interpretation Bachscher Musik besteht darin, daß man Entscheidungsfreiheit hat.

Möglicherweise habe ich meine Vorlieben, auch wenn ich nicht definitiv sagen kann, warum ich diese Vorlieben habe oder daß sie richtig sind. Es dürfte eine Sache des Geschmacks sein. Und natürlich gibt es gewisse Dinge, die jenseits des guten Geschmacks liegen.

Es besteht keine Notwendigkeit, den Klang der alten Instrumente nachzuahmen, denn wir müssen annehmen, daß Bach diese Instrumente nur deshalb wählte, weil es keine besseren gab. Wie man weiß, schrieb er für vier verschiedene Instrumente, und jedesmal, wenn ein verbessertes Instrument herauskam, wollte er auch diejenigen seiner Werke, die er für das Vorgängerinstrument geschrieben hatte, auf dem verbesserten Instrument gespielt haben. Das sind Tatsachen.

Wußten Sie, daß das Pianoforte, das Hammerklavier, zu Bachs Lebzeiten erfunden wurde? Die ersten wurden um 1710 in Padua in Italien gebaut. Einige Musiker begrüßten es begeistert, aber der Erfinder hatte keinen Erfolg, und es wurden nur wenige dieser Instrumente gebaut. Bach sah eine anscheinend dürftige Nachbildung, die erste, 1726 in Deutschland gebaute, und fand sie unbefriedigend. In seinen letzten Lebensjahren sah er dann ein stark verbessertes Modell. Ich halte es für höchst bedeutsam, daß Bach während eines wesentlichen Teils seines Lebens von der Erfindung und Existenz des Hammerklaviers wußte und auch darauf spielte.

— *Neulich sprachen Sie über Liedsänger. Sie sagten, daß ein Liedsänger gewöhnlich kein überragender Opernsänger sei und umgekehrt.*

A.S.: In der Regel.

— *Besteht der gleiche Unterschied zwischen Operndirigenten und Dirigenten anderer Musik? Gibt es da eine Parallele?*

A.S.: Wohl kaum. Symphonien wurden früher von den Opernorchestern und deren Dirigenten aufgeführt. Gesonderte Symphonieorchester gab es früher nicht, sie sind eine ziemlich junge Einrichtung. Ich würde sagen, daß in früheren Tagen die Dirigenten für Oper und Konzert gleichermaßen befähigt waren. Liszt beispielsweise muß auf beiden Gebieten überragend gewesen sein. Wagner dirigierte auch Konzerte, als er jung war. Hans von Bülow dirigierte nicht viele Opern.

Auch später blieben die Tätigkeitsbereiche immer gemischt. In der Regel dirigierten die Operndirigenten lieber symphonische Musik. Heute, in diesem Land, gibt es viel mehr Symphoniekonzerte als Opern, so daß die Dirigenten wahrscheinlich gerne Opern dirigieren würden.

— *Halten Sie es für zwecklos und überflüssig oder für wünschenswert, zu versuchen, dem Publikum etwas beizubringen, das ja überwiegend aus Leuten besteht, die nichts von Musik verstehen und sie einfach genießen wollen?*

A.S.: Wie sollte man das bewerkstelligen? Wie sollte man beispielsweise eine Gruppe gleich unwissender Leute zusammenbekommen? Ein Publikum ist eine Summe von Individuen, und jedes von ihnen befindet sich auf einem anderen Grad des Verständnisses, der Annäherung und der Aufnahmefähigkeit. Ich meine, wenn ein einzelner aus dem Publikum sein Verhältnis zur Musik vertiefen und sein musikalisches Wissen erweitern möchte, sollte er sich selbst darum bemühen. Ich glaube nicht, daß das im Kollektiv möglich ist.

Andererseits frage ich mich manchmal, inwieweit die unterschiedlichen Mitglieder eines Publikums sich gegenseitig beeinflussen – zum Beispiel, was die Begeisterung eines Zuhörers bei seinem Nachbarn bewirkt. Ist Begeisterung wirklich ansteckend? Oder ist Langeweile ansteckend? Was von beiden ist ansteckender? Wenn zwei Leute nebeneinandersitzen, von denen sich einer fürchterlich langweilt und der andere hellauf begeistert und erregt ist, was spielt sich ab zwischen diesen beiden Leuten?

— *Nichts spielt sich ab.*

A.S.: Sie ärgern sich halt übereinander?

— *Sie ärgern sich sehr übereinander, denn der Gelangweilte nimmt es dem Erregten übel, daß er ihn aufweckt.*

A.S.: Und der Erregte erträgt den Gelangweilten nicht, der seine Begeisterung dämpft?
Doch im Ernst, das Publikum ist im allgemeinen ausgezeichnet. Es wird zu Unrecht immer wieder für Fehler gescholten, die von Künstlern oder Veranstaltern begangen werden. Dem Publikum sind keine Vorwürfe zu machen. Wir können nicht untersuchen, wie gut ein Publikum insgesamt ist. „Die Öffentlichkeit" ist einer der verschwommensten Begriffe überhaupt. Die Öffentlichkeit ist stumm, sie kann nicht sprechen, kann als Ganze kaum einen Laut von sich geben. Sie sollte weder für irgend etwas getadelt noch gelobt werden. Sie ist völlig amorph. Wir können sie jedoch in Individuen teilen – und das kann man auch mit einem Konzertpublikum machen.

Wenn ich gefragt werde: „Was halten Sie von unserem Publikum?", sage ich: „Ich kenne nur zwei Sorten von Publikum – das hustende und das nicht hustende." Was sollte ich sonst sagen?

Das enttäuscht die Leute, die mich fragen, denn die möchten von mir hören: „Ich hatte noch nie ein Publikum wie das in Ihrer Stadt hier."

11

Zusätzlich zu den zweiunddreißig Beethoven-Sonaten gab ich zusammen mit Carl Flesch für Peters die drei Violinsonaten von Brahms heraus und erstellte neue Klavierauszüge für Brahms' Violinkonzert sowie sein Doppelkonzert für Violine und Violoncello. Ullstein brachte die zweiunddreißig Sonaten einzeln heraus, aber als Simon & Schuster, der amerikanische Buchverlag, neun Jahre später einen seiner wenigen Ausflüge auf das Feld der Musik unternahm, entschied man sich dafür, nicht dem deutschen Beispiel zu folgen, sondern die zweiunddreißig Sonaten in zwei Bänden herauszubringen. Während in der deutschen Ausgabe jede Sonate mit Seite eins begann, haben die beiden Bände der amerikanischen Ausgabe jeweils zwischen vier- und fünfhundert Seiten, die von eins bis annähernd neunhundert durchpaginiert wurden. Doch leider vergaß man bei Simon & Schuster, auch die Seitenverweise in den Fußnoten entsprechend abzuändern. So kann es einem Benutzer dieser Ausgabe passieren, daß er in einer der späten Sonaten im zweiten Band, sagen wir auf Seite 812, auf eine Fußnote stößt, die auf eine Parallelstelle auf Seite 7 verweist; sucht er diese, wird er feststellen, daß Seite 7 zur ersten Sonate im ersten Band gehört, und heillos verwirrt sein, weil er natürlich keinen Sinn darin entdecken kann. Doch ich bin zuversichtlich, daß mit der Zeit jeder Musiker dahinterkommt, was da passiert ist.

1927 spielte ich die zweiunddreißig Sonaten erstmals in einem Zyklus von sieben Matineekonzerten in dem schönen Saal der Berliner Volksbühne. 1928 gaben meine Frau und ich sechs gemeinsame Schubert-Abende mit den großen Liederzyklen, zahlreichen Liedern, Sonaten und anderen Klavierstücken.

In Berlin wurde es in jenen Jahren zusehends unangenehmer. Täglich konnte man beobachten, wie feiste, kahlköpfige ältere Männer in

Uniformen und braunen Hemden mit Hakenkreuzen im Stechschritt durch die Straßen marschierten und ihre schauerlichen Lieder grölten, die von den glorreichen Tagen träumten, da die Welt ihnen gehören und Judenblut von ihren Messern spritzen würde. Das ist ein wörtliches Zitat.

1929 wurde ich wieder einmal gefragt, ob ich nicht bereit sei, Schallplatten aufzunehmen. Bis dahin hatte ich mich stets geweigert. Einer der ausschlaggebenden Gründe war die unangenehme Vorstellung, keine Kontrolle über die Menschen zu haben, die meine Musik hören würden – nicht zu wissen, wie sie gekleidet wären, was sie dabei sonst noch täten, wie konzentriert sie zuhörten. Auch glaubte ich, daß Aufnahmen dem eigentlichen Wesen einer Aufführung zuwiderliefen, denn zum Wesen einer Aufführung gehört es, daß sie nur einmal stattfindet, daß sie absolut einmalig und unwiederholbar ist. Ich glaube nicht, daß es jemals zwei Aufführungen desselben Stücks durch dieselbe Person gegeben haben könnte, die vollkommen identisch gewesen wären. Das ist unvorstellbar.

Dennoch gelangte ich schließlich zu der Überzeugung, daß trotz aller Mängel der Wert von Aufnahmen doch groß genug sei, um sie zu rechtfertigen. Außerdem fühlte ich mich sehr geschmeichelt, daß man mich bat – es war der erste Versuch in dieser Richtung –, das gesamte Klavierwerk Beethovens einzuspielen.

Diese Schallplatten sollten ausschließlich an Subskribenten verkauft werden. Auch das war ein Experiment, und ich glaube, es funktionierte sehr gut. Die Plattenfirma war überrascht über die große Zahl von Subskribenten in England, dem Commonwealth und auf dem europäischen Festland. In den Vereinigten Staaten wurden die Platten erst viel später herausgebracht, und auch dann nur einige von ihnen. Den Grund dafür kenne ich nicht.

Das erste Jahr der Plattenaufnahmen in England gehört zu den grausamsten Erinnerungen meines Lebens. Ich litt Höllenqualen, und jede Aufnahmesitzung brachte mich an den Rand der Verzweiflung. Ich fühlte mich, als würde ich zu Tode gemartert. Alles war künstlich – das Licht, das Klima, der Klang –, und ich brauchte einige Zeit, die Firma dazu zu bewegen, ihre Apparate auf die Musik, und noch länger, um mich selbst auf die Apparate einzustellen, so sehr sie auch verbessert wurden. Mit der Zeit wurde ich vielleicht nachsichtiger – ich erwartete und verlangte nicht mehr so viel. Doch eines Tages, als ich schon sieben Jahre mit der Firma zusammengearbeitet hatte, erzählte man mir, daß ich bei den Angestellten und Technikern noch immer den Spitznamen „Der Änderer" habe.

Zehn Jahre lang, von 1929 bis 1939, machte ich alle meine Aufnahmen mit demselben Toningenieur, und so machten wir beide schließlich die Arbeit ganz allein. Es gab keine Einmischung, und langsam fand ich Vergnügen an der Sache. Unterdessen hatte sich vieles verändert. Die akustischen Bedingungen waren besser geworden, und auch in der Aufnahmetechnik gab es gewisse Verbesserungen.

1930 lud mich Dr. Kussewitzky, ohne einen Mittelsmann oder Agenten einzuschalten, ein, beim Brahms-Festival in Boston zu spielen. Ich nahm die Einladung mit Freuden an, aber da war das Problem mit dem Klavier. Die Firma Steinway weigerte sich noch immer, mir in den Vereinigten Staaten ihre Instrumente zu überlassen, wenn ich nicht auch in Europa auf Steinway spielte. Schließlich fand sich eine Lösung, indem Bechstein beschloß, auf Firmenkosten zwei Flügel für mich von Deutschland nach Amerika zu schicken, denn sie versuchten damals, auf dem amerikanischen Markt Fuß zu fassen. Sie hatten keinen Erfolg damit – die Wirtschaftskrise kam dazwischen.

In amerikanischen Nachschlagewerken sehe ich dieses Bostoner Brahms-Festival immer auf 1933, das Jahr von Brahms' hundertstem Geburtstag, datiert; aber in Wirklichkeit fand es 1930 statt. Natürlich spielt das keine große Rolle. Das Datum ist unwichtig.

Ich spielte achtmal mit dem Boston Symphony Orchestra, und es war ein faszinierendes Erlebnis. Auch sonst fühlte ich mich sehr wohl. Es war Mai, und ich wurde in diesen Wochen beinahe zum Liebling der Bostoner Gesellschaft. Leider währte das nicht sehr lange. Es scheint, daß ich für eine solche Rolle nicht geeignet bin. Zum Beispiel habe ich nie in meinem Leben Verehrerpost bekommen. Ich sage nicht, daß ich sie vermißt hätte; ich stelle nur fest, daß ich keine bekommen habe. In Kritiken bin ich oft als „ein Musiker für Männer" bezeichnet worden. Ich weiß nicht, ob das als Kompliment an mich oder als Kompliment an die Frauen gedacht war. Was immer es bedeuten soll, es ist natürlich Unsinn. Aber es erinnert mich an ein anderes Attribut, mit dem mich die Presse meine gesamte Laufbahn hindurch versehen hat. Seit meiner Jugend las ich, wann immer ich irgendwo zum erstenmal gespielt hatte, am nächsten Morgen: „Dieser junge Mann" – oder später „Herr Schnabel" – „ist ein ernsthafter Künstler." Ich habe nie aufgehört, mich darüber zu wundern, denn ich bin nach wie vor der festen Überzeugung, daß alle Musiker ernsthafte Künstler sind. Es gibt keine anderen Künstler und Musiker als ernsthafte.

Ich würde sagen, daß zum Beispiel Mr. Jack Hylton oder Mr. Kostelanetz für meinen Geschmack viel zu ernsthaft, ja geradezu todernst sind. Ich würde sie als typische Vertreter, als Protagonisten dessen bezeichnen, was ich „Highbrow" nenne. Es ist tatsächlich so, denn Mr. Kostelanetz zum Beispiel gibt sich die größte Mühe, Einfalt durch Intellektualismus zu kaschieren. Und genau das ist meine Definition eines „Highbrow": jemand, der mit größtem Aufwand an Intellektualismus Einfachheit zu kaschieren sucht. Aber merkwürdigerweise sind es diejenigen, die sich um Einfachheit bemühen, die immer „Highbrows" genannt werden. Die Verwirrung rührt offensichtlich daher, daß die Sphäre, in der sie sich bewegen, höher und nicht so leicht zu erreichen ist.

Mein Leben lang wurde ich auch als „streng", „professoral", „akademisch", „grüblerisch" und so weiter bezeichnet – mit ein paar Ausnahmen, als da waren: *the tipsy Gipsy* („der beschwipste Zigeuner") oder „wagnerianisch, neoromantisch, schwülstig, hyperexpressiv" oder einfach „ein Dilettant". Das letztere Kompliment wurde mir in New York zuteil – genauso wie die andern.

Was mich während meines kurzen Aufenthalts in den Vereinigten Staaten 1930 am meisten interessierte, waren, abgesehen vom Boston Symphony Orchestra und der Bostoner Society, die Begleiterscheinungen der Prohibition. Die Flüsterkneipen und Schwarzhändler faszinierten mich – die Art und Weise, wie sich jeder an Unternehmungen beteiligte, die als gefährlich galten. Natürlich sah ich auch, wie sehr das Ganze die Moral untergrub. Aber ich habe etwas Derartiges auf der ganzen Welt nicht wieder gesehen.

Nach meiner Rückkehr nach Deutschland spielte ich nur noch selten dort. Statt dessen unternahm ich in diesen letzten drei Jahren – ich verließ Deutschland 1933 – zahlreiche Auslandstourneen. Ich spielte in Italien, Spanien, Griechenland, der Türkei, Palästina und machte neue

Erfahrungen, vor allem in Palästina. Ich werde nie den Schock vergessen, den es mir versetzte, als ich nach meiner Ankunft in Jerusalem die Grabeskirche besuchte und dort über ein Dutzend Kapellen – die genaue Zahl weiß ich nicht – um die Grabstätte herum sah. Ich war verblüfft und fragte den Freund, der mich hergebracht hatte: „Warum so viele Kapellen?" Er sagte: „Um die Leute zu trennen, die zum Beten hierher kommen, die unterschiedlichen christlichen Religionsgemeinschaften, die sich sonst in die Haare geraten würden." Ich erinnere mich, wie bedrückend das für mich war; später erfuhr ich, daß zur Zeit der türkischen Herrschaft in Palästina die Andächtigen zur Osterzeit oft durch die Peitsche eines türkischen Aufsehers auseinandergetrieben werden mußten, eines Muslims...

Ich war fasziniert von der Landschaft in Palästina und den Einblicken in das häusliche Leben der Araber und Beduinen, das sich seit zweitausend Jahren nicht verändert zu haben schien. Mit Bewunderung sah ich die Leistungen der jungen jüdischen Siedler, vor allem auf dem landwirtschaftlichen Sektor.

Meine Konzerte, muß ich sagen, waren nicht allzu populär. Sie waren nicht ganz nach dem Geschmack der Leute und erweckten nicht viel Begeisterung. In einigen Städten, in denen ich spielte, war es dem Aufsichtspersonal in den Konzertsälen etwas peinlich, daß ich nicht mit demselben Enthusiasmus empfangen wurde wie der Geigenvirtuose, der kurz vor mir dort aufgetreten war. Diese Leute versuchten dann auf die charmanteste Weise, mich zu trösten. Einer von ihnen kam und sagte: „Herr Schnabel, das Klavier ist halt einfach kein jüdisches Instrument. Das eigentliche jüdische Instrument ist die Fiedel." In gewissen Bildungsschichten, denke ich, halten viele Menschen die Fiedel für das populärere Instrument. Ich glaube nicht, daß das nur bei den Juden so ist.

Noch subtiler war ein jüngerer Mann, der sich vermutlich noch nicht viel länger in Palästina aufhielt als ich. Er trat mit folgendem Ausspruch auf mich zu: „Herr Schnabel, ich kann Ihnen gar nicht sagen, wie dankbar wir Ihnen sein müssen, daß Sie Beethoven zu uns gebracht haben. Zweitausend Jahre lang haben wir auf ihn gewartet."

Abgesehen von diesen Tourneen fuhr ich jedes Jahr nach England. Mit den englischen Konzertsälen hat es eine eigene Bewandtnis. Den meisten von ihnen ist der künstliche Eissturm gemeinsam, der auf der Bühne in Szene gesetzt wird. Er kennt kein Erbarmen mit dem Künstler. Die Zuhörer, die es in ihren Wolljacken, Pullovern und Mänteln ganz behaglich haben, möchten Freiluftvergnügen und Musikgenuß kombinieren.

Einmal – es war in Bristol – war der eisige Luftzug so mächtig, daß ich dachte: „Das ist eine Todesfalle." Natürlich hatte der Flügel bereits Lungenentzündung, als ich auf die Bühne kam. Ich hatte meine Finger im Künstlerzimmer aufgewärmt, doch als ich zu spielen begann, wurden meine Hände kälter und kälter, bis meine Finger wie Eiszapfen waren. Und um mich herum wogten die Topfpalmen im Wind. Ich sagte mir: „Du bist einfach nicht robust genug für so etwas. Du hast nicht die Konstitution eines Shetlandponys." Am Ende war ich so erschöpft und deprimiert, daß ich mir schwor, niemals an diesen Ort zurückzukehren.

Mein Agent, Mr. Tillett, versuchte nie, mich zu überreden. Er war sofort einverstanden, wenn ich ihm sagte, daß ich unter bestimmten Umständen oder an bestimmten Orten nicht spielen wollte. Er akzeptierte meine Gründe und schlug mich nie für diese Orte vor. Wenn eine Anfrage von dort kam, sagte er „Herr Schnabel möchte nicht annehmen. Er sorgt sich um seine Gesundheit", oder etwas dergleichen.

Doch fünf Jahre nach jenem Bristoler Erlebnis fragte mich mein Agent: „Würden Sie ein Engagement in Bristol annehmen? Es wäre in dem Saal, in dem sie nicht mehr spielen wollten, aber inzwischen wurde er für 40000 Pfund renoviert und bietet nun ideale Voraussetzungen." Ich sagte: „Wenn es so ist, bin ich gerne bereit." Ich war damals mit Bronisław Huberman auf Tournee; wir gaben zehn gemeinsame Sonatenabende in England.

Auf meinen Englandtourneen begleitete mich stets ein deutscher Klavierstimmer, ein Angestellter der Bechstein-Vertretung in London. Er kannte meine Idiosynkrasien und speziell meine Abneigung gegen kalte Luftzüge. Nach unserer Ankunft ging er am frühen Nachmittag in den Konzertsaal, um den Flügel zu inspizieren. Sobald ich auftauchte, kam er zu mir und flüsterte mir ins Ohr: „Es zieht immer noch. Ich kann Ihnen auch sagen, wo es herkommt. Ich habe das Loch in der Mauer entdeckt." Ich war also auf das Schlimmste gefaßt.

Der Saal war fabelhaft. Das Künstlerzimmer war mit dicken Teppichen ausgelegt, und eine ganze Wand war verspiegelt, ein Ausbund von Komfort und Luxus. Wir gingen auf die Bühne, und wirklich: durch den Saal wehte der gleiche Wind wie vor der Vierzigtausend-Pfund-Investition. Doch diesmal war die Bühne dicht bevölkert von Zuhörern, die um uns herum saßen. Ich spielte nach Noten, so daß ich mich der Hilfe eines Mannes bedienen mußte, der mir umblätterte. Da die Seiten dauernd vom Wind umgeschlagen wurden, mußte er seinen linken Arm über das Heft legen, was es nicht gerade leichter machte, die Noten zu lesen.

Es war ein erbärmlicher Zustand. Huberman und ich sagten frei heraus, daß unter solchen Umständen die Inspiration auf der Strecke bleiben müsse. Wir versuchten unser Bestes, aber es war aussichtslos. Als wir mit der zweiten Sonate begannen, hatten wir jeden Gedanken daran aufgegeben, con amore zu spielen. Es war Brahms' G-Dur-Sonate, wenn ich mich recht erinnere. Irgendwo im ersten Satz befand sich ein Zeichen in meiner Stimme, das dem Umblätterer bedeutete, zum Violinpult zu gehen und dem Geiger eine Seite umzudrehen. Das tat er auch. Währenddessen wurden die Seiten meines Notenhefts in rascher Folge zu einer Stelle im letzten Satz gepustet. Zum Glück kannte ich das Stück recht gut auswendig und war in der Lage weiterzuspielen. Dann kam der Umblätterer zurück und versuchte die Stelle zu finden, an der ich mich befand. Es war das schiere Chaos.

Die Leute um uns herum waren sich über die beklagenswerte Situation im klaren. Als wir den ersten Satz beendet hatten, stand ein Mädchen, das in der zweiten Reihe auf der Bühne saß, schüchtern auf, kam an meinen Klavierstuhl, überreichte mir eine Haarnadel und sagte: „Vielleicht hilft das." Das Publikum applaudierte ihr. Huberman kam zu meinem Umblätterer herüber und zeigte ihm, wie die Haarnadel als Klammer zum Zusammenhalten der Seiten einzusetzen sei. Daraufhin setzten wir unser Konzert in etwas besserer Stimmung fort.

Ich meine, die Relation zwischen dem Preis dieser Haarnadel und den 40 000 Pfund, die in die Renovierung des Konzertsaals gesteckt worden waren, gibt Grund zum Nachdenken.

In Oxford wurde der Saal nicht renoviert, so daß ich nach 1934 dort tatsächlich nicht mehr spielte. Ich weigerte mich, weil sich dieser Saal, der auch als Turnhalle benutzt wurde, im dritten Stock eines uralten Gebäudes an einer engen Sackgasse befand, in dessen erstem und zweitem Stockwerk eine Polizeiwache untergebracht war. Diese Lage erwies sich in mehrfacher Hinsicht als verhängnisvoll.

Meine ersten Konzerte dort hatten an Werktagnachmittagen stattgefunden. Ich hörte ein paar Geräusche von draußen, Menschen, die sangen oder sich unterhielten, da die Fenster – mitten im Winter – natürlich offenstanden. Aber es war nicht allzu schlimm. Aus irgendeinem Grund waren die Hunde in dem Zwinger, der gegenüber lag, ruhig geblieben; mir war gar nicht aufgefallen, daß sich dort ein Hundezwinger befand.

Doch dann kam der Tag, da ich an einem Samstagabend dort spielen mußte – wenn Merry Old England fröhliche Urständ feiert. Was sich während dieses Konzerts alles abspielte, ist kaum zu beschreiben. Als erstes hörte man die ganze Zeit über Wasser rauschen, was offenbar mit der Turnhalle zusammenhing, und in unregelmäßigen Abständen das Telefon der Polizeiwache. Klingelnde Telefone, rauschendes Wasser – und die akustischen Lebensäußerungen von Menschengruppen, die sich draußen anscheinend prächtig amüsierten.

Als ich mich hinsetzte, um die zweite Hälfte meines Programms zu spielen, hörte ich eine Kirchturmuhr schlagen. Ich dachte „Es muß neun Uhr sein" und wartete, indem ich still mitzählte: „Eins, zwei, drei... neun, zehn, elf, zwölf, dreizehn..." Das Publikum gluckste. Jeder schien zu wissen, was los war, nur ich nicht. Als ich bis fünfundsiebzig gezählt hatte, sagte ich mir „Das geht wohl die ganze Nacht so" und fing an zu spielen. Doch dann muß im Zwinger irgend etwas vorgefallen sein, denn plötzlich fingen die Hunde laut an zu bellen – eine Zeitlang im Wettstreit mit der Turmuhr – und ließen das restliche Konzert über nicht mehr locker. Alle Geräusche waren klar und deutlich zu vernehmen, denn selbstverständlich standen die Fenster offen. Musik war so ziemlich das einzige, was in diesem Konzert nicht zu hören war.

Hinterher kamen Leute zu mir, die sich aufs liebenswürdigste entschuldigten: „Wir hätten Sie über die Glocke des Christ Church College informieren sollen, die um neun Uhr schlägt, um anzuzeigen, daß die Tore des Colleges geschlossen werden. Sie schlägt hundertundeinmal, weil es dort ursprünglich hundertundeinen Studenten gab. Außerdem hätten wir diese Hunde chloroformieren sollen." Die Konsequenz war, daß ich nie wieder nach Oxford kam, um dort aufzutreten.

Dies waren die beiden drastischsten Erlebnisse. Aber es gab noch weitere, beispielsweise als ich einmal in Folkestone spielte. Ich kam nachmittags um drei mit der Bahn an; das Konzert sollte um fünf Uhr beginnen. Es regnete den typischen englischen Winternieselregen. Ein Taxi war nicht aufzutreiben, und da ich außer einer kleinen Reisetasche kein Gepäck dabeihatte, beschloß ich, zu Fuß zu gehen. Im Sommer ist Folkestone ein belebtes Seebad, doch im Winter bestimmen tausende von Pensionären das Bild, die ständig dort leben. Ich kam zum Konzertsaal, der in einen Felsen gebaut war; man gelangte von oben her hinein. Im Saal sah ich zahlreiche Damen, die strickten und Tee tranken. Zu einem solchen Fünfuhrkonzert finden sie sich um drei Uhr ein.

Mein Klavierstimmer saß auf der Bühne und stimmte den Flügel. Die Bühne war wie für eine Beerdigung hergerichtet – so viele Blumen und genau die entsprechende Sorte. Ich habe das nie gemocht. Ich bat meinen Stimmer, herauszubekommen, ob auch während des Konzerts Tee serviert werden würde. Das Stricken ging ja geräuschlos vonstatten, der Teeausschank jedoch nicht. Man versicherte ihm, daß er um Viertel vor fünf eingestellt würde.

Gleich neben der Bühne befand sich eine Art Falltür, die hinunter ins Künstlerzimmer führte. Dort verbrachte ich die nächsten zwei Stunden auf einem unbequemen Stuhl. Was hätte ich auch sonst im Nieselregen in Folkestone tun sollen? Keine Menschenseele kümmerte sich um mich. Das Fenster des Raums lag direkt über dem Strand und ging auf den Kanal hinaus. Bei schönem Wetter hätte es eine herrliche Aussicht geboten.

Zehn Minuten vor fünf kam schließlich ein Mann und stellte sich vor: „Ich bin der Manager dieser Veranstaltung. Freut mich, Sie kennenzulernen." Er fragte: „Wie lange wird Ihr Programm dauern?" Ich sagte: „Ungefähr zwei Stunden." „Wie ärgerlich! Wie ärgerlich!" entgegnete er. Ich werde das nie vergessen. „Na", meinte er dann, „Sie können ja ein Stück aus Ihrem Programm herausnehmen." „Gut, wenn Sie wünschen, werde ich ein Stück weniger spielen." „Also, ich bin ja nur der Manager dieser Veranstaltung. Aber wenn der Vorsitzende kommt, werde ich ihm das vorschlagen. Wissen Sie, unsere Mitglieder treffen sich zu einer festgelegten Uhrzeit zum Abendessen, und es würde sie total durcheinanderbringen, wenn es nicht seinen gewohnten Gang ginge. Es sind sehr ordentliche Leute, müssen Sie wissen, sehr ordentliche Leute."

Dann erschien der Vorsitzende, ein weißhaariger Geistlicher, dem der Manager einfach sagte: „Dieser Programmpunkt, die Nummer zwei (es handelte sich um Beethovens Sonate op. 110), wird Herr Schnabel nicht spielen. Wenn Sie das bitte dem Publikum bekanntgeben würden." Ohne irgendwelche Fragen zu stellen, trat der Vorsitzende auf die Bühne und verkündete, daß Programmpunkt Nummer zwei nicht gespielt werden würde. Keine Reaktion. Er würde eben nicht gespielt werden.

„Also", sagte der Manager, „sie können Punkt fünf Uhr loslegen, wenn Sie wollen." Und so ging ich hinaus und „legte los". Ich spielte mein Programm durch. Das Publikum blieb reglos und gab kein Lebenszeichen von sich. Die Musik kam mir vor wie ein Baum in der Wüste.

Als ich meine drei Programmpunkte gespielt hatte, war es vierzehn Minuten vor dem gewohnten Aufbruch des Publikums, und der Manager meinte: „Also, wir möchten schon den Gegenwert für unser Geld bekommen. Sie können noch dreizehn Minuten spielen." „In Ordnung, ausgezeichnet", erwiderte ich und übte noch ein paar Stücke, die ich einige Tage später in einer anderen Stadt spielen sollte. Ich sagte mir „Was soll's", spielte ein paar Brahms-Intermezzi, und dann brach das Publikum auf.

Ich ging zurück ins Künstlerzimmer. Die beiden Herren kamen, überreichten mir einen Scheck und gingen. Da mein Zug zurück nach London erst nach acht Uhr fuhr, ließ ich mir beim Umziehen Zeit, und als ich das Zimmer verließ, die Stufen, die mehr einer Leiter als einer Treppe ähnelten, hinauf und durch die Luke stieg, stellte ich fest, daß das ganze Gebäude stockfinster war. Zum Glück hatte ich Streichhölzer dabei – damals rauchte ich noch.

Ich versuchte den Ausgang zu finden. Nirgends in dem riesigen Gebäude gab es Licht, in der Dunkelheit war es wie ein Labyrinth. Mindestens eine halbe Stunde lang zog ich mit meiner Reisetasche in der Hand als einsamer Wanderer durch das dunkle Gebäude und brauchte meine gesamten Streichhölzer auf. Schließlich sah ich einen Lichtschein und steuerte darauf zu. Und zu meiner Verblüffung stieß ich auf einen weiteren einsamen Wanderer. Ich fragte ihn: „Können Sie mir sagen, wie ich aus diesem Gebäude hinauskomme?" Er wies mir den Weg. „Sie haben Glück gehabt", fügte er hinzu. „Wenn ich nicht mehr hiergewesen wäre, wären Sie die ganze Nacht hier eingeschlossen gewesen." „Das ist ja wunderbar", erwiderte ich und machte mich davon.

Im Nieselregen ging ich zurück zum Bahnhof. Ich hatte noch Zeit und fragte den Mann am Zeitungsstand, ob man hier irgendwo etwas zu essen bekommen könne. „Schade, daß Sie nicht zum Mittagessen hier waren", entgegnete er. „Gleich gegenüber dem Bahnhof ist ein ausgezeichnetes Lokal; aber abends hat es geschlossen."

Die Tatsache, daß es in den britischen Konzertsälen fast immer zog und kaum jemals die Fenster geschlossen wurden, hatte auch zur Folge, daß wenn dichter Nebel herrschte, er auch in den Saal dringen konnte. Ich erinnere mich, daß ich in Glasgow einmal tatsächlich das Publikum nicht sehen konnte. Es war jedoch eines da.

Den kompletten Zyklus der zweiunddreißig Beethoven-Sonaten spielte ich nur viermal in meinem Leben (jeweils an sieben Abenden): zweimal in Berlin, einmal in London und einmal in New York. In Berlin wiederholte ich den Zyklus im Winter 1932/33, diesmal in der Philharmonie, wo die Orchesterkonzerte der Berliner Philharmoniker stattfanden. Die Reihe begann, glaube ich, im November 1932 und endete am 26. April 1933.

Unterdessen kamen die Nationalsozialisten an die Macht. Die staatlich kontrollierte Reichs-Rundfunk-Gesellschaft hatte die Senderechte für meine sieben Konzerte, den Zyklus der zweiunddreißig Beethoven-Sonaten, erworben. Anscheinend erging nach Hitlers Machtergreifung die Anordnung, die Übertragung dieser Konzerte einzustellen, denn die letzten drei Konzerte der Serie, von Februar an, wurden nicht ausgestrahlt. Ich erfuhr dies erst durch Leute, die meine Konzerte hatten im Radio hören wollen (der Saal war ausverkauft); die Rundfunk-Gesellschaft unterrichtete mich nicht davon. Sie erfüllte ihre Verpflichtungen mir gegenüber und verlor kein Wort darüber. Ihren Hörern teilte sie einfach mit, daß die Konzerte nicht übertragen würden, ohne einen Grund dafür anzugeben. Als ich einen Tag nach dem letzten Konzert aus Berlin abreiste – und ich bin seitdem nie wieder in Deutschland gewesen –, kamen zwei leitende Angestellte der Musikabteilung des Senders, um mir auf Wiedersehen zu sagen. Sie waren ziemlich sentimental und verlegen, aber erwähnten mit keinem Wort, daß meine letzten Konzerte nicht gesendet worden waren – was mir sehr entgegenkam.

Im Herbst 1932 hatte die Stadt Berlin mit Vorbereitungen für ein Brahms-Fest begonnen, das im Jubiläumsjahr 1933 stattfinden sollte. Der für die Vorbereitung und Durchführung dieses Festivals verantwortliche Vertreter des Stadtrats war ein bezaubernder Mann. Ich glaube, er war Sozialdemokrat und führte die Vorbereitung des Festivals ehrenamtlich durch. Er war 1932 zu mir gekommen, um mit mir über das Programm zu sprechen, und wir hatten vereinbart, daß Huberman, Hindemith, Piatigorsky und ich sämtliche Brahmsschen Kammermusikwerke mit Klavier spielen sollten.

Als Hitler an die Macht kam, war uns natürlich klar, daß wir auf dem Brahms-Fest, falls es denn überhaupt stattfinden sollte, bestimmt nicht auftreten würden. So war es keine Überraschung, als – ebenfalls an meinem letzten Vormittag in Deutschland – jener Mann mich anrief und sagte: „Herr Schnabel, ich muß Ihnen mitteilen, daß ich nicht mehr mit der Durchführung des Brahms-Festes betraut bin und die Planung geändert wurde. Falls Sie mit dem neuen Verantwortlichen verhandeln möchten –" Ich unterbrach ihn und sagte: „Ich habe es erwartet." Und ich glaube, dies waren ungefähr die letzten Worte, die ich in Deutschland sagte: „Ich bin vielleicht nicht reinblütig, aber glücklicherweise kaltblütig. Ich wünsche Ihnen alles Gute." Und dann ging ich.

Ich glaube, es ist jetzt Zeit für Fragen.

— *Können Sie uns mehr über die Musik in Palästina sagen?*

A.S.: Nicht viel. Das Orchester war noch nicht gegründet worden, als ich dort war, und ich kenne nur das Konservatorium in Jerusalem, das sehr ambitioniert und gut geführt war. Sein derzeitiger Direktor ist ein Schüler von mir, Alfred Schroeder. Er und seine Frau, Lisa Spoliansky, haben viele begabte Schüler. Aber damals waren sie noch nicht dort. Es war noch ziemlich primitiv, und sie hatten kein Geld. In Tel Aviv gab es noch keine Musikschule. Ich glaube, es hat sich erheblich verändert, seit das Orchester gegründet wurde. Auch Kestenberg, von dem ich bereits gesprochen habe, ist jetzt dort. Es war sehr wichtig, daß er hinkam.

— *Können Sie uns etwas über Professor Schünemanns Arbeit an den öffentlichen Schulen in Deutschland erzählen? Was tat er, um den Kindern an Volks- und höheren Schulen die Grundlagen der Musiktheorie zu vermitteln? Ließ er sie Noten schreiben, oder beschränkte es sich auf Singen, Schulorchester und solcherlei Dinge?*

A.S.: Ich bin mit ihrem Lehrplan nicht vertraut. Aber soweit ich weiß, war Professor Schünemann nicht verantwortlich dafür. Georg Schünemann war stellvertretender Direktor der Staatlichen akademischen Hochschule für Musik in Berlin. Er lehrte dort, hauptsächlich Musikgeschichte, und war viel mit Verwaltungsaufgaben beschäftigt. Daneben war er Bibliothekar in der Musikabteilung der Preußischen Staatsbibliothek, er und Professor Johannes Wolf. Direktor der Akademie für Kirchen- und Schulmusik war Dr. Hans Joachim Moser.

— *Der Musikhistoriker?*

A.S.: Ja, der Sohn von Professor Andreas Moser, einem Freund und Schüler Joachims. Für die Reform der Schulmusik nach dem Ersten Weltkrieg war in der Hauptsache Kestenberg verantwortlich. Über Einzelheiten ihrer Durchführung kann ich Ihnen nichts sagen. Natürlich bildeten sie nur Lehrer aus.

— *Sehen Sie in den Vereinigten Staaten irgendwelche Tendenzen, die uns in den Nationalsozialismus führen könnten, wie es um 1933 in Deutschland geschah?*

A.S.: Ich denke, es ist nicht meine Aufgabe, über solche Themen hier zu sprechen, aber wenn Sie mich auf einen Spaziergang begleiten, könnten wir uns darüber unterhalten.

— *Hat die Universität die Themen beschränkt, über die Sie sprechen dürfen?*

A.S.: Nein. Die Grenze habe ich mir selbst gesetzt.

— *Beabsichtigen Sie, nach Deutschland zurückzukehren, und wenn nicht, aus welchem Grund?*

A.S.: Aus einem sehr einfachen Grund. Ich möchte nicht in ein Land fahren, das mich nur einreisen läßt, weil es einen Krieg verloren hat.

— *Nun, ich nehme an, Sie wissen, warum. Aber die Propaganda in den Vereinigten Staaten lautet jetzt, Deutschland sei kein schlechtes Land, nun da alle Nazis im Gefängnis sind; die Leute begrüßten die Demokratie und bedauerten alles, was sie getan haben.*

A.S.: Daß ich nicht zurückkehre, ist keine Sanktion gegen die Deutschen; ganz und gar nicht. Außerdem sind die Deutschen völlig irrelevant. Für meine Entscheidung sind nicht deren Empfindungen, sondern meine Empfindungen ausschlaggebend.

Warum sollte ich zurückkehren? Ich bin jetzt amerikanischer Staatsbürger, und ich denke, ich bin ein guter Amerikaner. Ich bin nie Deutscher gewesen, müssen Sie wissen.

— *Es würde mich nur interessieren, ob jemand, der so lange in einer bestimmten Gegend gelebt hat, nicht Heimweh nach ihr hat.*

A.S.: Ich fühlte mich seit 1912 in Deutschland nicht allzu glücklich. Aber daß ich nicht nach Deutschland zurückkehre, ist keine Kritik an den Deutschen. Und ich möchte folgendes klarstellen: Selbst wenn es so wäre, würde meine Nichtrückkehr sehr wenig bedeuten, denn wer bin ich schon?

— *Sie haben sich über die englischen Konzertsäle beklagt?*

A.S.: Das habe ich nicht.

— *Nun, mehr oder weniger.*

A.S.: Ich beklagte mich über den Zug.

— *Meinen Sie die Klimaanlagen?*

A.S.: Durchaus nicht. Ich meine schlichten natürlichen Luftzug. Frische, eiskalte Luft, die durch offene Fenster, Mauerlöcher, nicht schließende Türen hereindringt.
 Wenn mich Engländer fragen: „Wie behagt Ihnen unser Klima?", antworte ich stets mit einer Gegenfrage: „Meinen Sie Ihr Klima draußen oder Ihr Klima drinnen?" Denn wenn ich mich in einem kalten, zugigen britischen Zimmer allzu unwohl fühlte, ging ich lieber ins Freie, stundenlang. Ich empfand das vielgeschmähte britische Klima als ganz angenehm – draußen.

— *Glauben Sie, daß Beethoven zu spielen ein Prüfstein ist, an dem jeder Pianist gemessen werden sollte?*

A.S.: Nein. Ich denke, jeder Pianist sollte an dem gemessen werden, was er spielt.

— *Ich habe diesen Sommer von einem Pianisten gehört, seiner Ansicht nach brauchte man in einem Examen nur das Es-Dur-Konzert spielen zu lassen, da in ihm alles enthalten sei. Und er stellte die Behauptung auf, wenn ein Pianist nicht Beethoven spielen könne, sei er kein Musiker.*

A.S.: Ich denke, da geht er sehr weit. Ich würde sagen, daß man voraussetzen kann, daß jemand, der Beethovens Musik ordentlich spielt, in der Lage ist, auch jede andere Musik ordentlich zu spielen. Beethovens Musik gehört zweifellos zu der größten. Wenn wir davon ausgehen, daß das Größere stets das Kleinere einschließt, müßte also die Fähigkeit, Beethoven zu spielen, die Fähigkeit, die meisten anderen Komponisten zu spielen, einschließen. Doch es ist nicht nur die Fähigkeit eines Pianisten, die darüber entscheidet, was er gut spielt, sondern ebenso, wie sehr ihn verschiedene Werke oder Musikrichtungen reizen. Er mag bestimmte Musik sehr mögen, sie überaus schätzen, und dennoch, aus irgendeinem unerklärlichen Grund, reizt es ihn nicht besonders, sie zu spielen, sich mit ihr zu beschäftigen. In diesem Falle würde er sie nicht so gut spielen.

Wir lieben so viele Musik. Einige davon wollen wir unbedingt spielen, andere nicht unbedingt.

— *Meines Wissens spielen Sie jetzt viel mehr solistisch als Konzerte mit Orchester. Liegt das daran, daß es sie mehr reizt, Solowerke zu spielen?*

A.S.: Nein. Es wäre mir lieber, es würde sich die Waage halten – ungefähr genauso viele solistische wie Auftritte mit Orchester. Aber es liegt nicht in der Macht eines Interpreten, zu bestimmen, welche Engagements zustande kommen.

— *Gibt es irgendwelche Aussichten, daß Sie wieder Konzerte von der Art Ihrer Trioauftritte mit Flesch und Becker geben, die in der Vergangenheit einen so breiten Raum Ihrer Arbeit eingenommen haben?*

A.S.: Leider scheint dies eine untergegangene Darbietungsform zu sein. Sehen Sie, solchen Konzerten steht nicht nur das „Star"-Wesen entgegen, sondern auch die Tatsache, daß sich diese Art von Musik nicht für die größten Säle eignet; und wenn Sie ein solches Konzert in einem kleineren Saal veranstalten, machen Sie ein Defizit, selbst wenn der Saal ausverkauft ist.

Es gibt jetzt ein ausgezeichnetes Trio, das in Amerika konzertiert, aber alle drei Mitglieder müssen einem Brotberuf nachgehen, um ihren Lebensunterhalt zu verdienen. Meines Erachtens bestünde der einzige Weg, diese Kunstform in großem Stil öffentlich wiederzubeleben, in Subventionen und der Gründung von Musikgesellschaften, die ausschließlich diese musikalische Darbietungsform fördern. Es wäre herrlich.

Noch besser wäre es, wenn die Leute wieder anfingen, zu Hause Trios zu spielen. Als ich eine der jungen Damen hier, die mir neulich vorgespielt haben, fragte, ob sie schon einmal Kammermusik gespielt habe, sagte sie nein – sie habe keine Gelegenheit dazu gehabt. Das bekomme ich häufig zu hören. Ich würde es gern als selbstverständlich voraussetzen, daß alle meine Studenten Kammermusik spielen, aber oft erweist es sich als unmöglich. Sie finden keine Geiger oder Cellisten mit Zeit und Interesse für diese Mühe, die, wie Sie wissen, vom pragmatischen Standpunkt aus gesehen nicht einträglich ist.

Ich bin nur einmal in einem Nachtclub gewesen – ich hatte ihn nicht als solchen erkannt, denn es war noch Abend, als ich dort war, und es war zweifellos kein Club. Ich nahm dort mit einem Freund eine Mahlzeit ein, währenddessen eine sogenannte *floor-show* stattfand. Eine Sängerin gab zunächst eine absichtlich entstellte Opernarie zum besten, der sie einen jazzartigen Song folgen ließ, in dem sie ihre angebliche Lebensgeschichte schilderte: wie sie alle ihre Ambitionen ihrer armen alten Mutter opfern mußte und schließlich, anstatt ihren Neigungen nachzugehen, hier gelandet sei. Der Song gipfelte in zwei Zeilen, an die ich mich noch erinnere: *For opera I've been so passionate / but unfortunately there's no cash-in-it.*

Und das ist auch die Antwort auf das Problem des Triospiels. Es ist sehr gut, aber es sollte vor Ort organisiert werden.

— *Gibt es nicht in Washington eine von Elizabeth Coolidge initiierte Organisation, die Kammermusikkonzerte fördert?*

A.S.: Nicht nur in Washington. Es ist eine landesweite Organisation. Es ist ein großartiges Projekt zur Verbreitung von Kammermusik, doch ich glaube, daß es auf nicht sehr zweckmäßige Weise durchgeführt wird, denn die meisten ihrer Konzerte finden im Verborgenen statt und gehen irgendwie unter. Sie veranstalten Konzerte in der Public Library in New York, einem denkbar ungeeigneten Ort, denn er ist vom Großstadtlärm umtost, der die Musik erheblich stört. Auch halte ich es für falsch, daß sie keinerlei Eintritt verlangen. Es sollte zumindest ein kleiner Beitrag erhoben werden, denn die Leute sind mißtrauisch, wenn etwas reine Wohltätigkeit ist.

Doch es ist wirklich großartig, was Mrs. Coolidge getan hat und weiterhin tut. Wenn ich richtig informiert bin, bietet ihre Organisation nun allen Konzertvereinigungen Unterstützung an, die ihren Abonnenten mehr Kammermusik präsentieren möchten. Wenn diese Vereine nicht in der Lage sind, die volle Gage der Musiker zu bezahlen, zahlt, Mrs. Coolidge den Rest, was wirklich nobel ist. Ich halte diese Regelung für wesentlich besser und effektiver.

— *Haben Sie mit dem Trio, das Sie als ausgezeichnet bezeichneten, das Albeneri-Trio gemeint?*

A.S.: Ja. Ich hoffe, sie können zusammenbleiben – ich meine, daß es finanziell möglich sein wird. Es ist ein gewaltiges Opfer.

Die Kammermusikliteratur ist bereits im Begriff, in Vergessenheit zu geraten. Der jungen Generation sind die meisten Werke unbekannt. Streichquartette sind noch häufiger zu hören. Auch Kompositionen für Klavier und ein anderes Instrument werden häufig aufgeführt. Aber mit Ausnahme des Duos Adolf Busch/Rudolf Serkin werden sie selten von zwei gleichrangigen Partnern gespielt. Meistens sind es, wie ich es ausdrücken möchte, eine Primadonna und ein Lakai.

Wie oft habe ich Berichte gehört oder gelesen, hierzulande wie in Europa, die des langen und breiten begeistert die Interpretation eines berühmten Geigers oder Cellisten abhandelten und am Schluß hinzufügten: „Der Begleiter spielte geschmackvoll" oder etwas dergleichen.

Tatsächlich ist der Klavierpart stets substantieller, und vom musikalischen Standpunkt aus gesehen, sollte der Pianist der Führende sein – sowohl bei Kammermusik wie bei Liedern.

Aber auch das scheint eine wirtschaftliche Frage zu sein.

— *Ich stelle mir die Weimarer Republik, die ich nie gekannt habe, als einen Ort vor, wo selbst die Zeitungsjungen Beethoven pfiffen.*

A.S.: Wer hat Ihnen denn das erzählt?

— *Niemand. Es ist nur so eine Vorstellung.*

A.S.: Zeitungsjungen haben immer die neuesten Schlager gepfiffen, bestenfalls Puccini, Beethoven nie. Heute allerdings können Sie oft Beethoven pfeifen hören, da das Thema der fünften Symphonie hierzulande sehr populär wurde. Die Leute pfeifen oft, ohne zu wissen, was sie pfeifen; Töne halt.

— *Was halten Sie von dem Film über Chopins Leben oder* Fantasia *und anderen populären Filmen, die Musik schmackhaft machen wollen? Gefallen Sie Ihnen?*

A.S.: Sie erinnern sich, ich habe Ihnen die Geschichte erzählt, wie ich gebeten wurde, in der zweitausendsten Vorstellung des *Dreimäderlhauses* mitzuwirken, einer Operette über Schuberts Leben, die seine Musik benutzte. All das ist nicht meine Welt, nicht mein Ressort. Ich bin ausgesprochen einseitig. Sie müssen sich mit meiner Einseitigkeit abfinden. Von vielen Dingen verstehe ich einfach nichts, ich habe lediglich gehört, daß es sie gibt. Also kann ich auch keine Meinung über sie haben.

— *Ich habe nicht den Eindruck, daß Sie einseitig sind.*

A.S.: Ich weiß, daß ich es bin. Doch schauen Sie, an sich ist es noch keine Selbstdesavouierung, zu sagen, daß man einseitig ist. Es kommt allein auf die Seite an, der man angehört. Es mag sogar eine sehr anmaßende Behauptung sein. Ich lasse das dahingestellt.

— *Ich möchte auf jenes englische Konzertprojekt zurückkommen, von dem Sie erzählt haben, den Konzerten für solche Leute, die es sich nicht leisten können, in reguläre Symphoniekonzerte zu gehen. Glauben Sie, daß ein solches Projekt unbedingt von einem Stifter initiiert werden muß, oder könnten es die Leute möglicherweise auch selbst organisieren?*

A.S.: Ich denke, mit der Macht und Finanzkraft ihrer Gewerkschaften im Rücken könnten es die Leute sehr gut selbst in die Hand nehmen. Ich habe gehört, daß es allein in New York City achthunderttausend gewerkschaftlich organisierte Arbeiter und Angestellte gibt. Ich bin sicher, daß vierzigtausend von ihnen sehr froh über eine Gelegenheit wären, Opern, Kammermusik und Symphonien kennenzulernen. Und warum sie nicht ein Projekt wie jenes englische ausarbeiten, kann ich einfach nicht begreifen. Die Textilarbeitergewerkschaft ist sehr aktiv in dieser Richtung, aber ich fürchte, sie orientieren sich zu sehr an Broadway-Praktiken.

— *Sie denken etwa an* Pins and Needles*?*

A.S.: Oh, das war ausgezeichnet. Ich dachte eher an eine andere Kategorie, an ihre musikalischen Aktivitäten. Ich spielte einmal mit ihrem Orchester. Sie haben ein Amateurorchester. Es machte mir großen Spaß, mit ihnen zu spielen und zu proben.

Ich spielte auch in Swansea in Wales mit einem Amateurorchester. Das Konzert begann um acht, und die Probe konnte nicht vor sechs Uhr stattfinden, weil einige der Männer, die Blechbläser, direkt von den Kohlegruben zum Konzert kamen. Und dies war wirklich ein demokratisches Konzert, denn – ich habe das später auch in Australien erlebt – im Orchester waren alle Gesellschaftsschichten vertreten. Ich spielte Beethovens G-Dur-Konzert und sagte kein Wort. Ich dachte, es würde auch so gehen. Doch die Töne, die jene Bergleute auf ihren Hörnern und Trompeten erzeugten, waren unbeschreiblich. Es drehte mir die Eingeweide um, als ich es zum erstenmal hörte.

— *Vor einigen Tagen sagten Sie, im Bereich der Form sei nur wenig Raum für Originalität. Halten Sie die logischen Möglichkeiten der Form für erschöpft?*

A.S.: Nein, das habe ich nicht gemeint. Ich halte mich wirklich nicht für kompetent, darüber zu sprechen. Ich wollte zum Ausdruck bringen, daß meines Erachtens alles, was organisch ist, vermutlich zwangsläufig einigen ewigen Gesetzen folgen muß. Und in diesem Zusammenhang zitierte ich Schönberg, nicht wahr? Er sagte, in Hinblick auf die Form sind keine Veränderungen möglich.

Aber wir haben bereits eine so große Vielfalt von Formen, selbst innerhalb ein und derselben „Kategorie" von Stücken. Eine Sonate in ihrer ursprünglichen Form und eine der späten Sonaten von Beethoven zum Beispiel haben sehr wenig gemein. Es gibt bestimmte Sonatensätze von Beethoven, die ein Studium der Form besonders lohnen. Ich denke zum Beispiel an die Kopfsätze von Opus 101 und Opus 109.

Ich meinte mit Form nicht etwas, was in Büchern gelehrt wird und ein für allemal festgelegt ist, sondern das, was einem Werk Gestalt verleiht.

— *Glauben Sie, daß beim Klavierunterricht von Kindern die technische Entwicklung aus dem Studium von Stücken hervorgehen sollte, oder glauben Sie, daß das Gewicht eher auf die Technik als solche gelegt werden sollte?*

A.S.: Ich würde weit eher den ersten Weg empfehlen. Ich würde versuchen, den schöpferischen Impuls, den kreativen Drang des Kindes freizusetzen, würde versuchen, darauf hinzuwirken, daß das Kind an dem, was es tun soll, so viel Freude wie möglich hat. Selbst wenn das Kind im ersten halben Jahr des Unterrichts technisch nicht viel lernt, sollte man sich keine Sorgen machen. Und wie ich schon einmal gesagt habe: Wäre ich ein Diktator, würde ich den Ausdruck „üben" aus dem Wortschatz verbannen und durch „Musik machen" ersetzen.

— *Letzte Woche sagten Sie, daß Sie sich in einem Konzert ausschließlich von der Musik leiten lassen und sich so gut wie möglich vom Publikum abschotten. Heute nun schienen Sie anzudeuten, daß etwas fehlte, als Sie keinerlei Reaktion des Publikums verspürten. Irgendwie bekomme ich beides nicht zusammen. Könnten Sie erklären, was Sie jeweils gemeint haben?*

A.S.: Sie meinen, als ich sagte, daß mir die Musik wie ein Baum in der Wüste vorkam?

— *Nein, als Sie davon sprachen, daß das Publikum regungslos blieb. Sie schienen etwas zu vermissen, als Sie keine Reaktion des Publikums verspürten.*

A.S.: Aber war es nicht, als ich von jenem Erlebnis in Folkestone sprach, daß ich das regungslose Publikum erwähnte und daß mir die Musik wie ein Baum in der Wüste erschien? Die Musik erschien mir immer noch als Baum und nicht als Wüste. Die Musik wurde nicht zur Wüste. Sie blieb ein Baum. Nur um diesen herum war Wüste.

Manchmal hat das Gelangweiltsein eines Publikums, äußerstes Gelangweiltsein – ich vermute, daß es das ist – eine solche Macht, daß sie den Künstler beschleicht und zu einer Bedrohung für ihn wird. Abschottung gegenüber dem Publikum bietet einen Schutz vor dieser Bedrohung – und das ist bereits ein hinlänglicher Grund, sich darum zu bemühen.

Ich bin sehr oft beim Spielen in meiner Konzentration gestört worden. Und ich habe immer Angst davor gehabt, daß meine Konzentration durch den einen oder anderen Vorfall oder Umstand gestört werden könnte. Ich habe hart gearbeitet, um mir diese Abschottung zu sichern.

Einmal beispielsweise, als ich in der Queen's Hall ein Mozart-Konzert zu spielen hatte, funktionierte die Heizung nicht. Es war bitterkalt. Alles zitterte, und wir überlegten ernsthaft, ob wir das Konzert nicht absagen sollten. Doch letzten Endes beschlossen wir, es zu versuchen.

Ich spielte das Mozart-Konzert rein mechanisch, nur meine Finger spielten. Ich gab mir die größte Mühe, mich zu konzentrieren, aber ich erinnere mich, daß mir die ganzen achtundzwanzig Minuten lang unablässig ein irrwitziger Satz durch den Kopf ging, der sich ständig wiederholte und jeden Versuch, etwas anderes zu denken, im Keim erstickte: „Das ist kein Klima für Mozart – das ist kein Klima für Mozart – das ist kein Klima für Mozart."

Nun, das war eine physische Reaktion. Manchmal ist es eine physische Reaktion. Und ich glaube, mit der Langeweile in Folkestone war es nicht viel anders. Auch diese bewirkte eine Art physische Reaktion: schließlich nahmen meine Sinne sie wahr. Doch da gelang es mir, mich dagegen abzuschotten. Somit litt die Musik nicht darunter. Der Baum in der Wüste blieb am Leben.

Man kann ohne innere Beteiligung und Konzentration ganz ordentliche Aufführungen zustande bringen. Ich demonstriere das zuweilen meinen Studenten. Ich versuche meine Konzentration auszuschalten und spiele ihnen dann vor – ansonsten genauso, wie ich *mit* Konzentration spielen würde. Wenn man einige Erfahrung hat, funktioniert das. Doch Sie glauben nicht, wie gewaltig der Unterschied ist! Nicht nur für den Spieler, sondern auch für den Zuhörer.

— *Ich würde Sie gern etwas fragen, aber ich weiß nicht recht, wie ich es formulieren soll. Wenn es auf einer Bühne sehr kalt ist oder zieht, spüren Sie es natürlich körperlich. Aber die Langeweile, die scheint mir doch etwas schwieriger wahrzunehmen zu sein.*

A.S.: Natürlich; aber man nimmt sie wahr. Manchmal kann es auch eine Täuschung sein: Man spürt etwas, das auf Langeweile im Publikum hinzudeuten scheint, doch in Wirklichkeit rührt dieses Gefühl lediglich von der eigenen Müdigkeit oder Indisposition her. Auch das kann passieren. Aber mit jahrzehntelanger Erfahrung, wenn man ein alter Bühnenarbeiter ist wie ich, kann man es recht leicht unterscheiden.

— *Gibt es kein Gefühl der geglückten Kommunikation mit dem Publikum? Sie haben mehrere Beispiele genannt, in denen das Publikum einen negativen Einfluß auf den Interpreten hatte. Aber hat das Publikum auch einmal unterstützend auf Sie gewirkt? Kann es den Künstler in seiner Konzentration nicht auch fördern? Gibt es nicht auch ein Gefühl der Stimulation?*

A.S.: Doch, gewiß. Meistens ist es so. Was ich Ihnen erzählt habe, war ein Extremfall, und ich habe ihn in erster Linie deshalb erzählt, weil ich ihn für amüsant hielt. Normalerweise ist das Publikum, wie gesagt, sehr gut – es sei denn, es wird zuviel gehustet. Und im allgemeinen husten nur sehr wenige Leute im Publikum. Doch leider reichen schon vier Personen unter viertausend aus, um eine Aufführung zu stören – und so können diese vier Leute den Unterschied zwischen einem störenden und einem guten Publikum ausmachen.

Wenn Sie häufig vor dem gleichen Publikum gespielt haben, entwickeln Sie ein Gespür für dessen Resonanz und Reaktionen. Aber wir sollten dem besser nicht zuviel Aufmerksamkeit schenken, denn wir sollten uns voll und ganz mit der Musik beschäftigen. Die Musik sollte unser ganzes Fassungsvermögen ausfüllen, wenn wir ein Werk aufführen. Die Musik gibt uns genug zu tun, zu denken und zu empfinden, und wir haben eigentlich keine Zeit herauszubekommen, aus was für Leuten sich das Publikum zusammensetzt und wie sie reagieren.

Manchmal ist es eine große Überraschung. Man meint, man habe besonders gut und gelungen gespielt, und dann – nicht einmal dem

Applaus ist irgendein Echo zu entnehmen; es gibt einfach den gewöhnlichen Applaus, der nichts weiter als eine Konvention darstellt.

Alle Interpreten haben gelegentlich die Erfahrung gemacht, daß sie das höchste Lob erhielten und die größten Begeisterungsstürme entfachten, wenn sie selbst glaubten, schlecht und unüberzeugend gespielt und eine klägliche Vorstellung gegeben zu haben; sie waren total enttäuscht von sich, und jedermann sonst hatte es besser gefallen denn je. Dann wiederum kommt es vor, daß der Interpret außerordentlich zufrieden ist und meint, nahe an das herangekommen zu sein, was ihm vorschwebte, während die anderen ziemlich reserviert sind und selbst seine Freunde bemerken: „Also heute scheinst du nicht deinen besten Tag gehabt zu haben."

— *Sie sagten neulich, daß als Sie Rachmaninow hörten…*

A.S.: Sie haben alle ein so gutes Gedächtnis!

— *…als Sie Rachmaninow hörten, sei er einer der beiden Interpreten gewesen, von denen Sie so begeistert waren, daß Sie ihm einen Gruß in die Garderobe schickten. Wer war der andere?*

A.S.: Ich glaube, der andere war Pablo Casals. Und ich glaube, ich habe auch Busoni einmal einen Gruß geschickt.

— *Sie sagten, daß die Leute Sie oft fragen, was Sie von ihnen als Publikum hielten, und Sie sie stets enttäuschten, weil sie erwarteten, daß Sie sagen, sie seien das beste gewesen. Kommt es oft vor, daß die Leute glauben, sie seien das perfekte Publikum und nur sie wüßten Ihre Leistung zu würdigen?*

A.S.: Das Publikum hat mich nie gefragt, immer nur eine einzelne Person, die sich nicht eigentlich als Teil des Publikums betrachtete. Es war entweder ein Kollege, ein Agent, ein Mitglied der Vereinigung, die das Konzert veranstaltete, ein Kritiker oder ein Interviewer. Ich glaube, das Publikum macht sich gar keine Gedanken über diese Frage. Das Publikum kommt und hört zu. Es kauft Karten und möchte Musik oder einen

Interpreten hören. Den Leuten kommt es weniger darauf an, ob sie dem Musiker gefallen, als darauf, ob ihnen seine Musik gefällt.

Als ich die zweiunddreißig Beethoven-Sonaten in London spielte, war da ein alter Herr, ein großer Musikliebhaber und Amateurmusiker. Er hatte mich früher einmal spielen gehört und kaufte nun sechs oder sieben Abonnements für die komplette Serie. Vor den Konzerten lud er seine Freunde ein, spielte ihnen die Sonaten vor und erklärte sie ihnen; dann ging er mit ihnen in meine Konzerte. Und von Konzert zu Konzert war er von meinem Spiel mehr enttäuscht und desillusioniert. Er war der Verzweiflung nahe. Nach dem fünften Konzert schrieb er mir schließlich einen vierzehnseitigen Brief – einen wirklich bewegenden Brief – in dem er mir mitteilte, daß wenn er gewußt hätte, wie ich die Sonaten spielte, er jene Karten gewiß nicht gekauft hätte. Er forderte mich quasi auf, ihm sein Geld zurückzugeben. Dann ging er auf einzelne Stellen ein, schrieb zum Beispiel „Warum haben Sie in diesem Takt gehudelt? Ein Mann mit Ihrer Technik!" und tadelte mich für etliche weitere Details, die nicht seinen Erwartungen entsprochen hatten, bis er zu dem Schluß kam: „Wenn Sie so weitermachen, sollten Sie besser aufhören, Beethoven zu spielen." Ich setzte mich hin und antwortete dem alten Mann. Es lag keine Spur von Ironie in meinem Brief. Ich versicherte ihm zum Beispiel, daß er meine technischen Fähigkeiten überschätzt habe: Wenn ich gehudelt habe, dann sei das schlicht eine technische Schwäche gewesen; ich habe nicht hudeln wollen und bedaure es ebensosehr wie er. Doch dann schrieb ich auch, daß der Erwerb einer Konzertkarte keine Garantie für Zufriedenheit ist. Der Künstler verspricht lediglich, sein Bestes zu geben, aber er kann nicht versprechen, den Zuhörer zufriedenzustellen.

Ein späteres Schnabel-Trio: Artur Schnabel mit dem Cellisten Pierre Fournier und dem Geiger Joseph Szigeti in Edinburgh, 1947.

12

In unseren Sommerferien 1932 fuhren meine Frau und ich, nachdem wir einige Wochen in den Schweizer Bergen verbracht hatten, hinunter nach Italien und besuchten Freunde, die am Comer See lebten. Die Landschaft und die Lebensart dort nahmen uns so gefangen, daß wir unsere Freunde baten, nach einem Haus für uns Ausschau zu halten, in dem wir unsere nächsten Sommerferien verbringen könnten. In den ersten Monaten des darauffolgenden Jahres, 1933, kam das neue Regime in Deutschland, und obwohl ich Ausländer war, beschloß ich unverzüglich, Berlin zu verlassen. Aber zuvor mußte ich noch meine Konzertreihe mit den zweiunddreißig Beethoven-Sonaten beenden. Das letzte dieser Konzerte fand am 26. April statt.

Unterdessen hatten unsere Freunde am Comer See ein Haus für uns ausfindig gemacht, und wir hatten bereits Vorkehrungen getroffen, unseren Sommeraufenthalt dort früher anzutreten als ursprünglich geplant. Meine Familie verließ Berlin im Mai. Wir hatten ein Auto gekauft (unser erstes), und meine Söhne hatten gerade fahren gelernt. Die erste Anwendung ihrer frisch erworbenen Fertigkeit bestand darin, ihre Mutter die lange Strecke von Berlin nach Italien zu chauffieren, durch die Alpen und über hohe Bergpässe. Glücklicherweise schafften sie es irgendwie, heil anzukommen.

Ich befand mich zu jener Zeit auf Konzertreise und stieß etwas später zu meiner Familie am Comer See. Es gefiel uns so gut dort, daß wir bald beschlossen, das Haus auf Dauer zu mieten, so daß wir jederzeit wiederkommen konnten. Im ersten Sommer hatten wir nichts von unseren Habseligkeiten dort, da das Haus möbliert war. Im Herbst jedoch trafen wir die Vorbereitungen, alle unsere bewegliche Habe von Berlin nach Italien zu verfrachten.

Wir blieben in diesem Haus bis 1938 und waren sehr glücklich dort. Jeden Sommer unterrichteten wir drei oder vier Monate lang, meine Frau, ich und auch mein älterer Sohn. Allein meine Klasse bestand aus fünfzehn oder mehr jungen Pianisten. Sie können sich vorstellen, wie überrascht Touristen gewesen sein müssen, wenn sie durch das kleine Dorf kamen und fast aus jedem Haus klassische Klaviermusikklänge drangen, und zwar größtenteils gute Interpretationen der anspruchsvollsten Werke.

Allen schien es zu gefallen, besonders den jungen Studenten – außer daß sie auf dem Weg zu ihrem Unterricht jedesmal zweihundert Treppenstufen erklimmen mußten. Das war nicht allzu angenehm, aber mir ging es nicht anders, denn unser Haus lag an einem Hang und war nur über eine lange Treppe zu erreichen.

Die Winter verbrachten wir in England. Mein jüngerer Sohn, der gerade sein Studium an einer Berliner Schauspielschule abgeschlossen hatte, kam mit uns und wurde Mitglied des Old Vic Theatre, des berühmten Repertoiretheaters in London, dem er vier Jahre lang angehörte; anfangs als Schauspielschüler, doch sehr bald bekam er die Chance, an Bühnenaufführungen mitzuwirken, zunächst in kleinen Nebenrollen. Diese Lehrzeit war von unschätzbarem Wert für ihn. Leider hatte er in den Inszenierungen, in denen er hierzulande auftrat, wenig Gelegenheit das anzuwenden, was er dort gelernt hat.

Im Mai 1933 spielte ich beim Brahms-Fest in Wien. Wie gesagt, war meine Mitwirkung am Berliner Brahms-Fest aufgekündigt worden. Statt dessen wurden wir in Wien, das damals noch nicht in Deutschland inkorporiert war, engagiert. Wir spielten Brahms' Trios und Quartette – Huberman, Hindemith, Casals und ich. Außerdem spielte ich das B-Dur-Konzert mit Furtwängler als Dirigenten.

Der damalige Justiz- und Unterrichtsminister Schuschnigg hielt die Eröffnungsansprache, in der er die Gäste, besonders die aus dem Ausland, willkommen hieß. Ich erinnere mich an diese Rede vor allem deshalb, weil er bezeichnenderweise dreimal „Bruckner" statt „Brahms" sagte. Dieser Lapsus unterlief ihm nicht, weil er nichts von Musik verstanden hätte, sondern einfach weil ihm Bruckners Musik viel näher stand. Als es zum zweiten und dritten Mal passierte, sagte ich zu Hindemith, daß mich das verunsichere, schließlich seien wir alle zum *Brahms-Fest* gekommen.

Unsere Konzerte verliefen bestens, wir hatten viel Spaß bei unseren Proben und Freizeit in Hülle und Fülle. Nach einem unserer Abendkonzerte (ich erzähle Ihnen dies, weil es recht interessant und aufschlußreich ist) besuchten wir ein beliebtes Restaurant im Souterrain eines Hotels. Außer uns befanden sich ungefähr fünfzig weitere Gäste dort. Gegen Mitternacht erschien Furtwängler in Begleitung zweier Damen, und sein Auftritt schien geplant und einstudiert. In Gegenwart dieser fünfzig oder mehr Leute wandte er sich an Huberman und mich und fragte uns noch einmal, ob wir unsere Meinung nicht ändern und im nächsten Winter zurückkommen wollten, um in Berlin mit ihm zu spielen. Wir waren das bereits zuvor gefragt worden und hatten natürlich abgelehnt, aus Gründen, die Sie sich leicht ausmalen können.

Huberman bat mich, als erster zu antworten. Ich machte es unkompliziert und sagte, wenn alle Musiker, die in Deutschland aus politischen oder rassischen Gründen mit Boykott belegt oder entlassen worden waren, zurückgerufen würden und wieder ihre früheren Stellen erhielten, sei ich bereit zurückzukommen. Wenn nicht, müßte ich meine Weigerung aufrechterhalten. Zu meiner Verblüffung antwortete Furtwängler – und das war offensichtlich nicht vorbereitet –, ich vermenge Kunst und Politik. Und damit war die Sache erledigt.

Anfang 1933 hatte ich einen Brief der University of Manchester erhalten, in dem mir mitgeteilt wurde, man beabsichtige, mir die Ehrendoktorwürde zu verleihen, wüßte aber vor dem endgültigen Beschluß gerne, ob ich überhaupt bereit sei, sie anzunehmen. Ich hatte nie mit irgend jemandem von diesem Bildungsinstitut Kontakt gehabt und kannte kein einziges Mitglied des Lehrkörpers. Ich antwortete, ich sei sehr überrascht, fühle mich jedoch außerordentlich geehrt und würde dankbar annehmen. Sie baten mich, zu der akademischen Feierstunde zu kommen, in der die Universität ihre Doktorgrade verlieh, und den Titel entgegenzunehmen. Doch unglücklicherweise fiel das Datum mit dem Brahms-Fest in Wien zusammen. Ich konnte also nicht kommen und teilte ihnen dies mit.

Daraufhin schlugen sie vor, an einem Tag, an dem ich abkömmlich sei, eine Extrafeier auszurichten. Da es jedoch viel weniger Zeit in

Anspruch nehme, den Doktorgrad an einen einzigen zu verleihen anstatt an die üblichen fünf oder sechs, möchte ich doch eine Ansprache halten oder etwas spielen, damit die Feierstunde nicht allzu kurz ausfiele. Ich antwortete, ich wolle es versuchen, und da ich bei diesem Anlaß nicht spielen wollte, bereitete ich eine kleine Ansprache vor.

Die Zeremonie in dem großen Auditorium war von einer feierlichen Atmosphäre getragen, und ich erinnere mich, daß ich sehr behutsam gehen mußte, da das Barett, das ich tragen mußte, viel zu klein für meinen Kopf war und ständig herunterzufallen drohte. Auf dem Podium wurde ich von zwei Professoren empfangen: einem, der mich für den Titel vorschlug, und dem Kanzler, der ihn mir verlieh.

Der erste verlas eine Urkunde, in der dargelegt wurde, was die Universität bewogen habe, mir diese Ehre anzutragen. Sie war kurz gehalten, und es hieß darin, man verleihe mir den Titel nicht nur für das, was ich getan, sondern auch für das, was ich unterlassen hätte. Sie ging hierüber auf keine Einzelheiten ein und bezeichnete mich abschließend als den „Aristides der Musik". Meine klassische Bildung war nicht umfassend genug, als daß ich gewußt hätte, was damit gemeint war. Ich mußte später das Lexikon zu Rate ziehen, um es herauszubekommen, schlußfolgerte aber natürlich, daß es nichts Despektierliches sein könne.

Im selben Jahr, 1933, änderte die Firma Steinway ihre Haltung und erklärte sich bereit, mich ihre Instrumente in den Vereinigten Staaten benutzen zu lassen, auch wenn ich anderswo weiterhin den Bechstein-Flügel benutzte, den ich mein Lebtag im Konzert gespielt hatte. Somit fuhr ich von 1933 an jedes Jahr nach Amerika.

1935 reiste ich erneut nach Rußland und war sehr überrascht über die gewaltigen Veränderungen. Es war acht Jahre her, daß ich zum letztenmal dort gewesen war. Während dieses Besuchs hörte ich die erste Aufführung von Bachs *Johannespassion* in der Sowjetunion, bei der der vollständige Evangelientext von einem russischen Chor gesungen wurde. Musikalisch und künstlerisch gesehen, war der Gesang nicht ganz zufriedenstellend – die Sänger waren nie zuvor mit Musik dieser Gattung und dieses Stils in Berührung gekommen –, aber es war wunderbar mitzuerleben, mit welcher Hingabe und Begeisterung sie ihre Partien sangen. Diese Menschen, die heutzutage so oft als Teufel betrachtet werden (politisch, meine ich), erschienen mir zu Engeln verklärt.

Als ich 1925 in Rußland gewesen war, hatte Bechstein einen Flügel für meine Konzerte dorthin geschickt, der nach Abschluß meiner Tournee wieder zurückgesandt werden sollte. Doch als ich abreiste, fragte die Leningrader Philharmonie, eine staatliche Institution, telegraphisch bei Bechstein an, ob der Flügel nicht in Rußland bleiben könne, man beabsichtige, ihn nach einer gewissen Zeit zu kaufen, und verspreche, daß er in der Zwischenzeit nicht benutzt werden würde. Bechstein gab dieser Bitte statt, und etwas später wurde der Flügel tatsächlich von der Leningrader Philharmonie erworben. Doch auch dann wurde er nur selten benutzt – einzig in Galakonzerten. Ansonsten wurde er an einem sicheren Platz bewahrt und von der Putzfrau regelmäßig abgestaubt und gestrichen. So fand ich, als ich 1935 in Leningrad eintraf, meinen alten Flügel vor, und er befand sich in einem ausgezeichneten Zustand.

Ich nahm damals eine Einladung an, 1937 wieder nach Rußland zu kommen, doch ich sagte diese Tournee ab, da sich in der Zwischenzeit eine Welle der Ausländerfeindlichkeit zu erheben begann. Diese Feindseligkeit führte schließlich so weit, daß alle ausländischen Dirigenten, die jahrelang russische Orchester, von Tiflis und Odessa bis Moskau und Leningrad, geleitet hatten, das Land verlassen mußten. Einigen von ihnen sagte man, sie könnten bleiben, falls sie russische Staatsbürger würden. Aber soweit ich weiß, nahm keiner dieses Angebot an. Die meisten von ihnen waren Musiker, die zuvor in Deutschland ihre Stellen verloren hatten, als die Nationalsozialisten an die Macht kamen; sie wurden in Rußland willkommen geheißen, waren dort erfolgreich und leisteten hervorragende Arbeit, doch dann wurden sie auch in Rußland gefeuert und mußten abermals emigrieren.

Ich hatte rechtzeitig abgesagt, lange vor den geplanten Konzertterminen. Aber die Russen weigerten sich, meine Absage zu akzeptieren und riefen mich, wo immer ich ging und stand, an oder schickten mir Telegramme. Wie es ihnen gelang, mich aufzuspüren, entzieht sich meiner Kenntnis. Ich hatte die Tournee von den Vereinigten Staaten aus abgesagt, doch sobald ich in mein Haus in Tremezzo am Comer See zurückgekehrt war, riefen sie mich dort an. Ich ließ meinen Sekretär mit ihnen sprechen und ihnen ausrichten, daß ich einfach nicht kommen könne.

Danach besuchte ich meine Mutter in Wien. Es war das letzte Mal, daß ich sie sah. Ich war noch keine Stunde in Wien, als der Portier des Hotels Bristol in meinem Zimmer anrief und mir ein Gespräch aus Moskau durchstellen wollte. Ich bat ihn: „Sagen Sie einfach, ich sei nicht hier", was er auch tat. Von Wien aus fuhr ich nach Warschau, da ich in Zusammenhang mit der geplanten Rußlandtournee Konzerttermine in Warschau und Prag vereinbart hatte. In meinem Hotel in Warschau wartete bereits ein Telegramm aus Moskau auf mich. Es war ziemlich mysteriös, woher sie meine Reiseroute so genau kannten, doch anscheinend verfügten sie über einen guten Nachrichtendienst.

1934 hatte ich die zweiunddreißig Beethoven-Sonaten in London gespielt, und 1936 spielte ich sie in New York in einer Konzertreihe in der Carnegie Hall.

Im selben Jahr gründeten eine Schülerin von mir und ihr Ehemann in New York die New Friends of Music. Ich glaube sagen zu dürfen, daß ich zur Planung und Gründung dieser Organisation, die in jeder Saison sechzehn Kammermusikkonzerte veranstaltet, einen guten Teil beigetragen habe.

Eine andere Schülerin von mir gründete und organisierte zusammen mit ihrem Ehemann die Pittsburgh New Friends of Music, ebenfalls eine Kammermusikreihe. Dort, in einer viel kleineren Stadt, war es schwieriger, aber die Einrichtung besteht heute noch. Pittsburgh war die einzige Stadt außer New York, in der damals eine solche Kammermusikreihe gegründet wurde und überlebte. Jetzt, 1945, wurde unter meiner Beratung die Music Guild of Los Angeles gegründet, die besonders vielversprechend sein dürfte, da in ihr auch eine Abteilung der Handelskammer vertreten ist.

1937 – ich glaube, es war 1937 – gab ich in London eine Reihe von sieben Konzerten mit Werken von Mozart, Schubert und Schumann – ein Programm, das ich in dieser Form nie anderswo wiederholt habe. Im März 1938 befand ich mich auf einer Konzertreise durch die Vereinigten Staaten, die mich auch nach St. Louis führte. Ich hatte mich gerade für das Konzert umgezogen und wollte zum Konzertsaal fahren, als mir im Foyer des Hotels ein Extrablatt gereicht wurde, aus dem ich vom Einmarsch der deutschen Armee in Österreich und dem Anschluß Österreichs an Deutschland erfuhr. Mit anderen Worten: ich erfuhr, daß ich mein Vaterland verloren hatte. Wie Sie wissen, war es bereits nach dem Ersten Weltkrieg verstümmelt worden. Doch nun hatte auch dieses verstümmelte Österreich aufgehört zu existieren.

An diesem Abend war ich nicht gerade in bester Stimmung, und ich weiß wirklich nicht, wie ich spielte, denn meine Gedanken waren ganz von diesem Ereignis gefangengenommen. Sobald ich nach New York zurückgekehrt war, begann ich meine und meiner Frau Einwanderung in die Staaten in die Wege zu leiten. Meine beiden Söhne waren bereits in den Vereinigten Staaten und sind heute amerikanische Staatsbürger. Sie erkannten, daß dies in ihrer Lage unbedingt nötig war und hier auf absehbare Zeit der einzige Ort sein würde, wo sie sich beruflich entfalten könnten. Mit Hilfe von Freunden und Agenten, die mich berieten, arrangierte ich, daß ich mein Einreisevisum in Havanna erhalten und von dort in die Vereinigten Staaten kommen sollte. Ich bin zwar in Österreich geboren, doch da mein Geburtsort nach dem Ersten Weltkrieg polnisch geworden war, fiel ich den amerikanischen Einwanderungsgesetzen gemäß unter die polnische Einwanderungsquote. Doch ich hatte einen österreichischen Paß. Meine Frau, die in Deutschland geboren ist, fiel unter die deutsche Quote, hatte aber ebenfalls einen österreichischen Paß. Auch meine Söhne hatten österreichische Pässe, fielen aber unter die deutsche Quote. All dies scheint recht kompliziert, doch damals war es tatsächlich noch ganz einfach und konnte in relativ kurzer Zeit geregelt werden.

Es war vereinbart worden, daß ich am 1. Mai nach Havanna kommen und mein Visum in Empfang nehmen sollte, und ich hatte meinen Aufenthalt in New York verlängert, um auf dieses Datum zu warten. Als ich in Havanna ankam, teilte mir der amerikanische Konsul sehr freundlich mit, es tue ihm schrecklich leid, aber die polnische Einwanderungsquote für den Monat Mai sei bereits erfüllt und er könne mich erst wieder in die Juniquote aufnehmen. Er meinte, es sei sehr angenehm, einen Monat in Havanna zu verbringen, und empfahl mir zu warten. Doch ich hatte Verpflichtungen in Europa und fragte ihn deshalb, ob meine Dokumente nicht nach Mailand geschickt werden könnten. Er sagte, daß dies möglich sei, und versprach, sie dorthin zu senden.

Als ich den amerikanischen Konsul in Mailand aufsuchte, sagte der: „Es tut mir schrecklich leid, aber für Einwanderungsfragen ist das Konsulat in Neapel zuständig." „Nun gut", sagte ich, „wenn Sie so freundlich wären, meine Dokumente nach Neapel weiterzuleiten, werde ich dort vorsprechen." Doch dann erfuhr ich, daß es eine Verfügung gab, der zufolge die Gültigkeit eines Visums auf drei Monate begrenzt war. Wenn ich also ein Visum der Juniquote bekäme, müßte ich spätestens im September in Amerika eintreffen, sonst würde es verfallen. Meine beruflichen Verpflichtungen machten es mir jedoch unmöglich, vor Februar nach Amerika zu fahren. Folglich mußte ich den Konsul in Neapel bitten, meinen Platz auf der Juniliste jemand anders zu geben, der wahrscheinlich überglücklich sein würde, und mich statt dessen auf die Dezemberliste zu setzen. Er war so freundlich und tat dies für mich. Darauf vereinbarte ich für den 21. Dezember einen Konzerttermin in Neapel, so daß ich am 22. hätte aufs Konsulat gehen und mein Visum in Empfang nehmen können.

Ende Oktober aber wurde die italienische Regierung von den Deutschen dazu gebracht, Restriktionen und Diskriminierungsgesetze gegen Juden einzuführen. Unter solchen Umständen wollte ich natürlich nicht in Italien spielen und auch nicht länger dort bleiben. Also sagte ich mein Konzert in Neapel ab und schrieb dem amerikanischen Konsul mit der Bitte, meine Dokumente nach London weiterzuleiten. Er tat dies, und das war dann das Ende ihrer langen Reise Havanna – Mailand – Neapel – London.

In London gab es noch einige Komplikationen. Unsere österreichischen Pässe waren nicht mehr gültig, da es keinen Staat Österreich mehr gab, und deutsche Pässe wollten wir nicht. Wir galten als komplizierter Fall. Zum Glück gelang es uns, britische Identitätsbescheinigungen – eine Art Interimspaß – zu bekommen, mit denen wir reisen konnten.

Während all dieser Monate spielte ich weiter, und irgendwie gelang es mir – trotz aller Schwierigkeiten, die der rapide Wandel der Verhältnisse in Europa nach sich zog –, die meisten meiner Verpflichtungen zu erfüllen. Anfang 1939, während meines letzten Aufenthalts in England, traf ich mich mit meinem älteren Sohn, der zu einer eigenen Konzerttournee aus Amerika gekommen war.

Im Februar 1939 traf ich schließlich in Amerika ein, und einen Monat später folgte meine Frau nach. Da ich für den Sommer 1939 – den dortigen Winter – eine Australientournee vereinbart hatte, mußte ich praktisch unmittelbar nach meiner Ankunft als Immigrant eine Wiedereinreiseerlaubnis beantragen, das Dokument, das einen ausländischen Einwohner zur Aus- und Wiedereinreise berechtigt. Sie wurde mir erteilt, und von Los Angeles aus fuhr ich nach Australien. Es war ein herrlicher Sommer – oder Winter, wie immer Sie's nennen mögen. All die paradiesischen Inseln – Hawaii, Samoa, die Fidschiinseln, und dann Neuseeland und Australien selbst, wo kaum etwas von Konflikten oder Unzufriedenheit, Fehden oder Entzweiung zu spüren war.

Das Musikleben in Australien hat keine große Tradition, und die Konzertsäle sind nicht besonders gut. Aber sie haben dort ein vorbildliches Rundfunksystem. Ich war Gast der Australian Broadcasting Corporation. Sie hatten damals 1 100 000 Teilnehmer, von denen jeder ein Pfund im Jahr zahlte. Mit diesen 1 100 000 Pfund konnte diese Gesellschaft natürlich die besten Programme, die beste Musik bieten – unabhängig von irgendwelchen Sponsoren. Ihre Konzerte fanden nicht in Studios, sondern in Konzertsälen statt.

Ich hoffe stets, daß dieses System eines Tages auch in den Staaten eingeführt wird. Ich glaube, niemand würde sich weigern, einen kleinen monatlichen Betrag zu zahlen, wenn er Musik- und andere Sendungen hören könnte, die nicht von Werbung unterbrochen werden und vor allem unabhängig von Geldgebern und Werbeagenturen und deren Geschmack sind. Ich habe viele Leute gefragt. Niemand sagte, daß er nicht dazu bereit wäre.

Meine Rückreise von Australien hatte ich über den Orient und Suez nach England gebucht, wo ich Engagements für den Herbst 1939 hatte. Aber Ende Juli schien die Weltlage so bedrohlich, daß ich die Buchung änderte, da ich fürchtete, wenn es zum Krieg käme, plötzlich in Bombay, Kalkutta oder sonstwo auf der Route festzusitzen.

Außerdem hatte ich ein Telegramm von meinem jüngeren Sohn aus New York erhalten, in dem er mir mitteilte, er habe ein amerikanisches Mädchen geheiratet, das ich noch nie gesehen hatte. Ich war neugierig, sie kennenzulernen, und das war ein weiterer Grund, warum ich umbuchte und die Route über den Pazifik nach Kalifornien und von New York nach England wählte. Auf die zweite Etappe habe ich heute noch ein Anrecht bei der Cunard Line.

Als ich Honolulu erreichte, bahnte sich der Ausbruch des Zweiten Weltkriegs an. Es war der 2. September. Ich fuhr nach Los Angeles und habe seit September 1939 die Vereinigten Staaten nicht mehr verlassen. Inzwischen sind wir alle amerikanische Staatsbürger geworden.

In den Jahren seit 1939 habe ich mich dem Komponieren, Unterrichten und Konzertieren gewidmet. Zwischen 1935 und 1939 komponierte ich mehrere größere Werke und habe seit 1939 noch viel mehr geschrieben. Meine Unterrichtstätigkeit bestand in Privatstunden in New York – es waren nicht sehr viele Schüler – und fünf Kursen, die ich in fünf aufeinanderfolgenden Jahren an der University of Michigan in Ann Arbor abhielt. Diese Kurse wurden nicht eigentlich von der Hochschule arrangiert oder veranstaltet, sondern entsprangen der Initiative der Klavierlehrer der Hochschule. Die Hochschule stellte lediglich die Räumlichkeiten, die Klaviere und ihre sonstigen Einrichtungen zur Verfügung. Im übrigen waren es eigentlich Privatkurse, in die ich jeweils nur sechs aktive Teilnehmer aufnahm. Die Zahl der Zuhörer oder „passiven" Teilnehmer war hingegen nicht limitiert. Ich hielt diese Kurse fünfmal ab, und es hat mir jedesmal viel Freude gemacht.

Mein Aufenthalt in New York von 1939 an hatte einen völlig anderen Charakter als die vorausgegangenen Male, die ich hier gewesen war. Zum einen lebte ich jetzt ständig dort. Ich zog in ein Appartementhotel. Unsere gesamte Habe war in Italien zurückgeblieben, und solange Krieg herrschte, konnte sie nicht herübergebracht werden. Ich hatte mich bereits damit abgefunden, sie niemals wiederzusehen, schließlich war Italien Feindesland. Doch nach Kriegsende bekam ich die Nachricht, daß unsere gesamten Besitztümer den Krieg wie durch ein Wunder unversehrt überstanden hatten – einschließlich meiner Noten, meiner Bücher und der Manuskripte zahlreicher meiner Kompositionen. Freunde hatten sie in einem Bauernhof in den Bergen versteckt, bevor es zu spät war.

Was mein Leben in New York jedoch von Grund auf veränderte, war vor allem die Tatsache, daß ich nun mit viel mehr Menschen Kontakt hatte, und zwar mit den Flüchtlingen. Sie kamen aus allen Ländern Europas, aus all den Städten, wo ich auf meinen Konzertreisen ihre Gastfreundschaft genossen hatte, zu Zeiten, da sie in glänzenden Verhältnissen gelebt hatten. Die meisten von ihnen waren durchaus keine engen Freunde von mir, sondern einfach Leute, die mich jedesmal eingeladen hatten, wenn ich in ihre Stadt kam, war es nun Budapest, Hamburg, Rom, Prag, Amsterdam oder einer der zahllosen kleineren Orte, in denen ich vor Jahren und Jahrzehnten gespielt hatte. In ihrer Heimat waren sie angesehene Persönlichkeiten gewesen. Jetzt waren sie Niemande – und mittellos. Ich konnte es nicht ablehnen, sie zu empfangen, und wollte es auch nicht. Doch wie Sie sich vorstellen können, bedeutete das einen enormen Zeitaufwand, denn es gab so viele von ihnen. Andererseits gewann New York durch ihre Anwesenheit einen ganz neuen Reiz. Ich denke, vieles davon trifft auch auf Chicago zu.

Als ich noch in Tremezzo am Comer See war, bekam ich eines Tages ein Telegramm von der University of Chicago. Es war so lang und die Anzahl der Wörter, die für eine Antwort vorausbezahlt worden waren, so groß, daß der Posthalter vor Aufregung fast gestorben wäre, hatte er in diesem kleinen Nest doch noch nie ein so teures Telegramm von so weit her zu Gesicht bekommen. In diesem Telegramm wurde ich gefragt, ob ich prinzipiell zu einer Tätigkeit hier – einem Vortrag, einer Vorlesung oder einer sonstigen Form der Zusammenarbeit – bereit sei. Mr. und Mrs. Swift von diesem Institut würden mich in Tremezzo besuchen, um alles weitere mit mir zu besprechen. Sie kamen eines Nachmittags, und das Ergebnis war, daß ich 1940 hier in der Mandel Hall drei Vorlesungen hielt, die später, 1942, von der Princeton University Press veröffentlicht wurden. Dies war meine erste Zusammenarbeit mit dieser Universität.

Von 1943 an verzichtete ich auf die Dienste von Agenten für meine Konzerte. Mein Verhältnis zu amerikanischen Managern war nie besonders glücklich oder herzlich gewesen. Wissen Sie, sie sind ganz anders als Hermann Wolff, den ich hier so oft erwähnt habe. Diese Leute hatten wenig Interesse an Musik, nicht viel Gespür für sie und keinerlei Sinn für Qualität. Zumindest war das mein Eindruck. Sie schienen sich eher als Verkäufer dieser speziellen Ware zu begreifen, und ihr Bestreben war offensichtlich darauf gerichtet, nach dem Prinzip des geringsten Widerstandes möglichst viel möglichst schnell an möglichst viele Abnehmer zu verkaufen. Natürlich kann unter solchen Voraussetzungen nicht jede künstlerische Leistung gedeihen.

Mein Manager sagte (und ich habe volles Verständnis für seinen Standpunkt – als Verkäufer), er könne nicht verstehen, wie jemand es ablehne, sich so gut wie möglich zu „verkaufen". Aber ich wollte meine öffentlichen Auftritte lieber einschränken, zog es vor, weniger oft zu spielen und nur das, was ich mochte und wo ich mochte. Darüber hinaus sagte mir mein Manager oft, ich sei ein Musiker ausschließlich für Musiker. Nun, ich weiß, daß Konzerte nicht für Musiker gegeben werden, was für einen Sinn hatte es also, von ihm vertreten zu werden? Er bezeichnete mich sogar als „unheilbar größenwahnsinnig", wenn er wütend auf mich war. Ich war nie wütend auf ihn, doch schließlich trennten wir uns, und ich glaube, wir fühlten uns beide wohler.

Ich bemerkte bald, daß all die angeblichen Notwendigkeiten für eine erfolgreiche Karriere, all die vermeintlichen Grundvoraussetzungen für Erfolg, Chimären sind. Denn mir stehen amerikanische Konzertsäle noch immer offen, ohne Manager und ohne Publicity. Einigen Leuten von überdurchschnittlicher Intelligenz gelingt es anscheinend, meine Adresse oder meine Telefonnummer ausfindig zu machen und mich zu fragen, ob ich bei ihnen spielen möchte. Und in den meisten Fällen werden wir innerhalb von fünf Minuten handelseinig.

Ich stehe jetzt immer in direkter Verbindung mit dem Vorsitzenden (oder einem sonstigen Verantwortlichen) der Organisation, die mich einlädt; es gibt keinen Mittelsmann. Aber alle diese Organisationen haben natürlich einen „Public-Relations-Direktor". Dies ist ein Titel, der mir erst in den letzten drei Jahren begegnet ist. Davor wurde dieser Mann immer als Werbeleiter bezeichnet – doch die „Highbrows", die das Einfache zu kaschieren trachten, kamen anscheinend zu dem Schluß, daß der alte Titel zu simpel klang.

Sobald ich also mit einer dieser Organisationen einen Konzerttermin vereinbart hatte, gaben sie meinen Namen – wie die Namen aller Künstler, die bei ihnen auftraten – an ihren „Public-Relations-Direktor" weiter, der sich pflicht- und routinegemäß sogleich mit mir in Verbindung setzte und mich um Werbematerial wie Fotos oder Konzertkritiken bat. Nun sagte ich mir, daß irgendwann einmal der Zeitpunkt gekommen sein müßte, wo es nicht mehr notwendig oder sinnvoll ist, solche Informationen zu liefern. Es schien mir lächerlich, daß ein Musiker, der seit fünfzig Jahren öffentlich auftritt, in Städten, in denen er schon oft gespielt hat, Zeugnisse vorlegen sollte, die ihm attestierten, daß er „perlende Läufe" hervorbringen könne und über einen „herrlichen Ton" verfüge. Ich denke, daß sich diejenigen, die noch immer nicht wissen, wie ich aussehe oder was sie von meinem Spiel zu erwarten haben, bestimmt nicht dafür interessieren.

Also antworte ich jedesmal, wenn mich die „Public-Relations-Direktoren" nach solchen Informationsunterlagen fragen, daß ich ihnen leider nicht helfen könne, da ich keinerlei Werbematerial besitze. Dann fahre ich hin und spiele, und die Säle sind genauso gut besucht wie bei Künstlern, die Werbematerial liefern.

Ich gestehe jedoch gern ein, daß meine Haltung ziemlich asozial ist; denn wo kein Werbematerial verwendet wird, wird weniger Geld umgesetzt. Dies dürfte ein wesentlicher Gesichtspunkt dabei sein.

Zuweilen bitten mich diese Öffentlichkeitsmanager um die seltsamsten Dinge. Jüngst bekam ich einen Brief, in dem ich gebeten wurde, unverzüglich *8 000 dodgers* zu schicken. Ich zog mein Wörterbuch zu Rate, und dort hieß es, ein *dodger* sei „ein verschlagener Mensch, ein Schwindler". Gut, dachte ich, du kennst etliche Halunken, aber 8 000... Schließlich fand ich dann heraus, daß *dodger* im amerikanischen Slang Handzettel bedeutet.

Und damit bin ich am Ende meiner Geschichte angelangt. Ich hoffe, daß die Bruchstücke, die ich Ihnen geliefert habe, irgendwie zusammenpassen und Sie erkennen, daß alle zu demselben Bild gehören... Und ich hoffe, daß Ihnen das Bild den Lebensweg eines Musikers zeigt, der stets versucht hat, sein Bestes zu geben.

Doch jetzt wollen wir unsere letzte Diskussion führen.

— *Die Leute sagen, einige Komponisten seien ihrer Zeit voraus gewesen und auch jetzt dürften einige ihrer Zeit voraus sein. Meinen Sie nicht, daß die Leute das sagen, weil sie die in ihrer Zeit komponierte Musik nicht verstehen, und daß wir die große Musik der Vergangenheit deshalb zu verste-*

hen glauben, weil wir mit ihr aufgewachsen sind und sie nicht mit einem Mal aufnehmen müssen?

A.S.: Ja, ich denke, Sie haben recht – es ist bei allen wirklich originellen Schöpfungen so, aber auch nur bei diesen, versteht sich. Ich meine Schöpfungen, die sich eines neuen, nie zuvor gehörten Idioms bedienen, mit dem die gleichen Inhalte zum Ausdruck gebracht werden; denn ich glaube, der Gehalt ist immer der gleiche. Doch die Möglichkeiten, den Ausdruck des unveränderten Gehalts zu variieren, scheinen mir grenzenlos.

Offensichtlich ist das schöpferische Genie für seine eigene Generation bis zu einem gewissen Grade immer ein Fremder, und es wird immer nur eine kleine Gruppe von Leuten geben, die von Anfang an an dem neuen Idiom teilhaben. Es gibt immer Leute, die zu bequem sind, Leute, die einfach nicht imstande sind, daran teilzuhaben, und Leute, die es immer mit dem vergleichen möchten, was ihnen am besten gefällt. Doch um auf den Gedanken des seiner Zeit vorauseilenden Komponisten zurückzukommen: Es ist wichtig, sich klarzumachen, daß dies nie ein Motiv oder Entschluß des Komponisten ist.

— *Halten Sie die zeitgenössische Komposition für dekadent?*

A.S.: Nun, ich bin einer der Produzenten zeitgenössischer Musik, und ich halte mich nicht für dekadent.

— *Neulich sagten Sie, ein Künstler sei halb Aristokrat und halb Anarchist.*

A.S.: Ja, aber vielleicht nicht halb und halb. Eher ein bißchen von beidem.

— *Mir hat das sehr gefallen, und ich habe dabei auch an die Kategorien Form und Inspiration gedacht: die Form einer Komposition als deren notwendige „aristokratische" Seite und das Erfüllen der Form durch ständig neue, „anarchische" Inspiration.*

A.S.: Sie meinen Freiheit innerhalb der Form?

— *Ja. Gehört das zu dem, was Sie meinten?*

A.S.: Gewiß. Freiheit und Form.

— *Dann eine andere Frage. Sie sprachen davon, „einseitig" zu sein, und sagten, „Einseitigkeit" könne durchaus etwas Positives sein, je nachdem, auf welcher Seite man stehe.*

A.S.: Ja, das habe ich gesagt.

— *Was mir ein Zeichen von „Vielseitigkeit" zu sein scheint.*

A.S.: Ich glaube, Sie haben mich mißverstanden. Ich bin tatsächlich „einseitig". Ich bin absolut überzeugt davon, daß ich einseitig bin und auch als einseitig gelte. Das heißt nicht, daß ich kein Verständnis für oder keine Achtung vor anderen Seiten als meiner eigenen hätte. Es enthält keine Kritik an anderen Seiten. Umgekehrt bedeutet die Tatsache, daß ich auch andere Seiten zu würdigen weiß, nicht, daß ich nicht einseitig wäre. Aber wenn Ihnen der Ausdruck besser gefällt, können Sie mich auch als „einbahnig" bezeichnen.

— *Dann lassen Sie mich folgendes fragen: Ich nehme an, daß Sie recht vertraut mit Malerei, Philosophie und den anderen –*

A.S.: Nicht so sehr, wie Sie anscheinend glauben.

— *Nicht so sehr?*

A.S.: Nein. Aber, bitte, fahren Sie fort.

— *Ich möchte auf folgendes hinaus: ob ein tieferes Verständnis für Musik auch zu einem tieferen Verständnis für andere Künste führt, oder ob es bedeutet, daß die Beziehung zu anderen Künsten ins zweite Glied tritt.*

A.S.: Das hängt ganz von der individuellen Begabung und Empfänglichkeit ab.

— *Das verstehe ich nicht.*

A.S.: Schauen Sie, wenn ich mich, wie Sie freundlicherweise meinen, für viele Probleme und Vergnügen interessiere, die außerhalb meines eigentlichen Berufsfeldes liegen, bin ich einfach dankbar für mein Interesse, dankbar, mit der Gabe des Interesses gesegnet zu sein. Denn ich gehe so weit zu behaupten, daß man nicht einmal sein Interesse frei wählen kann. Man muß dafür geschaffen sein.

— *Genau das versuche ich meinen Eltern klarzumachen!*

A.S.: Sehr gut. Auch für Sie.

— *War Ihr Vortrag in Manchester in Englisch, oder wurde er für Ihr Buch übersetzt?*

A.S.: Im Gegensatz zu den drei Vorlesungen, die ich 1940 hier hielt und die in Englisch abgefaßt waren, schrieb ich meine Manchester-Rede auf deutsch und ließ sie mir dann übersetzen. Sie wurde von der University of Manchester und später von Simon & Schuster verlegt. Sie ist eine Art Liebeserklärung an die Musik. Zumindest hatte ich sie so gemeint.

— *Auf diese Frage möchten Sie vielleicht nicht antworten: Haben Sie eine eigene Methode des Memorierens?*

A.S.: Nein. Das überlasse ich meinem Gedächtnis.

— *Manche Lehrer scheinen der Ansicht zu sein, wenn jemand memoriert, ohne viel dabei zu überlegen, sollte er dazu gebracht werden, viel dabei zu überlegen. Und einige Lehrer meinen, daß nur diejenigen richtig memorieren, die die Musik, die sie lernen, aufschreiben.*

A.S.: Das ist in der Tat sehr zu empfehlen. Aber nicht um zu memorieren, eher um immer mehr Vertrautheit mit der Musik zu erlangen. Ich würde jedem, der Musik studiert, ans Herz legen, wenigstens eine halbe Stunde täglich damit zu verbringen, Musik abzuschreiben. Mit der Zeit geht das recht flott.

— *Aus dem Gedächtnis?*

A.S.: Kompositionen, die man studiert hat, könnte man aus dem Gedächtnis aufschreiben. Aber ich habe eigentlich mehr an das Abschreiben aus Noten gedacht. Wenn ein begabter Musikstudent einmal eines der Streichquartette Beethovens oder, sagen wir, den ersten Satz einer Symphonie abgeschrieben hat, hat er mehr davon profitiert, als er je geahnt hätte. Ich halte dies tatsächlich für den schnellsten Weg, sich in Musik einzuarbeiten. Selbstverständlich sollte es nicht nur eine graphische Tätigkeit sein. Man sollte die Musik beim Schreiben hören, ihre Schönheit und Größe genießen und ab und zu innehalten, um sich dem Glück hinzugeben, etwas entdeckt zu haben, das einem beim Lesen oder Spielen nicht aufgefallen war. Beim Schreiben entdeckt man viel mehr.

— *Als Sie ein Junge von fünfzehn Jahren waren und bei Leschetizky studierten, mußten Sie da viel Musik abschreiben? Gehörte das zum Unterricht?*

A.S.: Nein. Leschetizky verlangte es nicht, noch empfahl er es. Damals standen Methoden und Systeme noch nicht so hoch im Kurs wie heute. Man überließ sehr viel dem Talent des Schülers und setzte großes Vertrauen in die Natur. Deshalb lernte ich nicht viel hinsichtlich Methoden oder Systemen; er brachte mir einfach Musik bei.
Doch ich möchte das Abschreiben von Musik wärmstens empfehlen. Und außerdem meine ich, daß jeder Musiker versuchen sollte zu komponieren, auch wenn ihn die Ergebnisse so anwidern, daß er jede Komposition sofort vernichtet, nachdem er sie geschrieben hat. Das macht überhaupt nichts. Die Tätigkeit ist entscheidend, nicht das Ergebnis.

— *Herr Schnabel, ich habe eine Menge gelernt, als ich mit Ihrer Ausgabe der Beethoven-Sonaten arbeitete; und die ganze Zeit über habe ich mich gefragt, ob Sie auch etwas gelernt haben – über Beethoven meine ich –, als Sie seine Sonaten herausgaben.*

A.S.: Ich glaube schon. Nicht vom Herausgeben, sondern von den Sonaten. Und was ich von den Sonaten gelernt habe, habe ich in meine Ausgabe aufzunehmen versucht. Ich möchte also viel lieber Sie fragen, ob Sie in meiner Ausgabe bemerkt haben, daß ich etwas von den Sonaten lernte, als ich die Ausgabe machte. Ich hoffe, daß sie Ihnen den Eindruck vermittelte, daß ich mein Bestes versucht habe.

— *Ist Ihr Verhältnis zu der Musik, die Sie selbst komponiert haben, wenn Sie sie aufführen, ähnlich wie Ihr Verhältnis zu den Werken anderer Komponisten, die Sie aufführen?*

A.S.: Ich führe nie meine eigenen Kompositionen auf, denn wenn ich eine Komposition beendet habe, habe ich das Verlangen, mit der nächsten Komposition zu beginnen. Ich kann keine Zeit darauf verwenden, meine eigenen Kompositionen zu üben – und sie sind nicht ganz einfach zu spielen. Ich kenne sie kaum. Ein Komponist kennt seine Kompositionen nicht. Er kennt nur seine nächste Komposition, die in ihm heranwächst und arbeitet.

Ich bin sicher, Beethoven kannte seine Sonaten nicht so gut, wie wir sie kennen. Nachdem er eine Sonate geschrieben hatte, war sie abgeschlossen – für ihn.

— *Nehmen Sie irgendwelchen Anteil daran, wie Ihre Kompositionen aufgeführt werden?*

A.S.: Oh, ich teile die Wehrlosigkeit des Komponisten mit weitaus bedeutenderen Männern, als ich es bin. Doch der Umstand, daß Kompositionen unterschiedlich interpretiert werden können, stellt auch einen Aktivposten dar. Wenn ein sehr talentierter Interpret mein Werk anders auffaßt als ich, es in einem anderen Licht sieht und ich ihn es dann überzeugend interpretieren höre, bin ich beeindruckt und glücklich und sage: „Sie haben herrlich gespielt! Wie haben Sie das gemacht? Ich hatte eine ganz andere Vorstellung davon." Musik läßt sich nicht so genau definieren.

Wenn ich natürlich in der Partitur beispielsweise angegeben habe, daß eine bestimmte Stelle leise und ruhig gespielt werden soll, und der

Charakter der Aufführung laut und stürmisch ist, bin ich nicht sicher, ob ich das gutheißen soll. Aber solange der Text sorgfältig beachtet wird, ist Musik immer offen für subjektive Interpretation und sollte es auch sein. Ja, wenn ich die Wahl hätte zwischen einem Interpreten, der mit Inspiration und Phantasie spielt, aber den Text ziemlich eigenmächtig behandelt, und einem anderen, der den Text gewissenhaft befolgt, aber keine Phantasie hat und völlig uninspiriert ist, würde ich im allgemeinen den inspirierten, aber schludrigen Spieler vorziehen.

— *Sie haben einmal erwähnt, daß in einem Programmheft eines der Stücke, die Sie spielten, als „heiteres Rondo" beschrieben wurde, während Sie beabsichtigt hatten, ihm eine Atmosphäre der Verzweiflung zu verleihen.*

A.S.: Ja.

— *Gehen Sie an diesen Satz immer mit derselben Vorstellung, der von Verzweiflung, heran, oder ändert sich das mit Ihrer Stimmung?*

A.S.: Es ändert sich nicht. Bestimmte Stücke haben eine eindeutige Atmosphäre für mich. Ich mag das Tempo etwas ändern oder die Klangfarbe, aber ich halte stets an der allgemeinen Atmosphäre fest. Genauso, wie andere vermutlich an ihrer Vorstellung eines „heiteren Rondos" festhalten.

— *Was könnte ein Erwachsener, der kein Instrument zu spielen gelernt hat, Ihrer Meinung nach tun, um an der Musik teilzuhaben?*

A.S.: Er sollte anfangen, eines spielen zu lernen. Es ist nie zu spät.

— *Herr Schnabel, Sie sprachen neulich von dem qualitativen Ungleichgewicht der Werke großer Meister. Sie nannten sogar einen Prozentsatz, glaube ich.*

A.S.: Im Verhältnis zu ihrem Gesamtwerk?

— *Ja.*

A.S.: Das ist ein sehr mysteriöses Problem. In der Kunst der Musik – ich werde mich darauf beschränken, dieses Problem innerhalb der Musik zu behandeln – ist es äußerst selten, daß die Mehrzahl der von einem Menschen geschaffenen Werke seinen bedeutendsten Schöpfungen qualitativ ebenbürtig ist. Man kann zum Beispiel sagen, daß bei Bach, Mozart, Schubert oder Schumann ein beträchtlicher Teil ihrer Kompositionen, gemessen an ihren bedeutendsten Werken, zweitklassig ist. Andererseits ist bei Wagner der überaus hohe Anteil gleichermaßen gelungener Werke bemerkenswert. Man kann sagen, daß vom *Ring* an alle seine Werke – ob sie einem nun gefallen oder nicht – von gleicher Qualität sind. Und der Fall Beethoven ist am erstaunlichsten, da nahezu *alle* seine Werke von gleichem Rang sind. Seine neun Symphonien, seine sechzehn Streichquartette, fast alle seine zweiunddreißig Klaviersonaten sind tatsächlich von gleicher Qualität, obwohl sie über seine gesamte Lebenszeit verteilt entstanden sind. Warum ist dies so? Weil er weniger Werke als andere komponierte? Ich glaube, eine Erklärung könnte darin liegen, daß er mit jedem neuen Werk, das er schrieb, zugleich ein neues formales Problem in Angriff nahm beziehungsweise von seiner schöpferischen Veranlagung her in Angriff zu nehmen gezwungen war. Jedes seiner Quartette, jede Symphonie und jede Sonate ist formal anders angelegt, während Mozart und Bach in dieser Beziehung wesentlich weniger vielfältig sind: Wenn Sie deren Werke nicht sehr genau untersuchen, wird es ihnen so vorkommen, als begegneten Ihnen immer wieder dieselben Muster, dieselben Verfahrensweisen. Beethoven, so glaube ich, war der Vorreiter sämtlicher Bemühungen um immer mehr Unabhängigkeit von konventionellen Verfahrensweisen.

Heute, nach der Auflösung des harmonischen Systems, das, mit vielen Veränderungen, fast dreihundert Jahre lang verwendet wurde, sind die Probleme der Form noch größer und bedeutsamer geworden. Denn mit der Aufgabe dieses harmonischen Verfahrens hat der Komponist weniger Halt, weniger Schutz, der ihn davor bewahrt, weitschweifig, zusammenhangslos, amorph zu werden.

— *Gehen – oder gingen Sie, als Sie jünger waren – manchmal die Straße entlang und stellen fest, daß Sie eine bestimmte Komposition völlig falsch gespielt haben und daß sie eigentlich ganz anders gespielt werden müßte? Verstehen Sie, was ich meine?*

A.S.: Sie meinen, daß es dazu frischer Luft bedarf?

— *Nein, nein. Ich meine, daß es ganz plötzlich geschieht, vielleicht durch eine unbewußte Veränderung in Ihnen selbst.*

A.S.: Das passiert mir. Sie haben vollkommen recht. Tatsächlich erledige ich viel der Vorbereitungsarbeit für meine Konzerte beim Spazierengehen. Oder wenn ich nachts nicht schlafen kann, fange ich an, für ein Konzert zu arbeiten. Ich beginne zum Beispiel ein Stück zu memorieren, das ich einige Jahre lang nicht mehr gespielt habe, ein kompliziertes Stück, eine Fuge vielleicht; und dann bin ich sehr hartnäckig und zäh. Angenommen, ich komme zu einer Stelle oder einem Takt, dessen Fortsetzung mir nicht mehr einfällt. Dann gebe ich nicht auf, manchmal tagelang. Sie geht mir so lange nicht mehr aus dem Kopf, bis ich sie finde. Und in den meisten Fällen finde ich sie, ohne die Noten zu Rate ziehen zu müssen.

Das ist ein Beweis für die innere Notwendigkeit im Fortgang dieser Musik: Sie kann nur auf eine ganz bestimmte Weise weitergehen; es gibt keine andere Möglichkeit.

Doch meine Auffassung oder Vorstellung von einem Stück ändert sich oft und, wie Sie gesagt haben, entscheidend. Viele Stücke des Repertoires, das ich seit meiner Jugend spiele, sind immer noch problematisch für mich, und ich weiß nicht, ob meine Lösung die richtige ist. Das meint nicht die Frage, ob sie *absolut* richtig ist. Ich will damit vielmehr sagen, daß sie mir selbst nicht als richtig erscheint. Sie überzeugt mich nicht ganz. Doch solange ich keine bessere Lösung gefunden habe, muß ich mit der unvollkommenen vorliebnehmen.

— *Glauben Sie nicht, daß man seine Auffassung von Musik, sei es beim Spielen oder beim Hören, nur ändert, wenn es sich um bedeutende Musik handelt, weil andere Musik schon beim ersten Mal verstanden werden kann?*

A.S.: Das ist ein ausgezeichneter Punkt. Ich glaube, das trifft es genau. Je bedeutender, je tiefgründiger ein Musikwerk ist, desto mehr werden Sie darin entdecken, desto mehr wird Ihre Vorstellung davon wachsen, zusammen mit Ihrer eigenen Entwicklung – vorausgesetzt, Sie entwickeln sich. Wohingegen Ihnen Musik, die weniger enthält und oberflächlicher ist, eher langweilig und leer vorkommen wird, obwohl sie Ihnen ursprünglich gefallen hatte.

Ich habe mit Ihnen bereits darüber gesprochen, wie sich mein Repertoire entwickelte. Es nahm zweifellos einen ungewöhnlichen Verlauf. Normalerweise beginnt man mit Bach und Mozart, und als letztes schließlich lernt man Brahms. Doch ich begann mit Brahms und komme nun allmählich zu Mozart.

Anfänglich galt ich in Leipzig als Brahms-Spieler und in München als Schubert-Spieler, wie ich Ihnen erzählt habe. Ich hatte also ursprünglich zwei Etiketten, doch bald wurde ich vor allem der „Brahms-Spieler", da Schubert nichts für Klavier und Orchester geschrieben hat und ich in den ersten zwanzig Jahren meiner Laufbahn sehr viel mit Orchester spielte und meistens die Brahms-Konzerte.

Als ich dann wagte, Beethoven zu spielen, hieß es natürlich immer, ich sei nicht der richtige Mann dafür. Meine Interpretationen wurden als unbeethovenisch kritisiert. Lag es daran, daß ich Beethoven nicht so oft spielte? Denn später, als ich überwiegend Beethoven zu spielen begann, erhielt ich schließlich den Schwergewichtstitel „Beethoven-Spieler".

Seitdem habe ich versucht ein „Mozart-und-Schubert-Spieler" zu werden. Aber wenn ich Mozart und Schubert spiele, sagt man mir, ich mache diese Musik „größer, als sie ist". Ich habe dies schwarz auf weiß gelesen – mehr als einmal. Nun, das ist an sich eine wunderliche Behauptung. Als ob irgend jemand das könnte! Ich möchte immer vorschlagen, dies einmal mit „kleiner" Musik zu probieren: sie größer machen, als sie ist.

Die offizielle Musikwelt räumte Mozart und Schubert nie den Rang, das Format oder das Niveau Beethovens ein. Deshalb neigt ein Musiker, wenn er nun von einem Klavierwerk Mozarts oder Schuberts spontan ergriffen wird, zu der Auffassung, daß der Interpret irgend etwas falsch machte, denn diese Musik gilt nicht als ergreifend und tiefgründig –

verstehen Sie? „Wir wissen, daß diese Musik reizend, bezaubernd und schwungvoll ist – doch nun klingt sie so bedeutsam. Das muß falsch sein. Er macht sie größer, als sie ist."

— *Sie haben mehrmals gesagt, um Musik zu verstehen, müsse man musizieren. Würden Sie das auch auf die übrigen Künste übertragen? In anderen Worten: Um ein Gemälde genießen zu können, muß man malen, und um Literatur genießen zu können, schreiben?*

A.S.: Ich glaube, Sie haben mich mißverstanden. Ich meine nicht, daß man musizieren *muß*, um Musik zu verstehen; aber ich würde es sehr empfehlen. Auch wenn Sie nicht musizieren, können Sie Musik verstehen, genießen und leidenschaftlich lieben; sie kann sogar eine Lebensnotwendigkeit für Sie sein. Aber wenn Sie musizieren würden, würde sich diese Beziehung noch vertiefen.

Deshalb empfehle ich jedem, der Musik liebt, auch zu musizieren. Aber ich habe nicht gesagt, daß demjenigen, der nicht musiziert, das Musikverständnis versagt bliebe. Wenn dem so wäre, wäre das Konzertpublikum sehr klein. Ich würde sagen, anstatt Bücher „Wie verstehe ich Musik" zu lesen oder Vorträge „Wie verstehe ich Musik" zu besuchen, sollte man seine Zeit besser darauf verwenden, Musik zu machen oder anzuhören.

— *Das war nicht ganz das, was ich gemeint habe. Ich möchte lediglich wissen, ob das auch für die anderen Künste gilt.*

A.S.: Möglicherweise. Ich kann nicht über die anderen Künste sprechen, weil ich darin keine Erfahrung habe. Bilder und Architektur haben mir oft sehr viel bedeutet, waren sehr wichtig für mein Leben. Aber ich habe nie versucht, eine Kathedrale zu bauen.

— *Nun, angenommen, Sie hätten versucht, eine Kathedrale zu bauen, würden Sie Kathedralen noch besser verstehen.*

A.S.: Schon möglich. Doch Spaß beiseite – die Kunst der Musik und die bildenden Künste lassen sich nicht vergleichen, da die bildenden Künste keine darstellenden Künste sind. Auch ein Gedicht zu schreiben und die Musik, die ein anderer geschrieben hat, zu interpretieren läßt sich nicht vergleichen. Die einzige Kunst, die sich mit der Musik vergleichen ließe, wäre die Schauspielkunst. Aber da wir sowieso unser Leben lang Theater spielen, ist uns diese vertrauter.

— *Glauben Sie, daß Gedanken aus anderen Künsten unser Musikverständnis vertiefen können? Könnten sie Ihre Vorstellungen modifizieren?*

A.S.: Ich glaube, das ist nicht überprüfbar. Vielleicht hat ein tiefer Eindruck, den ich irgendwo empfangen habe, meine Musik gefördert. Das ist absolut möglich, aber ich kann es nicht überprüfen. Jedes Glücksgefühl aus dieser Art von Erfahrung kann für die eigene Arbeit fruchtbar sein. Ich glaube, daß jede Erfahrung fruchtbar ist.

— *Ich meinte nicht nur Genuß, ich meinte so etwas wie Formvorstellungen in anderen Künsten.*

A.S.: Die sind in der Art von Erfahrung, von der ich gesprochen habe, eingeschlossen. Ich halte „Glück" und „Genuß" für äußerst starke Begriffe.

— *Aber ich meine, ob sie sich bewußt anwenden lassen.*

A.S.: Ich bin mir dessen nicht bewußt. Ich bin mir nicht bewußt daß Literatur oder Malerei diesbezüglich einen Einfluß auf meine Vorstellung von Musik gehabt hätten. Möglicherweise übertrage ich meine musikalischen Vorstellungen auf andere Künste und auf meine Erfahrungen. Vielleicht sind meine Erfahrungen von meinen Vorstellungen von musikalischer Form beeinflußt. Das ist wahrscheinlich der Fall. Doch all das ist nicht überprüfbar und nicht sehr wichtig zu wissen.
    Selbst wenn ich Ihnen eine positivere Antwort gegeben hätte, was würden Sie damit anfangen?

— *Nun, sie wäre ein Anhaltspunkt zum Verständnis aller Kunst gewesen.*

A.S.: Ich glaube, je mehr Empfänglichkeit für alles Schöne einem gegeben ist, um so mehr strebt man wahrscheinlich, in seiner eigenen Arbeit, nach dem Sinn für Proportionen und der Reinheit des Ausdrucks. Aber das läßt sich nicht überprüfen oder messen. Schauen Sie, wir befinden uns hier im Bereich der Qualitäten, und es ist äußerst schwierig, an diese Sphäre mit Kategorien aus dem Reich der Quantitäten heranzukommen. Es ist, als würde man fragen: „Wie sehr hat dich das beeinflußt, als es dir zum erstenmal begegnete?" Oder: „Was hat größeren Einfluß auf dich, Kunstwerke oder die Natur?" Denn ich denke, die Natur hat einen immensen Einfluß – Wandern in den Bergen zum Beispiel. Ich habe oft festgestellt, daß mir musikalische Gedanken in solcher Umgebung schneller und leichter zufallen. Aber auch das ist sehr individuell. Und wenn es unumgänglich wäre, ständig in, sagen wir, engen Wohnvierteln zu leben, wäre man im Laufe der Zeit nicht ärmer an Ideen, davon bin ich überzeugt. Denn schöpferische Begabung paßt sich an alle äußeren Umstände an.

— *Wie fruchtbar war dieser Monat, den Sie mit uns verbracht haben, für Sie? Ich meine, wie werden Sie uns im Gedächtnis behalten, wenn Sie abgereist sind, und wie denken Sie über die Fragen, die wir Ihnen gestellt haben? Sind wir noch dümmer als die Studenten, die Ihnen in der Vergangenheit oft dumme Frage gestellt haben?*

A.S.: Ich werde immer an diesen Monat zurückdenken. Vor allen Dingen weil ich Angst hatte! Obwohl ich keine „Minderwertigkeitskomplexe" habe – ich gebe das offen zu –, hatte ich doch Angst, ich könnte ein totaler Reinfall sein, da ich so etwas noch nie gemacht hatte. Und ob ich ein Reinfall war, das bleibt Ihrem Urteil anheimgestellt. Ich sollte besser *Ihnen* diese Fragen stellen, die Sie mir eben gestellt haben, denn ich war hier aktiver als Sie.
 Aber Ihre Fragen fand ich sehr interessant. In den ersten Tagen waren die Fragen von jener eher mechanischen Sorte, die heute anscheinend so typisch ist, vor allem hierzulande. Ihr Kennzeichen ist: „Hier ist ein Experte! Also werde ich ihn zu einigen Problemen seines Fachgebiets befragen. Seine Antworten müssen stimmen, schließlich ist er Experte."

Wenn jede Antwort akzeptiert wird, egal wie sie ausfällt, ist es natürlich sehr verlockend, hin und wieder absichtlich ein wenig Unsinn einzustreuen. Ich habe ihnen erzählt, daß Busoni eine diabolische Freude daran hatte, seine Adepten an der Nase herumzuführen, die dann loszogen und seine absurden Äußerungen als die letzte Weisheit, als eine Art Evangelium verbreiteten. Auf diese Weise zum besten gehalten zu werden ist wohl nicht die schlechteste Schule für jemanden, der blind an Experten und den „Königsweg zur Weisheit" glaubt. Aber ich bin anders veranlagt als Busoni. Und die Fragen dieser Sorte wurden immer seltener.

Die Diskussionen mit Ihnen haben mir großes Vergnügen bereitet. Ich habe Ihnen bereits für die Geduld gedankt, mit der Sie mir zugehört haben, und ich hoffe, daß Sie einiges von dem, was ich Ihnen gesagt habe, im Gedächtnis behalten. Es würde mich freuen, wenn es mir gelungen wäre, Ihnen den Eindruck zu vermitteln, daß hinter allem, was ich in diesen zwölf Gesprächen mit Ihnen gesagt habe, *ein* Leitgedanke, *ein* Grundsatz, *eine* Überzeugung und *eine* Doktrin steht. Denn wenn ich hier zu Ihnen gesprochen habe, wollte ich Sie vor allen Dingen ermuntern – jeden Einzelnen von Ihnen – in Ihrem Streben nach Werten einer höheren Ordnung nicht nachzulassen und Ihren eigenen Erfahrungen und Ihrer eigenen Urteilskraft zu trauen. Ist es mir gelungen?

Artur Schnabel, um 1935.

Artur Schnabel vor einer Probe in der Carnegie Hall, New York, 1946.

Nachwort

In der Zeit vom 9. Oktober bis zum 1. November 1945, weniger als ein halbes Jahr nach der Kapitulation Deutschlands und nur zwei Monate nach dem Abwurf der Atombomben auf Hiroshima und Nagasaki, hielt Artur Schnabel zwölf Vorträge an der University of Chicago. Es war dies sein zweites Auftreten als Vortragender an dieser Institution: Bereits 1940 hatte er dort drei Vorlesungen gehalten, die unter dem Titel *Music and the Line of Most Resistance* veröffentlicht wurden.[1] Bei seinen Vorträgen im Jahr 1945 ging es nicht mehr „nur" um musikalische Themen, sondern Schnabel sollte frei aus seinem Leben erzählen. Bereichert wurde dieser Lebensbericht durch anschließende Diskussionen mit seinen Zuhörern. Die Universität ließ die Vorträge und Diskussionen mitstenographieren, und auf der Grundlage dieser Typoskripte war Schnabel schließlich bereit, eine Autobiographie zur Publikation vorzubereiten. Das Buch erschien erstmals 1961, zehn Jahre nach Schnabels Tod, unter dem Titel *My Life and Music*.[2]

Da sämtliche erhaltenen Mitschriften zusammen mit allen anderen nachgelassenen Dokumenten und Handschriften Schnabels seit 2001 im Artur-Schnabel-Archiv der Akademie der Künste in Berlin zugäng-

---

[1] Erschienen bei Princeton University Press 1943. Die erste deutsche Ausgabe unter dem Titel *Musik und der Weg des größten Widerstands*, hg. von Lynn Matheson und Ann Schnabel Mottier, Hofheim: Wolke Verlag 2007, ist auch der erste Band der Schriftenausgabe Artur Schnabels, die im Wolke Verlag veröffentlicht wird.

[2] Erschienen bei Longmans, Green & Co., London, unter dem Titel *My Life and Music*. Das Buch wurde 1970 von Colin Smythe, Gerrards Cross, mit leichten Korrekturen wieder aufgelegt und war seit 1988 als gemeinsame Ausgabe von Colin Smythe und Dover Publications, New York, im Handel erhältlich. Die erste deutsche Ausgabe von *My Life and Music* erschien 1991 im Wolke Verlag, Hofheim, unter dem Titel *Aus dir wird nie ein Pianist*.

lich sind, kann nun eine Neuedition vorgelegt werden. Schnabel selbst konnte die Redaktion der Vorträge nicht mehr abschließen. Seine letzten editorischen Eingriffe finden sich am Beginn des siebenten Vortrags in einer stark entstellten Handschrift, was darauf schließen läßt, daß sie entweder in die Zeit seiner Herzattacke im Jahr 1948 oder aber in seine allerletzte Lebenszeit fallen. Danach hat Schnabels Sohn Karl Ulrich Schnabel die editorische Arbeit vollendet. Allerdings hat er auch aus politischer Rücksichtnahme Passagen gekürzt oder eliminiert – die McCarthy-Zeit und der eskalierende Kalte Krieg ließen es ihm beispielsweise nicht als opportun erscheinen, die Notizen seines Vaters über dessen Erfahrungen auf den Konzertreisen in der Sowjetunion ungekürzt abzudrucken. Auch manche Bemerkungen über Künstlerkollegen fielen in der ersten Ausgabe des Buches weg.

Für die vorliegende Neuedition, die in ihrer englischen Ausgabe nunmehr den Titel *Music, Wit, and Wisdom. The Autobiography of Artur Schnabel* trägt, wurden die gestrichenen Passagen wieder eingefügt, und der gesamte Text wurde auf Grundlage der Quellen kritisch durchgesehen und sprachlich überarbeitet. Während in der ersten Ausgabe die Diskussionen an das Ende des Buches gerückt waren, erscheinen sie nun so, wie sie im Jahr 1945 „live" entstanden sind – direkt nach den einzelnen Vorträgen. Die Diskussionen vom Vortragskorpus abzutrennen, entstellte die Gesamtkonzeption zu einem gewissen Grade, weil den Vorlesungen keine Niederschrift vorausging, sondern Schnabel einfach erzählte; und die Diskussionen waren ein integraler Bestandteil dieser Erzählungen. Sie ins zweite Glied zu verschieben bedeutete daher weniger einen Gewinn an Kohärenz als eine Reduktion dessen, was das Flair der gesamten Veranstaltung ausmachte.

Es ist erstaunlich, daß man Schnabel überhaupt dazu brachte, sich auf eine so große Vortragsserie über sein Leben einzulassen. Genauso, wie ihm der Starrummel im Konzertleben ein Greuel war, war es ihm auch nicht sympathisch, seine eigene Person in den Mittelpunkt der Öffentlichkeit zu stellen. Zudem war er zwar ein begeisterter und geübter Diskutant, blieb aber zeitlebens gegenüber den Möglichkeiten, künstlerische Sachverhalte schriftlich niederzulegen, überaus skeptisch. Schnabels Freunde an der University of Chicago, die schon über Jahre hinweg vergeblich versucht hatten, ihn zum Abfassen einer Autobiographie zu bewegen, machten sich schließlich den Umstand zunutze, daß Schnabel wie beim Musizieren selbst, wo er den Auftritt vor Publikum jeder Studioproduktion vorzog, einen Unterschied machte zwischen der freien Rede und der schriftlichen Äußerung. Es ging Schnabel wohl darum, die Kontrolle über die Wirkung seiner Worte zu behalten, und das sah er in der direkten Vortragssituation gewährleistet. So willigte er schließlich ein, an der ihm bereits bekannten Universität zu referieren und mit den Studenten und Lehrern zu diskutieren.

Eine der ausschlaggebenden Persönlichkeiten der Universität, die Schnabel zu seiner Vortragsserie bewegen konnten, war der renommierte Wirtschaftshistoriker John U. Nef.[3] Nef gehörte zu jenen Hochschullehrern, die gegen die zunehmende Spezialisierung und damit gegen die Horizontverengung im akademischen Bereich auftraten, in der sie eine Gefährdung der demokratisch-pluralistischen Gesellschaft sahen. Seine Studenten konfrontierte Nef gerne auch mit Fragen der Künste und insbesondere der Musik, und in Artur Schnabel fand er einen Geistesverwandten, weil Schnabel nicht nur seine Umgebung wie kaum ein anderer Musiker beobachtete, sondern über die Musik als einen integralen Bestandteil des Lebens reflektierte, ohne ihr jedoch simplifizierend eine unmittelbare politische Funktion zuzuschreiben. Sehr gut lassen sich die Überlegungen beider aus ihrer Korrespondenz ersehen, die ebenfalls Teil des Schnabel-Archivs der Akademie der Künste ist. Der wichtigste Brief Schnabels an Nef stammt vom 15. Mai 1943 aus New York, als Schnabel prophetisch bereits die Situation nach dem Ende des Krieges voraussah. In seiner Analyse der Konsumgesellschaft und deren unterschiedlicher Bewertung von materiellen Reichtümern und geistigen Fähigkeiten, von Haben und Sein, machte Schnabel auf Tendenzen aufmerksam, die zu einer neuen Katastrophe führen könnten:

> Um der ständig drohenden Gefahr der Arbeitslosigkeit zu begegnen, mußte unser von der Massenproduktion bestimmtes Zeitalter die Kaufkraft des gemeinen Mannes über seine Produktivkraft stellen, das Niveau der allge-

---

[3] John U. Nef hatte das Buch *The Rise of the British Coal Industry*, London: Routledge 1932, veröffentlicht und arbeitete in den 1940er Jahren an der Untersuchung *War and Human Progress. An Essay on the Rise of Industrial Civilization*, Cambridge: Harvard University Press 1950.

meinen Ansprüche an Immaterielles unter dem natürlichen Durchschnitt zu halten versuchen und alles, soweit technisch möglich, in unbegrenzten Mengen bereitstellen – vorausgesetzt, daß ein gewisser Markt bereits existiert oder geschaffen werden könnte. In der physischen Welt gibt es viele seltene Dinge. Je seltener diese Dinge sind und bleiben, desto wertvoller und teurer sind sie. Marktfähige Diamanten kosten mehr als Glas; Kaviar (obwohl er seinen Zweck nicht besser erfüllt) mehr als Kartoffeln. In der geistigen Welt verhält es sich genau umgekehrt. Die Arbeit gründlicher Denker, wahrer und überragender Dichter, unbestechlicher Lehrer bringt nicht einen Bruchteil dessen ein, was sich mit Schund – unverhüllt oder bemäntelt – für gewöhnlich erzielen läßt. Bemühungen, die Unterscheidungsfähigkeit und den Geschmack der Menschen zu fördern, zu befreien und zu festigen, können von unserem Wirtschaftssystem nicht zugelassen werden, auch wenn es dem Faschismus oder dem Kommunismus vorzuziehen ist. Der Sinn für Solidität und Feinheit sollte besser gar nicht erst geweckt werden. Eine Art moralische Paralyse beim Kunden, das heißt bei jedem, ist die willkommenste, vielleicht sogar die einzige Art und Weise, das Geschäft so weiterlaufen zu lassen, wie es läuft. Ihre ausgesprochene Künstlichkeit scheint der größte Stolz unserer Zeit zu sein. Der Kunde ist zum Symbol des Geldumlaufs geworden, der Geldumlauf zum Symbol des Lebens. Dienst am Kunden, dem mit Gewalt moralisch Paralysierten, ist jetzt die vereinigende Parole. Brot und Spiele sind gigantische Industrien, die eine endlose Lawine unterschiedlicher, zum Teil nutzloser, ungenießbarer und ganz unerwünschter Waren über die wehrlose, umschmeichelte, betrogene, verachtete und vergötterte Masse von kaufenden kaufenden kaufenden Wählern ergießen – deren Stimmen, wie sie selbst stolz verkünden, gekauft sind.

Es nimmt kein Ende mit diesen paradoxen Phänomenen. Wir müssen sie freudig akzeptieren als Konsequenzen der „Freiheit", der Demokratie in diesem Maschinenzeitalter mit seinen Monopolen, seiner Vereinheitlichung, Wettbewerb, privater Mildtätigkeit, Verworrenheit und Schablonenhaftigkeit. Zu viel muß jedem verkauft werden. Es ist ein Wunder, wie es funktioniert und wie gut es in vielerlei Hinsicht funktioniert. Es zeigt, was materielle Güter leisten können. Möglicherweise würde dieses ganze System zusammenbrechen, wenn es geordneter, disziplinierter, ehrlicher und effizienter wäre. Vielleicht haben wir unrecht, wenn wir unserer Gesellschaft die Erinnerung an eine Kultur aufdrängen, wie wir sie verstehen. Uns erscheint diese Gesellschaft jener schöpferischen Aspekte, durch die sich der Mensch ganz wesentlich vom Tier unterscheidet, nahezu beraubt. Doch wir werden auch weiterhin belehrt werden, daß wenn wir diese Richtung prosperierender Künstlichkeit, organisierter Faulheit und profitabler Verschwendung einmal eingeschlagen haben, wir ihr folgen, alle Konsequenzen akzeptieren und auf jeden Fall das Beste daraus machen müssen. Zum Beispiel müssen wir jene Lehren aus der Vergangenheit, die sich heutigen Interessen nicht fügen, vergessen oder anpassen. Das Jagen nach Glück durch Geld und das, was sich damit kaufen läßt, muß aufrechterhalten werden. Es gibt keine andere unabhängige Kraft im Leben des Menschen. Wir können entgegnen, daß das lange verheißene menschengemachte Paradies immer mehr einer Hölle gleicht. Eine solche Debatte ist zwecklos. Die „begabte" Minderheit – noch nicht ganz ausgestorben – sollte sich nicht beklagen. Gewiß, ihre Vertreter wurden aus dem Zentrum an die Peripherie gedrängt. Wenn sie dort, wo sie waren, geblieben oder geduldet worden wären, nachdem die anderen in ihr Terrain eindrangen, hätten sie bald zu den anderen gehört. In ihrer Verbannung werden sie aktiv bleiben, bis sie von einer neuen Kultur verschlungen werden, in der das Genie mit dem Durchschnittsmenschen identisch geworden und vollkommene Gleichheit in Mittelmäßigkeit garantiert sein wird. Für uns wäre ein solcher Zustand furchtbar. Doch solange wir Talente – oder diese uns – besitzen, dürfen wir sicher sein, daß das aus der Notwendigkeit geborene und *nicht* auf Wirkung abzielende leidenschaftliche und bescheidene Engagement im unendlichen Streben nach echten Idealen – Forderungen an uns selbst, die nie gänzlich erfüllt werden – die beste Gewähr dafür ist, daß wir unserer Aufgabe verhaftet bleiben.[4]

Dieser Brief, wie überhaupt die gesamte Autobiographie Schnabels, ist nach den jüngsten Erfahrungen, die das Wissen um die Möglichkeit einer neuen Weltwirtschaftskrise und damit einer weitgehenden Erschütterung auch der kulturellen Grundlagen unseres Lebens neu haben aufleben lassen, von fast unglaublicher, beklemmender Aktualität. Schnabel plädiert in ihr für eine Gesellschaft, in welcher der Mensch noch umfassende und ungeteilte Lebenserfahrungen machen kann und nicht jede Schwierigkeit an ein überhandnehmendes, schließlich aber heillos überfordertes Spezialistentum delegiert – eine Gesellschaft auch, in der Gerechtigkeit und Demokratie nicht mit einem wahnhaften Konsumismus und geistiger Gleichmacherei verwechselt werden. Kunst, die unter dem Vorwand, dem Geschmack der Massen entgegenzukommen,

---

[4] Akademie der Künste, Berlin, Artur-Schnabel-Archiv 477 (Originalbrief in Englisch).

zur Konsumware degradiert wird, ist nach Schnabels Überzeugung keine Kunst mehr, sondern nur noch deren Surrogat, weil dieses ohne Anstrengung zu haben sei. Aber ohne Anstrengung sei keine produktive Verbindung zur Kunst herzustellen; so etwa habe Schönberg die Zwölftontechnik nicht eingesetzt, um sich das Komponieren zu erleichtern, sondern um das für ihn zu leichte Schreiben zu erschweren.

Mit einem solchen Denken, das dem Klischee von der Kunst als einem angenehmen, doch unverbindlichen Zeitvertreib entgegenlief, erweckte Schnabel natürlich Widerspruch. Mitunter wurde er sogar der Originalitätssucht bezichtigt. Zwar war Schnabel das bewußte Provozieren sicherlich nicht fremd, doch schien sein Denken manchen nur deshalb so „radikal", weil es auf nichts weniger zielte als auf den Entwurf eines *richtigen Lebens*. Er wollte wissen, wohin die Welt sich bewege und wie – und zu welchem Ende – man korrigierend eingreifen könne oder müsse. So setzte er sich in seinen Schilderungen immer wieder mit den zweifelhaften Segnungen des modernen Lebens auseinander. Auch wenn es ihm fern lag, die Vergangenheit zu verklären, fragte er sich, ob die moderne Zeit wirklich um so viel mehr an Individualismus besitze als die Zeit, in der er selbst aufgewachsen war, und ob die ökonomischen und technischen Errungenschaften dem Menschen wirklich zur *Menschwerdung* dienten oder ihn vielleicht nur in noch undurchschaubarere Abhängigkeiten gebracht hätten.

Ohne die Zeit zurückdrehen zu wollen, scheint Schnabel Max Webers These von der „Entzauberung der Welt" entgegen zu halten, daß der Mensch auch nach dem Ende der naiven Religiosität in den Künsten unerschöpfliche Welten finde, an denen er sich bewähren und an die er sich halten könne. Sein soziales Bewußtsein war dabei durchaus nicht ausgeblendet: Er lehnte es strikte ab, das klassische Konzertleben als Privileg der Oberschicht zu akzeptieren. Stattdessen engagierte er sich als Pianist für die Veranstaltungen der Berliner Volksbühne oder die „Courtauld-Sargent-Konzerte" in England, die jedermann den Besuch von Konzerten ermöglichen wollten, der sich dafür interessierte.[5] Am stärksten plädierte er aber nicht für neuartige öffentliche Konzerte, sondern für das private, häusliche Musizieren. Was aus heutiger Sicht als

---

[5] Siehe in diesem Band, S. 136f. und S. 232.

Votum für einen biedermeierlichen Rückzug in die heile Sphäre des privaten Heims mißverstanden werden könnte, hat tatsächlich einen progressiven Kern. Schnabel sah im häuslichen Musizieren eine Tätigkeit, in der der Mensch nicht nur völlig selbstbestimmt war, sondern etwas wie die reine Utopie anstrebte: eine Musik möglichst gut aufzuführen, die „besser ist als man sie spielen kann", wie Schnabel das nannte.[6] Wer gemeinsam mit anderen den unendlichen Feinheiten der Musik nachspürt, ist weder ständig auf seine Kaufkraft reduzierbar, noch (und vor allem) ist er in seinen Entscheidungen und Wünschen manipulierbar, seien diese künstlerischer, ökonomischer oder politischer Natur. Das individuelle Vertiefen in einen künstlerischen Gegenstand von Bedeutung, dem man niemals völlig gerecht werden kann, empfindet Schnabel aber nicht nur als einen politischen Akt wider das Geschmacksdiktat des Marktes, sondern als Einübung in ein menschliches Verhalten überhaupt, das immer nur Verbesserungen anstreben kann, aber niemals einen wie auch immer gearteten „Idealzustand" erreicht. Und so mußte Schnabel auch – von allen künstlerischen Erwägungen abgesehen – den Sieg des Grammophons über das individuelle häusliche Musizieren bedauern, weil in den vormals selbstbestimmten Raum wiederum das Diktat des Marktes einbrach.

Wird hier eine gehörige Portion Skepsis gegenüber der Entwicklung des modernen Lebens sichtbar, liest sich Schnabels Autobiographie in scheinbarem Gegensatz dazu auf weite Strecken auch wie eine Abrechnung mit überkommenen Traditionen. Festgemacht wurde diese Kritik an der Beschreibung der Verhältnisse in Österreich, auf die er in den ersten Kapiteln mit auffallendem Insistieren immer wieder zurückkam und denen er die Zustände in Deutschland als etwas Positives gegenüberstellte. Es ist, als glaubte er, sich fast ein halbes Jahrhundert nach seiner Übersiedlung nach Berlin vor seinen amerikanischen Zuhörern noch dafür rechtfertigen zu müssen, daß er Wien, die „Stadt der Musik", verlassen hatte. Dementsprechend hielt er sich mit Kritik auch nicht zurück: Dem Wiener Konzertpublikum etwa, das aus „talentier-

---

[6] Siehe Claude Frank, „'Great Music Is Always Better than It Can Be Played'", in: *Artur Schnabel. Musiker Musician 1882-1951*, hg. von Werner Grünzweig, Hofheim: Wolke Verlag 2001, S. 7.

ten Philistern" bestehe, die sich durch eine ungesunde Mischung aus vorgefaßten und prätentiösen Werturteilen auszeichneten und die Traditionen nur aufrecht erhielten, weil sie einmal akzeptiert seien, stellte er das deutsche Publikum gegenüber, das aus persönlichem Miterleben an den Konzertprogrammen teilhabe. Immer wieder sprach Schnabel über Deutschland in seinem aufstrebenden Elan, während er Wien (stellvertretend für den kleinen deutschsprachigen Teil der Donaumonarchie, der nach deren Zusammenbruch weiterhin den Namen „Österreich" führte) nur in seiner Fatalistik charakterisierte, wenn er meinte, daß der letzten großen Phase der Wiener Kultur wirkliche Kraft, Ernsthaftigkeit und Aufrichtigkeit gefehlt hätten.[7] Daß er damit kulturelle und wissenschaftliche Leistungen verkürzte, die man später unter dem weiten Begriff des *Fin-de-siècle Vienna* bewundern sollte – eine Zeitspanne, die bis in die 1930er Jahre reichte –, ist daher um so verwunderlicher, als Schnabel zwar manches aus zweiter Hand kolportierte, aber sich gleichzeitig über alles, was in diesen Jahrzehnten auch an Zukunftsweisendem entstanden ist, bestens informiert zeigte: Das später von der Zensur verbotene Plakat Gustav Klimts zur Ersten Kunstausstellung der Wiener Secession aus dem Jahr 1898, das 1909 bis 1911 erbaute Haus am Michaelerplatz von Adolf Loos, die 1899 bis 1936 von Karl Kraus herausgegebene Zeitschrift *Die Fackel* und Robert Musils ab 1930 erschienener Roman *Der Mann ohne Eigenschaften* sind ihm allesamt in ihrer Bedeutung vertraut – und dennoch dient ihm Wien nur als Metapher für eine dekadente und fatalistische Gesellschaft, die nicht mehr an sich glaubte und ihrem eigenen Untergang entgegensah, während Berlin zur selben Zeit voller Optimismus, hart arbeitend und dennoch „mit Pep und Gusto" in seine „große Zukunft" blickte.[8]

Die positive Beschreibung Deutschlands in den ersten drei Jahrzehnten des 20. Jahrhunderts war im Jahr 1945 und vor dem Hintergrund von Schnabels persönlicher Geschichte alles andere als selbstverständlich. Schnabel stellte aber sogleich unmißverständlich fest, daß man sich ein völlig falsches Bild machen würde, beschriebe man Deutschland aus

---

[7] Siehe in diesem Band, S. 55 und S. 82.
[8] Ebd., S. 125.

dem Blickwinkel der Nazizeit.[9] Das Musikleben des Landes mit seinen zahlreichen urbanen Subzentren, von denen viele eigene Stadttheater und Orchester unterhielten, in denen der Musikunterricht auf hohem Niveau organisiert war und wo die Hausmusik in Blüte stand, beschrieb er gegenüber seinen Zuhörern in leuchtenden Farben und fügte an, daß die Jahre von 1919 bis 1924 in Berlin musikalisch seine stimulierendsten und vielleicht glücklichsten gewesen seien.[10] Und sogar „die vielgescholtene deutsche Tugend des Gehorsams"[11] habe, solange sie nicht mißbraucht werde, einen Wert. Da aber die Geschichte gerade diesen Mißbrauch bewiesen hat, fügte er ganz klar hinzu, daß er auch besuchsweise nicht mehr nach Deutschland oder Österreich zurückkehren werde, weil er nicht in ein Land reise, das ihn nur über die Grenze lasse, weil es einen Krieg verloren habe.[12]

Eine bemerkenswerte Argumentation lieferte Schnabel zu einem Thema, das erst im 20. Jahrhundert eine Rolle zu spielen begann, nämlich der Frage, ob und wie Musik und Politik zusammenhängen. Daß ein einzelnes Werk absoluter Musik eine unmittelbare politische Funktion haben könne, verneinte er rundweg,[13] und auch daran, daß Empfänglichkeit für Kunst den Charakter des Menschen nobilitiere – eine romantisch-sentimentale Vorstellung, die sich gerade in Deutschland und Österreich immer großen Zuspruchs erfreute –, glaubte er nicht:

Doch wie erklären Sie sich dann, was mit einem Volk wie den Deutschen geschehen ist, die wirklich eine tiefe Beziehung zur Musik bewiesen haben? Wie erklären Sie sich, daß diese Deutschen zu dem fähig waren, was sie in den letzten zwölf Jahren getan haben, daß sie fähig waren, es auch nur zuzulassen, obwohl sie gewissermaßen mit Kunst, vor allem mit Musik, identifiziert wurden? Und obwohl das durchschnittliche Bildungsniveau nirgendwo höher war als in Deutschland?[14]

---

[9] Ebd., S. 126.
[10] Ebd., S. 203.
[11] Ebd., S. 100.
[12] Ebd., S. 260.
[13] Ebd., S. 195.
[14] Ebd., S. 197.

Dennoch war für Schnabel die Sphäre der Musik durchaus von dieser Welt, wie die Auseinandersetzung mit Wilhelm Furtwängler zeigt, der Schnabel 1933 während des Brahms-Festes in Wien zu Auftritten in Berlin bewegen wollte. (Wobei Furtwängler offensichtlich tatsächlich so naiv war zu glauben, daß eine solche Entscheidung in seinem Ermessen läge: Er wurde bald eines Besseren belehrt.) Als Schnabel antwortete, daß er zurückkomme, wenn *alle* aus rassischen oder politischen Gründen boykottierten Künstler zurückkommen dürften, warf Furtwängler ihm vor, Kunst und Politik miteinander zu vermischen.[15] Ohne weiter darauf einzugehen, gab Schnabel zu verstehen, daß er eine solche Haltung für indiskutabel hielt. Auch wenn Ursache und Wirkung in seinen Augen nicht unmittelbar aufeinander folgten, blieb die Welt in Schnabels Sicht doch eine Einheit. Es gab keine isolierten Bereiche, die sich ihr entzögen – nicht einmal die absolute, sich selbst genügende Musik, die Schnabel einzig und allein als diejenige ansah, die den Rang der *Musik als Kunst* bestimmte. An der modernen Zeit, deren technischer und wissenschaftlicher Fortschritt dem Menschen das Leben in niemals geahntem Maße erleichtert, erkannte er die Gefahr, die Einheit des Lebens in unendlich viele Teile aufzusplittern, sie von einander zu isolieren, so wie die in ihr lebenden Individuen selbst von einander isoliert werden. Eine Wiederherstellung der Ganzheit des Lebens, zumindest in den Bereichen, in denen der Mensch völlig selbstbestimmt sein kann und darf (wie Schnabel es etwa empfand, wenn er komponierte), ist nur durch eine große Kraftanstrengung des einzelnen zu erreichen. Es ist bezeichnend für das hohe Reflexionsniveau in Schnabels Autobiographie, daß er in ihr die dialektische Beziehung zwischen einer absoluten Musik, die sich nur nach ihren eigenen Gesetzen richtet, und ihrer Verbundenheit mit der Welt zu denken vermochte.

*

---

[15] Ebd., S. 275.

Die Neuedition von Schnabels Autobiographie, die als zweiter Band in der Gesamtedition der Schriften Schnabels im Wolke Verlag erscheint, erfolgt mit überaus generöser Unterstützung von Mary Virginia Foreman-Le Garrec, Biarritz, sowie der Schnabel Music Foundation, Stamford, Connecticut. Die Herausgeber, die für die englische wie für die deutsche Fassung verantwortlich zeichnen, wurden von mehreren Fachleuten innerhalb und außerhalb der Akademie der Künste unterstützt. Besonders sind wir Anicia Timberlake, Berlin und Berkeley, zu Dank verpflichtet. Ebenso danken wir David Goldberger, New York, Julia Glänzel, Berlin, Britta Matterne, Hamburg, Hermann J. Metzler, Hofheim, Ann und François Mottier, Stamford, Peter Mischung, Hofheim, Gregor Mayer, Budapest und Belgrad, Irmela Roelcke, Berlin, sowie den Mitarbeitern des Musikarchivs der Akademie der Künste, Oliver Dahin, Heribert Henrich, Anouk Jeschke, Silke Lipert, Christiane Niklew und Daniela Reinhold.

Werner Grünzweig

Der Dirigent Frederick Stock und Artur Schnabel während einer Aufnahmesitzung mit dem Chicago Symphony Orchestra, Juli 1942.

Register

Albeneri-Trio 264
Albert, Eugen d' 158, 230
Allgemeiner Deutscher Musikverein 156
Amateurmusiker 33, 155, 198f, 271
Amsterdam 133, 162, 223, 283
Anderson, Emily 169
Ann Arbor 282
 – University of Michigan at 282
Antwerpen 181
Atonalität 46, 153, 215
Australian Broadcasting Corporation 281
Australien 214, 266, 280f

Babin, Victor 233
Bach, Johann Sebastian 10, 18, 40, 45, 70, 95, 117, 119, 122, 150f, 153, 156, 165, 167f, 176, 233f, 242-244, 276, 292, 294
 – Plattenaufnahmen 242
 – Transkriptionen 165, 242
Brandenburgische Konzerte 40
Chaconne 165
Goldberg-Variationen 20, 45, 242
Italienisches Konzert 242
Johannespassion 234, 236, 276
Kantaten 151, 173
Toccata d-Moll 166
Toccata c-Moll 242
Toccata D-Dur 242
Wohltemperiertes Klavier 10, 18, 242
Backhaus, Wilhelm 207
Bauer, Harold 207
Baumgartner 20
Bechstein s. Klaviere
Becker, Hugo 86, *124*, 183, 262
Beethoven, Ludwig van 18, 20-22, 39-41, 45, 48, 51f, 68-71, 74, 78, 88-90, 98, 103, 114-116, 118, 122, 133, 135f, 141, 145, 151, 156, 158, 167f, 183, 190, 202, 206f, 212, 215, 230, 233-235, 241, 247f, 251, 256f, 261, 264, 266, 271, 273, 278, 289f, 292, 294
 – Biographien 114, 168

 – Pedalisierung 69, 71
 – Plattenaufnahmen 141, 248f
Bagatellen 48
Diabelli-Variationen 45, 233, 241
Klavierkonzerte 45, 261, 266
Klaviersonaten 20, 45, 156, 256, 266, 292
 zykl. Aufführung durch A.S. 136, 202, 247, 257, 271, 273, 278
 hg. von A.S. 51, 69, 160, 233, 247, 289f
Missa solemnis 40
Polonaise C-Dur 20f
Variationen c-Moll 206
Behr, Therese 104f
Belgien 86, 181f
Berlin 28, 39, 59-61, 63, 70, 78-81, 84f, 91, 99-101, 103, 105, 107, 109f, 117, 125, 129, 132-136, 143f, 155, 159f, 162, 181, 183, 186, 203-205, 216, 218, 227, 229, 247, 257f, 273-275, 302, 307-310
 – Musikhochschule 72, 233, 259
 – Oper 107f, 133, 136, 229
 – Philharmonie 85, 202, 257
 – Philharmonisches Orchester 81, 85, 107, 110, 132f, 163, 204, 229, 257
 – Volksbühne 135, 247, 306
Berlin, Irving 74, 119, 122
Berlioz, Hector 75, 168
Bernstein, Leonard 154
Berté, Heinrich
 Dreimäderlhaus, Das 164, 265
Biala 12
Bielitz (Bielsko) 12f
Bismarck, Otto von 125
Bodanzky, Artur 228
Böhmisches Streichquartett 127
Bonn 68, 183
Boogie-Woogie 113, 171f
Bösendorfer s. Klaviere
Bösendorfer, Ludwig 101
Bosnien 160

313

Boston 43, 214, 249f
— Symphony Orchestra 224, 249f
Brahms, Johannes 31-36, 38, 42f, 50, 63, 83f, 106f,
117, 129, 131, 168, 173, 209, 214, 233, 242, 247,
249, 253, 256, 258, 274f, 294, 310
Klavierkonzert B-Dur op. 83 116f, 129
Klavierquartett g-Moll op. 25 131, 145
Klavierstücke op. 119 42
Violinkonzert a-Moll op. 102, Klavierauszug
von A.S. 247
Violinkonzert D-Dur op. 77, Klavierauszug
von A.S. 247
Violinsonate G-Dur op. 78 253
Bree, Malwine 24
Breithaupt, Rudolf 143
Bremen 188
Breslau 156, 188
Bristol 252, 278
Bruckner, Anton 30f, 38, 63, 274
Brüssel 107, 163, 181f
— Théâtre de la Monnaie 163
Budapest 28, 39, 99, 130, 283
Budapester Streichquartett 204
Bülow, Hans von 63, 93, 107, 245
Busch, Adolf 132, 264
Busch, Fritz 131
Busoni, Ferruccio 157f, 165, 189, 270, 298

Caruso, Enrico 111
Casals, Pablo 270, 275
Cassirer, Eduard 60f, 63
Cassirer, Ernst 60
Cézanne, Paul 61
Chaplin, Charlie 87
Chattanooga, Tennessee 63
Chicago 141, 154, 171, 209, 283, 301f
— University of 9, 283, 301f
— Symphony Orchestra 209, 312
Chopin, Frédéric 19, 47f, 108, 206, 265
Etüden 19, 47f
24 Préludes op. 28 206
Clemens, Clara 44
Clemens, Samuel L. (Mark Twain) 44
Colorado Springs 62, 244
Conrat, Hugo 32
Coolidge, Elizabeth Sprague 263f
Couperin, François 244
Courtauld, Elizabeth 231f
Courtauld, Samuel 231f, 306
Czerny, Carl 16, 22, 68, 73

Debussy, Claude 18, 21, 106, 216
Dehmel, Richard 77, 179
Deiters, Hermann 168
Detroit Symphony Orchestra 174

Deutsche Gesellschaft 1914 180
Deutsche Vaterlandspartei 181
Deutscher Alpenverein 180f
Deutschland 10, 39, 40, 58, 62-64, 77, 79-83, 86,
99-103, 109f, 125-127, 129, 132, 134f, 139, 147,
154, 156, 161f, 172f, 181-183, 187-189, 192, 197,
205, 210, 214, 218, 225, 229, 232, 237-239, 244,
249f, 257-260, 273-275, 277-279, 301, 307-309
Disney, Walt 87
Fantasia 265
Dostojewski, Fjodor Michailowitsch 58
Dreililien-Verlag 84f
Dresden 99
Drinker, Henry S. 173
Duncan, Isadora 135
Duse, Eleonora 58
Dux, Claire 111f
Dvořák, Antonín 128

Edinburgh 272
Eibenschütz, Ilona 15
Einstein, Albert 149f
Einstein, Alfred 169
Eisner, Kurt 188
England 66, 75, 101, 126, 129, 139, 161, 220, 231f,
248, 251f, 254, 274, 280f, 306
Erdmann, Eduard 189, 203, 205
Essen 181
Essipoff, Annette 16, 30, 44, 71, 73

Fackel, Die 58, 308
Falla, Manuel de 230
Fauré, Gabriel 106
Fischer, Carl 176
Fleisher, Leon 86
Flesch, Carl 51, 86, *124*, 160, 183, 247, 262
Folkestone 255, 267f
Fournier, Pierre *272*
Franck, César 165
Frankfurt a.M. 99, 156
Frankreich 101, 126, 130, 139, 192, 238
Franz Ferdinand, Erzherzog 160
Freud, Sigmund 149f
Friedman, Ignaz 44, 207
Friedrich Wilhelm, Prinz von Preußen 156
Friml, Rudolf 20
Furtwängler, Wilhelm 159, 274f, 310

Gabrilowitsch, Ossip 44, 69, 207
Galitzin, Fürst Nikolaus 40
Gérardy, Jean 86
Gershwin, George 169, 176
Rhapsody in Blue 169
Gewerkschaften 80, 131f, 137-140, 187f, 265
Glasgow 257

Glasunow, Alexander 230, 235
Gogh, Vincent van 61, 149
Göttingen 186
Grainger, Percy 207
Griechenland 214, 250
Grillparzer, Franz 41
Guilbert, Yvette 58
Gutmann, Albert J. 14, 16, 42

Hába, Alois 189
Hambourg, Mark 44
Hamburg 60, 63, 99, 107, 132, 221, 283
Hanslick, Eduard 75, 159
Harden, Maximilian 183
Hauer, Joseph Matthias 216
Hauptmann, Gerhart 84
Hausmusik 15, 32, 40, 63, 82f, 97, 113, 155, 307, 309
Havanna 279f
Havemann Quartett *178*
Heifetz, Jascha 31
Hegel, Georg Wilhelm F. 162
Henckell-Donnersmarck, Prinz und Prinzessin von 108
Hindemith, Paul 157, 230, 232, 258, 274
His Master's Voice 141
Hitler, Adolf 43, 60, 63, 82, 84, 198, 210, 218, 257f
Hochberg, Bolko Graf von 107
Hoffmann, Ernst Theodor Amadeus 75
Holland 162, 223
Hollywood 31, 58, 160
Honolulu 282
Hornbostel, Aron von 32
Hornbostel, Erich von 32
Horowitz, Vladimir 212, 214
Huberman, Bronisław 252f, 258, 274f
Humperdinck, Engelbert
  Hänsel und Gretel 186
Hurok, Sol 209
Hylton, Jack 250

Ibsen, Henrik 58
Improvisation 114-116, 118f, 122
Internationale Gesellschaft für Neue Musik 156, 205
Irland 231
Italien 130, 162, 172, 244, 250, 273, 280, 282

Jazz 112f, 263
Jean Paul 80
Jerusalem 251, 258
  – Konservatorium 258
Joachim, Joseph 63, 85, 155f, 259

Kammermusik 10, 19, 32f, 50, 73f, 85, 97, 109, 156f, 232, 258, 262-265, 278
Kanada 220
Kant, Immanuel 162
Kapp, Wolfgang 159
Kassel 183, 185f
Kaufmann, Oskar 30, 136
Kestenberg, Leo 189, 239, 259
Klaviere
  Bechstein 101f, 192, 209, 214, 231, 249, 252, 276f
  Bösendorfer 101f
  Cembalo 243
  Knabe 209, 228
  Pianola 135
  Steinway 101f, 190, 192f, 209, 214, 249, 276
Klemperer, Otto 159
Knabe s. Klaviere
Koch, Louis 156
Köln 131, 181-184, 186
Königsberg 156
Kopenhagen 137
Korngold, Erich Wolfgang 159f, 230
Kostelanetz, André 250
Krakau 99
Kraus, Karl 58, 308
Kreisler, Fritz 30, 240
Kreisler, Ignatz 30
Krenek, Ernst 157, 189, 203f, 230
  Symphonie Nr. 1 189
Kritik, Kritiker 22, 64, 76, 78, 84, 117, 119f, 143, 150, 159f, 162, 189, 212, 242, 249, 260, 270, 284
Kroyt, Boris 204
Kussewitzky, Sergej 132, 249

Lamond, Frederic 158
Lanier, Harriet 228
Lehmann, Lotte 110-112
Leipzig 36, 80, 83f, 107, 132, 135, 156, 168, 294
  – Gewandhauskonzerte 107, 135
Lenin, Wladimir I. 161
Leningrad 40, 132, 142, 211f, 231, 277
  – Philharmonie 277
Leschetizky, Theodor 16f, 22-25, 30f, 42-45, 54, 56, 59, 61, 68f, 77, 95, 129, 289
Lhévinne, Joseph 207
Liebknecht, Karl 188
Lied, Liedgesang 10, 34, 45, 73f, 84, 97, 105-107, 110-113, 128, 151, 167, 172f, 245, 247f, 264
Lipnik 12, 27
Liszt, Franz 19, 22, 63, 95f, 121, 132, 156, 212, 241, 245
  Klavierkonzert Es-Dur 132
  La Campanella 212

315

Sonate h-Moll 18
Ungarische Rhapsodien 22
London 28, 39f, 80f, 112, 129, 130, 135, 141, 172, 231, 252, 256f, 271, 274, 278, 280
– Covent Garden Opera 172
– Metropolitan Orchestra 80
– Old Vic Theatre 274
– Queen's Hall 129, 268
– Royal Philharmonic Society 40, 129
Loos, Adolf 57, 308
Los Angeles 227, 240, 278, 281f
– Music Guild of 278
Lübeck 159
Ludendorff, Erich Friedrich W. 161
Ludwig, Emil 114, 168
Lueger, Karl 55
Luxemburg, Rosa 188

Madrid 128
Mahler, Gustav 38, 106, 216, 223
– Mahler-Fest Amsterdam 223
Mailand 162, 279f
Manchester 129, 275, 288
– Hallé-Orchester 129
– University of 275, 288
Mandyczewski, Eusebius 31f, 36, 42, 44
Manet, Edouard 61
Mann, Thomas 74f
Mannheimer Schule 243
Mascagni, Pietro
  Cavalleria rusticana 16
Matthay, Tobias 24
Mayer, Sir Robert 232
Meininger Orchester 107
Mendelssohn, Franz 155
Mendelssohn, Robert 155
Mengelberg, Willem 132
Moltke, Helmuth von 180
Moser, Andreas 259
Moser, Hans Joachim 259
Moskau 132, 211, 235, 277, 279
Moszkowski, Moritz 207
Mozart, Wolfgang Amadeus 8, 15, 18f, 33, 39f, 45, 47, 51, 75, 102, 107, 113, 115f, 145-147, 151, 159f, 167-169, 174, 198, 268, 278, 292, 294
– Biographien 75, 168f
  Klavierkonzert Nr. 20 d-Moll 15
Sonate für zwei Klaviere D-Dur 107
Sonaten für Klavier und Violine, hg. von A.S. und Carl Flesch 160
Muck, Karl 107
München 84, 99, 107, 126, 149, 182, 223, 294
Musical Courier 208
Musikergewerkschaft 131, 137-140
Musil, Robert 58, 308

Mussorgski, Modest 106
Neapel 280
Nedbal, Oskar 128
Neefe, Christian 68
New Orleans 113
New York 28, 39, 60, 64, 80, 92, 154, 169, 207f, 228, 238, 250, 257, 263, 265, 278f, 281-283, 300, 303
– Carnegie Hall 81, 207f, 278, 300
– Metropolitan Company 174
– New Friends of Music 228
– Philharmonic Orchestra 140, 207
Nietzsche, Friedrich 55, 58, 75
Nikisch, Arthur 85, 107, 117f, 132-135
Norwegen 78f, 103, 214

Oakland 227
Oberlin 69
Odessa 277
Offenbach, Jacques 75
  Hoffmanns Erzählungen 75, 162
Österreich 10-12, 27f, 39, 41, 62, 79, 99-101, 130, 134, 136, 159-161, 163f, 192, 205, 215, 238, 278-280, 307-309
– Kaiser 13, 15f, 31, 38, 99, 164
– Monarchie 27f, 41, 160f
Ostpreußen 86, 103f, 159
Oxford 60, 253, 255

Paderewski, Ignacy 17, 21, 110, 158, 207, 240
  Klavierkonzert 110
Padua 244
Palästina 239, 250f, 258
Paris 39, 81, 121, 235
Partridge, Eric 45
Patti, Adelina 63
Peters-Verlag 160, 165, 247
Petersburg s. Leningrad
Petrillo, James C. 137, 141
Pfitzner, Hans 229
Philadelphia 173
– Symphony Orchestra 224
Philipp, Isidore 24
Piatigorsky, Gregor 204, 258
Picasso, Pablo 61, 149, 154
Pittsburgh 278
– New Friends of Music 278
Polen 11f, 41, 99
Potsdam 64, 103
Prag 28, 39, 99, 130, 239, 278, 283
Prentner, Maria 24
Preußen 41, 100, 134, 156, 188, 239
Princeton University Press 283, 301
Prokofjew, Sergej
  Die Liebe zu den drei Orangen op. 33a 20

Puccini, Giacomo 174, 264

Rachmaninow, Sergej 137, 270
Rastenburg 104
Rathaus, Karol 230
Rathenau, Walther 180, 205
Ravel, Maurice 18, 21
Regensburg 156
Reger, Max 107, 119, 152
Reichs-Rundfunk-Gesellschaft 257
Reinhardt, Max 160
Renoir, Auguste 149
Richter, Hans 129
Riemann, Hugo 168
Riga 130-132, 137, 139
Rimski-Korsakow, Nikolai A. 154
Rom 283
Rome, Harold
  Pins and Needles 266
Rossini, Gioachino 40
Rubinstein, Anton 42, 63, 95
Rundfunk 50, 140, 257, 281
Rußland 30, 126, 130, 132, 141, 161, 172, 210-212, 214f, 230f, 234, 238, 276-278, 302
Rutherford, Ernest 149

Sacramento 226
St. Louis 278
St. Petersburg s. Leningrad
Salt Lake City 226
San Francisco 226f
Sarasate, Pablo de 63
Sargent, Sir Malcolm 232, 306
Schaljapin, Fjodor 111
Schallplatten 114, 140f, 200f, 233, 242, 248
Schmitt, Hans 13f, 16
Schnabel, Artur
  – Geburtsort 12f
  – Vater 13, 30, 53
  – Mutter 7, 12, 14-16, 30, 38, 43, 53, 191, 278
  – Schwestern 12f, 53
  – Ehefrau s. Behr, Therese
  – älterer Sohn s. Schnabel, Karl Ulrich
  – jüngerer Sohn s. Schnabel, Stefan
  – Ausbildung
    – schulische 42, 53, 56, 58
    – musikalische s. Bree, Essipoff, Leschetizky, Mandyczewski, Schmitt
  – Trios 85f, 124, 160, 183, 262f, 272
  – Herausgebertätigkeit 51, 160, 233, 289f
  – Schallplattenaufnahmen 113, 141, 233, 242, 248, 312
  – Komponieren 14, 44, 77, 97, 120, 145, 147, 153, 174f, 179, 197, 216f, 233, 282, 290, 310
  Drei Klavierstücke (1896) 78, 84

Klavierkonzert d-Moll 107, 109f
  Notturno 179
  Streichquartette 178f
  Klavierquintett 179
  Streichtrio 179
  Sonate für Violine solo 179
  Sonate für Violoncello solo 179
  Sonate für Klavier 179, 205
  Betrachtungen über Musik 288
  Music and the Line of Most Resistance 301
Schnabel, Karl Ulrich 160, 274, 280, 302
Schnabel, Stefan 274, 281
Schönberg, Arnold 54, 152, 157, 204, 215f, 230, 266, 306
  Pierrot Lunaire 204
Schostakowitsch, Dmitrij 88f, 122, 190
  Symphonie Nr. 9 88
Schottland 231
Schreker, Franz 189, 230
Schroeder, Alfred 258
Schubert, Franz 20-22, 39-41, 74, 83f, 102, 106f, 117, 145, 151, 164, 167, 247, 265, 278, 292, 294
  Impromptus 45
  Klaviersonaten 20-22, 64, 112, 156, 164
  Lieder 45, 74, 107, 151, 247
  Symphonie C-Dur 230
Schumann, Clara 50
Schumann, Elisabeth 112
Schumann, Robert 19, 40, 92, 95, 106, 117, 167, 207, 241, 278, 292
  Carnaval 92, 207
  Kinderszenen 167
Schünemann, Georg 189, 259
Schuppanzigh, Ignaz 74
Schuschnigg, Kurt 274
Schweden 162
Schweitzer, Albert 165
Schweiz 162, 273
Serbien 160f
Serkin, Rudolf 264
Sevilla 241
Sevitsky, Fabian 222
Shakespeare, William 7, 121, 151, 236
Shaw, George Bernard 75, 87
Shure, Leonard 233
Simon & Schuster 247, 288
Simrock, Fritz 78, 84
Sinatra, Frank 106
Skandinavien 130, 137, 162
Skrjabin, Alexander 244
Spanien 127-129, 241, 250
Spielmann, Leopold 15
Spoliansky, Lisa 258
Steiner, Rudolf 180
Steinway s. Klaviere

317

Stiedry, Fritz 204
Stock, Frederick August 141, *312*
Stokowski, Leopold 166
Straube, Carl 165
Strauß, Johann 113
Strauss, Richard 75, 87, 106, 117, 133-135, 152, 167, 216, 229
   Elektra 152
Strawinsky, Igor 153f, 191, 216, 229-232
   Petruschka 154
Streicher, Johann 206
Streicher, Nannette 206
Südamerika 214
Suez 281
Suk, Josef 128
Swansea 266
Szigeti, Joseph 272

Tel Aviv 259
Teyte, Maggie 112
Thayer, Alexander Wheelock 168
Tiflis 277
Tillett, John 252
Tolstoi, Leo 58, 170
Tonmeister-Ausgabe 233
Toscanini, Arturo 205
Tovey, Sir Donald Francis 76, 168
Tremezzo 277, 283
Tschaikowsky, Peter Iljitsch 18, 63
   Klavierkonzerte 18
Türkei 214, 250f
Turner, Walter J. 75, 168, 232

Ullstein-Verlag 233, 247
Ungarn 41, 99, 161, 172

Valencia 129
Venedig 205, 228
Verdi, Giuseppe 45
Vereinigte Staaten von Amerika 14, 17, 38, 43, 53, 62, 69, 81f, 88, 95, 101f, 104, 106, 109, 112, 118f, 126, 137, 141-143, 158, 168f, 171-174, 176, 181, 206f, 209f, 214, 218f, 224, 226, 228, 232f, 238, 247-250, 259f, 262, 276-285, 307
Victor Company 141

Wagner, Richard 33-35, 63, 75, 80, 95, 102, 106, 129, 131, 150f, 166-168, 174, 189, 198, 216, 245, 250, 292
   Lohengrin 235
   Meistersinger, Die 35, 46
   Ring des Nibelungen, Der 292
   Tristan und Isolde 215f
Waldstein, Ferdinand Ernst von 39
Walter, Bruno 131, 140, 224
Warschau 278
Washington 263
Weber, Carl Maria von 70
Weimar 156, 264
Weingartner, Felix von 133, 163
Wien 7, 12-16, 28f, 32f, 37-41, 43-45, 53, 55, 57-64, 70, 77f, 80, 82, 84, 99-102, 107, 109, 124, 129f, 147, 150, 159, 189, 205, 216, 225, 227, 274f, 278, 307f, 310
   – Burgtheater 54
   – Gesellschaft der Musikfreunde 13, 31
   – Hofoper 79
   – Oper 32, 35, 79f, 129
   – Philharmonisches Orchester 79, 81
   – Secession 57, 308
Wolf, Hugo 38, 106
Wolf, Johannes 259
Wolff, Hermann 63f, 78f, 85, 108, 110, 132f, 159, 283
Wolff, Werner 63
Wüllner, Ludwig 106

Ysaÿe, Eugène 156

Zukunft, Die 183
Zweig, Stefan 74f
Zwölftontechnik 216, 306

Artur Schnabel im Wolke Verlag

Artur Schnabel, **Musik und der Weg des größten Widerstands**
Herausgegeben von Lynn Matheson und Ann Schnabel Mottier.
Aus dem Englischen von Hermann J. Metzler.
160 S., geb., € 24.–, 978-3-936000-50-6

Artur Schnabel, **Music and the Line of Most Resistance**
Edited by Lynn Matheson and Ann Schnabel Mottier.
144 p., hardcover, € 24.–, 978-3-936000-51-4

Artur Schnabel. Musiker Musician 1882–1951
Katalog zur Ausstellung, hg. von Werner Grünzweig. Texte und Essays von Claudio Arrau, Carl Flesch, Claude Frank, David Goldberger, Harris Goldsmith, William Glock, Ernst Krenek, Hugo Leichtentritt, Theodor Leschetizky. Ausgewählte Schriften, Reden und Briefe von Artur Schnabel.
Beschreibung der Ausstellung, Daten zur Biographie, Werkverzeichnis, Bibliographie.
280 S., Deutsch und Englisch, Großformat, br., € 34.–, 3-923997-95-7

ad notam
Programmbuch zur Konzertreihe der Ausstellung: Artur Schnabel, Musiker…
Die 15 Konzerte der Ausstellung mit ausführlichen Werkkommentaren.
82 S., Pb., € 7.–, 3-923997-96-5

Artur Schnabel.
Bericht über das Internationale Artur-Schnabel-Symposion 2001
= Archive zur Musik des 20. Jahrhunderts Bd. 6/1.
Hg. von Werner Grünzweig, mit Beiträgen von Mary Lou Chayes, Martin Elste, Claude Frank, David Goldberger, Werner Grünzweig, Matthias Henke, Martin Kapeller, Heinz von Loesch, Heinz-Klaus Metzger, Claude Mottier, Joan Rowland, Dietmar Schenk, Volker Scherliess, Matthias Schmidt, Robert Schmitt Scheubel, Felix Wörner, Walter Zimmermann.
Inventar des Artur-Schnabel-Archivs. Abbildungen, Notenbeispiele.
208 S., Pb., € 19.–, 3-923997-97-3

Anouk Jeschke, **Artur Schnabel. Werkverzeichnis**
= Archive zur Musik des 20. Jahrhunderts Bd. 6/2.
136 S., Pb., € 19.–, 3-923997-99-X

www.wolke-verlag.de